조영출 전집 3

희곡

지은이

조영출(趙靈出, Cho, Young-chul) 1913년 11월 충청남도 아산에서 출생하였다. 9세에 아버지 별세로 가세가 기울어 어머니와 함경남도 석왕사에 의탁하였다. 금강산 건봉사로 출가하였으며 안변 석왕사 보통학교를 졸업하였다. 건봉사 장학생으로 보성고보와 와세다대학교를 졸업했다. 1934년 『동아일보』 신춘문예에 시 「동방의 태양을 쏘라」와 대중가요 〈서울노래〉가 동시에 입상하였다. 이후 약 150여 편의 시와 550여 곡의 대중가요를 발표한 시인이자 작사가 · 극작가 · 연출가로 활동하였다. 김기림으로부터 '도회의 시인'으로 평가받는 한편, 대중가요 〈선창〉, 〈낙화유수〉, 〈꿈꾸는 백마강〉 등은 식민지 대중을 위무하며 애창곡이 되었다. 해방 직전 제3회 연극경연대회 참가작으로 〈현해탄〉을 공연하였다. 해방 후 조선문학가동맹에 가입하고 주로 연극 활동을 했다. 이때 〈독립군〉, 〈논개〉, 〈미스터 방〉, 〈위대한 사랑〉 등을 썼다. 1948년 말 월북하여 북에서 교육문화성 부상, 예술총동맹중앙위원회 부위원장 등을 역임하며 북한의 혁명가극 창안에 참여하였다. 1988년 월북예술가 해금조치에 따라 그의 작품들도 해금되었다. 향년 80세로 1993년에 운명하였다.

엮은이

박명진(朴明鎭, Park, Myeong-jin) 중앙대학교 국어국문학과 교수. 1998년 『월간문학』에 희곡으로 등단하였고, 1999년 『동아일보』 신춘문예 영화평론 부문에 등단하였다. 저서로 『한국 극예술과 국민 / 국가의 무의식』, 『한국희곡의 근대성과 탈식민성』, 『욕망하는 영화기계』 외 다수의 작품이 있다.

주경환(朱景煥, Joo, Gyeong-hwan) 호는 청은(青垠). 1942년 경상북도 상주 함창 출생으로 함창중고등학교를 중퇴하였다. 조영출의 차녀 조혜령의 부군이며, 전라남도 화순에 거주하고 있다.

근대서지총서 04

조영출 전집 3 희곡

초판 인쇄 2013년 11월 1일 초판 발행 2013년 11월 10일

지은이 조영출 엮은이 박명진 주경환 펴낸이 박성모 펴낸곳 소명출판 출판등록 제13-522호

주소 서울시 서초구 서초동 1621-18 란빌딩 1층

전화 02-585-7840 팩스 02-585-7848 전자우편 somyong@korea.com 홈페이지 www.somyong.co.kr

978-89-5626-924-5 04810

978-89-5626-442-4 (세트)

값 43,000원

40세 무렵의 조영출

조영출 부부와 큰딸 용희. 1944년경

부인 장연옥 여사. 1940년경

송년통일음악회(1990.12.10) 행사 때 상봉한
새어머니 김관보 여사와 조혜령(차녀)

사위(주경환)와 차녀(조혜령) 부부

노년의 집필 모습

애국열사릉의 묘지

북한 가족들

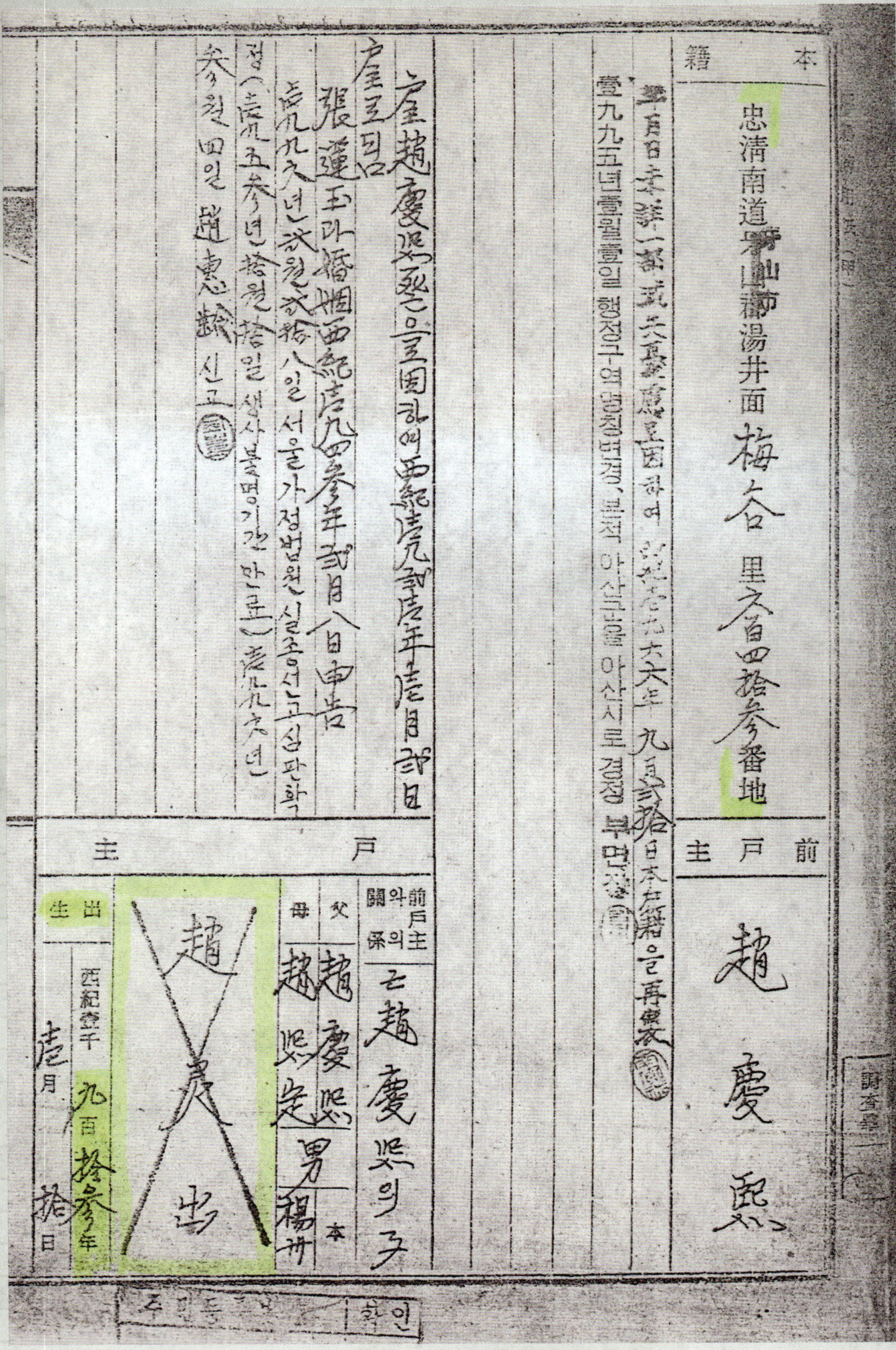

本籍 忠清南道牙山郡湯井面梅谷里四百四拾參番地

壹月日未詳 一部戰災燒失로 因하여 九月貳拾日 本戶籍을 再製 (印)

壹九九五년壹월壹일 행정구역 명칭변경, 본적 아산군을 아산시로 경정 부면장 (印)

戶主趙慶熙死亡으로因하여 西紀壹九四五年壹月貳日 戶主됨

張蓮玉과 婚姻 西紀壹九四參年貳月八日 申告

壹九九八년 貳월 貳拾八일 서울가정법원 실종선고심판확정 (壹九五參년 拾월 拾일 생사불명기간 만료) 壹九九八년 參월 四일 趙惠齡 신고 (印)

前戶主	趙慶熙
前戶主와의 關係	亡趙慶熙의 子
父	趙慶熙
母	趙熙定
男	本 楊州
戶主	趙靈出
出生	西紀壹千九百拾參年 壹月 拾日

주민등록번호 확인

호적

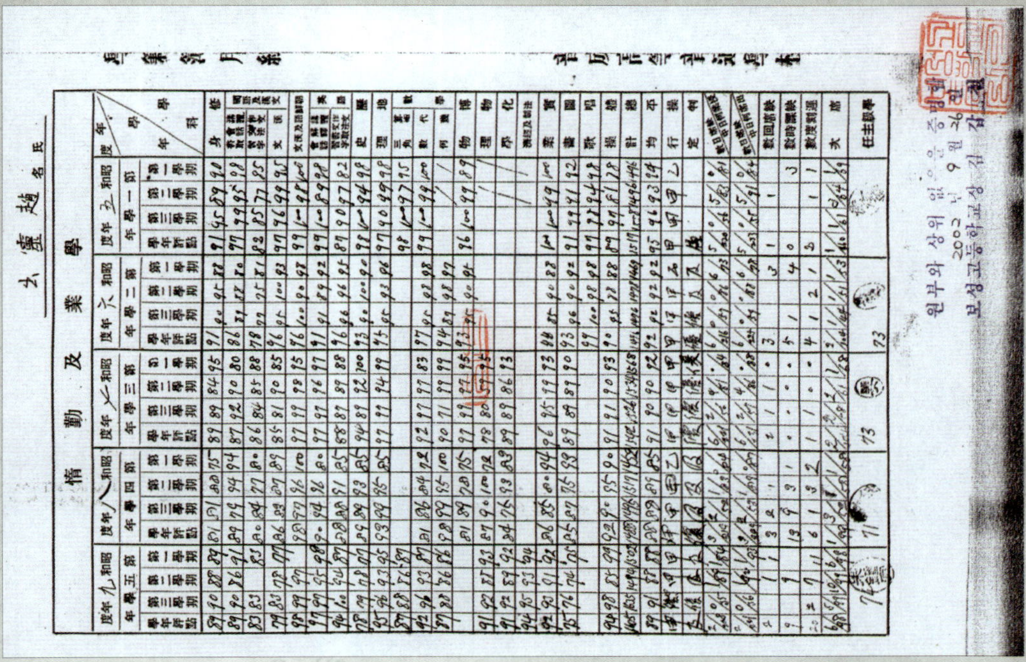

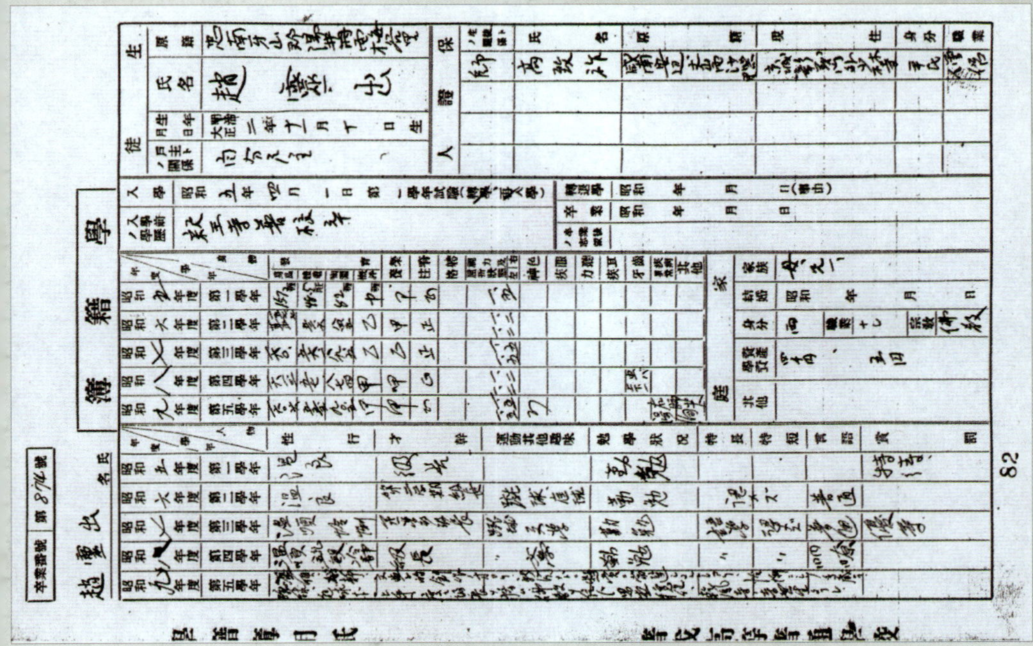

보성고등보통학교 성적부(위)와 학적부(아래)

보성고보 졸업앨범(1935)

와세다대학 재학시절

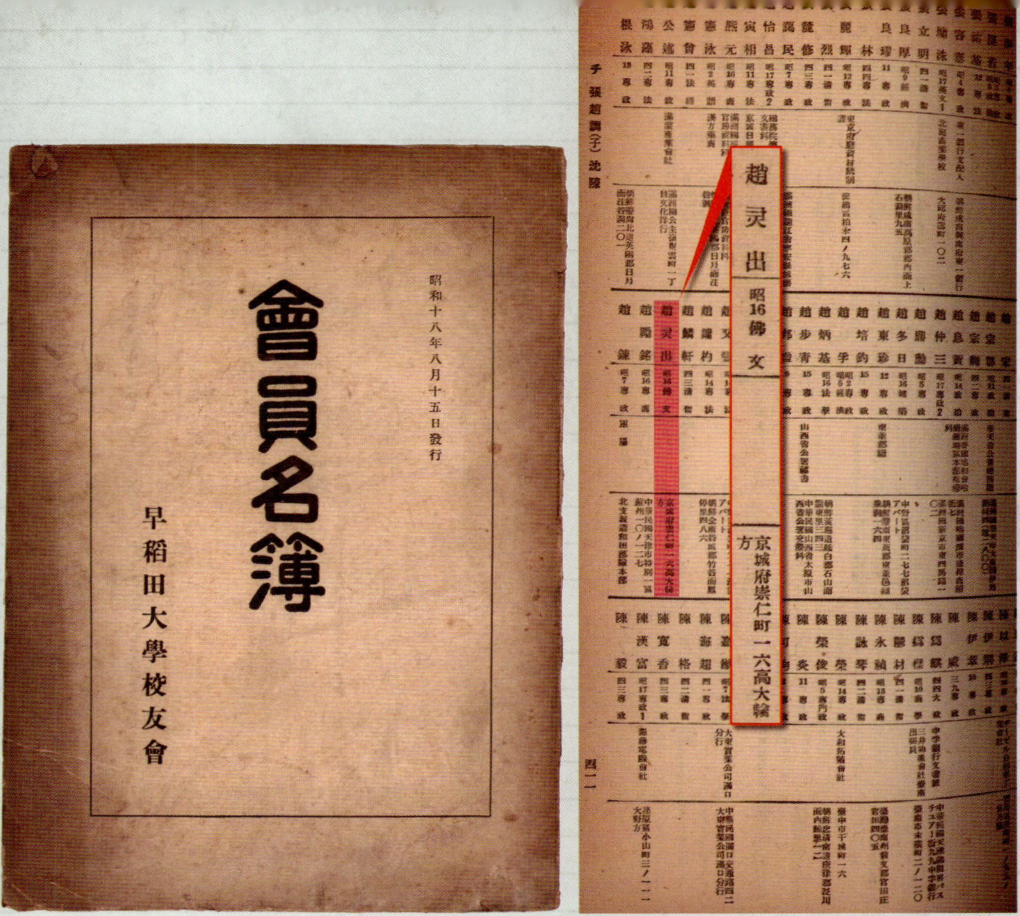

와세다대학 회원명부(1943)

2000.1.1 건봉사 입구에 세워진 시와 노래비 앞(왼쪽)과 뒤(오른쪽)

『조령출 시선집』, 1957.6.25

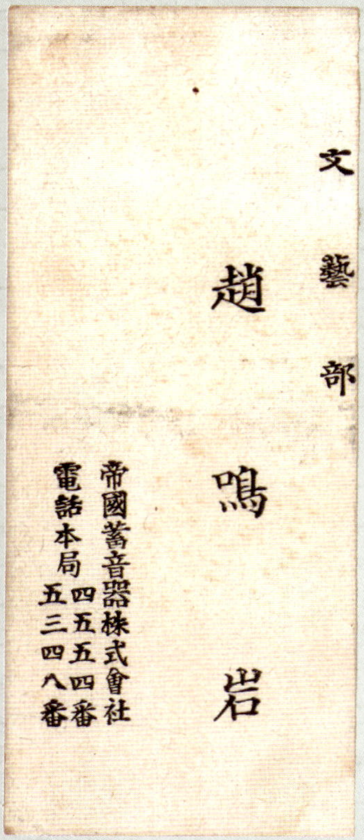

제국축음기(주) 재직 시절 명함

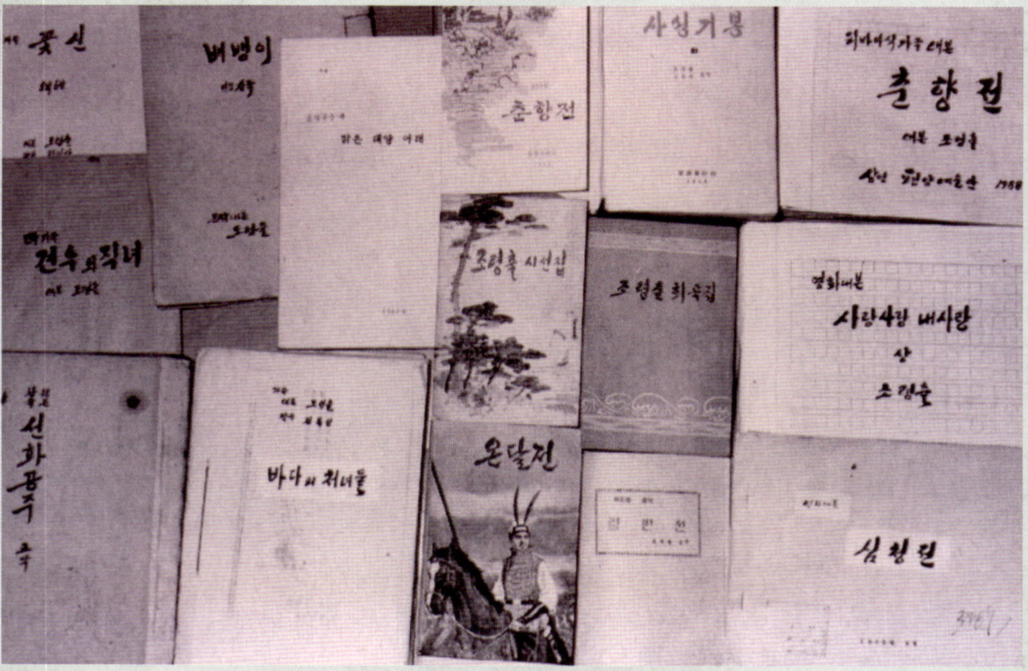

북에서 간행된 조영출의 저술들

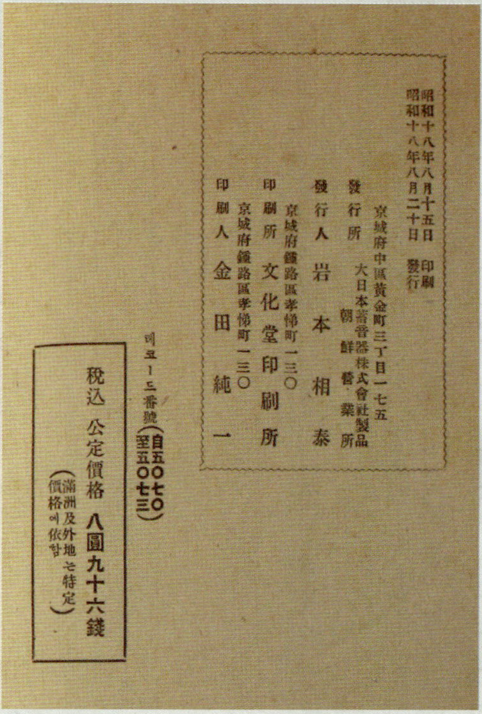
昭和十八年八月十五日 印刷
昭和十八年八月二十日 發行
發行所 京城府中區黃金町三丁目一七五 大日本蓄音器株式會社製品 朝鮮 營業所
發行人 岩本相泰
印刷所 京城府鐘路區孝悌町一三〇 文化堂印刷所
印刷人 京城府鐘路區孝悌町一三〇 金田純一

레코-드番號 (自五〇七〇 至五〇七三)

稅込 公定價格 八圓九十六錢 (滿洲及外地는特定價格에依함)

비극 『순애계도』, 1943.8.20

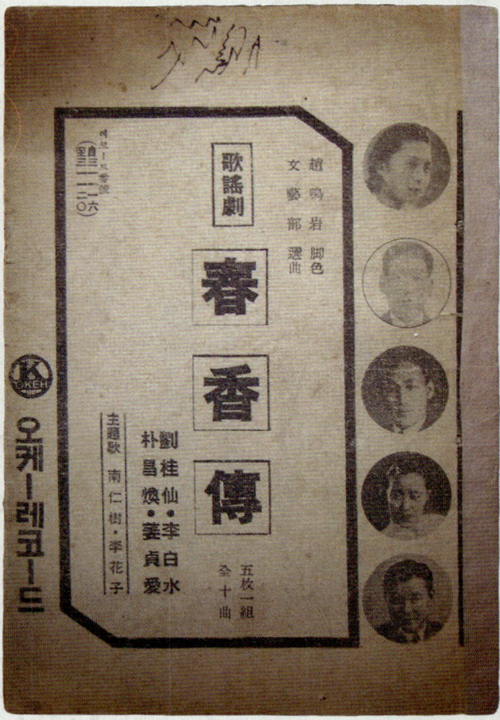

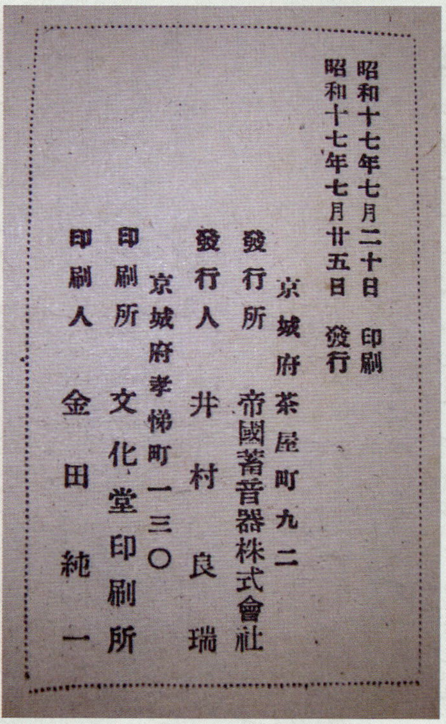
昭和十七年七月二十日 印刷
昭和十七年七月廿五日 發行
發行所 京城府茶屋町九二 帝國蓄音器株式會社
發行人 井村良瑞
印刷所 京城府孝悌町一三〇 文化堂印刷所
印刷人 金田純一

『춘향전』, 1942.7.25

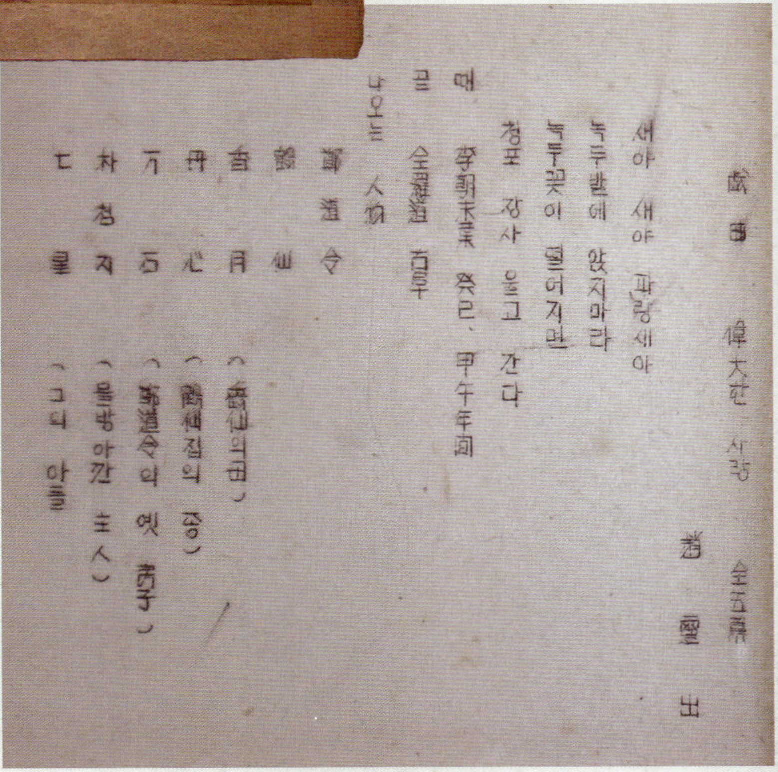

戱曲 偉大한 사랑 全五幕

趙靈出

새야 새야 파랑새야
녹두밭에 앉지마라
녹두꽃이 떨어지면
청포 장사 울고 간다

때 李朝末葉 癸巳、甲午年間

곳 全羅道 古阜

나오는 人物

鄭道令

鶴仙

金月 (鶴仙의 母)

冊心 (鶴仙집의 종)

下石 ([illegible])

차첨지 (물방아간 主人)

七星 (그의 아들)

〈위대한 사랑〉

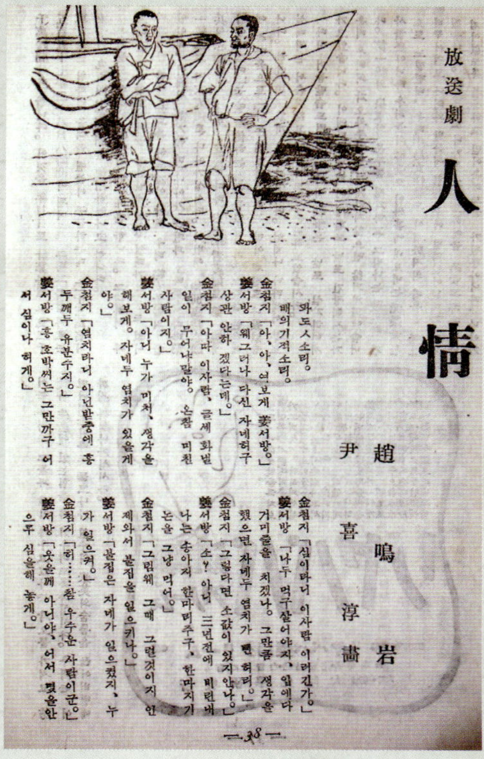
放送劇

人情

趙鳴岩
尹喜淳畵

와도소리。
배의기적소리。
金첨지「아, 아, 여보게 姜서방。」
姜서방「왜그러나 다신 자네허구 상관 안하 겠다는데。」
金첨지「아따 이자람, 글세 화낼 일이 무어나말야。 온참 미친 사람이지。」
姜서방「아니 누가 미처, 생각을 해보게。 자네두 염치가 있을게 야。」
金첨지「염치라니 아닌받중에 홍두깨두 유분수지。」
姜서방「홍 호박써는 그만까구 어서 심이나 허게。」
金첨지「심이라니 이자람 이러긴가。」
姜서방「나두 먹구살어야지, 입에다 거미줄을 치겠나。 그만큼 생각을 했으면 자네두 염치가 뻔 허려。」
金첨지「그렇다면 소값이 있지안나。」
姜서방「소? 아니 三년전에 비린배 나는 송아지 한마리주구, 한마지기 논을 그냥 먹어。」
金첨지「그림웨 그때 그런것이지 인제와서 분집을 일으키나。」
姜서방「분집은 자네가 일으켰지, 누가 일으켜。」
金첨지「허……참 우수운 사람이군。」
姜서방「웃은께 아니야, 어서 몇을안으루 심을해 놓게。」

—38—

〈인정〉, 『방송지우』, 1943

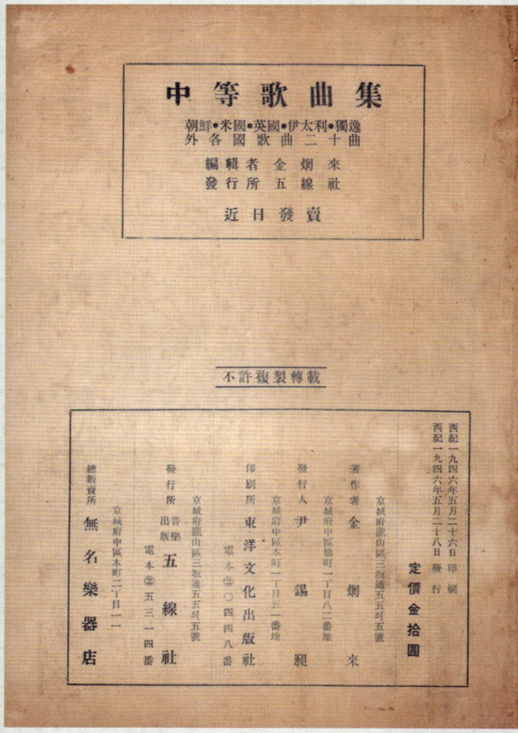
中等歌曲集
朝鮮•米國•英國•伊太利•獨逸
外各國歌曲二十曲
編輯者 金烔來
發行所 五線社
近日發賣

不許複製轉載

西紀一九四六年五月二十六日 印刷
西紀一九四六年五月二十八日 發行
定價 金拾圓
著作者 金烔來 京城府龍山區三坂通五五의五號
發行人 尹錫穊 京城府中區旭町一丁目八二番地
印刷所 東洋文化出版社 京城府中區本町一丁目五一番地 電本② 〇四四八番
發行所 音樂出版 五線社 京城府龍山區三坂通五五의五號 電本② 五三一四番
總販賣所 無名樂器店 京城府中區本町二丁目一一

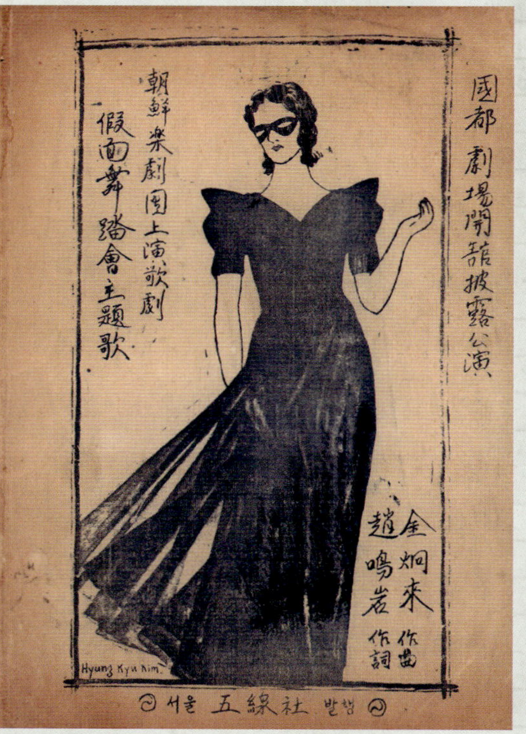

〈가면무도회〉, 『중등가곡집』, 오선사, 1946

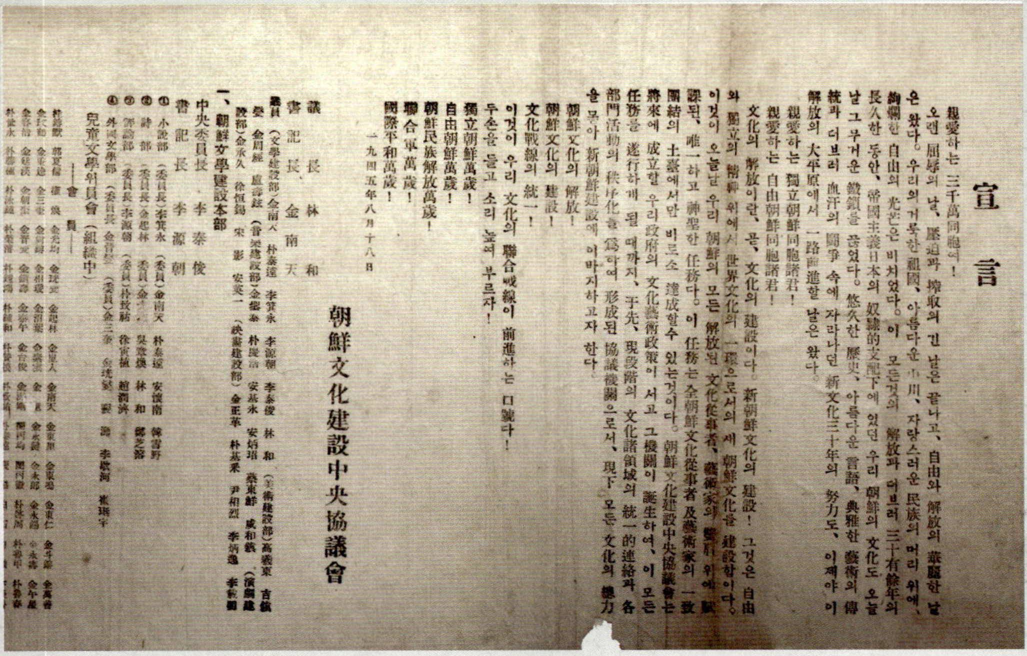

宣言

親愛하는 三千萬同胞여!

오랜 屈辱의 날, 壓迫과 搾取의 긴 날은 끝나고, 自由와 解放의 華麗한 날은 왔다. 우리의 거룩한 祖國, 아름다운 山川, 자랑스러운 民族의 머리 위에, 絢爛한 自由의 光芒은 비치었다. 이 모든것의 解放과 더브러 三十有餘年의 長久한 동안, 帝國主義日本의 奴隷的支配下에 있던 우리 朝鮮의 文化도 오늘날 그 무거운 鐵鎖를 끊었다. 悠久한 歷史, 아름다운 言語, 典雅한 藝術의 傳統과 더브러 血汗의 鬪爭 속에 자라나던 新文化三十年의 努力도, 이제야 이 解放의 大平原에서 一路前進할 날은 왔다.

親愛하는 自由朝鮮同胞諸君!

親愛하는 獨立朝鮮同胞諸君!

文化의 解放이란, 곧, 文化의 建設이다. 新朝鮮文化의 建設! 그것은 自由와 獨立의 精神 위에서 世界文化의 一環으로서의 새 朝鮮文化를 建設함이다. 이것이 오늘날 우리 朝鮮의 모든 解放된 文化從事者, 藝術家와 [illegible] 위에 賦課된, 唯一하고 神聖한 任務다. 이 任務는 全朝鮮文化從事者 及藝術家의 一致團結의 土臺에서만 비로소 達成할수 있는것이다. 朝鮮文化建設中央協議會는 將來에 成立할 우리 政府의 文化藝術政策이 서고 그 機關이 誕生하여, 이 모든 任務를 遂行하게 될 때까지, 于先, 現段階의 文化諸領域의 統一的連絡과 各部門活動의 秩序化를 爲하여 形成된 協議機關으로서, 現下 모든 文化의 總力을 뫃아 新朝鮮建設에 이바지하고자 한다.

朝鮮文化의 解放!

朝鮮文化의 建設!

文化戰線의 統一!

이것이 우리 文化의 聯合戰線이 前進하는 口號다!

두손을 들고 소리 높여 부르자!

獨立朝鮮萬歲!

自由朝鮮萬歲!

朝鮮民族解放萬歲!

聯合軍萬歲!

國際平和萬歲!

一九四五年八月十八日

朝鮮文化建設中央協議會

議長 林和

書記長 金南天

一、朝鮮文學建設本部

中央委員長 李泰俊

書記長 李源朝

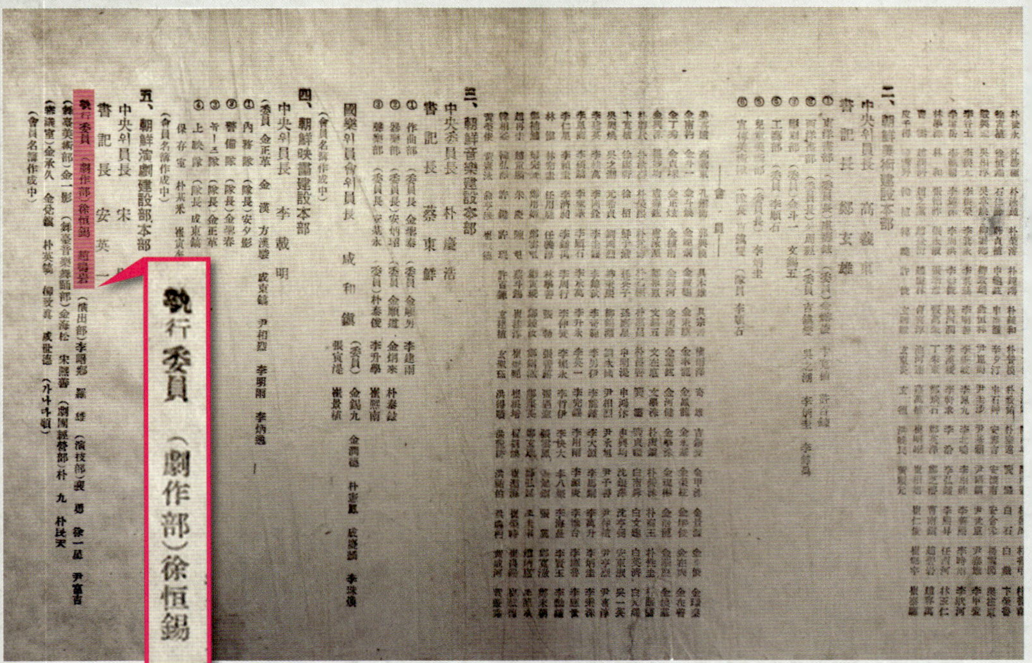

二、朝鮮美術建設本部

中央委員長 高羲東

書記長 鄭玄雄

三、朝鮮音樂建設本部

中央委員長 朴慶浩

書記長 蔡東鮮

四、朝鮮映畵建設本部

中央委員長 李載明

五、朝鮮演劇建設本部

中央委員長 宋影

書記長 安英一

執行委員 (劇作部)徐恒錫 趙鳴岩

조선문화건설중앙협의회 선언문

근대서지총서 04

조영출 전집 3

희곡

The Complete Works of Cho Youngchul Vol.3 : Drama

박명진 · 주경환 엮음

소명출판

※일러두기

1. 이 책에 실린 전 작품은 원전을 원본으로 삼았다. 단, 〈현해탄〉은 번역본을 게재했다.
2. 오자나 탈자가 있는 경우에도 원문을 그대로 표기하는 방식을 택했다.
3. 띄어쓰기는 현대어 표기법을 따라 교정하였다.
4. 글명은 「 」, 책명은 『 』, 공연·노래명은 〈 〉, 대화·인용은 " ", 생각·강조는 ' '로 통일하였다.
5. 본문에 있는 □ 표시는 원본 독해가 불가능한 것을 의미한다.
6. 각 작품의 출전은 다음과 같다.

〈순애계도〉 : 『殉愛系圖』, 태평레코드사, 1943.
〈인정〉 : 『방송지우(放送之友)』, 1944.3.
〈현해탄〉 : 이재명 외편, 『해방전(1940~1945) 공연희곡집』 5, 평민사, 2004.
〈위대한 사랑〉 : 대본(등사본).
〈미스터 방〉 : 조선연극동맹 편, 『소인극교정』, 아문각, 1948.
〈열두 삼천릿벌〉 : 조령출·김덕운, 『승냥이』, 조선작가동맹출판사, 1956.
〈량반전〉 : 조령출, 『조령출 희곡집』, 조선작가동맹출판사, 1961.
〈선화공주〉 : 조령출, 『조령출 희곡집』, 조선작가동맹출판사, 1961.
〈리순신 장군〉 : 조령출, 『조령출 희곡집』, 조선작가동맹출판사, 1961.

모든 분들께 감사하며

탄신 100주년을 맞아 전집을 내면서

장인이신 조영출(명암) 어른의 탄신 백주년에 즈음해 『조영출 전집』을 간행하게 되어 유족을 대표해 그간 애써주신 모든 분들께 깊이 감사드리며 스스로 축하하는 바입니다. 이로써 장인어른이 살아생전 남기신 저작들에 대한 정리가 어느 정도 완료되었다고 생각되며, 이 모든 것은 어느 다른 사람이 아닌 장인어른 당신의 커다란 축복이라 생각합니다.

저희는 장인어른이 1948년 초겨울 월북하신 이후의 소식을 전혀 모르고 있었습니다. 그러다가 평양에 살아계신 것을 알게 된 때가 1990년 겨울이었습니다. 남과 북이 분단된 지 반 세기가 지날 무렵이었지요. 그 해는 유별나게 남북 간에 화해하는 분위기가 조성되고 문화교류가 통일음악회라는 이름으로 성사된 해였습니다.

1990년 12월 18일자 『동아일보』에서 남측예술단을 환영하는 옥류관 만찬장에서 당신이 쓰신 「동방의 태양을 쏘라」는 시를 낭송하셨다는 기사를 읽었습니다. 그 기사를 접했을 때 제 처의 심정이 어떠했을지 저로서는 도저히 헤아릴 수 없었습니다. 장인어른이 월북하던 해 제 처는 세 살배기였고, 6·25가 나자 장모님마저 월북하면서 셋째 딸 중 둘째인 제 처만 할머님께 떼어놓아 처는 다섯 살 때 고아가 된 몸이었지요. 생존해 계시다는 놀라운 소식을 접한 몇 년 후인 1993년 5월 8일, 장인어른께서 지병으로 평양 자택에서 작고하셨다는 신문 기사를 보았습니다. 그 파란만장한 세월 속에서도 큰 고초 안 겪으시고 자리를 지키시며 조용히 천수를 다하신 것이 다행스럽고 안도하는 마음이 들었던 기억이 납니다.

이후 한 번 뵈옵지도 못한 장인어른을 찾는 일이 시작되었습니다. 장인어른의 시 한 편, 가사지 한 장, 연극 등 관련 자료가 하나둘씩 쌓이게 되었고, 그것이 어느 새 즐거움이 되어 컴맹인 저를 도서관으로, 자료가 있는 곳으로 재촉하였습니다. 20여 년 동안 그 길을 가면서 장인어른과 저는 깊은 정이 들고 말았습니다. 장인어른의 홍복인지 좋은 인연들이 모이고 모여서 오늘 이렇게 전집을 내게 되니 만감이 교차하며 그동안 도움을 주신 고마운 분들의 모습이 주마등처럼 지나갑니다. 조금 장황할지 모르겠습니다만 고마운 그 분들을 이 자리에 밝혀 그 간의 마음의 빚을 조금이라도 덜어내고자 합니다.

KBS '가요무대' 자문위원을 지내셨으며, 항상 〈울며 헤진 부산항〉의 2절 가사를 읊조리며 가사의 문학성에 감탄을 금하지 않으셨던 김점도 선생님 — 병환 중이신 선생님의 쾌유를 기원합니다 —, 애써 수집했던 자료를 기꺼이 내어주셨던 『대전일보』의 김재근 기자님, 자료 수집과 해금에 힘써주신 신나라레코드 정문교 사장님, 평소 자문은 물론 이번에 가요작품집 발간 축사까지 써주신 가요평론가 박찬호 선생님, 가요평론가 이준희 선생님 등등 머리 숙여 감사드립니다. 2003년 『조명암 시전집』을 간행하여 조영출 연구에 귀중한 출발점을 마련해주신 영남대 이동순 교수님과 일제 말기 가요극 〈춘향전〉과 해방 직후 대본 〈위대한 사랑〉 등 귀한 자료를 제공해주신 (재단법인)아단문고에도 깊은 감사를 드립니다.

이렇게 많은 분들의 관심과 노고 끝에 장인어른의 자료들이 수합될 무렵 몇 년 후 탄신 백주년이라는 사실을 알게 되었고, 근대서지학회와의 만남 이후 전집의 간행을 생각하게 되었습니다. 장인어른이 졸업하신 보성고등학교를 찾아가 국어교사 오영식 선생을 알게 되었고 그것이 인연이 되어 자료의 도움은 물론 전집 간행의 엄두를 내게 되었습니다. 우선 근대서지학회 회원들을 통해서 귀한 자료를 구할 수 있었습니다. 그동안 찾지 못했던 몇 편의 시작품을 찾을 수 있었고, 가요작품들도 확인할 수 있었습니다. 특히 춘천에 계신 김현식 회원은 와세다대학 조선인동창회 『회지』에 실린 「서사(序詞)」와 김다인 명의의 〈순애계도〉를 찾아주셨고, 박성모 회원은 평양에서 나온 『조영출 시선집』 등을 제공해주셨습니다. 그리고 장인어른께서 여러 분야에 걸쳐 활동하셨기 때문에 어느 한 사람의 연구자가 전집을 꾸미는 데에는 어려움이 많았는데 수집가와 연구자들의 모임인 근대서지학회에는 다양한 분야의 관계자들이 있어 총무인 오영식 선생의 주선으로 소중한 분들을 만나 전집을 내게 되었습니다.

산재되어 있던 작품들을 모아 처음으로 희곡작품집을 만들어주신 중앙대학교 박명진 교수님과 그 작품 입력에 도움을 주신 조현준 님(중앙대 국문학과 석사)께 감사드립니다. 현대시와 평론, 수필 등을 총망라해 묶어주신 성균관대학교 정우택 교수님과 원문 입력을 도와주신 오혜진 님(성균관대 국문학과 박사수료)께도 깊은 감사를 드립니다. 그리고 가요 부문을 새롭게 묶어주신 단국대학교 장유정 교수님! 고맙습니다. 이 세 분 교수님들은 장인어른과 저희들의 은인이십니다. 더불어 近代書誌叢書의 한 책으로 낼 수 있도록 허락해주신 근대서지학회 전경수 회장님께도 깊이 감사드리며, 전집의 출판을 기꺼이 맡아주신 소명출판의 박성모 대표님과 공홍 부장님을 비롯한 모든 직원께도 감사의 마음 전합니다.

1997년 봄, 운영하던 공장을 정리하고 국회도서관을 찾기 시작하여 지금까지 통일원자료실, 국립중앙도서관, 신문사 자료실 등을 전전하며 장인어른을 찾아다녔습니다. 이제 눈도 어두워졌고 기력도 예전만 못해졌습니다만 그 많은 시간 동안 장인어른을 만나왔기 때문인지 생전에 한 번 뵙지도 못한 어르신과 너무도 많은 정이 들었다는 생각을 하게 됩니다. 이다음에 저 건너에 가서 뵙게 되면 "우리 사위 어서 오시게. 그간 노고가 많았네! 고마우이!" 하시며 술 한 잔 내려주지 않으실까 혼자 생각해 봅니다.

끝으로 장인어른의 탄신 백주년을 맞이하여 전집 간행에 성원을 보내주시고 도움을 주신 많은 분들께 다시 한 번 저희 두 사람 진정 감사한 마음으로 합장 올립니다.

2013년 10월

딸 조혜령

사위 주경환

차례

殉愛系圖

金茶人 脚色

이 작품은 1943년 '태평 레코드'에서 발간된 방송극 대본이다. 원본에는 '金茶人 脚色'으로 표기되어 있다. '金茶人'이 조영출의 필명인지 박영호의 필명인지에 대해서는 아직까지도 의견이 분분하다. 그러나 이 책의 작품 해제에서 밝힌 것처럼 편자는 '김다인'이라는 필명이 조영출의 것이라고 판단하기 때문에 전집에 포함시키기로 했다.

配役

福壽 ……… 朴昌煥

洋金 ……… 全玉

崔博士 ……… 李白水

解說 ……… 金陽春

主題歌 ……… 李寅權

〃 ……… 車紅蓮

音樂 ……… 李在鎬

演出 ……… 許雲

1

解說: 유리窓마다 버들 닙사귀가 紛紛히 나라든다 窓을 열면 그것은 버들 닙사귀가 아니라 駱山언저리에 걸처잇는 조각달이엇다 長安에는 포도송이 갓흔 街路燈이 활작 피엇다 여기는 명월관 사 — 땡 진솔치마를 사르르 끌며 廊下를 지나가는 장안의 절색 洋金이 비록 기생이지만은 그 도저함 그 청초함 그 얌전한 품이 안팍으로 絶色이엇다 별안간 洋金은 맛치 고압선에 다은 사람 모양으로 그 자리에 딱 붓허버렷다

洋金: 앗 福壽 옵바 福壽 옵바가 아뉴?

福壽: 응 나 나 말이오

洋金: 틀림없어 아유 참 오래간만예요

福壽: 사람을 잘못 보섯나보 나는 新井란 사람인데 이렇게 요릿집에

오기도 오늘밤이 처음일뿐더러 더더군다나 기생허군 교제가 없는 사람이오

洋金: 아이 저를 어쩌나 그쪽에선 저를 몰라보셔두 전 잘 알구 잇는 걸 어떡해요 옛날 優美館 골목大將 다끄라쓰가 누구엿담

福壽: 오 洋金이 너 洋金이 아니야?

洋金: 왜 안이예요 洋金예요 호…… 인제야 알어냇수 시방은 洋金이가 아니구 金杏이야요

福壽: 金杏이 (감격한다)

解說: 다끄라쓰가 海賊으로 일음을 드날리든 옛날의 優美官 골목 한 아는 담배파리 한아는 劇場 깃대잽이 이 한 만흔 손꼽 동무가 서로 헤여진지 일곱 해 만에 오늘밤 千萬뜻박게로 여기에서 만난 것이다 규깡 잘 들고 산치기 잘하고 소매치기 잘하기로 有名햇든이 優美館 다그라쓰가 지금은 學界의 權威 崔博士의 首弟子로서 촉망이 놉핫고 오늘밤도 스승인 崔博士를 모시고 여기에 온 것시다

福壽: 아하 벌서 七 年만이로구나 지금두 기억이 똑똑하다 七年 前 그날 밤 우리는 싸우구 헤젓지 나는 그길로 부벽루 압헤서 어떤 점잔흔 紳士에 지갑을 잠깐 실례를 하려다가 고만 현장에서 붓잽히구 말엇서 꼼작 못하구 나는 그 紳士가 가재는 대루 끌려갓구나

洋金: 그래서

福壽: 첨엔 派出所루 가는 줄만 알엇서

洋金: 그럼 경찰서루?

福壽: 안야 파출소두 경찰서두 안야 양사꼴서 제일 큰 바루 崔博士의 집이엇서

洋金: 머 崔博士의 집?

福壽: "배가 곱흘테지 양껏 먹구 가거라 사족이 빼젓하구 대가리가 잉경썽이만 한 여석이 오죽 할 짓이 없서서 소매치기냐" 博士는 노발대발햇서 그러나 그 눈에는 자비의 눈물이 고여잇서서 맛치 부처님을 보는 것 갓햇서 "아이 가엽서라 부모도 동기도 없이 어떻게 사러가니 어서 만이 먹어 물에 말어서 양껏 먹어라" 이건 부인의 말씀이엿서 洋金아 세상에 이런 사람들두 잇느냐 나는 목이 메여 …… 목이 메여 그 자리에 쓸어저버렸어

洋金: 아이 아이 고마우서라 (울음)

2

福壽: "마냄 이건 놀리시는 겁니까? 어서 순사를 불러서 억거가세요 저 갓치 납분 놈은 거기박게 갈 데가 없습니다 博士先生님" …… 이렇게 나는 이마를 방바닥에 문지르며 울었어 못쓰는 거다 그 썩정이 근성을 버려야 해 비틀리구 꾸부러진 근성을 버려야 해 오늘부터 우리 양주를 부모루 알구 우리 집에 잇서라 (늣겨운다)

洋金: 고마우셔라 고마우셔라 (운다)

福壽: 양금아 어떻게 되엿니? 그날부터 꼬박이 칠 년 동안을 나는 그 河海 갓흔 사랑 속에서 조고마한 부자유도 없이 양것 공불햇서 이 은혜는 …… 이 은혜는 …… (목이멘다)

洋金: 정말 고마우신 어른예요 그 은혤 모른다면 사람안예요

福壽: 잇닥게? 그 은혤 어떻게 이저

洋金: 복수 옵바헌테 은인이면 나헌테두 은인예요 다신 博士先生님이 게시는 양사쏠 쪽으론 발을 두구 자지 안을테야 흐…… 그렇지만 칠 년 만에 만난 우리가 안유 인제부턴 틈틈이 만나 달나우요 응

福壽: 글세 …… 연구 중에 있는 놈이 …… 그건 博士헌테 미안허잔어

洋金: 그냥 만나는 것뿐인데 숭될 게 없잔어요 그런 건 博士先生님께서두 용서하실꺼예요 누가 머래든 우린 어릴 때 손꼽동무가 안예요

福壽: 글세 ……

洋金: 아이 실허 실허 꼭 만나줘야 해

福壽: 허 …… 그저 말괄냥이로군아

洋金: ねえ 逢つてくれるわね

福壽: 에이 할 수 없다 그래 그래 만나줬다 만나줘

洋金: 에이 만나줬다가 머야 꼭예요 자 약속해요 색끼손까락……

解說: 한 번 만나고 두 번 만나고 그리움이 싸이고 안타까움이 포개지는 동안에 두 사람의 행복은 빨가게 익어가기만 햇다 드디어 崔博士의 눈을 피하야 新村 부근에 호젓한 신접살님을 채리럿다

…… (音樂 스윗도 홈) ……

洋金: 여보 여보 그만 일어나시라우요 진지가 죄다 식잔어요 아이 구머니나 이를 엇재 생선조림이 죄다 타버렷서 여보 어서 일어나시라우요

福壽: 아흠 (하품) 몇 시야?

洋金: 다섯 시예요

福壽: 다섯 시? 아니 날두 밝기 전에 벌서 서둘러?

洋金: 서둘르는게 머에요 여섯 시꺼정 남대문 창안에 배추허구 무 가질러 가기루 안햇세요 그리구 마눌이랑 메주랑 모두 장만 해야죠 김장 된장 간장…… 그리구 참 도배두 해야죠 문두 발 러야죠 장작두 패야지요…… 방고래두 뜨더야죠…… 참 여 보 오늘 설탕 배급 나오는 날이로구료 그리구 아니 어저게 고 무신표 나온 거 엇따 뒷수? 압다 헐 일두 만키두 해

福壽: 헛……

洋金: 웨 웃수? 내 꼴이 어울리지 안어서 그러슈? 그럴거애요 난 기 생예요 화류계 노류장화가 멀해요

福壽: 여보 그게 무슨 소리야 난…… 난…… 넘우 복에 겨워서 그래 넘우 감격해서 우섯서

洋金: 흥 여보 공부할테야 살림공부랑 글공부랑…… 언제든지 당신 겻헤 잇게 해주서요 응

福壽: 그건 내가 헐소리야 우리가 떠러저서 한시를 어떠케사러? 洋金이 훌늉한 훌늉한 살림꾼이 돼야 해 응 洋金이

洋金: 고마워요 고마워요

3

解說: 김장도 끗낫다 장작도 패고 방고래도 뜻고 도배도 하엿다 冬將軍아 오너라 北風寒雪아 오너라 살피도 울타리도 업는 이들의 북음자리는 봄철 박게 모르는 종달새엿다 그러나 青天벽靂

의 날은 왓다 "나를 버릴테냐 게집을 버릴테냐" 博士의 꾸지람은 星火 갓헛다 "先生님 깨끗이 洋金이와 갈러서겟습니다" 하고 福壽는 눈물을 씹으며 사죄하엿다 그러나 이 넓고 넓은 사파에서 자기 하나만을 의지하고 살어가든 洋金이 보고 무엇시라고 하직을 지으랴

福壽: 洋金이 (울뜨시)

洋金: 네

福壽: 아하 조흔 달밤이오 이러케 집에 드러안젓기에는 악가운 밤이오 그려 우리 저길 좀 거러볼까

洋金: 아이 숭해라 정말예요? 정말 두리서 거러댕겨두 괜찬어요?

福壽: 내외간에 …… 내외간에 갓치 거러댕기는게 머가 숭업단 말요

洋金: 그러치만 누가보면 어떠커 허라구 …… 혹시 博士先生님이라두 ……

福壽: 괜찬어 오늘밤만은…… 오늘밤만은 博士께서두 용서하실테지

洋金: 네에? 博士先生님이요? 왜요?

福壽: 아니야 그저말야

洋金: 아하 달빗두 조와요 저것봐요 기럭이란 놈이 날개를 가즈런이 하고 은하수 기슭을 나라가는군요

福壽: 음

洋金: 여보 아러내봐요 저게 암놈 숫놈일까? 어미허구 자식일허구까?

福壽: 洋金이

洋金: 네 (놀란다)

福壽: …… (사이) ……

洋金: 왜그래요?

福壽: 아니야 아무것두 안야

(男) 은혜냐 사랑이냐 두갈래길에
이리갈까 저리갈까 더듬는발길
스승을 따르자니 사랑이울고
사랑을 따르자니 스승이운다 스승이운다

福壽: 양금이 춥지안소?

洋金: 안요

福壽: 자 내 외투를 입으라구

洋金: 실혀요 괘니 감기드시면 엇젤랴구……

福壽: 여보 우리 이런 걸 생각해 보자구 우리 한평생을 살어가노라면 양금인 꼬부랑 할머니가되고 나는 꼬부랑 하라버지가 되어 두 사람 중에 누구 한사람이 먼저 죽어버린다면……

洋金: 아이 실혀요 실혀요 그런 걸 어떠케 생각해요 언제든지 젊은 이대로 언제든지 즐거운 이대로 안타까운 이대루 행복하게 행복하게 살어야 해요

福壽: 행복허게? 그래 그래 행복 허구말구 행복해야 허구말구 (늣긴다)

4

福壽: 양금이

洋金: 네

福壽: 청이 하나잇서

洋金: 청요?

福壽: 응

洋金: 호 …… 아이 생금스러워라 우리 터수에 …… 무슨 청인진 몰라두 그러케 힘을 드려서 청할 청이 머람

福壽: 양금이 드러줘야 해 응 드러줄테야?

洋金: 군단스럽다니까 그러시네 죽으라면 죽는 체 살나면 사는 체 할테니 딱 잘라서 말해봐요 호 …… 설마 사랑하는 양금일 죽으라구야 하실라구 안 그래 여보

福壽: 罪惡이다 이건 殺人이야 아하 나는 어떠커면 좃탐 (늣긴다)

洋金: 여보 (이상한듯이) 오늘뜨리 웬일예요 罪惡은 머구 殺人은 머예요 아이 저 얼굴 좀 봐 무슨 크나큰 슬픔이나 가진 사람 갓구료 아니 당신 울구 잇잔소? 여보 여보

福壽: 양금이 우리는 넘우 빨리 늙엇다 빨리 늙어서 꼬부랑 할머니 꼬부랑 하라버지가 되여 두 사람 중에 한 사람이 죽어버린 심만 잡고 ……

양금이 …… 오늘밤 …… 이대로 …… 여기서 …… (늣긴다)

洋金: 여보

福壽: 양금이 (크게)

洋金: 무서워요 무서워요 당신은 지금 무슨 말을 하려구 그래요 아이 무서워요 아 저 눈 저 떨리는 입술 아이 무서워요

福壽: 내 얼굴이 惡魔 갓치 보여? 입으루 독한 呪文이라두 읽는 惡魔처럼 보이우?

洋金: 안예요 惡魔라뇨? 끔찍한 끔찍한 …… 내 남편 내 사랑하는 남편인데 …… 여보 어서 집으로 도라갑시다 군불을 집혀놧는데 어서 가봐요

福壽: 군불을 ……

洋金: 네 …… 요즘 너무 연구에 골똘하셔서 신경이 예민해 지섯나

봐요 모두 내가 납버요 내가 글러요 위로두 해드릴 줄 모르구 공부가 업스니 거드러 드릴 줄두 모르구 …… 그래서 그러쵸 그러쵸? 그렇치만 용서허세요 인제부터 바누질두 배구 요리 강습두 댕기구 국어두 배구 …… 아주 얌전한 알뜰한 안해가 될테애요 참 오늘 배급 술 나온 게 잇서요 딱근이 데서 한 잔 허시구 일직암치 주무시라우요 ささ 行きませうよ

福壽: 양금이

洋金: ……

福壽: 오늘밤 이대루 …… 여기서 …… 서루 헤집시다

洋金: 넷?

福壽: 죽음심만 잡고……내가 죽은심만 잡고 깨끗이 나를 이저주어

洋金: (大驚)

福壽: 여보 ……

洋金: 호 …… 온 조롱의 말슴두 …… 그럼 내가 속을 줄 알구 …… 내가 왜 속아요 이러케 복에 겨운 양금이가 속길 어떠케 속아요? 호 …… 이럿게 우서 드릿가 아하 …… 양금인 너무 복에 겨워요 너무 행복해요

解說: 天堂과 地獄을 종이 한 장 사이에 두고 한업시 행복한 양금이와 한업시 불행한 복수는 양금이 손길에 얼골을 문지르며 북바치는 눈물에 말문이 막히엿다

5

洋金: 양금아 죽어라 내 압헤서 …… 이 복수 압헤서 깨끗이 죽어다오 …… 숫재 …… 숫재 그래주세요 해지는 게 머예요? 어떠커는 게 헤지는 거예요? 헤진다든가 갈린다는 것은 내가 …… 양금이가 …… 일개 기생이엿든 시절에나 쓰던 말예요 적어도 나는 지금 당당한 人妻얘요 당신의 …… 당신의 안해 안예요 구슬덩을 타야 맛이요 금봉채를 찔으구 연지곤지를 바르구 청실홍실을 느려야 내외랍디까? 여보 양금이가 가엽잔어요? 구슬덩두 선채함두 연지곤지두 청실홍실두 모르는 양금이가 불상하지 안어요?

福壽: 양금이 나를 박정한 놈으루 생각해? 나는 결쿠 …… 양금이가 실어진 게 안야

洋金: (가늘게 울음소리)

洋金: 그럼 머예요?

福壽: 양금이 그러케 내 맘을 몰라주어?

洋金: 알엇세요 양금아 이 지각머리 업는 년이 네 근본을 몰라보니 어려서는 우미관 골목 안에 널려잇는 오뎅집 카페 빠루 담배나 팔러 댕기든 동냥아치 커서는 주정꾼의 무릅팍 벼개가 되어 도라지 타령이나 브르든 花草妓生 네까짓 게 낼모레 박사가 될 新井福夫 先生의 안해가 되닥게 당한 수작이야

福壽: 양금이

洋金: 先生님 博士先生님 복수는 어디갓세요? 복수는 죽엇나요? 복수가 아니면 洋金일 가엽게 불상하게 생각해줄 사람이 이 넓구 넓은 천지에는 한 사람두 업세요

福壽: 양금아 복수가 여기 잇잔어? 양금이 압헤 서잇잔어?

洋金: 아흐…… (울음이 크게 터진다)

福壽: 양금이가 근본을 따지면 복수의 근본은 머야 새빩안 알몸둥이루 세상에 올 때 어디 기생이나 건달이란 物票를 달구 온 건 아니거든 양금이 우린 얼마든지 훌늉한 사람 인씀잇는 紳士淑女가 되는 게 머가 납버?

洋金: 그거지 머예요 妓生년이 어떠케 淑女가 된단 말예요 그러쵸! 體面이죠! 名譽죠!

福壽: 양금이

洋金: 알엇세요 알엇세요 차라리 죽으라고 그래주세요 개밥에 도토리 갓흔 이까짓 천덕궁이 목숨을 어따가 써요 죽으라구…… 죽으라구 그래주서요

福壽: 그 목슴…… 그 목슴에다가 내 목숨을 한데 포개서 밧치어도 부족할 어른이 누군질 아러!

洋金: 네!

福壽: 洋金이가 머랫지? 당신헌테 은인이면 洋金이헌테두 恩人 다시는 양사쏠 쪽으루 발을 두지 안켓노라고 하든 그 어른을 이저버릴 턱이 업지

洋金: 그럼 崔博士 先生님이 …… ?

福壽: 그럿소 그 어른의 命令이오

洋金: 넷 ……

福壽: 양금이

洋金: (울음소리 길게)

6

解說: 스승의 命令 崔博士의 命令이다 두 사람의 목숨을 한 줄에 부뜨러 매서 바치어도 恩갑흠이 되지못할 崔博士의 命令이다 부르지저두 웨처두 끗나지 안을 두 사람의 슬픈 가슴도 스승의 命令 압헤서는 보잘것 업는 不渡手形이엇다

福壽: "스승을 버릴터이냐 기집을 버릴 터이냐? 어느 쪽이냐? 일개 소매치기를 내 首弟子로 그리고 張次 우리 學界의 第一人者로 내세우게 한 스승이 중하냐 그러 찬으면 油頭粉面으로 張三李四의 장난깜이 되는 아주까리 妓生이 중하냐? 어느 쪽이 소중하냐" …… 이렇게 서슬이 시퍼런 말씀 압헤는 나는 아무말두 못하구 말엇서

洋金: 알엇습니다 그럼 그때 기집을 버리겟습니다구 맹세 하섯나요

福壽: 용서허우 그 말박게……그 말박게 할 말이 없섯소

洋金: 여보

福壽: 응

洋金: 훌늉해요

福壽: 응?

洋金: 울늉해요 정말 훌늉해요

福壽: 머가 훌늉하단 말요?

洋金: 잘하셋슴니다 사내다우심니다 저두 안해인 저두 깁버요 깁버요

福壽: 그럼 내 말대루 헤여저 주겟소?

洋金: 안헤지면 어떻게요 그러치만 이 미련 …… 가슴속에 천길만길 넘처나는 이 속절없는 미련을 …… (운다)

福壽: 양금이

洋金: 봄이 오면 …… 어서 봄이 오면 동쪽으로 窓을 내고 …… 가나리아의 새장을 내걸고 …… 화분을 나란이 노코 ……

福壽: 양금이

洋金: 당신은 한잔모시 두루맥이를 입고 나는 물겹저구리를 입고 寒食날 미아리루 산소를 보러 갈려든 것이 ……

福壽: 아니 미아리에 우리 조상의 무덤이 어디가 잇소

洋金: 제일 보잘 것 없고 아모두 도라보는 이 없는 불상한 무덤을 골나가지구 한아는 아버지무덤 한아는 어머님무덤으로 정하지오 그리고 해마다 제물을 차려가지고 산소를 보러가지오

福壽: 양금이 암말두 말어줘어 암말두 말어주어 ……

洋金: 先生님

福壽: 왜또 그런소릴 ……

洋金: 빕니다 춘원합니다 저를 용기잇게 버려주세요 스승을 따라주세요 저는 모든 걸 알엇서요 우리들의 幸福은 千里萬里 떠러저서 求할 幸福이애요 한울 언저리에 그리고 아득한 구름박게 하나는 織女처럼 하나는 견우처럼 멀리멀리 떠러저서 바라보기만 할 幸福이애요

福壽: 양금이 양금아

洋金: 성공허세요 부디 성공허세요 당신의 빛나는 成功을 위해서는 저는 열 번도 조와요 百 번도 조와요 얼마든지 祭物이 될테야요 될테야요

福壽: 스승 길 사랑 길에 헤매는 발길
이길이냐 저길이냐 헤매는가슴
빕니다 비옵니다 빛나는성공
사나히 地平線을 차저가소서 차저가소서

7

아득한 하늘가에 별을 따르며

그리움과 히망 속에 세월은 흘러

스승은 과학이요 양금은사랑

시험관 그 속에도 봄철은 온다

解說 : 사랑과 科學…… 이 두 갈랫길에서 손이 닷지 안는 아득한 한울가에 별을 따르며 그리움과 히망 속에 일곱 해가 흘럿다 北夜 兵火가가 지나간 어느 조고만 小都邑 停車場 우체통 압헤는 미령의 찬눈을 바드며 편지를 들고 섯는 아름다운 女人이 잇섯다 …… (바람소리) ……

洋金 : 복수씨 안녕하시엇습니까 벌써七 年이란 세월이 흘러갓습니다 그동안 양금이는 행복햇습니다 혼자서 새는 달밤 혼자서 건너는 바다 혼자서 지새는 山海關이 모두 복에 겨운 旅行이엇습니다 아모런 目標도 없이 맛붓뜰고 잇스면 행복입니까 놉흔 목표화살이 꼬칠 관역을 정해노코 헤여저 잇는 것이 보다 행복이 안이겟습니까

…… (바람소리) ……

洋金 : 아하 칠 년 전 서울 新村일이 상각납니다 삭을세방을 엇고 김장을 드리고 문을 바르고 마눌을 까고 고추방아를 찟코 …… 하 …… 나 갓흔 화류게 잡초에게 이건 틀림없는 행복일겝니다 해마다 寒食날이 오거든 미아리 공동묘지로 가서 아모도

돌보는 이 없는 임자 없는 무덤을 조상으로 정하자든 일 …… 복수씨 여기 무슨目標가 잇슴니까 여기 무슨 來日이 잇겟슴니가 目標없이도 행복이 되겟슴니가 복수씨 가르켜주서요 내 가리켜주세요

……(눈보라 音樂)……

洋金 : 한平生을 못 만나면 엇때요 우리 뒤엔 스승이 게시오 그리고 당신의 휘황찬란한 성공이 잇소 洋金인 죽엇습니다 七年 前 서울 新村 삭을세 방에서 죽어버렷습니다

解說 : 올바른 것을 위하야 산송장이 되는 것은 쉬운 일이 아니다 洋金이는 그것을 實行으로 보엿다 복수가 博士가 되고 社會에 큰 그릇이 되는 날을 그늘에서 축복햇다

오늘도 것는다만은 定處잇는 내 발길
복수의 地平線을 직히는 발길
눈 오는 벌판으로 馬車를 달리며
가슴엔 赤十字票 히망에 산다

8

解說 : 이 사람들이 헤여저서 여덜 번의 봄이 왓다
서울 양사꼴 崔博士의 사랑에는 커다란 잔채가 버러젓스니 잔

채가 하나도 아니오 둘씩이나 겻뜨렷다
그것은 오늘이 崔博士의 한갑(回甲)날이자 수영아들 福壽의 學位論文이 通過된 날이다

…… (◇來賓의 박수소리) ……

崔博士: 이 사람의 一生은 너무나 쓸쓸햇습니다 그 쓸쓸한 씨를 내 一生에다 自發的으로 또는 故意로 뿌린 農夫는 이사람 본인입니다 그 까닭에 나는 너무 번화한 가을을 마지햇습니다 보십시오 이 福壽君을 보십시오 옛날 優美館 골목대장 福壽君의 오날을 보십시오
君이 오늘날 細菌學硏究의 第一人者가 된 것슨 첫재는 이 사람의 깁븜인 동시에 그보다도 君의 등 뒤에는 일 분 일 초의 여유도 주지 안코 챗죽질을 한 분이 잇습니다 에 그것은 잠깐 비밀에 붓침니다

…… (來賓의 拍手와 우슴소리) ……

福壽: 선생님 누굽니까 제 등 뒤에서 챗죽질 하신분이 선생남 박게 누가 또 잇겟습니까

崔博士: 福壽君 날 속일려고? 그건 나보담도 君이 더 잘 알지

福壽: 모름니다

崔博士: 福壽君

福壽: 모름니다 정말 모름니다 선생님 한 분 박게 누가 이 불쌍한 孤兒를 더들떠나 보앗습니까 오늘의 성공은 모두 선생님의 힘입니다 저는 선생님이란 좁은 門을 한 발자욱도 버서난 일이 업슴

니다 저는 언제이고 崔博士 崔선생님의 품안에서 잘앗습니다

崔博士: 福壽君 그건 잘 아러 그러나 福壽君 세상엔 因果란 것이 잇서 인연이란 것 잇게 마련이야 한번 제 손으로 뿌린 씨는 반드시 제 손으로 거두게만 작정야 아즉 君의 머릿속에는 洋金이란 女性이 사라잇지 응

福壽: 넷?

崔博士: 福壽君 자 이걸 보아 지난 팔 년 동안 君의 행복과 성공을 빌고 수업시 보낸 편지야 어느 편지를 집어들든지 그 속엔 사랑이란 사 字의 半마디도 업서 百八煩惱 가온데 제일 버리기 어려운 煩惱가 사랑이야 그 번뇌를 洋金이는 버렷단 말야 오로지 君 하날 위해서 자길 죽인 분야 君은 너무 박정해

福壽: 선생님

崔博士: 자 洋金씨 이리로 나오시오

福壽: ……

洋金: 오 福壽씨

福壽: 오 洋金이

崔博士: 福壽君 모두 훌늉햇서 福壽君도 洋金이도 드물게 보는 人格者들이야 하……

福壽: 선생님 용서하십시요

…… (音樂) ……

解說: 폭풍은 지나갓다 왼누리가 고요한 달빗에 잠겨 祝福 가온데 잠이 든다 어느 날 朝鮮神宮 앞에는 國民服에 儀禮章을 단 新郎과 몸베를 입은 新婦가 잇섯스니 그는 福壽와 洋金이엇다

人情
放送劇

파도ㅅ소리.

배의 기적소리.

金첨지 : 아, 아, 여보게 姜서방.

姜서방 : 웨 그러나. 다신 자네허구 상관 안 하겠다는데.

金첨지 : 아따 이 사람, 글세 화낼 일이 무어냐 말야. 온 참 미친 사람이지.

姜서방 : 아니 누가 미처, 생각을 해보게. 자네두 염치가 있을 게야.

金첨지 : 염치라니 아닌 밤중에 홍두깨두 유분수지.

姜서방 : 흥 호박씨는 그만 까구 어서 심이나 허게.

金첨지 : 심이라니 이 사람 이러긴가.

姜서방 : 나두 먹구 살아야지, 입에다 거미줄을 치겠나. 그만큼 생각을 했으면 자네두 염치가 뻔허리.

金첨지 : 그렇다면 소 값이 있지 안나.

姜서방 : 소? 아니, 三년 전에 비린내 나는 송아지 한 마리 주구, 한 마지기 논을 그냥 먹어.

金첨지 : 그럼 웨 그때 그럴 것이지 인제 와서 불집을 일으키나.

姜서방 : 불집은 자네가 일으켰지, 누가 일으켜.

金첨지 : 허 …… 참 우수운 사람이군.

姜서방 : 웃을 께 아니야, 어서 몇을 안으루 심을 해 놓게.

金첨지 : 허허 참.

姜서방 : 만일 심을 헐 수가 없거든 그 논을 도루 내구 소를 도루 가져가게. 나두 인제는 배ㅅ닐을 집어치구 농사를 다잡어 해볼 작정이니.

金첨지 : 그건 말이 안 되는 말일세.

姜서방 : 안 되구 말구 나는 모르니, 그런 줄 알게.

金첨지 : 온 재수가 없을라니 별꼴을 다 보는군. …… 에잇 이 일을 어쩔담.

粉順의 母 : 여보, 여보, 아니 웨 이렇게 넋이 빠젓우. 어서 집으루 갑시다. 글세 여보, 아까 삼봉이 할머니가 왔었는데 얘기가 십중팔구는 되는가 봅듸다. 그저 그렇게만 되문 얼마나 좋겠우, 으흐흐 ……

母 : 아니 여보, 웨 이러우. 무슨 락심한 일이나 있소.

金첨지 : 姜서방을 만났어.

母 : 그래서 뭐라구 그럽듸까.

金첨지 : 아 글세 三年 전 이야기를 끄집어 내가지구 심을 허래.

母 : 뭐요, 아니 그럼 그 논 말이지.

金첨지 : 비린내 나는 송아지 한 마리 주구 한마지기 논을 그냥 먹느냐. 염치가 있느냐. 만일 심을 헐 수가 없으면 도루 내놔라. 아 이렇게 으르래는구료.

母 : 그게 정말이유.

金첨지 : 정말이지 그럼 ……

母 : 아니 그래 그 강서방이 ……

金첨지 : 무엇에 틀렸는지 아주 화가 나서 ……

母 : 그렇게 맘이 좋든 강서방이 그렇게 우리를 생각해주든 강서방이 지금 와서 고주알미주알 묵은 심을 캐다니. 그렇지만 헐 말이 있지 안수.

金첨지 : 헐 말이 무슨 말야. 그저 울적해지는 마음을 꾸럭구럭 참었지.

母 : 아니 웨 말을 못허우, 벙어리우. 제 입으루 찌쿠 까분 일이 아니우. "나는 정어리ㅅ배만 가지구두 먹고 살기는 염려 없으니 상거리논을 말어 농사를 짓게. 풍년이 들거든 떡쌀이나 좀 주고, 그렇지 않거든 그만 두게." 제 입으로 이런 말을 해서 준 게 아니우. 그래서 그럴 수가 있느냐구, 송아지 한 마리를 그 심으루 처 준게 아니유. 웨 말을 못허우. 에그 당신두 춧춧춧, 춧.

金첨지: 글세 그러니까 미쳤다는 거지 미친 사람을 보구 말을 허면 쓸 데 있나.

母: 그리구 그 송아지가 지금 얼마나 큰 황소가 됐는데, 여보 가만 있우. 내가 좀 따지구 오리다.

金첨지: 그만 둬.

母: 아니우, 이렇게 벙어리처럼 듣고만 있을 일이 아니우.

金첨지: 아 글세 그만 둬.

母: 놓시요 놔요. 그놈의 첨지 구레나룻을 쑥 뽑아 놀 테니.

金첨지: 그만 두래두 그래.

母: 벼룩이 등에 싹짐을 저먹지. 바꿉시다, 바꿔요, 치사스럽소. 치사스러워요. …… (훌적어린다)

金첨지: 바꾸다니 …… 그게 논이었오. 도랑을 끌어올리고 비료를 주고 해서 인제 겨우 논꼴이 된 것을 …… 정 드리고 공 드린 땅인데.

母: 여보 그럼 심을 처서 주기로 합시다.

金첨지: 심을 치자면 아마 쉰냥 하나는 더 집어줘야.

母: 쉰냥이요 …… 여보. 우리 형편에 무슨 수로 쉰냥을 ……

金첨지: 그러니까 이러지도 저러지도 못할 일이거든.

母: 그러면 이렇게 합시다. 윤부자ㅅ집으로 분순이를 속히 성례를 헙시다.

金첨지: 아니, 그쪽에서 의향이 있다나?

母: 글세 삼봉이네 할머니가 아까 불이나께 왔었는데, 되겠다고 그럽듸다. 더군다나 그 신랑감인 석환이가 우리 분순이를 마음에 꼳 들어 한다는군.

金첨지: 그것두 이상하지. 아, 그, 서울 색시들을 다 내두구 시골 색시가 좋다니, 하 …… 참 사람의 마음이란 ……

母: 그러니 말이유. 그래두 이 바닥에선 엄지손을 꼽는 윤부자ㅅ 집이 아니우. 그 둘째 아들한테로 시집을 보내면 우리두 코가 높아질 게 아니우. 그렇게 되면 강서방두 목이 움츠러들거요.

金첨지: 그럼 사둔집 세력으로 강서방을 눌러보잔 말인가, 하……

母: 호……

金첨지: 그렇지만 쓸 데 있나. 딸자식 하나 그리루 보내면 그만이지, 부잣집 사둔을 맞났다고 토라진 강서방의 마음이 풀어질게요. 세력 있는 집의 사위를 얻었다고 묵은 심을 캐러드는 그 마음이 식어질게요. 잘못하면 실수만 허지.

母: 애그 영감두 지지리두 못났우. 그렇게만 된다면 당신두 장죽이나 물구, 뒷짐이나 지구, 사위집 사랑에서 큰 기침이나 허실 텐데.

金첨지: 아따, 아이두 낳기 전에 포대기 작만이로군 그래 하……

母: 얼마나 좋아서 호…… 늦었우 어서 들어갑시다.

파도소리.

소 우는 소리.

저녁 때 새 우는 소리.

相乭: 앗, 아즈머니.

母: 앗, 상돌인가.

相乭: 아저씨, 우리 아버지 못 보셨어요.

金첨지: 집으루 가셨지, 웨.

相乭: 네!, 그럼 전 먼저 가겠어요.

母: 상돌이 상돌이.

相乭: 네ㅅ?

母: 저, 상돌이, 저, 자네 아버지 요새 어데가 아프신가.

相乭: 글세요.

母: 그럼, 무슨, 속상하신 일이나 있나.

相乭: 글세요.

金첨지: 글세요만, 찾는 것을 보니 자네도 잘 몰으는 모양이로군. 하여튼 내 눈으로 보아서는…… 성질이 좀 변했어.

相乭: 글세 온, 저두 그런 눈치는 채고 있지만, 무슨 일로 그렇게 이상해지셨는지 알 수 없어요. 그럼 전 먼저 가겠습니다.

金첨지: 먼저 가게. (間) 참 강첨지가 아들 하나는 잘 뒀어.

母: 에그, 우리두 저만한 아들이나 뒀으면, 무슨 걱정이유.

金첨지: 인제는 정어리ㅅ배를 제법 부린다거든. 공부깨나 했다고 어쭉대는 녀석들보다는 나딴 말야.

母: 나따뿐이유. 강서방이 상돌이 하나보구 재취두 안 했는데…… 그만 허면 보람이 있지.

빼꾸기 우는 소리.

金첨지: 여보, 저게 빼꾸기 소리 아니요.

母: 아이 으쩌면 벌서 먼 산에서 빼꾸기가 날러왔구료. 세월두 참 빠르기두 허지, 분순이가 벌서 시집갈 나히가 되구.

金첨지: 우리들이 벌서 외손자를 볼 나히가 됐단 말야.

二人: 하……

빼꾸기 우는 소리.

相乭: 분순아, 분순아, 아니 웨 대답이 없어.

粉順: 누가 대답이 없어, 뭘 허러 대답을 해.

相乭: 뭐야, 아니 너 무슨 일에 틀렷니.

粉順: 듣기 싫여. 우린 상돌이네 집허구 말 안 허기루 했어.

相乭: 뭐야, 아까 저녁에두 너의 아버지허구 너의 어머니허구 말을 했는데.

粉順: 그런 건 난 몰라. 이제는 나보구 분순아 분순아 하구 불으지 말어.

相乭: 글세 까닭이 있어야지. 무슨 일에 틀렸다든지, 그렇지 않으면 내가 보기 싫다든지.

粉順: 말하기두 싫여. 뭐 상돌이네 집 아니면 우린 못사나.

相乭: 허허 참.

粉順: 그까진 논짜백이 하나 가지구 세를 써, 三년 전에 묵은 심을 끌어내 가지구. 이제 와서 내놔라 드려놔라. 흥, 우리두 밸이 있지.

相乭: 아니, 그런 말은 누가 그랬어.

粉順: 누가 그래? 생각해보면 알 일이지.

相乭: 그래 우리 아버지가 그랫단 말이지.

粉順: 그렇게 호박씨를 까면 누가 몰으나. 난 그럴 줄 물랐어. 그래두 강서방 아저씨만은 우리 집을 누구보다두 생각해 줄 줄 알었지. (훌적훌적)

相乭: 분순아 분순아.

파도ㅅ소리.

相乭: 분순아, 그게 정말 그렇다면 내 아버지한테 무러볼게. 우리 아버지는 그럴 이가 아니야.

粉順: 그러니까 말이지, 그러니까 더 원망스럽고 야속하지 안어. 굶어죽어두 좋아. 그까진 논 한 자리 없어두 살아가.

相乭: 그럼 말은 헐 게 아니야. 요새 아버지께서 앓고 나시드니 좀 성질이 이상해지셨달 뿐이지 …… 그리구 인제는 내가 다 집안일을 맡어 허는 만큼 도리가 있지 안어.

粉順: 도리가 무슨 도리야, 정어리배를 타고 바다로 가면 그만이지.

相乭: 바다로 가면 아조 가나.

粉順: 누가 알어, 바닷님이 하시는 일을 누가 알어.

相乭: 오, 그래서 석환이한테루 시집을 간다는 말이 도라꾸나.

粉順: 뭐야, 누가 그래.

相乭: 이 바닥이 넓은 줄 알어, 다 알지.

粉順: 그러면 또 어때. 석환이한테로 시집을 가는데 무슨 상관이야.

相乭: 그야 상관은 없어. 그렇지만 아무리 부잣집 아들이래두 석환이는 여덜 달 반이야. 그러기에 댕기든 학교두 못 마치구 그냥 시굴에 와서 빈둥빈둥 놀기만 허지.

粉順: 그래두 상돌이보다는 웃길이야.

相乭: 뭐야? 흥, 그야 나보다는 공부두 많이 해구, 돈두 많구, 인물두 잘 생기구 …… 그만 허면 아라써. 분순의 마음을 아라써 ……

粉順: 상돌이 상돌이. (운다)

파도ㅅ소리 크게 들린다.

뻐꾸기 소리.

三奉이네 할머니 : 분순 엄마. 분순 엄마.

母: 아니 삼봉이네 할머니유. 어두운데 어찌 오셨우.

할머니: <u>흐흐흐흐</u>, 내가 드는 일엔 안 되는 일이 없거든. <u>흐흐흐흐</u> 들어보. 아까 그 길로 다시 윤부자ㅅ집엘 가지 않었오. 그래 다

짐을 받었드니 이달 안으루 성례 하자고 성화같이 구는구료. 분순이두 복뎀에 올라섰지. 암, 올라스구 말구 흐……

母: 하…… 아이참, 할머니두…… 그냐 오죽 좋겠우. 분순이만 그렇게 된다문야 우리두 심평이 필 게지.

할머니: 그야 심평이 피다뿐이오. 이 바닥에선 웃뜸이지 웃뜸야, 으흐흐……

母: 그렇지만 우선 그 애를 보내자면 허다못해 옷이나 몇벌 허구 머릿장이래두 장만해야 할 테니 큰일나꾼.

할머니: 음 그건 쓸데없는 걱정이야. 아 그만한 집에서 가만있겠오. 나더러 넌즛이 허는 말이, 천량 하나를 미리 이리루 보낼 테니 그것을 가지구 꿈이라고 그럽듸다.

母: 천량, 여보 여보.

金첨지: 웨 그래.

母: 아, 어서 이리좀 나와요.

金첨지: 글세 일은 다 됐어요, 됐어. 천량이라우.

金첨지: 천량이라니.

할머니: 으흐흐…… 그럼 난 건너가우. 쇠뿔은 단짐에 빼랬다구, 그저 이달 안으루 성례허두룩 허우. 으흐흐.

뻐꾸기 소리.

파도ㅅ소리.

粉順: 할머니, 할머니.

할머니: 음…… 난 누구라구, 분순이로군 그래. 으흐흐흐. 그래 분순이두 인제는 시집을 가야지.

粉順: 싫여요, 전 시집 안 가요.

할머니 : 괘니 좋아서. 그래두 분순이가 이 바닥에선 제일 이뿌구 얌전하게 생겼으니까 윤부사ㅅ집 눈에 들었지. 그렇지 안으면 될 말인가, 안 될 말이지. 으흐흐흐흐. 분순아 좋지.

粉順 : 전 죽어두 그런데루 시집은 안 가요.

할머니 : 음, 괘니 좋아서. 으흐흐흐흐.

물결소리.

빼꾸기 소리.

바람소리.

相乭 : 아버지, 아버지.

姜서방 : 놔라, 놔.

相乭 : 글세 웨 이러서요. 소용이 없는 일을 웨 이러서요.

姜서방 : 내 논 주고 내 논 도루 받는데, 어떤 놈이 주둥아리를 놀려. 홍, 누군 죽어사는 줄 아니. 김첨지 김첨지 이리 좀 나오게.

金첨지 : 강서방 웨 이러나. 그만큼 말했으면 나도 생각이 있어.

姜서방 : 생각이 있으면 어서 딱 잘러 말을 허게.

金첨지 : 허허 참.

姜서방 : 오는 정이 있어야 가는 정이 있는 거야. 보자, 보자, 허니까 괘씸하거든.

金첨지 : 괘씸이라니 누굴 보구 괘씸이래.

母 : 아아 글세 웨들 이러슈. 상돌이 어서 아버님 모시구 건너가게.

姜서방 : 홍 내가 말하는 것이 야속하슈. 三년 동안 쌀 한 되 안 주고 추수를 했으면 염치가 있지 안소. 난 물건이나 돈을 가지구 치사스럽게 화를 내거나 그런 것은 아니요. 인정이지, 이웃집에서 한집안처럼 살쩍엔 오고가는 인정이 있어야지.

金첨지: 인정이라면 우리가 무슨 자네한테 몰인정하게 한 일이 있단 말인가.

母: 그건 상돌네 아버지가 무슨 꼬부라진 생각을 가졌길래 그렇지, 우리가 몰인정하게 한 일은 하나도 없오. 난 그렇게 생각허우.

姜서방: 이웃집에 살자면 의론성이 있어야 합넨다.

母: 의론성이 없었든 일은 또 뭐요. 허다못해 삽짱 하나 사는 것도 상돌 아버지허구 의론을 하지 안었오.

姜서방: 그러니까 허는 말이 아니요. 뚱딴지같은 방봉이네 할머니허구 쑹쑹거릴 께 뭐요. 내가 알면 분순이를 집어가나 업어가나. 남의 집 혼사에 참견할 바 아니지만, 사람이란 그런 게 아닐세.

金첨지: 아니 그럼, 분순이 혼사에 화가 났단 말인가.

姜서방: 아 혼자 꼭두각씨 노름을 했을 뿐이지 …… 그래도 나는 자네를 믿고 이집 아즈머니를 믿었든 걸세. 그저 믿고만 있었지. 나도 채 생각은 못했단 말야. 분순이를 윤부사집에다 준다는 말을 들었을 제, 아차 잊어꾸나 하는 생각이 왈칵 일어나며 그게 그냥 불떵어리처럼 가슴을 쑤신단 말야. 그래서 화나는 김에 三년 전의 묵은 이야기가 나온 걸세.

金첨지: 그럼 진작 그런 말을 할게지 ……

姜서방: 설마허니 그럴 리가 있을까 — 하고 나 혼자 믿었든 걸세. 에미 없는 집에 때로는 분순이가 와서 내 밥상을 들어다 줄 제는 분순이를 내 며누리로 생각도 하고 ……

相乭: 아버지, 그만 가십시다.

姜서방: 내가 이 자식을 키울 적에 분순이 같은 얌전한 며누리를 얻어 재미를 보자든 것이 …… 여보게 내가 이런 말을 했다고 어찌 생각지 말고 분순이를 윤부사ㅅ집으루 잘 보내게. 내가 자네

네보다는 좀 형편이 났다 치드래도, 나는 뱃군이요, 자네는 농사군이요, 다 같이 땀을 흘려 먹고 사는 없는 사람이야. 그렇지만 윤부사ㅅ집은 있는 사람일세. 그거 없는 사람은 없는 사람끼리 맞나야 허느니. 잘들 살게. 어서 가자.

金첨지: 여버게 이 사람 …… 허ㅅ 그게 그렇게 된 것을 몰라꾼 그래.

母: 이 일을 어쩌우. 우리두 채 생각을 못했구료.

金첨지: 동하불명이란 말이 이 말이야. 그러고보니 상돌이만한 젊은 아히두 이 바닥엔 없단 말야.

母: 부모한테 그렇게 효성스러운 젊은 사람도 없어. 일 잘허구 마음 좋구. 윤부사ㅅ집 성환이한테 대면 인물이야 훨신 상돌이가 뛰여나지.

金첨지: 여보, 어떻게 달은 도리가 없겠오.

母: 글세요. 이달 안으루 성례까지 하기로 했는데.

金첨지: 딱헌 일이로군. 참 분순이한테 물어봤오.

母: 물어보나 마나, 그 애야 시키는 대로 헐 건데 뭐.

金첨지: 그래두 의론을 해야지. 우리가 시집을 가는 게 아니요. 분순이가 시집을 가는 건데 한 번 물어보구 다짐을 받어야지. 그리구 姜첨지 말이 올아. 없는 사람은 없는 사람하고 살아야지, 기세 높은 사람하고 어울리면 아무래도 웃음거리가 되기 쉽단 말야. (비 오는 소리)

母: 여보, 비가 오나보.

金첨지: 비가? 아니, 분순이는 어데 갔오.

母: 글세 분순이가 없구료. 분순아, 분순아.

金첨지: 분순아.

母: 분순아.

바람소리, 비 오는 소리.

문 두드리는 소리.

母: 상돌이, 상돌이.

相乭: 네? 앗, 아즈머니.

母: 분순이를 못봤나.

相乭: 분순이요?

姜서방: 분순이가 어듸 갔오? 아 그럼 찾어야지. 상돌아, 어서 찾어봐라.

相乭: 앗, 분순아, 분순아. 아니 비바람이 이렇게 심한데 바닷가에서 이러구 섰어.

粉順: 난 죽을 테야.

相乭: 쓸데없는 소리 허지 말고 어서 들어가.

母: 분순아. (멀리)

金첨지: 분순아. (멀리)

相乭: 저 봐, 아버지와 어머니가 저렇게 찾고 세기지 안어.

粉順: 상돌이 난. (훌적하고 운다)

비바람 소리 끝이고.

뻐꾸기 소리뿐.

母: 분순아 이게 무슨 꼴이냐. 그러다가 병이나 낳면 어쩔라구.

粉順: 어머니 용서하세요. 그리고 아버지두…… 난 부잣집이 부럽지 안어요. 난 오막사리가 좋구, 들에 나가 일하는 게 좋구, 바닷ㅅ가에 나가 미역을 건지는 것이 좋아요. 아버지처럼 일하며 살겠어요.

母:　그래 네 말이 옳다. 여보, 당자가 싫다는 데야 다시 헐 말이 있소.

姜서방:　여보게, 내 공연한 화푸리를 용서허게. 상돌아, 어서 가자. 밤이 꽤 늦었다.

母:　여보 아주 결말을 집시다.

金첨지:　글세요 내 생각두 그런데, 여보게 아주 결말을 지구 가게.

姜서방:　뭐, 그렇게 결말이구 뭐구 할 것 없이, 늙은 사람들은 쑥 빠지구 젊은 사람들에게 매끼면 자연 결말이 날 걸.

金첨지:　자네말두 그럴 듯 허이. 하……

姜서방:　하……

母:　하……

姜서방:　어 —, 비 온 뒤 달빛이란 참 좋군. 상돌아.

相乭:　네.

姜서방:　네 이 녀석. 하……

相乭:　아이 아버지두.

姜서방:　하……

빼꾸기 소리.

(了)

玄海灘
(전三막)

작의와 경개

이 작품은 결전하에서 긴급하게 요청되는 신병기(新兵器) 개발에 부응하여, 특히 전파병기를 연구하는 과학자를 주인물로 했다. 그 인물은 과학자로서 형이상학적 신앙에 대해 어떻게 비판하고(그리스도교), 인간에게 육체적으로 가장 큰 비애의 발생(한센병 발생)에 대해 얼마나 정신적 동요를 초래했는가. 그러나 그가 국민의 일원으로서 어떻게 과학을 연구하고 사랑하며 육체적인 최대의 비애를 훨씬 초월하여 오로지 국가가 요망하는 신병기 연구에 임하려는지 그 경위를 그렸다. 그것도 과학, 특히 전파나 광학 병기의 발명을 촉구하면서 말이다.

신앙심 깊은 한 여성이 자신의 신앙이나 청춘을 초월하여, 과학자를 위해서가 아니라 그 사람의 지력과 두뇌의 전력화를 위해 헌신하는 정신을 그렸다. 그리하여 아름다운 정신의 전력화를 재촉하기 위해 쓴 것이다.

현해탄은 일본에 핀 문화의 꽃을 대륙이나 반도로 운반하는 항로이다. 연락선에는 과학자(石原), 의학박사(伊東) 등 유학생 남녀가 타고 있다. 그들은 모두 도쿄로 건너가서 모든 학술을 배우고 돌아오는 사람들이었다. 지금 바야흐로 결전 하에 있는 남자 대학생들은 학병으로 가려는 결의를 피력하거나 서로를 격려하고 있다. 石原은 전파 신병기를 연구하는 과학자이다. 伊東은 이번에 막 논문이 통과된 의학박사이자 세균학자이다. 그의 여동생 光淑 또한 유학생이고 기독교를 믿는 여성이다. 伊東 박사는 친구 石原에게 자신의 여동생을 결혼 상대로 권했다. 石原과 光淑 사이에 □□한 교제가 있어서 光淑은 石原을 과학자로 존경하였고, 오랫동안 여성을 알지 못하고 지내온 石原은 光淑에게 아름다운 희망을 갖고 있다.

그러나 과학자와 신자 사이에는 유일신 문제, 신앙의 문제에서 사상의 일치를 찾아낼 수 없었다. 극단적으로 말하면 한 쪽이 신(그리스도 신)을 버리든지, 한 쪽이 인정해주든지, 그래야 할 문제이다. 순수한 光淑은 결혼에 대해 생각하지 않을 수 없었다. 그러나 石原은, 모든 것을 초월하여 우선 국가적 입장에서 신병기 발명에 협조할 것을 주장한다.

"나는 신을 부정할 수 있는 사람이 아니다." 이 마지막 한 마디에 光淑은 결혼의 희망을 발견한다.

石原은 대학생 시절에 愛利라는 여성과 혼약한 적이 있었다. 그녀는 여호와 신에 행복을 빌면서 결혼할 날만을 기다리고 있었다. 그런데 뜻밖에 그녀의 몸에는 한센씨병 세균(나병)이 발생하여 끝내 죽고 말았다. 이 일로 石原은 과학을 연구하는 그의 두뇌로는 여호와 신을 믿는다는 것에 의문을 품었던 것이다.

그러나 그것을 운운할 때가 아니었다. 발명이다. 과학의 연구이다. 벌거벗은 이가 되어 …… 이 힘은 커다란 힘이었다. 신심이 강한 光淑도 그의 힘에는 고개가 숙여졌다. 오로지 모든 것을 그에게 맡기기로 했다.

그들은 고향으로 돌아가서 결혼할 날을 기다렸다.

光淑은 아버지만 있고, 石原은 어머니만 있었다.

두 사람의 부모는 결혼 날짜에 대해 상의했고, 光淑의 친구들(喜子, 青子)은 그녀의 결혼을 축복했다.

青子는 출정을 앞둔 학병과 결혼한 아름다운 여성이다. 이것도 光淑에게는 깊은 감명을 주었다.

어느 겨울날이다. 光淑은 오빠 伊東 박사의 진료실에서 친구와 이야기를 나누고 있었다. 그곳으로 石原으로부터 편지가 왔다. 친구들이 장난으로 놀리고 떠난 후, 그 편지를 읽었다. 그런데 그 편지는 결혼을 단념해달라는 내용이었다.

光淑에게는 청천벽력과도 같은 것이었다.

그때 외출했던 伊東 박사가 돌아왔다. 光淑은 극도의 정신적 충격 때문에 졸도했다.

박사는 여동생에게 응급 치료를 함과 동시에 안정시켰다. 박사는 그 편지를 통해 저간의 사정을 알게 되었다.

그때 石原이 들어왔다.

그는 요새 전파지도 연구를 위해 자신의 연구실 이외에는 거의 외출하지 않았다. 그런데 그런 그가 맥없이 찾아왔다.

伊東 박사와 石原은 이 편지 사건에 대해 서로 이야기했다. 아니 이야기라기보다 오히려 충돌에 가까웠다. 박사로서는 石原이 결혼을 거절한 이유가 명료하지 않았다. 石原은 그 실증을 제시할 테니까 진찰해달라고 했다. 그것은 石原의 오른쪽 팔에 생긴 하얀 반점이었다. 박사는 반점을 떼서 현미경으로 살펴보았다. 그런데 그것은 한센씨 간상세균이었다.

나병 —.

石原은 미리 이 반점에 대하여 알고 있었다. 光淑은 치료실에서 이 무서운 이야기를 듣고, 이것이 石原이 결혼을 거절한 이유였음을 알게 된다.

石原은 자신의 연구실로 돌아갔다. 박사는 병균에 대한 치료 방책을 세우기 시작한다. 光淑에게는 자신의 불행보다도 石原의 — 과학자의 이 비극의 대하여 팔짱만 끼고 있을 수는 없었다. 이 외골수 과학자 □□□□□□□□□□ 민족의 사막 안에 있다 — 光淑은 石原의 연구실로 뛰어갔다.

石原은, 자신이 폐인이 된 것, 인간 자격을 상실한 것, 과연 이것이 愛利한테서 감염된 것인가. 그는 정신이 극도로 혼란해서 약을 먹으려고 했다.

이때 光淑이 달려왔다.

光淑은 눈물로 과학자를 격려했다. 현해탄을 건너 세토나이카이에 가면, 거기에는 낙원과 같은 병원이 있다고 이야기했다. 이때 과학연구소로부터 전화가 왔다. 그것은 □□해상에 가상 적기가 날고 있으니까 전파지도를 실험해달라는 말이었다.

실험! 과학자, 그 기다리고 기다렸던 실험에 착수했다. 옥상의 전파지도에 전파가 들어왔다. 지도에는 비행기 모양을 한 표적이 떠올랐다. 바로 해주 방면에서 인천으로 향했다. 인천 상공에 도달했다. 훌륭한 성공이었다. 이때 군관계자가 나와서 이를 목격했다. 성공의 감동 □□□□의 새로운 연구를 맡기고 떠난다.

石原은 새로운 희망과 의지를 되찾는다. 거기서도 연구를 계속할 수 있다면 현해탄을 건너 세토나이카이로 가겠다고 한다. 그러나 남은 문제는 어머니였다. 어머니가 이 사실을 알아버렸다.

石原에게는 제1기의 병증으로서 현기증이 나고 열이 났다. 나중에 찾아온 伊東 박사가 주사를 놓아 잠들게 했다. 박사와 光淑은 과학자를 위해 당분간 이 연구실을 작은 섬 같이 만들어서 그에게 연구를 계속하게 해주면서 치료를 하기로 했다. 光淑은 자진해서 과학자의 전담 간호사가 되기로 결심했다. 박사가 떠난 후 光淑은 石原의 어머니 앞에서 해맑은 눈물을 흘린다.

"어머님, 저는 무슨 일이 있어도 어머님과 함께 살아가겠어요."

登場人物

石原守鳳(科學者, 電波兵器研究)

그의 母

伊東博士(醫學博士, 細菌學研究)

그의 妹 光淑(그리스도 信奉者)

그의 父

嬉子(光淑의 동무)

淸子 〃

吉江(淸子의 結婚相對)

大學生 一

〃 二

石原宅의 老僕

看護婦

齒痛患者

軍에서 온 분 一

〃 二

場面

第一幕————————玄海灘의 海上

第二幕————————伊東博士의 診察室

第三幕————————石原先生의 硏究室

제一막

玄海灘의 海上. 連絡船의 머리ㅅ쪽 甲板 위 欄干 밖으로 물결이 굽슬거린다. 밤. 晩秋. 바다와 하늘이 한 빛 아흐레 달빛으로 어웠고 水平線의 검은 띄처럼 둘어잇다. 바른편 三等船室에서 불빛이 흘럿고 라듸오의 放送인지 혹은 乘客을 慰安하는 레코-드의 音樂인지 交響曲의 들닌다. 甲板 위엔 換氣筒이 두어 개 서 잇고 바ㅅ줄 널어 잇고 외인 쪽 뱃머리의 닷을 감는 機械 한쪽이 보힌다. 배는 외인 쪽으로 釜山을 向해 물결을 헤치는 까닭으로 그 물결 소리가 외인 쪽에서 많이 들닌다. 欄干에 기대서 (背景쪽으로) 바다를 보는 젊은 男(吉江) 女(淸子). 그리고 大學生 둘이 뱃머리 쪽에서 담배불들 서로 붙인다. 音樂은 끈어지고.

파도ㅅ소리 (이후 파도ㅅ소리 間間히 들린다)

大學生 一: (바다쪽으로 담뱃 연기를 뿜는다) 바다, 玄海灘.

大學生 二: 또 感傷的인가.

大學生 一: 하 …… 자넨 내 말이라면 모두 感傷的으로 생각허나? 感傷的이라기보다 感嘆일세. 一年에 한 번 혹은 두 번식 五 年 동안 이 玄海灘을 오고 가는 동안에 나는 아주 바다를 사랑하는 사람이 되고 말앗네.

大學生 二: 바다의 그 무엇을 사랑허나.

大學生 一: 바다의 歷史을 사랑허네.

大學生 二: 歷史를? 참 이 玄海灘엔 尹心德이의 歷史가 잇지. 死의 讚美를 불으며 짤막한 生涯을 이 파도 속에 집던진 …….

大學生 一: 그것은 新小說이야. 歷史는 안이야. (젊은 男女 大學生을 본다) 만일 尹心德이란 女子가 이 바닷속에 몸을 던지고 그것이 生과 세상을 등지는 死의 讚美로서의 行動이엇다면 나는 그 女子가

東京에 가서 무엇을 배우고 공부햇나 하는 것을 의심하고 십네. 東洋에서 가장 現實的이요 모든 文化을 生 우에 再建設한 나라가 어덴가.

大學生 二: 日本이지.

大學生 一: 그러타면 ……. 그 女子가 東京에서 배웃 것이 音樂뿐이요. 精神的인 所得은 하나도 업다고 보네. 그러기에 난 그 女子가 伊太利로 갓다는 風說을 밋고 십허.

大學生 二: 그러나 이 欄干만 넘어스면 바다 안인가. 보게 저 물결이 사람의 生命을 노리구 잇지 안나. 때로는 사람의 生命을 유혹허네.

大學生 一: 하 ……. 자네야말로 感傷的인 文學士로군. 가령 이 連絡船을 스므 사람 밧게 태울 수 업는 조그만 배라고 허세. 그런데 스믈한 사람이 탓서. 한 사람을 더 싫은 탓으로 이 배가 기울어서 스므 사람의 生命의 바다 속에 슬어질 경우라면 자네는 한 사람이 生命을 애끼겟나 스무 사람에 生命을 애끼겟나.

大學生 二: 그야 스므 사람의 생명을 건저야지.

大學生 一: 그러하면 스므 사람을 건지기 위해 사람이 그중 한 사람이 먼저 스스로 몸을 바닷물에 던저야 허지 안켓나. 말하자면 이 欄干을 넘어서.

大學生 二: 한 사람의 犧牲이 必要허지.

大學生 一: 金君 자네헌테 그만한 勇氣가 잇겟나. 스므 사람을 위해서 自己의 한낮 생명을 희생할 만한.

大學生 二: 글세 사람마다 다 自己의 唯一한 生을 사랑하니까.

大學生 一: 보게 자네는 그 글세라는 데 빠저 마음의 문둥病 患者가 된 것일세.

大學生 二: 자네는?

大學生 一: 난 옛날 붙어 南山꼴 샌님이 안인가. 그러나 有事光秋에 칼을

뽑는 花郞後裔－ㄹ세. 金君 우리는 모든 先輩 뒤를 쌀아 그리고 后輩의 앞장 銃劒을 잡고 나가야 허네. 자네도 志願을 허게.

大學生 二 : 난 이미 지원했네.

大學生 一 : 그런가.

大學生 二 : 故鄕에서 아버님께서 나 대신 志願書를 提出하시였다는 편지가 왓네.

大學生 一 : 안이 그럼 나한테 얘기해 줘야지. 참 사람두.

大學生 二 : 하하하 …… 이 사람아. 學徒出陳이면 모두 特別 志願兵이 될 義務가 있는 것이 않인가. 그 무슨 英雄的인 일이라고 宣傳을 허나.

大學生 一 : 그래두 나헌테는 報告을 해야지. 所謂 친구라는 사람한테 하여튼 자네는 경상도 문등일세. 하하.

大學生 二 : 하 …… 자네는 南山골 샌님이고. 하 …….

大學生 一 : 하…….

두 大學生 웃으며 船首쪽으로 간다.

淸子 : (손수건을 눈으로 갖어간다)

吉江 : 淸子 왜 그래?

淸子 : 으응, 별거 아니야. 나 굉장한 꿈을 꿨어.

吉江 : 굉장한 꿈? 큰 사랑이 있는 것만으로 작은 사랑은 잊어버리는 건가. 이 바다에 버리는 건가.

淸子 : 잊어버리다니 버린다는 것은 없어.

吉江 : 淸子 지금 우리에겐 새로운 歷史가 펴처젓서. 난 志願書를 가슴에 진인 채 우선 당신의 말이 듯구 싶엇서. 우리는 서로 約婚한 사람들이지만 익여야 하겠다는 것을 서로 맹서할 필요가

있어. 조그만 感情과 幸福은 둘째야. 당신이 내 가슴에 千人針(센닌바리)를 둘러 주면 난 갈 뿐이야. 爆彈이 돼서 …….

淸子: 폭탄 …… 길강 씨 …… 훌륭한 폭탄이 되어주세요. 전 당신의 폭탄이 되기 위해 기도하겠습니다.

吉江: 고마워 …… 큰 시련이야. 이 玄海灘에서 우리는 새로운 歷史의 人間이 됐다는 것을 약속했서. 朝鮮이란 조그만 덩어리 속에서 우리들은 너무두 적은 사람들이 되어왓단 말야. 淸子 …… 지금부터라도 늦지 않았어. 나를 잊고 결혼해.

淸子: 아니요. 전 기다릴게요.

吉江: 기다리지 마. 총포의 탄환은 돌아오지 않아.

淸子: 그렇지만 혼은 …… 전 당신의 혼을 기다리겠어요. 기다리면서 기다리면서 이 바다의 저 흐린 달을 언제까지라도 생각할거에요. (눈물을 뚝뚝 흘린다)

吉江: 淸子.

라듸오의 音樂 또 들린다.

두 사람 다시 바다를 본다.

淸子: (좀 추운 듯이 몸을 웃슬 한다)

吉江: 춥지.

淸子: 안이요.

吉江: 그만 들어가자.

淸子: 예.

男子는 그 女子가 들고 있는 얇은 外套를 女子의 어깨 우에 걸처준다. 두 사람이 船室쪽으로 들어갈여 할 때 光淑이와 嬉子 서로 손을 잡고 웃으며 나온다. 淸子를 본다.

嬉子: 어머 청자야.

淸子: 아, 희자야 광숙아.

光淑: 엇저면 한 배를 탓으면서두 몰랏슬까.

嬉子: 우리가 東京驛에서 열한 시 車를 탓으니까 그럼 열 시 車를 타구 왓군.

淸子: 응.

젊은 男子 먼저 船室 쪽으로 가벌인다.

光淑: 저 사람이야 어머?

淸子: …….

嬉子: 길강 씨죠.

光淑: 바로 그분이? 어쩌면 그렇케 두 분이 旅行한담.

嬉子: 그야 約婚한 사람끼리 숭인가. 그렇치 淸子.

淸子: (좀 웃는다)

嬉子: 이 光淑 氏께서두 두 분이 旅行을 하시니까.

光淑: 아—. (좀 붓그러운 태도)

淸子: 저 과학을 연구하는 분이에요. 형의 친구인 …….

嬉子: 형의 친구 …… 위대한 과학자.

淸子: 광숙이는 행복한 여자네.

光淑: 청자야 곧이곧대로 듣지 마. 희자는 과대망상 병에 걸려있으니까.

嬉子: 엣 뭐라고 하시는 거에요. 너희들은 춘향이라서 나는 방자가 되는 거지.

(모두 웃는다. 그러나 웃고 나서 일종의 외로움이 광숙과 청자의 얼굴에 나타난다)

光淑 : 길강 씨도 이번 특별 지원병이지요.

淸子 : 그래.

光淑 : 그럼 결혼은 어떻게 해.

淸子 : 결혼? …… 그게 문제가 아니야. 나는 이미 그 사람의 일부분이야. 그 사람을 위해 난 지금부터 힘차게 살아갈 생각이야.

光淑 : 아니 그 사람의 일부분이라고. 결혼도 하지 않았는데.

淸子 : 난 내 마음을 잘 알고 있어. 그 사람과 결혼했어 그 사람은 이삼 개월 후 전쟁에 가. 그 사람을 위해 결혼할 수 있는 여자는…….

光淑 : 그러나 너의 인생은 지금부터야. 좀 더 생각하는 게 어때.

淸子 : 그 사람도 그렇게 말할 거야. 광숙아, 나 울고 싶어. 웃음의 전주로서 울고 싶어.

청자는 광숙에게 기댄다.

嬉子 : 울고 싶으면 울어. 자신의 감정을 속일 필요가.

청자는 더 이상 자신의 감정을 누르지 않고 선실 쪽으로 달려간다.

光淑 : 순수한 아가씨네.

嬉子 : 정말로.

光淑 : 이젠 내가 그렇게 말할 경우라면.

嬉子 : (光淑의 눈치를 보구) 結婚, 人生의 幸福, 光淑의 이 가슴도 玄海灘의 물결처럼 뛰고 잇다.

光淑 : 또 미치는군.

嬉子 : 한 사람의 상대는 科學者 하난님을 믿는 사람과 믿지 안는 사

람. 오 玄海灘아. 너는 얼마나 많은 사람의 웃음과 눈물을 目擊햇느냐.

光淑 : 호…… 은근히 나를 까는 셈이지.

嬉子 : 光淑이 지금 純粹한 淸子의 태도를 밧지. 뭐 十字架니 아베마리아루 해서 주저할 필요가 없지 않어.

光淑 : 간단한 것이 안야. 淸子는 決定된 愛情 우에 섯지만 나로서는 …….

嬉子 : 달단 말이지.[1]

光淑 : 결혼이란 아무 사람이나 붓들고 허는 것은 안이라고 생각해.

嬉子 : 山 좋고 물 좋고 바위 좋고 그늘 좋은 자리가 쉬운가 理想이지.

光淑 : 나는 理想的인 男便을 구한다는 것은 안야. 石原先生님은 하늘의 별 같은 분야. 그렇지만.

嬉子 : 하눌의 별 같은 분이라구? 또 사치스러운 게 아냐…….

光淑 : 결코 사치스러운 게 아니라고……. 남편과 안해 사이 完全한 一致가 있어야 허지만 결혼생활을 한 가정의 건설로 본다면 家庭의 指導情神이 있어야 헐 게 안야. 夫婦란 그저 肉體的으로보다는 마음으로 한데 뭉처야 헐 게라고 생각해. 하나의 思想이 完全히 참된 사랑 우에 꽃처럼 피여 그게 열매 맺어야 …….

嬉子 : 그러니까 완전한 科學者의 안해가 되든지 그렇지 안으면 石原先生께서 크리스도를 믿으시든지 거기에 難關이 있단 말이지?

光淑 : 바로 마지노線이 토치카[2]야.

嬉子 : 그러나 마지노線을 뚤어낼 이는 하나의 爆彈이 있어.

光淑 : 爆彈?

---

1 다르다는 말이지.

2 러시아어. 콘크리트, 흙주머니 따위로 단단히 쌓은 사격 진지.

嬉子: 眞實한 사랑이 있을 뿐이야.

光淑: 眞實한 사랑.

嬉子: 참 光淑이 오빠께선 하누님을 믿으시지.

光淑: 信者는 안이야. 오직 눈에 보이지 안은 벌거지와 싸울 쁜이지.

嬉子: 이번에 博士 論文이 通過되섯다지.

光淑: 응.

嬉子: 石原先生께선.

光淑: 그분은 博士가 目的이 안이요 이 大東亞 戰爭에 필요한 兵器를 말하자면 武器를 연구하시는 분이니까 이번에 東京오신 것두 그 研究 資料를 구하실 겸 科學研究會에 後援을 받으려 오시엿대.

嬉子: 그러면 그게 무얼가. 爆彈?

光淑: 글세.

嬉子: 소리 안 나는 飛行機?

光淑: 글세 그건 나두 몰나. 나만 안이라 모두 몰으는 秘密이야.

嬉子: 秘密, 科學者의 秘密 …… 光淑이 犧牲이야. 그것은 光淑이의 信仰을 그대로 가지구 科學者의 꽃이 될 수 있는 犧牲이야.

光淑: 그분에겐 책이나 試驗管이 꽃이야. 봄을 등진 研究室에 그분이 안해 노르슬 할 수 잇는 것은 오즉 담배뿐이야.

嬉子: 담배? 호 ……. 아주 詩的인데. 이거 봐 光淑이 왜 자기가 자긔를 속이구 있어.

光淑: 그분이 나를 옆에 두고 십다면 난 그분의 助手의 資格은 없지만 助手는.

嬉子: 助手? …… 호 …… 털어 놓고 말하자면 반햇지 뭐야.

光淑: 어머 네가 …… 그렇지만 이상해. 그쪽은 미남도 아니고 호남도 아니야. 단지 듬직한 과학자인 것 같애. 이상하게 나는 그런 스타일에 끌려들어.

嬉子: 그게 바루 마음이 魔術이라는 거야. 인제 보지 뭐니뭐니해야 思想이 틀려질 터이니.

光淑: 안이야. 내 마음이 信仰과는 …… 난 어머니 없이 살아 왓서, 우 집안은 信者의 집안두 안야. 나 혼자 어머니 대신 마리아를 믿어 왓지. 그리구 마태 福音에 마음이 가난한 者는 福이 있나니 天國이 그들의 것이요 슲어하는 者는 福이 있나니 그들이 慰勞함을 받을 것이요 ……. 이 예수의 말슴을 믿어 왓어.

이때 石原先生과 伊東博士 船室 쪽에서 나와 이 마태 福音의 句節을 듣는다. 石原先生은 몸집이 뚱뚱허구 그 넓은 이마와 눈에 젊은 科學者로서 가질 수 잇는 意志的인 思索의 빛이 돈다. 伊東博士는 몸이 말은 편이구 이번 새로 學位를 어든 만큼 아주 젊은 사람으로 퍽 理智的인 콧날이며 態을 가젓다. 石原先生은 쾌활한 편이 있구 伊東博士는 얌전한 편이다.

伊東博士: 또 마태 福音이냐.

石原: 하 …… 참 훌능한 句節이요. 光淑 氏 또 이런 句節이 있지요. 누구든지 너를 억지로 五里를 가자하거든 그 사람과 十里를 가치 가거라.

光淑: 네.

伊東博士: 어렵군.

光淑: 뭐가 어려워.

伊東博士: 어 자신만만한데.

光淑: 난 자신 따윈 없어. 단지 믿을 뿐이지 ……. 그렇지만 귀한 석원 선생이 성경을 읽어주셔서.

石原: 하 ……. 왜 나 같은 사람은 聖經을 읽지 말난 法이 있오. 또 이런 句節이 있지. 누구든지 네 바른 뺨을 때리거든 왼뺨을 마즈

들여대라.

光淑: 네.

石原: 光淑 氏 나한테 한 번 마저 보시려오.

光淑: 네 때리서요. 그러나 先生님은 惡한 사람이 되시지요.

石原: 嬉子 氏는 어떻게 생각하시나요. 정말 惡한 사람이 될까요?

嬉子: 글세요. 左右간 한 번 때려 보세요. 매우 압흐게 눈물이 핑 돌게 어듸 때려 보세요.

光淑: 어듸 때려 보세요. 눈물이 핑 돌게.

嬉子: 이왕 때리실려면 눈에서 불이 나두룩 때리서요.

石原: 눈에서 눈물이 핑 돌구 눈에서 불이 나게 光淑 氏.

光淑: 어서 때려 보서요.

嬉子: 이왕이면 두 눈이 쑥 빠지두룩 때리십시요.

石原: 그럼 때리겟오 ……. 그러나.

光淑: 왜 못 때리서요.

石原: 못 때리는 게 안이오. 대단히 때리구 십기는 하지만 첫 대 내가 惡한 사람이 된다는 것 이건 내가 罪를 犯할 것을 覺悟하겟거니와 그러나 내가 한커번에 두 뺨을 때리면 그 다음엔 어느 뺨을 돌려 대시겠오까.

光淑: …….

石原: 光淑 氏. 어서 대답을 하시요.

光淑: 어서 먼저 때리서요. 그러면 …….

石原: 그러면 그 후에 대답을 하려구.

光淑: 네.

石原: 정말 맛구 십흐시오.

光淑: 예.

石原: 하 …….

伊東博士: 하……. 안이 約婚두 하기 전에 한 사람은 때리구 십허 하구 한 사람은 맞구 십허하구. 하…….

이 말에 光淑이와 嬉子 놀래 서로 본다.

伊東博士: 사랑의 현상이야.

石原: 아니야. 이것은 과학과 신앙의 관계야.

伊東博士: 嬉子 氏 우리는 저 — 리로 가시까.

嬉子: 대체 어떻게 된 일이에요. 光淑이와 石原先生님 사히엔 마지노線의 토치카가 있잖어요.

伊東博士: 그것은 問題가 안이오. 人間의 生理的 現象의 토치카를 부서벌일 테니까.

嬉子: 무슨 그런 벌거지가 있나요.

伊東博士: 이를테면 한센 씨 간상세균의 모양입니까?

石原: 한센 씨 桿狀細菌……. 그것은 무슨 벌거지에요.

伊東博士: 문둥病이 벌거지요.

嬉子: 아이 왜 아름다운 애기 긑에[3] 그런 무서운 벌거지 말슴을 하세요.

石原: (무엇인가 생각한다)

伊東博士: 하……. 그러면 벌거지 애기는 인제 뭇지 말기로 합시다.

嬉子: 네.

伊東博士: 그럼 가시지.

伊東博士와 嬉子 뱃머리 쪽으로 가벌인다. 石原先生과 光淑이 두 사람만 남는다. 파도 소리 시게 친다. 무거운 沈默. 機關 소리가 심장의 鼓動처럼 들린다. 光淑

3 끝에.

이 빰을 만지며 뻰치에 가 안는다.

石原: 光淑 氏.

光淑: 네?

石原: 왜 맛기두 전에 압으시오.

光淑: 압허요. 이 마음을 때려주신 그 압흠이 더 커요.

石原: 마음의 압흠. 煩惱 煩悶. 光淑 氏 그러나 커다란 싸홈을 위해서는 조그만 싸홈이나 슲음을 별여야[4] 하오. 敵의 飛行機가 一万米[5]의 하늘을 높이 떠서 悠悠히 날을 수 잇다면 우리 飛行機는 그 以上의 高度를 가지고 적어도 敵의 머리 위를 날러 그 머리 우에 爆彈을 던저야 하오. 내 동생이 형님이 혹은 남편이 싸홈터에서 몸심[6]을 받히는 이때 우리는 그들의게 좋은 武器를 맨들자면 全國民 — 총후의 힘이 한테 뭉처 땀을 흘리고 피를 흘려야 하오. 犧牲이 있어야 하오.

光淑: 선생님. (벌떡 일어슨다)

石原: 내가 科學을 한다구 해서 科學 科學 萬能을 불으짓는 사람도 안이고 神을 否定할 수 있는 사람도 안이요.

光淑: 그러면 神을 믿으십니까.

石原: 난 예수 크리스의 神은 믿지 안소.

光淑: (다시 주저 안는다)

石原: 大學 豫科에 닫니든 때 나의게는 한 사람의 愛人이 있엇소. 그 역시 마리야를 밋는 아름다운 女性이였오. 나를 위해서 에호바 하나님께 기도를 올이구 두람의[7] 幸福을 위해서 기도를 올

---

4 버려야.

5 일만(一萬) 미터의 의미인 듯.

6 목숨.

7 '두 사람'의 오자인 듯.

리구 그러든 愛利가 結婚을 압두고.

光淑: 結婚을 압두고 어떻게 됏서요?

石原: …… 한센 씨 桿狀細菌 癩病.

光淑: 에?

石原: 愛利는 기도를 올리며 좁은 門을 두달인[8] 것이오. 愛利는 世上을 떠낫오. 그 후로 나는 科學을 안해로 삼고 달은 女子와의 結婚은 생각지 안엇든. 研究室의 봄 그것은 孤獨한 것이였오. 그러나 나는 孤獨을 사랑하며 研究의 길을 걸어 왔오. 앞으로도 光淑 氏 ……. 伊東博士의 勸함은 물리치기 어려우나 光淑 氏 自身이 …….

光淑: 선생님 저더러 …… 물러서란 말슴이에요?

石原先生 왼편 뱃머리 쪽으로 가려 한다. 光淑이 石原先生 압으로 가서

光淑: 선생님 제가 十字架를 지겟서요.

石原: (光淑이 팔을 꽉 잡고) 안이야. 지금 괴로워하는 그 十字架를 벗어야 해.

光淑: 선생님 저는 어머니 없이 잘아왔어요.

石原: 나는 아버니 없이 살아왔오.

光淑: 선생님.

石原: 光淑이 정말 내 研究室이 꽃이 되겠오.

光淑: 네.

石原: 모ㅡ든 것을 벌이고.

8 두드린.

光淑이 머리를 뻔적 들어 先生을 보고 다시 뻰취로 와 앉으며

光淑: 하나님! (운다)

伊東博士와 嬉子 뱃머리 쪽에서 돌아온다.

嬉子: 光淑이 울어? 우는 거야?

光淑: …….

伊東博士: (빙그레 웃는다)

嬉子: (石原先生의게) 선생님 왜 光淑일 울여 노셧서요.

石原: 나한테 아무 책임이 업소.

嬉子: 웨 責임이 없으서요. 어서 光淑이 웃게 만들어 주서야 합니다.

石原: 命令이십니까?

嬉子: 안이 선생님께서두.

伊東博士: 하…….

石原: 하…….

伊東博士: 여보게 命令을 받엇으면 實行을 해야지.

石原: 날더러 喜劇 俳優가 되란 말인가. 그래 嬉子 氏 좀 비키시오.

嬉子 光淑이의 옆을 비켜준다. 石原先生 光淑이 옆에 가 앉는다.

石原: 光淑 氏.

光淑: (붓그러운 몸태)

石原: 자 그만 콧물을 딱그시지. (자기 손수건을 권한다)

伊東博士: 하…….

嬉子: 하…….

光淑:　(웃음이 터질려구 한다)

嬉子:　뭐 그렇게 참을 게 있어. 웃어버리지.

光淑:　(명낭하게 웃는다)

伊東博士: 히스테리 병증이야.

光淑:　오빠. (伊東을 흘긴다)

伊東博士: 나를 흘겨보지 말고 이 玄海灘을 봐라. 우리들은 이 바다를 건너 文化의 꽃을 따 그것을 가슴에 안고 고향으로 돌아가는 사람들이 안이냐. 더구나 今年에 새로히 學窓을 떠난 너로서는 이 바다를 보구 過去를 反省하는 同時에 앞으로의 네 갈 길을 正確히 生覺할 필요가 있어.

光淑이 欄干에 가 기대선다. 嬉子도 딸라 슨다.

石原:　문화의 꽃.

伊東博士 船室 쪽으로 가며

伊東博士: 嬉子 氏.

嬉子 그 의미를 알고 光淑일 본 다음 伊東博士를 딸아 船室 쪽으로 가벌인다. 光淑이 자긔 목에 걸어 깃 속에 감추어 있는 조그만 十字架를 풀어 쥔다.

光淑:　선생님.

石原先生 光淑이 앞으로 간다. 光淑이 十字架를 손바닥에 노아 받힌다. 先生 그 十字架를 들어 본다.

石原: 이 十字架는 西洋에서 온 文化의 꽃이오.

光淑: 벌일가요.

光淑이 先生이 손에 늘어진 十字架를 집는다. 先生은 옆으로 흔들며 그 손을 잡아 꼭 쥔다.

石原: 光淑이.

光淑: (그의 얼골을 보다가 다시 바다를 본다)

바다엔 燈台불이 하나 멀리 날아난다.

光淑: 先生님. 등台불이 보히는군요.

두 사람 燈台불을 본다. 물결 시게 친다.

두 大學生이 뱃머리 쪽에서 나와 船室 쪽으로 지나간다. 달빛이 유난스럽게 퍼렇게 두 사람을 빛인다. 心臟의 鼓動 같은 機關 소리 —

幕

제二막

늦은 겨을날. 伊東博士의 診察室.

외인 쪽이 玄關. 玄關에서 診察室로 들어오는 문이 있구 診察室에서 바른 쪽 壁

으루 治療室루 들어가는 문이 있다. 포장이 늘어서 있을 뿐 이 室 正面 壁 바른편에 또 하나 문이 있어 玄關을 通하는 廊下로 해서 內室로 가게 됐다. 正面 壁 우에 '仁術報國'이런 懸板이 걸려 있고 그 밑에 簡單한 장이 놓여 거기 診察 道具가 있구 한편에 顯微鏡이 놓여 있구 그 앞에 玄關을 向해 안두룩 챙상[9]과 의자가 놓여 있다. 왼편 壁 밑에 조그만 診察 臥台가 있구 방 한 구석에 뿕은 梅花가 花盆에 피여 한 情趣를 진이고 있다. 챙상 옆으루 患者가 안는 椅子 하나 있구 壁에 적당히 人體 解剖에 關 한 寫眞 等이 붙어 있다.

玄關 창밖으로 눈ㅅ바리 약간 날으는 것이 보힌다. 玄關에 길다란 나무걸상이 놓엿다. 看護婦 苗枝가 책상을 정돈하고 있다. 玄關엔 바른편 볼을 쥐고 쩔매는 患者가 안젓다 이러섯다 한다. 이가 쑤는 모양이다. 苗枝 걸상에 앉어 雜誌를 뒤적어린다. 患者가 참다못해 呻吟 소리를 치며 治療室로 쑥 들어간다.

患者: 여보시오. 선생님 언제 오시오.

看護婦: 글세 醫師會에 가섯으니까 언제 오실는지 몰나요.

患者: 곳 오시오.

看護婦: 글세요.

患者: 아주 늣게 오시오.

看護婦: 글세요.

患者: 이거 큰일 낫군. 아이구구……. 아…… 여보시오. 좀 바주기나 해 주시오.

看護婦: 선생님이 오서야 봐드리지요.

患者: 선생님이 안 게시면 안 되오.

看護婦: 그럼요.

患者: 그레 病院에 잇으면서 압흔 데 봐주지 못 하오.

---

9 '책상'의 오자인 듯.

看護婦: 아이 참 답답해라……. 그래 어데가 압으세요.

患者: 도무지 이쪽 이가 쏴서 펄펄 뛰겠오. 아구구…….

看護婦: 이가 압흐세요.

患者: 네 어떻케 돼서 압흔가 좀 봐주시구요.

看護婦: 여긴 齒科가 안이에요. 齒科를 찾어가세요.

患者: 齒科요?

看護婦: 이를 專門으로 보는 데가 따로 있어요.

患者: 여긴 뭘 허는 데오 病院이 안이오.

看護婦: 病院이래두 여긴 皮膚科허구 産婦人科 專門이에요.

患者: 그래두 선생님이 오시면 봐 주시지오.

看護婦: 글세요.

患者: 그래 齒科가 요 건처에 있어요.

看護婦: 나두 처음이래서 잘 몰나요.

患者: 네 처음이세요……. 아구구…….

볼을 쥐고 다시 玄關에 나가 椅子에 펄저 쥬저안는다.

看護婦 治療室로 들어간 同時에 內室 쪽에 還甲이 훨신 넘은 허-연 老人 光淑의 父親과 還甲을 바라보는 石原先生의 母親이 들어온다. 患者 다시 일어나 나가 벌인다.

光淑의 父: 여기서 診療室이오이다.

石原의 母: 네.

光淑의 父: 이 房이 治療室 이걸 채리는 데 여러 만 환이 들엇지요.

石原의 母: 그러구 말구요. 科學이니 研究室이니 해서 守鳳이가 졸나 채려 논 것두 여러 만 환이 들엇답니다. 그래두 宅에서 둔 病院이니까 수입이 좋시겠지만 집에서는 수입은커녕 작구 들어가는 이 들어갈 뿐이지요. 그 애 父親께서 많이 물려 놓구 돌아가섯으니 지탕[10]을 하지 뭐 여간 들어야지오.

光淑의 父 : 그럴게지오. 유성기를 하나 사재두 좋은 건 천 원을 한다니까 光淑이가 宅 硏究室을 보구 와서 방송국 기게室 같으다구 하든군요. 방송국을 가보지 못 해서 몰으겟지만 하여튼 젊은 사람으로 硏究에만 골몰한다는 것이 대견한 일이 안이오니까.

石原의 母 : 술두 먹을 줄 몰으지요. 남들은 봄이 되면 꽃구경을 간다, 여름이 되면 해수욕을 간다 하지만 그걸 도무지 몰으지요. 장가를 가라면 그저 무슨 못 들을 말이나 들은 듯이 고개를 흔들군 하드니 이번엔 어떻게 생각이 들엇든지 제 입으루 먼저 승낙을 햇군요.

光淑의 父 : 변변치 못한 게집아히로서 東京에 가 공부는 햇다지만 硏究하는 사람이 안해 노릇을 하며 또 점잔은 집이의 메누리 노릇을 감당할지 그게 걱정이오이다.

石原의 母 : 온 벨 말슴을. 오히려 新郞과 색시이 나히가 十여 년이나 차이가 나서 …….

光淑의 父 : 나히가 무슨 상관이 있오이까. 이 사람은 十五 年이나 차가 있는 안해를 마저 아들 녀석허구 光淑이 하나 낳고는 그만 세상을 써낫지오. 그저 오래 살구 잘 사는 게 제일이오이다.

石原의 母 : 그렇구 말구요. 오래 사는 게 제일이다 뿐이에요. 守鳳이두 지금은 제 혼자 큰 듯이 科學이니 硏究니 하지만 그저 그것 하나 남겨놓구 그래 父親이 도라가신 다음엔 혼잔 손으루 키워 혼잔[11] 손으로 공부를 식켯지요. 재물이 잇다구 어듸 외로운 生覺이 없어지나요. 일구월심에 守鳳 하나 커서 메누리 보구 손주들

10 지탱.

11 혼자.

엉기덩기 느즈막엔 외롭지 않게 살자는 소원이 이 나희가 되두룩 손주는 커녕 며누리좋아[12] 없이니 ……. (콧물을 씬는다)

光淑의 父 : 늘으막에 자식이 덕을 본다는 것두 큰 福이지오.

石原의 母 : 자식은 화초라는 말이 있잔어요.

光淑의 父 : 화초보다 더 귀여운 화초지요.

石原의 母 : 압헤 있어두 있는지 없든지 그저 硏究室에만 푹 파무처 있으니 뭐 화초랄 게 있어요.

光淑의 父 : 그것두 어릴 적 말이지오. 크면 제맘대로들 하니까요. 집에서두 그 애 오래비가 있다지만 제 硏究와 事業에 골몰하고 늘 앞헤[13] 있다는 것은 손주 아이들 뽀이지요.[14]

石原의 母 : 보히지 안는군요.

光淑의 父 : 에미가 데리구 친정엘 간다구 갓읍니다.

石原의 母 : 참 대견하시겟어요.

光淑의 父 : 그것들이 화초지오? 하하 …….

石原의 母 : 守鳳이는 硏究을 해서 이럿케 늣엇군요.

光淑의 父 : 뭐 금방입니다. 그보다도 이 時局에 뚜렷한 目的을 가지고 착실한 硏究를 해왓다는 것이 놀나운 일이 안이오니까.

石原의 母 : 글세요. 어제두 軍隊 사람이 찾어 오구 今年붙어는 科學會에 하는 데서 보조金을 내기로 햇다나요.

光淑의 父 : 하 …… 참.

石原의 母 : 그럼 아까 말슴하신대로 알구 가겟읍니다.

光淑의 父 : 네 ……. 하로밥비 成禮를 하는 것이.

石原의 母 : 이번 硏究가 꼭 끈난다구 하지만 어디 그때까지 기다릴 수 잇

12 며느리조차.

13 앞에.

14 '뿐이지요'의 의미인 듯.

어야지오. 그럼 삼월 초생에 날자를 잡도록 하겟읍니다. 참 사주를 물어보니까 아주 졻아는군요.[15]

光淑의 父 : 하하 …… 조와야지 납버서야 ……. 그저 百年偕老.

이때 光淑이가 外出햇다가 들온다.

光淑 : 아이 오섯서요. (石原 母親에게 人事한다)

石原의 母 : 날이 퍽 춥지.

光淑 : 네 눈발이 날이는군요.

光淑의 父 : 어딜 그럿케 단이는냐.

光淑 : 저 동무 집에 좀 갓다 왓어요.

光淑의 父 : 못 쓴다. 인제 며츨 안이면 시집갈 처녀가 外出이 자주면 못어.[16]

光淑 : (얼골이 빨게진다)

石原의 母 : 호 …… 예수를 밋는다지.

光淑 : …….

光淑의 父 : 우리 집안엔 예수 밋는 사람이 없는데 애만은 教會堂을 단엿지요 ……. (光淑일 보구) 그래 시집은 안 가구 修女가 될 테냐.

光淑 : …….

石原의 母 : 호호 …… 나는 부처님을 밋는데 호 …….

光淑의 父 : (感嘆)

光淑 : 부처님.

石原의 母 : 뭐 밋는 게야 무엇을 밋든지 마음이 착하면 그만이니까.

光淑의 父 : 암 그렇지요. 그렇구 말구요. 착한 사람이껜 罪가 업스니까요. 난 아무 것두 밋이 안습니다. 애 오래비두 아무 것두 안 밋이요.

---

15 '좋다는 군요'의 오자인 듯.

16 잦으면 못 써.

石原의 母 : 집이 守鳳이두 그래요.

光淑의 父 : 믿든지 믿지 않든지 忠孝가 압서야 합니다.

石原의 母 : 新羅 때 円光法師란 니는 이런 말슴을 하시였지요. 첫째 임금을 섬기매 충성으로 할 일, 둘째 어머니를 섬기매 효성으로 할 일, 셋째 친구를 사귀매 信이 있어야 할 일, 넷째 臨戰不退라는 말을 하시며 그때 사람들을 훈겨[17]하시엿다 하드군요.

光淑의 父 : 臨戰不退 좋은 말슴이오시다. 참 점잔은 집안의 어머니 되시는 분은 다르시군.

石原의 母 : 그저 들은 風月이요. 어든 문자지은 호 ……. 그럼 이만 가겟읍니다 ……. 안녕히 게십시요.

光淑의 父 : 네—에.

玄關으로 나간다.

光淑의 父 : 안녕히 가십시요. 혼자 어떻게 가시나.

石原의 母 : 온 별 말슴을 電車만 타면 빵 하고 태워다 줄 걸은 어서 들어가십시요.

光淑의 父 : 네—에.

石原의 母 나간다. 光淑이 딸아 나간다. 看護婦 治療室에서 나온다. 老人 診察室로 들어온다.

光淑의 父 : 博士 先生 어듸 가셧나.

看護婦 : 醫師會에 가섯서요.

17 '훈계(訓戒)'의 오자인 듯.

光淑의 父 : 음……. 臨戰不退라 허…….

웃으면서 內室로 들어간다. 이때 齒痛 患者 다시 玄關으로 들어와서 다시 診察室로 들어온다.

患者 : 선생님 옷엇오.

看護婦 : 안이요.

患者 : 아이구…….

看護婦 : 글세 齒科를 찾어 가시라는데 왜 그러서요.

患者 : 齒科가 어디 가 붙은 줄 알아 찾어가죠.

看護婦 : 뭇지두 못 하섯오.

患者 : 아무리 물어두 요 근처에 업군요.

看護婦 : 아이 답답한 양반두 다 보겠네.

患者 : (화가 벌컥 낫다) 안이 안압흔 사람이 답답하겠오 압흔 사람이 답답하지. 씨…… 아구구…… 응…… 아구구 아이구.

이때 光淑이 다시 玄關으로 들어온다.

光淑 : 안이 어듸 압허 그러서요.

患者 : 아이구 선생님이십니까. 이가 쏴서 못 살겟스니 어서 좀 봐주십쇼.

光淑 : 선생님께서 안 게신데요. 저 齒科를 찾어 가시지요.

患者 : 안이 齒科가 안이면 압흔 이 하나 봐 주지 못 헙니까.

看護婦 : 글세 선생님이 안 게신 걸 어쩌라구 그러서요.

患者 : 그 그만 둬요.

光淑 : 저 큰길루 쭉 南쪽으루 가면 우편국이 있잔어요. 바로 그 옆에

있는 病院이 齒科입니다. 어서 그리 가 보서요.

患者: (그 말을 들응 체두 안 허구) 엥이 괜이 와서 시간만 보냇군. 집에서 끌은 장물이나 들구 있을걸. (그만 화가 나서 나가버린다)

看護婦: 호…… 참 별 患者를 다 보겟네.

光淑: 어디 患者말 남을랠 수 있오.[18] 外科 醫師는 外科만 內科 醫師는 內科만 齒科 醫師는 齒科만 이렇게 專問的으로 自己의 分野만을 맡아 治療한다는 것이 現代 醫學의 矛盾이 안이겠오.

看護婦: 젊은이 안인 患者를 받엇다가 생사람을 잡는 일이 있잔요.

光淑: 그러니까 悲劇이지. 모—든 科學이 專門科한다는데 進步도 있지만 그것으로 해서 폐단두 만탄 말이지.

이때 젊은 女子 □□□□□□.

淸子: 계십니까?

看護婦: (玄關으로 가서) 診察하러 오셧여요.

淸子: 안이요. 저 光淑 氏 게서요.

看護婦: 네. (診察室로 들어와서) 누가 찾어 오셧어요.

光淑: 나를?

玄關으로 간다.

光淑: 안이 이게 누구나. 언제 왓어.

淸子: 어제 先生님께서?

光淑: 우리 옵빠 말이지. 어듸 가셋서. 어서 올나와.

---

18 환자만 나무랄 수 있소.

淸子: 저 嬉子 되리구[19] 들어오게.

光淑: 嬉子?

젊은 女子 나갓다. 嬉子를 데리구 들어온다. 看護婦 內室 쪽으루 트인 낭하로 사라진다.

嬉子: 오호…….

光淑: 아이 저런 쑥 좀 봐.

모두들 웃으며 診察室로 들어온다.

嬉子: 안이 워 그렇게 꿈적을 안 해.

光淑: 누가 헐 말인데.

嬉子: 생각지 않은 사람이 달겨드는군 그래. 즉시 광숙을 찾어 왓지.

淸子: (光淑일 보구) 그래 재미 조와.

光淑: 내 재미 밤낮 그렇지.

嬉子: 아—쭈 세계에서 제일 행복스러운 사람이.

光淑: (빙그레 웃는다)

淸子: 호…….

光淑: 요새 친정에 가 잇다구.

淸子: 그저 시집에 있다 친정에 와 있다 그러지.

光淑: 吉江 씨헌테서 消息이 있나.

淸子: 응 인제 붙어 산 哲學을 硏究하겟다는 편지가 일주일 전에 왓어.

光淑: 산 哲學을?

19 데리고.

嬉子: 전쟁이 한창일 때 인생의 철학을 알까?

光淑: 호…….

淸子: 호…… 엇저면 저러케 變하지 안을까.

嬉子: 나? 시집을 안 가니 그렇지. 하…….

嬉子 서서 왓다갓다 한다. 光淑이두 淸子두 웃는다.

光淑: 淸子는 퍽 變한 것 것태.

淸子: 글세.

嬉子: 淸子는 시집을 갓으니까 變햇구.

모두들: (또 웃는다)

淸子: 참 結婚式은 언제냐. (光淑일 보구)

嬉子: 三四月 꽃피고 새가 울 째.

光淑: 아이 수선 부리지 말구 이리 좀 앉어.

嬉子: 結局 光淑이가 全部를 讓步하구 全部를 밭여 硏究室의 안해가 되기로 됏지……. 그런데 참 언제냐. 얼는 해야지. 그 情熱이 식으면 어떡허라구.

光淑: 아이 참…….

淸子: 무슨 일이 잇든지 그때는 올나올 테야.

光淑: 아직 날자는 정하지 안앗서.

嬉子: 어서 화촉동房에 불을 켜야지—. 에그 벌서 시간이 이렇게 됏군. 光淑이 나 먼저 가겠어.

光淑: 좀 더 놀다가 저녁이래두 먹구 가지 그래.

嬉子: 안야. 不得已한 볼일이 있어. 그리구 只今 남에 집에 가서 숫까락 들 땐가.

光淑: 아이 웨 저렇게 싱거울가.

嬉子:　싱거웃니까 데레가는 사람이 업지.

光淑:　호…….

淸子:　호…… 나두 가야지.

光淑:　뭘 그래.

嬉子:　淸子는 오래간만이니 더 놀다가 우리 집으로 와요.

이때 看護婦 편지를 들고 들어온다.

看護婦:　先生님 宅에서 편지가 왔어요. (편지를 光淑이게 준다)

嬉子:　선생님 宅에서. (光淑이 손에 든 편지를 뺏는다) 石原守鳳 — 오…… 偉大한 科學者의 글월이오.

光淑:　밎엇서.[20]

嬉子:　오 내 敬愛하는 光淑 氏 나는 그대를 硏究室의 장미꽃으로 마지하겟나의다.

光淑:　雜誌社 記者가 되드니 더 순선이야.[21]

嬉子:　(封筒[22] 머리를 붇은는)

光淑:　아이 참 어서 이리 내.

안 줄여는 편지를 다시 뺀는다. 淸子와 看護婦 웃는다.

光淑:　남이 편지를 뜻는 법이 언잇담.

嬉子:　아아 애타는 가슴……. 나는 간다.

光淑:　주책이야.

---

20 미쳤어.

21 '수선이야'의 오자인 듯.

22 봉투.

모두 웃으며 玄關으로 간다.

光淑 : 淸子는 더 놀다 가지 그래.

淸子 : 來日 또 만나.

光淑 : 그래.

(잘 잇어) (잘 가) 서로 人事하며 淸子와 嬉子는 나가버리고 光淑인 診察室로 들어온다. 看護婦 治療室로 들어가고 업다. 光淑이 편지를 들고 只今 흥분햇든 숨을 몰아쉰다. 엇던 幸福感에서 편지알은 끄낸다. 읽은다. 光淑의 가슴과 손이 떨인다.

光淑 : 하난님. (하고 椅子에 털석 주저 앉은다)

이때 伊東博士 들어온다.

伊東博士 : 에 눈이 꽤 오는 걸 ……. 光淑아.

光淑 : (편지를 흐믈여 쥔다)

伊東博士 : 그게 뭐냐.

光淑 : 아무 것두 안이에요.

伊東博士 : 편지데. 어서 왓니.

光淑 : …… 동무한테서 온 ……. 옵빠.

목이 꽉 맥힌다.

伊東博士 : 石原先生한테서 왓니.

(光淑이 그냥 쓰러진다)

伊東博士: 光淑아. 苗枝 씨. (하고 看護婦를 불은다)

看護婦: 아, 아가씨가.

伊東博士: 注射器 캄풀 한 크람.

看護婦 注射 놀 準備. 바람소리가 인다. 博士는 光淑을 안아 診察 臥床 눕인다. 가슴을 만저 보구 看護婦가 너어 줄 注射藥을 팔에 놋는다.

伊東博士: 急激한 情神 衝擊에 온 卒倒야.

看護婦: 아가씨.

伊東博士: 安靜하면 意識의 回復이 되지. (博士는 決코 당황치 안코 光淑과 떠러트린 편지를 집어 본다. 室 안에 電氣불이 써인다)[23] "光淑 氏 참담이 愛利가 없어진 後로 가장 아름다운 꽃이오. 또 幸福이 샘물노 여기어 모든 것을 約束한 그대 光淑 氏 그리고 十字架를 내 손에 노아 信仰까지도 나이께 매껴 아베마리야를 다시 찾이 안케다고까지[24]한 그대 光淑 氏 그러나 그것은 잘못이엿다는 것을 그대에께 勸하오. 나는 나대로 宇宙를 分解하는 한 사람이지만 그대는 神과 아베마리야를 그대로 信仰하시요. 나는 그대를 第 二의 愛利를 맨들기 실소. 愛利는 불상한 女子. 그 愛利와 같이 그대가 불상해짐을 내가 엇지 참을 수 있겟오. 나는 只今 電波를 硏究하오. 電波가 내 않애요. 그대를 마저 幸福을 주지 못한다면 그대의 손에 맹서하는 반지를 꿔워들일 수 업소. 나보다 젊은 사람과 幸福한 살림을 할 수 잇는 데로 시집을 가 주시오 ……." (거기 품어 잇는 뜻을 다시 생각한다) "光淑 氏 그대는 永遠히 내 가슴에 있을 女性이요. 별서 내 안해가 된 거나 매한가

23 전기불에 쏘인다.(비추어 본다)
24 찾지 않겠다고.

지였오. 그러나 이 몸이 썩어질 엇던 豫感을 안고 참담한 브라운관을 응시하고 있는 나의 안해는 될 수 업소. 이 몸이 썩어질 엇던 豫感…… 참담한 브라운관 …… 이거 이상한데 …….

이때 눈을 그대를 맞은 石原先生 玄關으로 들어온다. 幽靈같애 보인다. 술 취한 사람이 정신을 채린 듯이 고개를 뻔적 들드시 泰然히 診察室 안으로 들어온다.

伊東博士: 石原. (號처럼 불은다)

石原先生은 光淑이가 누운 쪽은 보지 못한 채 博士의 앞으로 간다. 博士의 손에 있는 편지를 보구두 그리 놀내지 않은다. 博士는 편지를 들어 보히며.

伊東博士: 이것이 …….

石原: (그 말을 막으며) 아무 말두 말구 내 몸을 좀 診察해 주게.

伊東博士: 診察을.

이때 光淑이가 "선생님" 하고 엷은 呻吟을 한다. 看護婦 그 옆에서

看護婦: 아가씨.

石原: (博士를 본다)

伊東博士: 過격한 흔븐[25]의 졸도야.

光淑: 물. (한 모금 찾는다)

博士 얼은 물을 갓다 입에 너어 준다. 博士는 돌아와 제 椅子에 앉는 다. 光淑이

25 흥분.

意識이 회복된다. 다 돌아본다.

光淑 : (石原先生을 보구) 선생님. (몸을 이르킨다) 선생님 왜 오섯서요.

石原先生 그냥 책상[26] 상대편이 椅子에 앉은다.

伊東博士 : 苗枝 씨 안채로 되려다 눞이시오. 安靜을 해야지.

光淑 : 오빠. (呼訴하는 것 같이 불은다)

伊東博士 : 아무 생가[27] 말구 어서 들어가 있어.

苗枝 光淑이를 되리구 內室편으루 사라진다.

伊東博士 : 石原 엇던 理由가 잇든 일단 決定한 事實은 事實대로 進行식기는 것이라고 생각하네. 자네가 電波를 硏究하는 途中에 자네 人生觀이 變햇다 하드래두 이미 자네는 한 女子의 運命을 지구 있는 거야.

石原 : 나는 火藥을 품은 사람일세. 나는 光淑 氏와 갗이 犧牲을 갗이 하구십지는 안어. 내 硏究室은 불덕어리야.[28] 한떨기 곶을 불덩어리 속으로 붙은다는 것은 罪惡 안인가.

伊東博士 : 罪惡이라니? 光淑이는 이미 자네 물건이란 것을 생각지 안나. 火藥인든 불덩어리든 光淑인 자네 生命을 갛지할 자네 그림자야. 이 편지는 도루 가주구 가게.

石原 : 影湖. (號처럼 불은다) ……. 나한테두 사랑과 눈물이 있는 사람일

26 책상.
27 '생각'의 오자인 듯.
28 불덩어리야.

세. 나는 孤獨한 사람이였네. 十年 前에 愛利란 女子를 사랑한 일이 있어슬 뿐이야.

伊東博士: 愛利란 女子는 불상한 女子엿다.

石原: 愛利는. (퍽 흥분한다)

伊東博士: 그 불상한 女子를 자네 있이 못헌다.

石原: 잊을 수 업서.

伊東博士: 그럼 그 女子와 結婚하겟단 말인가.

石原: 이 편지를 똑똑이 보고 말을 하게.

伊東博士: 이 편지는 情神 異狀이 잇슨 患者의 글일세.

石原: 情神 異狀!

伊東博士: 쉽게 말하자면 자네는 光淑이가 실탄 말이지. 엇던 달은 女子와 結婚한다는 것이 안이라면 人間을 無視하고 人間일 光淑일 무시하고 電波 혹은 브라운管허구 結婚을 하겟단 말이 안인가.

石原: 난 人間을 무시하는 科學者는 알일세.

伊東博士: 그러면!

石原: 國家的인 立場에서 새로운 電波 武器을 硏究하는 사람이 人間을 無視한 사람이란 말인가.

이상한 흥분이다.

伊東博士: 그러면 왜 이런 편지를 썻나.

石原: 不可避한 事情일세.

伊東博士: 이것이 不可避한 事情인가. (편지를 책상 우에 탁 논다)

石原: 모역?

伊東博士: 아무리 同氣間이래두 난 光淑이 볼 낯이 업서.

石原: 影湖 그러면 不可避한 事情이 實證을 보겟다.

伊東博士: 實證?

石原: 그것은 벌거질세.

伊東博士: 벌거지?

石原: 影湖. (悲狀한 목소리)

石原선생은 衣을 뻿꼬[29] 왼쪽 어깨를 벗어 본힌다. 어깨 바로 밑 팔 우에 白色 斑點이 있다.

石原: 이 힌 斑點을 보게 이것이 얻언 벌거지의 皮膚病인가.

伊東博士: 아! 흰 斑點.

石原: 어서 診察해 주게.

伊東博士: 다른 醫師이게 診察을 받은 일이 있나.

石原: 학실한 對答을 받지는 못해서. 그러나 엇던 豫感으로 나는 이 斑點을 否認할 수 업서.

伊東博士: …….

博士는 핀을 들어 斑點을 건들인다. 그리고 찔어 본다.

伊東博士: 앞은가?

石原: 안이.

伊東博士: 여기를 좀 긁어 보세.

博士는 손을 消毒하고 칼로 斑點을 긁는다.

29 벗고.

伊東博士 : 앓은가.

石原 : 안이.

博士는 긁는 것을 檢鏡板 우에 놓구 무슨 染料를 뿌려서 그것을 들어 電氣 풍노에 말이며 들여다본다. 바람이 부는 소리. 그것이 말은 다음 그 우린 板을 물에 흔들어 씨서 다시 물기를 없이 한 다음 책상에 앉어 顯微鏡에 집어 놓고 나사를 돌여 前後로 움죽혀 본다. 博士의 눈에서 불이 나는 뜻하고 만은 침을 삼긴다. 石原은 전 生命을 쏙아 博士와 顯微鏡을 본다. 判決 宣言을 앞은 被告와 갓다. 바람소리 光淑이가 낭하로 나와 들어온다.

伊東博士 : (顯微鏡을 붓들구) 한센氏 桿狀이다.

石原先生 얼골 번쩍 든다. 光淑이 놀랜다.

石原先生 의자에 펄저 주저앉어 無意識으로 담배를 피여 문다.

博士 풀적 일어선다.

光淑인 治療室루 들어가 벌인다.

博士 왓다갓다 하다가 石原를 본다.

伊東博士 : 石原 내 말을 들어주겟나.

石原 : …….

伊東博士 : 대단치 안은 皮膚病일세.

石原 : 한센氏 桿狀細菌 이것이 대단치 않은 벌거지란 말인가.

伊東博士 : (좀 놀낸다)

石原 : 玄海灘에서 자네가 第一 무서운 벌거지로 例를 든 것이 이것이엇고 愛利가 하느님을 원망하며 세상을 써난 것도 이것이었네.

伊東博士 : 애리? 정말로 전투격멸이야? 싸움은 지금부터 시작된다.

石原: 나는 人間 生活이란 울타리에서 벗어저야 할 사람이 되고 말엇네. 어머니 어머님은…… 三十 年 동안 고독하게 사라오신 어머님은 엇지 되나……. 자식으로서 아무런 孝道가 없이 난 지내왔네. 그러나 내가 업다면 누구 리지하고[30] 어머님은 나를 사랑하심으로 내 研究室을 사랑하였지만 내가 없는 研究室이라면 그것은 풀도 꽃도 없는 砂漠일 겔세.

石原은 그냥 玄關으로 나간다.

博士 잡는다.

伊東博士: 石原 나를 믿어주게. 내가 研究한 것이 뭔가. 자네 몸은 내게 맷겨주게.

石原: …….

伊東博士: 자 이리 와 앉게. (실경에서[31] 병을 끄내고 잔을 끄내서 놓구 붓는) 이것이 電氣 뿌랑이란 걸세. 한 잔식 하세.

石原先生 앉는다. 잔을 든다.

둘이 마싯인다.

博士 말은 안주가 들어 있는 남무 합을 또 끄내 놓는다.

伊東博士: 자 한 잔 더 들게. 파스칼은 이런 이런 말을 허지 않엇나. 人間은 偉大하다. 웨 偉大하냐. 그것은 人間 自身이 이러케 悲慘하다는 것을 알기 때문이다.

石原: (좀 취해오는 모양)

---

30 의지하고.

31 시렁에서(?).

伊東博士 : 石原 이 편지는 살라 벌이세. (전기 풍노 우에 살은다) 이 편지 속의 愛利란 女子는 퍽 사랑햇든 女子인가.

石原 : 난 지금 내가 사람인가 하는 생각이 나네. 廢人 사람들이 돌을 던지는 癩病[32] 患者 한 송이의 꽃두 찾이할 수 없는 썩어가는 척추動物 아메리카의 電波兵器인 라두오 로켓타 이상의 特性을 가진 電波 警戒機 作戰室의 電波地圖 이 研究는 물거품이 된 것일세.

伊東博士 : 왜 그렇게 생각하나. 물꺼품이라니 電波 受信機에 對한 새로운 研究만 하드래도 正確한 理論과 實驗을 왜 갖어. 요새 電波 兵器의 하나로서 推薦되여 있지 않은가. 자네는 또 光線砲의 새로운 着想과 그것을 맨을 수 있다는 理論을 가지고 있지 안나.

石原 : 光線砲. 내가 그런 말을 한 일이 있었나.

伊東博士 : 헌 일이 있어.

石原 : 이 이상 더 괴롭지 않게 내 희망이 컷을스룩 내 슲음의 깊이는 한이 없어. 난 한 방울의 기름도 없는 기게가 되고 말었네. 이 몸떵어리의 悲哀. 질어도 압흐지 않고 칼노 긁어도 압흐지 안은 흰 班點이 내게서 모든 것을 빼앗어 가구……. 난 갈 곳이 업네. 이 손을 붓들구 인사헐 사람도 없이 됏서. 잘 있게. (玄關 쪽으루 갈려 한다)

(이때 光淑이 治療室에서 나온다)

光淑 : 선생님.

石原 : (돌여다 본다)

32 '나병(癩病)' 혹은 '전병(癲病)' 둘 중의 하나로 보임. 문맥상 전자일 확률이 높다고 봄.

光淑 : 선생님 어디로 가십니까.

石原 : …… 집으로 가오.

光淑 : 언제 또 오시겟어요.

石原 : 오기 어려울 것 같오.

光淑 : 그럼 마즈막 인사로 손이나 잡아 주세요.

光淑이 손 내민다.

石原 : (놀랜다) 그럴 수 없오.

光淑 : 선생님. 그렇게도 무정하십니까. 마즈막 인사두 싫다시니.

石原 : 光淑 氏 안녕히 게시요.

光淑 : 그것이 마즈막 인사입니까. “선생님 부대 안녕히.” 저는 이렇게 인사를 드리지오 ……. 어서 가세요.

石原 : 갈 사람은 어느 곳이든 가야 할 義務가 있오.

光淑 : 義務요 ……. 선생님.

불으며 石原先生 앞으로 달겨든다. 石原는 뒤으로 물러스면서.

石原 : 내 몸에 손을 대지 마시요.

그대로 玄關으로 나간다. 光淑이 門까지 갔다 돌아서 문설주에 비슬거리며 기댄다. 博士는 이런 때 顯微鏡을 다시 본다.

光淑 : 오빠.

伊東博士 : …….

光淑 : 한센氏 桿狀菌은 쥑일 없는 벌거진가요.

伊東博士： (고개를 든다)

光淑： 저―쪽 房에서 다 들었어요. 이것이 꿈이지 現實은 안이겟지요.

伊東博士： 現實이 꿈이 되는 거다. 꿈이 現實이 되구. (苦悶)

光淑： 오빠. 이것이 정말이라면 石原 선생님은 (어떠 豫感에 눈이 뚱그래진다) 짐금 곳 治療하면 무섭게 되지는 안치요. 오빠 石原 선생님은 없어서 안될 뿐이에요.

伊東博士： 나한테 맷기구 들어가거라.

光淑： (그 말을 듣지 않고) 만일 그이가 그이가. (또 어떤 豫感에 가슴을 떤다)

(光淑이 內室로 들어가 벌인다) (박사는 책상에서 醫書를 끄내 調查한다. 다음에서 다음으로 여러 책이 책상에 쌓인다)

伊東博士： ハンセン氏―癩…… チャウルムグラ …… チャウルムーグラ. アニリン 色素 実驗……. メチリーン青. 実驗 …… エステルまた …… ナスチン注射 …… テトロド トキシン注射.

(博士는 藥甁을 또 끄내 보는 等 研究的인 態度로 들어간다. 光淑이 외투를 입고 볼을 싸며구 다시 나온다)

伊東博士： 어델 가니.

光淑： 櫻花町이요.

伊東博士： 거긴 왜.

光淑： 왜라니요. 내가 안 가면 누가 가요. 그분은 식검언 湖水앞에서 있는 사람이에요. 光明을 잃은 사람이요.

伊東博士： 못 가. 주저 넘은 일이다. (앞을 가로막는다) 저 책을 바라. 저 顯微鏡을 봐라. 그리고 저 藥甁을 나한테 맷겨. 病勢는 지금 돈짝

만한 班点으로 낱아났다. 그러나 손꼬락이 떨어지거나 발꼬락이 떨어질 날은 멀었어.

光淑: 아—. (공포를 늣긴다)

伊東博士: 무슨 일이 있든지 무슨 犧牲이 있든지 石原만은 생생한 人間으로 다시 맨들어야 해. 네 말맛다나 石原은 偉大한 머리를 가진 사람이다.

光淑: 그러니까 가야겠어요.

伊東博士: 네가 가서 멀 헌단 말이냐.

光淑: 뭘 허느냐구요……. 오빠 지금 그이의게 物質보다 情神이 필요해요. 저 책이나 藥보다 꽃이 필요하구 사람으로서의 땃뜻한 손이 사랑이 필요해요. 오빠 막지 말아 주세요.

(光淑이 그냥 玄關으로 나가벌인다. 博士 다시 막지두 안는다. 바람소리 친다. 博士는 光淑이가 떨으틀이고 간 빨간 손수건을 집는다. 방 한 편에 피여 있는 梅花가 눈에 뜨인다. 博士는 그 손수건을 梅花 가지에 갓다 걸어논는다)

(電氣ㅅ불이 꺼지고 바람소리)

×

梅花에만 照明

幕

제三막

石原先生의 硏究室.

正面壁 왼편으로 三分之一의 窓門이요 바른편 三分之二가 電波地圖図裝置다. (模型)

바른편에 문이 잇어 이리로 해서 寢台과 안으로 들어가게 되고 위인 편이 문이 잇어 이리로 해서 박으로 드나들게 쓰는 문이다.

地圖 밋에 길다란 卓子가 놓여 라디오와 電話와 電波地圖 操縱 機械 가 놓여 잇다.

室 中央에 큰 책상이 놓여 거기 電波 警戒機가 잇고 빔— 空中線의 模型, 實驗用 브라운管, 物理學 또는 電波에 關한 參考書類가 잇고 圖式製作에 關한 器具 光線砲의 模型.

그리고 電氣 스탠드가 있다.

壁이란 壁은 모두 여러 가지 圖式이 말어 잇고 特히 '臨戰不退'란 족자가 窓과 地圖 사히에 걸려 있다.

책상을 싸고 의자가 두엇 正面과 바른편 壁 사히에 드러눌 수 잇는 椅子가 놓여 있다.

라디오에서 音樂이 들리고 密閉할 수 있는 窓문이 열려진 채 바람소리가 요란스럽고

밤하늘에 떨어지는 눈발이 窓문으로 날러 드러온다.

室 안은 어둡고

窓박에만 좀 떨어저 있는 듯한 外燈의 불빗의로 해서 호미하게 밝은 편인이다.

잠시 아무두 없다.

이웃고 室로 이 집에 忠僕인 六十 바라보는 西江老人이 바른편 문에 서 들어온다.

뒤를 이어 어머니가 들어온다. 손에 念珠를 가젓다.

西江老人이 불을 킨다.

라듸오를 끈다.

母: 원일일가. 창문이 열어젓군.

老人: 글세올시다. 이 문은 여는 法이 없는데 ……. (창문을 닷는다. 그리고 창□을 친다)

母: 어데를 갓기에 이 눈이 오는 밤에 아즉두 들어오지를 안으니 웬일일가 ……. 研究所로 간다고 그럽듸가.

老人: 아무 말도 없이 나가시는 것만 봣지요 ……. 요새 어덴가 不便하신 모양이드군입쇼.

母: 不便허다니 ……. 추운 날에 추운 줄도 모르고 더운 날에 더운 줄도 모르는 그애가 …… 病이라고 아라본 일이 없지 안앗소.

老人: 이때 남들은 돌님 감기로 알는 법도 잇읍지만 선생님이야 어뒤 …… 허구 헌 날 德山町 研究所 안이면 小研究室애서 이상냐릇한 기게와 씨름을 하시면서두 머리 한 번 압흐시다는 일이 없엇습죠.

母: 그럼 어듸가 압흔가. 도제 말을 안하니.

老人: 그렛올시다. 오늘은 퍽 얼골빛이 납부시드군입쇼. 참 오늘 갓다 오신 일은 어찌 되습니까.

母: 오늘은 그 宅 염감님을 맛나 三月 中으루 좋은 날짜를 定하기로 햇오.

老人: 참 듯든 중 반가요 일이올시다. 다른 데 마님 갓으시면 벌서 커다란 손주님이 잇으실 춘춘에 ……. 그야 뭐 이제라도 아씨만 드러오시는 날이면 구슬갓고 꼿갓은 손주님을 금방 보실테니 □참 일각이 삼추갓습니다.

母: 손주가 뭐요. 일럿스면 손주 며누리나 손주 사위를 볼 나힌데.

老人: 그렇구 말구옵소.

母: 제 자식 미운 데 없다고 선생님이야 속을 쎅여준 일이 잇나 남한태 빠지는 일이 잇나.

老人: 빠지는 게 뭐요 모두들 훌늉한 분이라고 그러는뎁쇼.

母: 다 제 재주루 남한테 충앙을 밧는 것이 안이오. 개인의 이익을 탐내본 일두 없구 무슨 명에를 탐내는 일두 없구 그저 나라에 봉공한다는 뜻으루 집안에 잇는 재산을 받쳐 이 연구실을 꿈여 놓구 여기서 臨戰不退를 하시겠다는 게지. 내 속을 썩였다면 제 고집대루 혼사가 늦어진 것이구 이 房에만 파묻혀 에미 자식간에 …… 情답게 이액이라두 헐 새가 없어온 일이지 …….

(눈을 치마끈으로 눌은다)

老人: 너무 상심하지 마십쇼. 멀리 떠나가는 아들을 두고 사는 父母두 만은뎁쇼.

母: 그거 쓸쓸하니가 이런 말두 나오지면. 그대두 자나 깨나 이 房에 잇스려니 생각하면 그 든든한 마음이야 비할 때가 없지. 어떤 때는 멀리 떠나지나 안을까 멀리 떠나면 어쩌나 혹시 방정마즌 생각이지만 무슨 큰 병에 걸리지나 않을까. 내가 죽기 전에 못 볼 일을 보지나 않을까 …… 이런 생각 저런 생각 부즐업는 생각에 벼갯 머리가 젓는 때도 ……. (말을 못하고 책상 우에 염주를 놋고 콧물을 씻는다)

老人: 마님 그런 생각 아이에 마십쇼. 인제 꼿 필 시절이면 안房 대청마루 건넌밤 그리구 저 꼿나무가 서잇는 뜰악으루 마님을 모시구 마님 시중을 들구 마님의 애깃벗이 되시면 쓸쓸하신 것두 적적하신 것두 그리구 이런 생각 저런 생각 다 잇으시게 될 것입죠.

母: 글세 온 그렇게 되야지만 늙게 산 보람이 있을 게 안이오.

老人:　그럼은입쇼.

母:　西江老人두 퍽 늙었구료.

老人:　니여. 마님께서 꼿같이 젊으섯슬 때 마님宅에 온 것이 벌서 三十餘 年이 넘엇나붑쇼……. 추우신데 어서 들어가시지요.

母:　三十餘 年이……. 우리 守鳳이가 아장거리구 돌아단이든 때가 어제 같구료.

老人:　니여. 지금은 아주 선생님이시지만 그때 애기는 이 손인에 등에 업혀 오줌두 싸구 어떤 때는 전차 구경을 가자구 그 쏘그만 손으루 소인의 뒤통수를 막 때리기두 햇읍쇼.

母:　호…….

老人:　흐…….

母:　(웃음을 끈치고 房안을 둘러본 다음) 오늘같이 추운 날은 주무시는 房에 불을 좀 많이 넣시오.

老人:　니예. 뜻뜻이 땟습니다.

母 바른편으로 들어간다.

老人 燈ㅅ 불을 끄고 들어간다. 문밖의 바람소리 들녀온다.

電話종이 운다.

원편[33] 문이 열리며 눈을 맛인 채 石原先生이 들어온다. 천천이 걸어 電話 있는 데로 온다. 불밋에 두 손바닥을 본다. 그리고 電話機를 든다.

石原:　…… 네. 石原先生입니까. 아 石原先生은 않게십니다……. 旅行을 떠나섯습니다……. 워된지 그것은…… 몰으지요. 하여간 먼 데로 떠나신 것만은 사실일 겝니다. 네…….

---

33 왼편.

受話機를 제자리에 걸구 책상에 놓인 念珠을 보구 집는다.

石原: 어머니 …… 運命이란 것이 잇읍니가. 罪가 잇다면 어듸선 罪임니가. 언제인가 어머님은 이런 말슴을 하셧지요. 사바 세게의 모든 중생은 罪報所生이라고 ……. 肉體! 어머님이 이 일을 아신다면 얼마나 슬어하실가. 안이 그 이상 그 이상 그리고 모든 사람이 …… 나는 廢人이다. 사람으로서의 資格이 없다 ……. 생각하는 갈대라면 나는 썩어 가는 갈대다. …… 科學은 이 내 몸에 번식하고 잇는 무서운 벌거질을 完全히 복멸식힐 만한 治療方法과 藥을 찾어내지 못하고 잇다. 科學은 이렇게도 무럭한[34] 것인가. 내가 가는 곳마다 모든 사람들은 얼골을 찝흐리구 나를 피하리라. 나 자신이 무서운 벌거지가 되구 말엇다. 아—.

그는 어쩔 줄을 몰은다.

窓장을 것고 窓문을 열어 젯기고 박을 내다본다.

눈ㅅ발이 그를 향해 쏘다진다. 바람소리 시다.

石原: 모든 사람을 위해서 …….

착상으로 도라와 설합에서 藥甁을 꺼낸다.

石原: 모든 사람을 위해서 무서운 벌거지를 죽이자. (藥藥을 쥐고) 廢人은 가자. 뭔 데로 가자.

---

34 무력한.

시름업이 藥藥을 놋고 自己가 사랑하는 機械와 地圖와 圖式을 도라본다.

라듸오의 시윗치를 돌린다. 音樂이 들린다.

다시 책상으로 와서 설합을 열고 光淑이의 十字架를 들구 본다.

石原: 玄海灘! 光淑이 그대는 왜 나한터[35] 十字架를 주었소.

그는 길다란 걸상에 가 눕는 라디오의 音樂 바람소리 눈은 작고 窓門 안으로 드러친다.

西江老人이 바른편 門에서 그림자처럼 들어온다.

西江老人: 선생님.

石原: (벌떡 일어난다)

西江老人: 마님께서 念珠를 놓구 오섯다구 念珠를 가저오라 …… 안이 이 추운 밤애 저 창문은 왜 열어노셨수 감기 드실라구. (다들러구 한다)

石原: 하라범 닷지 말어.

西江老人: (멈칫할, 이상이 역이며 책상 우의 念珠를 집울려구 한다)

石原: 하라범. (당황한 목소리) 그 염주는 내가 갖는다고 그렇게 엿쭤.

西江老人: 안이 선생님이 念珠를 갓이셔 하 …… 그럼 마나님께 그르케 엿쭙죠. 참 마님게서 허시는 말슴이 오늘은 들어오시는 대로 안방에 오시여서 오래간만에 얘기두 하실 겸 마님 녚에서 주무시라구 …….

石原: 뭐? …… 하라범 오늘밤은 저 문을 열어놓구 공부할 일이 잇어 못 드러가구 來日은 틀림업시 들어가 어머님 말슴대로 하겟다

35 '나한테'의 오자인 듯.

구 엿줘.

西江老人: 니예.

石原: 그리구 오늘은 일즉 주무시라구.

西江老人: 니예 ……. 저 선생님.

石原: 왜그래.

西江老人: 요새 얼골빗이 좀 나뿌신데 不편하신 데가 잇으면 말을 하슈. 藥 지여다 드릴게.

石原: 不편이라니 ……. 내가 언제 알아본 적이 잇엇나 ……. 어서 들어가슈.

西江老人: 니예. 그래두 몸조심은 하서야지.

老人 바른편 門을 들어간다. 石原 머리를 쥐고 다시 드러눕는다. 바람 소리. 벌떡 일어난다. 책상 앞을 가서 고뿌에 물을 부어놓고 窓門을 닷구 藥甁에서 가루를 조히[36]애 쏫는다. 이때 왼편 문을 두다리는 소리. 조히를 설합으로 밀어 벌인다. 가루가 책상 우에 흘럿다.

왼 편 문이 열리며 光淑이가 들어온다. 石原 藥甁을 집는다.

石原: 아—.

光淑: 선생님.

光淑 책상 위를 보고 石原이 쥔 藥甁을 본다.

光淑: 선생님 안돼요. 이게 무슨 일이에요. 선샘님. 그 甁을 이리 주세요.

---

36 종이.

石原: 光淑이 이 무서운 사람이 잇는 데를 왜 왓소. 愛利와 같이 불상한 女子가 되고 십소. 어서 가시오. 이 房을 나가주시오.

光淑: 선생님 어서 그 甁을 이리 주십시오.

石原: 이것이 뭣인 줄고[37] 그러시요.

光淑: 압니다 아러요. 이 光淑이는 속이시지 못합니다. 선생님.

石原: 내 몸에 손을 내면 안 됩니다.

그러나 光淑이는 石原의게 달겨들어 藥甁을 빼서 窓門을 열고 집어던진다. 그리고 窓문을 다시 닫는다.

光淑: 선생님은 科學者가 안임니까. 科學으로 싸워야 됩니다.

石原: 科學은 限界가 잇오.

光淑: 그 限界을 넘어서 가는 것이 또 科學이 않임니까.

石原: 그건 올은 말이요. 그러나.

光淑: 오빠의 科學은 밋을 수 업시단 말슴이에요.

石原: 날더러 밋으란 말이요.

光淑: 네 밋어주세요. 내 電波地圖가 成功될 것을 밋듯시 믿어주서요. 그리구 선생님은 지금 苛烈한 戰爭이 要求하는 科學을 硏究하고 게시지 않습니가. 太平洋 바다 조고만 섬들의 언저리에서 先生님의 硏究를 기달이며 얼마나 만은 동포가 피을 흘렷읍니가. 선생님 …… 저는 선생님의 病을 잘 알고 잇습니다. 常識的으로는 알고 잇서드라면 그것은 무서운 病입니다. 그러나 선생님의 病勢는 發端期에 잇습니다. 그 治療에 대해서는 오빠와 저한태 맷기시구 어서 硏究를 게속해 주시요.

37 뭣인 줄 알고.

石原: 光淑이 …… 고마운 말이오. 그러나 나는 이 研究室을 떠나야 할 사람이요. 小鹿島나 그러치 안으면 玄海灘을 건너 瀨戶內海[38]의 조고만 섬을 갓어 …….

光淑: 저는 小鹿島엔 가 본 일은 업지만 瀨戶內海의 病院이 잇는 섬에는 見學을 간 일이 잇어요. 거기는 별달은 꼿밭이 잇서요.

石原: 꼿밭이요?

光淑: 네. 온갖 꼿이 피여잇구 새들이 平和스럽게 노래를 불우구 거기 患者들은 더구나 初期애 잇는 患者들은 하로에 한 번씩 간단한 치료를 밧은 다음엔 언덕에 올라 눈 아래 보히는 瀨戶內海의 풀은 물결을 바라보며 물새들이 날러가는 것을 보구 뱃사공의 고랫소리[39]를 들어가며 詩를 잣는 사람은 詩를 쓰구 그림을 그리는 사람은 그림을 그리구 研究하는 사람은 연구를 하구 情다운 사람끼리 꼿밧 속에 트인 길을 걸어가며 ……. (운다)

石原: 光淑이 왜 울어 ……. 내 대신 울어주는구료 ……. 그 아름다운 瀨戶內海가 내 눈 압에 보히는 것 갓소 ……. 光淑이 밤이 늣엇스니 어서 도라가시오.

光淑: 선생님. 약속해주세요. 이 研究를 繼續하신다지[40] 약속해주세요.

石原: 研究는 내 생명이요. 이 電波受信機 이 電波地圖. 저 壁에 붓은 精密圖式 그리고 想像圖를 보. 이것은 사람이 없이 바다 우에 떠서 敵機를 警戒하는 海上 無人 電波 警戒機의 그림이요. 이것이 成功하고 저 電波地圖가 성공되는 날이면 나는 이 光線잘을 사용할 날이 머지 안다고 생각하오.

---

38 '세토내해'의 잘못. 일본 혼슈[本州], 규슈[九州], 시코쿠[四國]에 둘러싸인 바다.
39 '노랫소리'의 오자인 듯.
40 '하신다고'의 오자인 듯.

電波地圖의 시윗치를 눌은다. 地圖全面이 환해진다. 그것은 付둘[41]을 包含한 仁川바다의 地圖다.

石原: 仁川바다 여기에 警戒機가 떠잇엇다고 봅시다. (거기 파란 다마가 엇어 불이 켜진다) 여기서 電波로 敵機를 警戒하고 잇오. 여기 쯤 敵機가 떠온다구 봅시다. (飛行機 모양인 표가 뜬다) 그르면 이 警戒機는 電波로 해서 敵機가 왓다는 것을 알으케주오. 이 브라운管이 아르케주는 거요. 그르나 여기 (警戒機) 서는 사람이 없어 몰으기 까닭에 여기에 어든 情報가 그대로 中繼되여 이 서울 우외서 즉접 이 地圖 우에 낱아나게 되는 거요. 다시 말하면 이 地圖만 보고 있으면 仁川바다에 敵機가 떠온다는 것을 환히 알 수 잇는 거요. 여기 만일 光作砲가 업이 그것을 조종할 수 잇다면 光線을 던저 敵機를 떨이틀일 수 잇는 게 아니요. 이것은 결코 황당한 근거가 업는 말이 안니요. 그 可能性애 對한 確固한 理論애서 나온 거요. 우선 나는 이 電波地圖의 個別的 實驗 成功을 기달이고 잇오.

光淑: 선생님, 成功해 주서요.

石原: 그르나 나는 科學硏究所에루 갈 수 없이 되구 硏究하는 사람들과 갓이 이야기할 수도 업이 됫오.

光淑: 선생님 왜 또 그런 생각을 하세요. 굿서게 싸워 주서요.

이때 電話鐘이 운다. 光淑이가 밧는다.

光淑: 예 아? 선생님이십니까, 안녕하세요 실험이세요. 예, 알겠습니

41 부두.

다. (선생을 보구) 科學 硏究所애서 곳 實驗을 시작해 달라구요.

石原: (생기 잇게) 實驗! (電話를 밧는다) 예 접니다. 실험입니까. 전파지도만 …… 예, 그럼면 전파는 그쪽에서 중계를 해주시는 거군요. 가상 적기는? 海冊 방면에서 인천, 인천에서 경성 옛, 알겠습니다. 군이 보이십니까? 그것은 도 이르다고 생각하고 있습니다만 …… 예? 벌써.

石原: 이런 …… 어이? 살았는가 죽었는가. 광숙 씨 제 조수가 되어주세요 실험이 시작되면 제가 부르는 방향도수를 이 종이에 적어주세요. …… 광숙 씨 이거에요. 이 교신기의 브라운관에 나타나는 정보가 그 지도가 그대로 나타내고 있는지 어떤지를 살펴보는 실험입니다만, 이 정보는 연구소에서 왔어요.

책상 위 交信機와 電波地圖 및 잇는 交信機群과 電波地圖에서 윘치를 넛는다.

電波機의 雜音

時計를 본다.

緊張 브라운管을 본다.

石原: 비췄다, 이것이 바로 가상적기이다.

地圖에 비행기가 뜬다.

光淑: 아, 비행기가 나타났습니다.

電話종이 운다.

電話器를 든다.

石原: 아! 지금 적기가 나타났습니다. 방면 서지 39도 거리 62키로 ……. 예, 그렇습니다. 62키로 적기는 남쪽에서 오고 있습니다. …… 삼십 도 삼십팔 삼십칠 그렇습니다. 인천을 향해서 매우 빠르게 거리 사십일 …… 그렇습니다. 또렷하게 나타났습니다. 방향 삼십 도 삼십일 거리 삼십팔 인천을 향해서 맹매진 …….

이럴 때 光淑은 그 方向과 距離를 맞어□스면서 쓴다.

그리고 軍에서 私服 한 분 한 분 軍服을 입은 (中尉) 분의 한 분(二) 둘이 와서 이 實驗光景을 보고 있다. 그러나 光淑이와 石原은 자긔 일에 골몰해서 몰은다.

石原: (受信器를 들구) 적기는 지금 인천에 접근했습니다. 인천입니다. 인천 상공입니다. 그렇습니다. 그렇지 않습니다.

그때 비행기가 動搖를 일으킨다.

地圖의 불이 커지고

비행기가 업어진다.

石原: 아, 여보세요 이런, 이상하군.

受信機等을 살펴 보구 調整을 해본다.

브라운管을 본다.

光淑: 어떻게 되었습니까?

石原: 그래, 그렇다, 그거다.

地圖에 불이 들어온다.

역시 비행기는 없다.

石原: 그것은 확실히 비행기 추락이 아니라면 불시착이다. (受信機를 들구) 여보세요. 아, 그렇습니다. 적기의 불시착이 아닙니까? 역시 ……. 비행기가 인천상공에 있다가 사라져 버렸습니다. 마키 씨, 마키 씨 덕분입니다. 성공입니다. 성공기원으로 한잔 하시겠습니까?

光淑: 先生님.

石原: 물론이지요, 성공입니다.

軍에서온분 一: 석원 씨.

石原: 아, 선생님, 아 중위님.

軍에서온분 一: 정말 수고 많으셨습니다. 지금 시험상황을 보고있습니다만, 이 성과에 대해서는 감사할 따름입니다.

軍에서온분 二: 당신의 노력으로 반드시 이 일이 성공할 것이라고 기대하고 있을 때쯤 이처럼 멋지게 실험 성과를 올려서 정말로 기쁠 따름입니다. 지금 국가존망의 결전 하에 있어서 과학의 사명이 중대한 것입니다. 과학적 무기의 발명 또 그것의 대량의 생산, 그 전파지도라 해도 많이 만들어서 전방과 후방에서 유효하게 사용하지 않으면 무기로써 가치를 가질 수 없는 것입니다.

石原: 이 점이 제일 고려해야 할 점입니다. 이거야말로 정부의 힘이 아니면 될 수 없습니다.

軍에서온분 二: 정부로서도 물론 거기에 힘을 다하고 있습니다.

軍에서온분 一: 석원 씨, 그것은 우리들에게 맡겨주시고 해상 무인 비행기 또 화학무기의 발명에 연구를 계속해 주십시오.

軍에서온분 二: 당신에 대해 군으로서 최대한 도와줄 생각입니다.

石原: 고맙습니다.

軍에서온분 一: 그럼 내일 전기지도에 대한 논문과 그 도식을 저에게 보내 주시겠습니까?

石原: 네 …….(光淑일 본다)

軍에서온분 一: 몇 분이라면 제가 또 찾아뵙겠습니다.

石原: 아닙니다. 제가 가지고 가겠습니다.

軍에서온분 一: 그럼 기다리고 있겠습니다.

軍에서온분 二: 그럼 (팔뚝時計를 본다) 늦어서 실례하겠습니다.

軍에서온분 一: 네.

軍에서온분 二: 오늘 밤 푹 쉬시길 바랍니다.

石原: 네.

(軍에서 온 분 二 나간다)

軍에서온분 一: 석원 씨 왜 그러십니까 피곤하십니까? ……

石原: …….

軍에서온분 一: 몸을 잘 간수하세요. 만약 뭔 일이 있으면 그거야말로 국가의 손해이니까요. 자아, 그럼 내일 봅시다.

石原: 예.

軍애서 온 분 一 나간다. 石原 딸아서 나간다. 光淑이 책상 우애 노인 제 十字架를 집는다. 感激과 비창 두 감정에 두 눈을 감는다. 石原 다시 들어온다. 消毒藥을 대여[42]에 푼다.

石原: 光淑이 먼저 손을 씨스시오.

42 '대야'의 오자인 듯.

光淑: (하라는 대로 손을 씻는다)

石原: (그 물에 손을 씻고) 研究는 이제 끗이요. 난 지금 實驗하는 途中에 새로운 것을 깨달앗오. 闘爭과 克服이요. 人間도 亦是 偉大한 것이요. 이 電波地圖를 實驗하는 同時에 나란 人間을 實驗한 것이요……. 光淑이 오빠와 議論해서 나를 보내주시요. 玄海灘을 건너 瀨戶內海의 그 꼿이 피고 물새가 날러간다는 섬으로 보내 주시요.

光淑: …….

石原: 거기 가서 研究를 繼續하겟오.

光淑: 선생님 저도 가겟어요. 선생님의 助手로 선생님의 看護婦로.

石原: 光淑이 …… 안 되오. 그것은 안 될 말이요. 그것은 …… 난 光淑이의게 못 할 일을 한 사람이요……. 이 電波地圖는 光淑이의 힘이요. 이것을 光淑이란 文字를 너어 光式電波地圖라고 일홈을 지여 光淑이의 은혜를 記念하겟소……. 그리구 내가 떠난다면 이 집안에 아무두 없으 내가 없드래도 친오빠의 집이나 같이 놀러와서 고적하신 우리 어머님을 위로해 주시요. 우리 어머님은 쓸쓸히 살아오신 분이요. 이 病이 생겻다는 것을 아신다면 어머님은 …… 光淑이 지금애 와선 나보다도 어머님의 健康이 염녀되오.

光淑: 어머님의겐 알리지 말아야지요.

石原: 자연 아시게 될 것 안이겠오.

光淑: 그래두 그것은 선생님께서 떠나신 후애 서서히.

이때 老人이 바른편 문에서 나온다.

老人: 선생님, 어그 …… 病院宅 아씨가 오셧구먼.

石原: 왜 또 나왔오.

老人: 저 마님께서 오늘 研究하시다가 아무리 늣드래두 들어오시라구.

石原: 하라범 오늘만은 여러 가지 공부가 잇어 못 들어가구 來日 들어간다구 여쭈.

老人: 글세요. 마님께서 오늘은 웬일이신지.

石原: 어서 들애가시우.

老人: (들어갈려구 한다)

石原: 하라범. 어머님께 들어가 (무슨 헐 말을 하려다 멈추고) 오늘은 어머님께서 대려주시든 人蔘차가 먹구십다고 엿쭈. 그래 끌여주시거든 갓다줘.

老人: 니에. 人蔘차를 ……. (좃아한다)[43]

이때 어머니 나온다.

母: 守鳳아.

石原: 어머니.

老人: 저기 病院 아씨가 오섯군입쇼.

母: 光淑이가 안이 언제 왓서.

光淑: (잠잣고 허리를 굽힌다)

石原: 이 地圖 實驗에 助手로 불러왓습니다.

母: 助手로? 도와주고 일을 거들어주는 사람이란 말이지. 암 그래야지.

光淑: 깃버해주서애요. 이 地圖 實驗이 成功을 햇서요.

母: 成功을 그럼 그 시험을 나한테 좀 비여줄께지.

---

43 '좋아한다'의 오자인 듯.

光淑: 軍隊에서 모두 보구 가섯서요.

母: 軍隊에서 …….. 그걸 硏究하느라구 房애서 떠날 줄을 몰으지. 하여튼 고맙다. 남들이 모두 나를 보구 훌늉한 아들을 뒷다구 입에 침이 말으지. 그게 쉬운 일인가, 그게 孝子지.

光淑: 어머니, 저는 孝子가 되지 못합니다.

母: 그런 말은 안 할게. 아 그저 몸조심해야지. 사람이란 늘 성하구 늘 젊을 수만 업으니까. 하라범이 퍽 걱정을 하드라.

石原: 온 별 말슴을 하십니다. 제가 어디 아러본 적이 잇슴닉가.

老人: 참 마님. 선생님이 오늘은 마님께서 대려주시는 人蔘茶가 잡숫구 십우시굽쇼.

母: 人蔘茶를 그래, 내 금방 대려다 주지 …….. 뭐 먹구십흔 게 잇그든 뭐든지 말을 해라. 요새 물자가 업다지만 너 멕일 것이야 업겟나. 참 光淑이두 오구 햇는데 과일두 좀 내오구 엿두 좀 내오지. 하라범, 어서 들어가 물 먼저 끌이지.

老人: 니예. (깃뻔 듯이 들어간다)

母: 오, 光淑이 가지 말구 놀구잇어.

어머니 깃쁜 마음으로 들어간다.

石原 그 어머니를 바라본다. 倚子에 비슬거리며 앗는다.

光淑: 선생님. 어듸가 …….. 그리치만 小鹿島나 瀨戶內海의 病院으로 가야 하지 안어요. 瀨戶內海의 病院은 가본 일이 잇서 이야이[44]를 햇는데요. 그랫드니 그리루 가신다구요.

伊東博士: 그야 國民保健의 立場에서 그런 病院으로 가는 것이 原則이지

44 '이야기'의 오자인 듯.

만 당분간 이 研究室를 小鹿島나 瀨戶內海의 病院으로 색각하고[45] 달은 사람을 接近식히지 안는 동시에 當者 外出을 禁하고 내가 責任醫師로 治療하면 될 게 안이냐.

光淑 : 그럼 새장 안에 갓친 새가 되는군요.

伊東博士 : 그르나 石原은 이 房 안에 全宇宙가 잇어.

光淑 : 오빠.

伊東博士 : 웨.

光淑 : 그럼 전 이 房 안 이 조고만 病院의 看護婦가 되겟어요.

伊東博士 : 看護婦.

光淑 : 네.

이때 電話종이 온다.

光淑 : 여보세요, 苗枚 씨 ……. 아, 아랏외요 ……. (電話를 맛치고) 급한 患者가 왓다구요.

伊東博士 : 그럼 나 먼저 가겟다 ……. 이 體溫器로 體溫을 재보구 한 시간 후에 이 藥을 먹두룩 해라.

光淑 : 오빠. (말 할 수 업는 感情이다)

伊東博士 : 이것은 消毒藥이다. 그리구 이 마스크를 쓰구 잇어.

博士는 말한 物品을 놋구 나가벌인다. 光淑인 體溫器를 들고 좀 색각 하다가 石原이 누은 데로 가서 품속에 그것을 넛는다.

石原 : …… 각가이 오지 마시오 ……. (다시 일어나 빗슬거리며 긴 倚子에 가

45 '생각하고'의 오자인 듯.

눕는다)

光淑이 電化를 걸려한다. 이때 伊東博士 손가방을 들구 들어온다.

光淑: 오빠.

伊東博士: …….

博士 石原을 診察한다. 注射 놀 準備

光淑: 오빠, 무슨 病勢이요.

伊東博士: 極이 初期에 잇어서의 현기症이야. 熱이 좀 잇어. 퍽 충분햇섯군.

光淑: 이 電波地圖의 實驗을 햇서요.

伊東博士: 그래서.

光淑: 成功애요.

伊東博士: 드뒤어 成功을 햇구나. 훌늉한 科學者다. 다음은 光線砲…….

注射를 놀려구 한다.

光淑: 오빠, 제가 놋께요.

伊東博士: 니가? 自信이 잇느냐.

光淑: 네.

光淑이가 石原 팔에 注射를 놋는다.

伊東博士: 石原.

石原: 英湖 고맙네. (조그마케 들린다)

博士는 機具를 치워 가방에 넛는다.

光淑: 오빠 지금붓어 治療하면 完全이 治療할 수 잇지 안어요.

伊東博士: 確信할 수는 업다. 그르나 더 以上 나뻐지지 안코 病勢가 陰性으로 숨어벌이면 반듯이 傳染한다고 할 수도 업지만 傳染할 念慮도 업고 말하자면 完全에 각가운 治療라고도 할 수 잇다. 하여튼 내 全研究를 기우려 石原君의 新兵器研究에 支障이 업도록 治療해 볼 作定이다.

그르고 제 위투[46]를 덥어준다. 유리窓으로 눈 개인 밤하늘의 달빗이 흘러 들어온다……. 어머니가 茶종과 주전자를 들구 老人이 果일과 엿 이 담긴 그릇을 들고 들어온다. 그것을 모두 책상에 놋는다.

母: 光淑이.

光淑: 아, 지금 잠이 드섯서요.

母: 음…… 그럼 가만 둬야지.

老人 나간다.

母: 그럼 光淑이 먼저 들지. 자 (人蔘茶를 딸아준다)

光淑: (대답이 안 나온다)

母: 그리고 이것두 좀 들어……. 뭐 체면 채리구 붓그러워 할 것 잇나. 인제 우리 집 사람이 될 것인데.

光淑: 어머니.

46 '외투'의 오자인 듯.

母: (좀 놀랜다) 음 그야 지금붓어 어머니라구 불러두 좆치.

光淑: 어머니, 맛이세요. (또 한 잔에 딸아서 권한다)

母: 그래 나두 좀 맛이지. (찻종을 든다)

光淑: 어머니 전 무슨 일이 잇든지 어머니 엽을 떠나지 안겟서요.

母: 안이 웨 벌서들 말다툼을 햇나?

光淑: 안이요.

母: 그야 우리 집에 오늘 날붓어는[47] 내가 죽는 날까지 내 엽을 떠나지 말아야지. 안방으루 대청마루루 너넌방으루 참 건넌房은 光淑이 房으로 定해왓스니가 그리고 저 꼿나무가 서잇는 뜰악으루 내 시중을 들구 또 말벗두 되구 누구를 밋겟나. 저 선생님이야 으레 내 아들이니가 턱엇는게지만 인제 光淑이 하나 밋고 살지. 저 사람이 또 研究차로 현해탄이란 바다를 건너 東京이나 大阪엘 간다 하드래도 光淑이만 내 엽에 잇스면 그만이지. 남들은 또랑물 건느듯이 건너단이것만 난 한 번도 가본 일이 업서. 내 아들이 공부할 때 八年 동안을 두구 현해탄을 건너 東京을 드나들어 그런지 현해탄허구 東京은 나두 가본 것갓이 눈에 어린단 말야. 光淑이두 末경 졸업생이니까 만이 건너 단엿을테지.

光淑: 어머니.

母: 안이 웨 우나. 아무래도 말다툼을 한 게로군.

光淑이 창문 압으로 간다. 어머니두 창 압으로 간다.

母: 어느 틈에 눈이 개고 달이 떡구먼. 인제 달을 바두 光淑이허구

47 '오는 날부터는'의 오자인 듯.

갓이 보구 꽂을 바두 光淑허구 갓이 보구 호…….

光淑 : (돌아서 어머니를 보구) 어머니.

光淑이 어머니 어깨에 무리를[48] 대고 운다.

母 : 웨 작고 울가 호…….

母 그 등을 쓰다듬는다. 달빗은 두 사람을 빗인다. 멀리 라듸오 放送 終了 音樂이 들려온다.

幕

48 '머리를'의 오자인 듯.

偉大한 사랑

(전五막)

새야 새야 파랑새야
녹두밭에 앉지마라
녹두꽃이 떨어지면
청포 장사 울고 간다

때　　李朝末葉 癸巳, 甲午年間

곧　　全羅道 古阜

나오는 人物

鄭道令

鶴仙

香月(鶴仙의 母)

丹心(鶴仙집의 종)

万石(鄭道令의 옛 房子)

朴첨지(물방아간 主人)

七星(그의 아들)

喜順(그의 딸)

三甫

靑龍(그의 아들)

쌍둥 아범(이 人物은 一幕에서 削除하여도 無妨함)

쌍둥 母

農夫 一, 二. 三, 四

農夫들 多數

使道

刑房

吏房

使令 一, 二

執杖 使令

朴番首

金番首

한 罪人

級唱, 通引, 使令 多數, 軍奴 多數

등짐장사 一, 二, 三, 四(各面 狀頭)

群衆에서 一及至九

群衆들 多數

其他 旗手, 고동잡이, 喇叭手, 銃잡이 등.

各房宮屬, 軍奴, 使令

級唱

通引

其他 農民

제一막

晩秋. 가랑닢이 떨어지는 때다. 바른편엔 물방아깐이 있고 왼편엔 언틀멍틀[1] 한 언덕길이 있다. 늙고 거창한 버드나무 한 그루 거기서 가랑닢이 날리고 방앗간에 붙어있는 물레는 벅차게 물을 쉶고 돌아간다. 물레와 버드나무 사이로 멀리 넓게 터진 벌판과 또 그 멀리 줄기차게 뻗어간 山脈이 모두 晩秋의 빛으로 무르녹았다. 버드나무 옆으로 언덕길엔 마른 억새풀들이 茂盛했던 모습 그대로 버스러거리는 듯.

방아깐엔 朴첨지 一族이 산다.

幕이 열리면 풀버레 우는 소리 間間히 들리고 草童ㅅ소리 들려온다.

下弦ㅅ달이 버드나무 우에 올랐다. 鶴仙이와 丹心이 언덕길 숲속으로 나온다. 鶴仙은 초록장옷을 썼다.

鶴仙 : 여기냐

丹心 : 네

鶴仙 : 이리 오라드냐.

丹心 : 네

鶴仙 : 왜 하필 여기서 만나자구 그럴까.

丹心 : 여기가 竹雪樓보다는 조용한 곳이니까 아마 여기서 만나자구 하신 게지요.

鶴仙 : 만나자구. 나를 만나자구. 언제 봤던 사람이게. 鄭道令, 그래 그분이 정녕 우리 父親을 아신다던.

1 언틀멍틀하다 : 바닥이 고르지 못하여 울퉁불퉁하다.

丹心 : 네. 그분 어르신네는 아가씨 어르신네와 서울서 퍽 가까이 지내신 친구시래요.

鶴仙 : 나는 내 부친을 잊어버린 지 오래다. 내 부친은 우리 어머니와 나를 버리고 서울로 가신 양반이시다. 兩班. 堂上內臟으루 沈松 沈判書라면 모르는 사람이 없단다. 허지만 내겐 아무런 소용도 없다. 나는 妓生의 딸이란 씻을 수 없는 비천한 몸이다. 내 부친이 一品堂上의 領議政이시면 무슨 소용이 있겠니. 헌신발처럼 우리 母女를 버리고 가신 그분을 내 父親이라고 생각할 필요도 없다. 소식을 알 필요두.

丹心 : 웬 딴소리를 하시오. 아까는 그렇게 아버님의 소식을 알고 싶어하시드니.

鶴仙 : 내가 미쳤다. 남녀칠세부동석이라는데 아무리 父親의 친구의 子弟일망정 외간남자를 이런데서 이렇게 호젓한 밤에 만날 수는 없다. 가자. 도루 가자. 여염처녀의 도리가 아니다.

丹心 : 아가씨, 왜 자꾸 딴소리를 하시오. 어제 竹雪樓에서 먼발치로 鄭道令이란 그분을 보셨지요. 봐하니 兩班의 도령님 비록 갓은 썼을망정 도령님다운 얼굴, 그 후리후리한 키. 구분이 무슨 흉측한 생각을 가지실 분은 아닌 줄 아오.

鶴仙 : 왠 잔소리냐. 흉측한 생각을 가질 사람이 누구며 않 가질 사람이 누구란 말이냐. 참 그 道令님의 옆에서 얼쩡거리던 사람은 누구라더냐.

丹心 : 하인인가 봐요. 바고 그 사람이 이 방아깐집 喜順이하구 날 만나자구 그러질 않어요. 그래 무슨 일인가 했더니 아가씨를 데리고 이곳으로 나오라는 전갈이군요. 그래 처음에는 너무도 망측스럽다구 했더니 그런게 아니라 여차여차하구 여차여차한 일루 해서 도련님과 만날 사정이 있으니 아가씨를 모시구

나와달라는 청이로군요. 그래서, 그래서 이렇게 된 일이지요.

鶴仙: 뭐가 이렇게 됐단 말이냐.

丹心: 아가씨. 이 丹心이는 원망치 말아주시오. 아가씨두 그 말을 들으시군 생각은 하셨지만 곧 장옷을 입으시구 나오신 것이니까.

鶴仙: 너한테 罪를 뒤집어 씌울까 봐 그렇느냐. 나도 철 몰으는 것 노상 그리웁던 父親의 소식이란 바람에 내친 발길이지. 어머님 몰래.

丹心: 마님께서 아신대도 별 걱정은 안하실 줄 믿어요. 되려 반기실 줄 알아요.

鶴仙: 네가 마님의 마음을 아직두 몰랐다. 어서 가자. 인제두 늦지 않었다.

丹心: 그럼 서울 아버님 소식은 영영 않 들으셔두 좋아요.

鶴仙: 영영 …… 너도 곳잘 사람의 마음을 태우는구나.

○ 풀버레 우는 소리.

鶴仙: 아, 풀버레 소리. 벌서 늦은 가을이로구나. 가을은 웨 이렇게 쓸쓸할가.

丹心: 아가씨. 가을은 그렇게 쓸쓸한 것만두 아닐 줄 아오. 좌우간 喜順일 불러 그 鄭道令이 정말 서울 대감의 친구의 자제인가 그렇지 않으면 요새 헐일 없이 여염처녀나 후리러 다니는 건달인가 또 그렇지 않으면 몸을 피해서 다니는 동학패나 개화당패나 아닌가 알아볼 것이오니 저만치 숨어 계시오.

鶴仙: 喜順이가 뭘 알겠느냐만 그래 좀 물어봐라. (숲 뒤로 가다가) 丹心아.

丹心: (방아깐으로 가다가) 네.

鶴仙: 나 여기 왔단 말은 말구.

丹心 : 네.

◯ 鶴仙은 숲 뒤로 살아저 버린다. 丹心은 방아깐 門으로 간다.

丹心 : 喜順아. 喜順아.

◯ 喜順이 나온다.

喜順 : 丹心아. 너 혼자 왔니.

丹心 : 응 혼자 왔어.

喜順 : 그럼 鶴仙 아가씬?

丹心 : ……

喜順 : 싫다던?

丹心 : 싫구 좋구가 아니라 구실은 鄭道令의 本色을 몰라서 만날 수 없다는 거야.

喜順 : 鄭道令의 本色 아무두 몰라. 왜 梧桐나무ㅅ집 아들 青龍이 알지.

丹心 : 응.

喜順 : 왜 青龍이가 이번에 全州에 갔다 오지 않었어.

丹心 : 그런데?

喜順 : 青龍이하구 그 鄭道令하고 같이 왔거든. 그래서 青龍이네 집에 유숙을 하고 있는 거야.

丹心 : 오라. 青龍이네 집에 유숙을 하고 있다. 그래. 그 鄭道令이 우리 아가씨 父親을 잘 안단 말야.

喜順 : 너두 딱하기두 하다. 當者가 안다니까 아는 줄만 아는 게지 내가 뭐 그 사람의 속엘 들어갔다 왔니.

丹心 : 난 아무래두 구름을 잡는 것만 같애서 그래. 아버지를 아느니

뭐니 하다가 鄭道令인지 알 수 없는 사람한테 우리 아가씨가 폭삭 넘어가는 날이면 어떻거느냐 말야.

喜順 : 넘어갔으면 넘어갔지 멀 걱정이냐. 난 이 바닥에 그만한 인물 없는 줄 안다.

丹心 : 너두 벌서 반했니.

喜順 : 미친 소리.

丹心 : 참 너는 梧桐나뭇집 青龍이를 좋아하지.

喜順 : 아이참. 내 발등에 불이 떨어졌는데 누굴 좋아허구 말구 할 경황이 있어?

丹心 : 너의 오빠 七星인 아직두 나을 가망이 없니?

喜順 : 돈이나 쌀이나 갖다멕여야 나을 수가 있다지만 그렇 걸 재주두 없구 그저 경만 치는 판이지. 말 한마디 잘못했다구 곤장태장으로 사람을 못살게 구는 세상. 이놈의 세상은 얼른 없어져야해.

丹心 : 喜順아. 너 아주 달라졌구나. 그런 말 함부루 하다가 경칠라구.

喜順 : 달라지지 않으면 어떻게 산단 말이냐. 丹心아, 너만 알아둬. 지금 세상이 뒤숭숭허지 않어. 인제 무슨 일이 일어나고야 말거야. 鄭道令은 (이때 鶴仙은 숲 뒤에 나와 듣는다) 鄭道令은 兩班의 아들이지만 兩班을 위해서 일하는 사람은 아니야. 우리들 같은 천대받는 백성들을 위해서 일하는 사람이래.

丹心 : 그건 누가 그러던.

喜順 : 青龍이가 다 알고 있어. 青龍이두 全羅道 갔다 오더니 아주 사람이 달라졌어. 인제 무슨 일이 일어나고야 말거야. 鄭道令은 忠淸監司로 계시던 鄭누구라는 분의 아들이래.

丹心 : 그럼 동학당인가.

喜順 : 몰라.

丹心: 그런데 鄭道令님은 어데 갔어. 여기서 만나기루 했지.

喜順: 곧 오실거야.

○이때 鶴仙이 나서며

鶴仙: 丹心아 집으루 가자.

喜順: 鶴仙아가씨, 이왕 오신 길인데……

鶴仙: 날 보구 아가씨니 뭐니 난 喜順이보다도 천한 사람이야. 七星이 때문에 얼마나 근심하니.

喜順: ……

鶴仙: 鄭道令을 나도 만났으면 좋겠다만…… 丹心아 가자.

喜順: 아가씨. 저 할 말이 있고 하니 잠간 집에 들렸다 가시기 바라오. 丹心아.

丹心: 아가씨 좀 쉬었다 가십시다.

鶴仙: 그럼 잠간만.

○세 사람 방아깐으로 들어간다. 이때 鄭道令과 万石 언덕길로 나온다. 鄭道令은 갓을 쓴 선비의 채림이다.

鄭道令: 여기냐.

万石: 네.

鄭道令: 여기서 만나기루 했단 말이냐.

万石: 네. 분명 물레방아 옆 이 늙은 버드나무 밑으로 정했지요.

鄭道令: 그럼 웬일일까. 벌서 왔다가 돌아가지나 않았을까.

万石: 그물에 걸린 고기를 놓쳤나 봅니다.

鄭道令: 또 실없는 소리.

万石: 후후후후. 이런 때나 실없는 소리를 허지 언제 하겠습니까. 참, 沈松 沈判書 영감두 그러구 보니 오입께나 허신 양반이로군요. 이 古阜에서 이십 년 전에 官妓로 이름을 쩡 울렸다던 香月이를 보시구 그 뜸에 일점혈육이 생겼으니 일홈은 鶴仙이요 나이는 열아홉. 얼굴이 이쁘다는 소문, 글 잘한다는 소문, 가야금이 또 명수라는 소문. 알구보니 道令님의 아버님의 親舊의 딸. 道令님도 청춘이요 鶴仙이도 청춘이요. 烏鵲橋 건너가는 길은 그 누가 막겠소이까.

鄭道令: 이렇게 수다를 부리느냐.

万石: 난 도무지 알뜨읏하면서도 모를 일이요. 벼슬도 싫다 高大廣室두 싫다. 갓인 호강두 싫다. 그저 백성들 틈으로 다니시는 도령님 속을 알뜨읏하면서도 모를 일이요.

鄭道令: 알 날이 올 것이다. 대관절 鶴仙이는 꼭 온다고 그랬느냐.

万石: 꼭 온다는 다짐은 못 받었소.

鄭道令: 그럼 …… 어려울 것이다. 외간 남자가 여염처녀를 불러내다니. 부끄럽고 또한 떳떳하지 못한 일이다. 네가 공연한 일을 했다. 万石아 가자.

万石: 道令님도 퍽은 약하시오. 道令님이 여염처녀를 불러낸 것이 아니고 이 万石이가 불러낸 것이니까요. 설사 도령님이 불러냈다 하드래두 뭐 사랑을 속사기겠다는 아니겠구 참 그야말로 냉수 속처럼 말간 마음으루 鶴仙이에게 鶴仙의 父親의 소식을 전하겠다는 게 부끄럽고 떳떳하지 못할 일이 무엇이요.

鄭道令: 안될 말이다. 대장부답지 못한 일이다. 도대체 네 말을 들었다간 무슨 봉변을 당할른지 모르겠다. 내일 떳떳이 鶴仙의 집을 찾어가서 그 母를 만나 떳떳이 沈松 沈判書 대감이 불우하게 된 이야기를 전하는 게 좋겠다. 어서 가자.

万石: 예이 도령님. 말대로 하지요. 이 물방아깐 색씨허구 어려운 일을 해노니까 인제 와서 떳떳한 길로 들어스시겠다구요.

鄭道令: 잘못한 줄 알았으면 곧 고치는 것이 바른 길이다.

万石: 그야 백 번을 고쳐두 좋구 천 번을을 고쳐두 좋지요. 허지만 좀 만날 일이 있으니 나오라구 해놓고 그래 학선이가 이리 나왔다가 도령님을 만나지 못하고 돌아가게 되면 무슨 꼴이 됩니까. 나는 둘쨉니다. 어서 장똘뱅이 같은 여석이 남의 집 여염 처녀를 괜시리 바람만 맞혔다구 빌어먹을 녀석이나 얻어먹을 녀석이니 욕을 먹을 것은 둘째지만 그래 도령님 얼굴이 어찌 됩니까. 좌우간 잘 생각해 보기구 가실려거든 가시구 학선일 만나시려거든 기다리시구.

鄭道令: 허 그참 진퇴양난이로군.

○이때 喜順이 나온다. 万石이 喜順이 앞으로 뛰어간다.

万石: 색씨. 저 학선이 어떻게 됐소?

喜順: 왔어요.

万石: 왔어, 어디.

喜順: 안에요.

万石: 됐어. 그럼 학선일 데리구 나오시오.

○喜順이 집 안으로 들어간다. 万石이 도령 앞으로 간다.

万石: 도령님 왔습니다.

鄭道令: …… 어디 왔느냐.

万石: 저 방아깐 속에서 나올 것이니 만나서 이야기 하십시오.

○ 이때 학선이, 丹心이, 喜順이 집에서 나온다. 万石이 학선이 앞으로 온다.

万石: 아가씨. 참 무례한 말을 너무 하여 미안하오. 저분이 바로 우리댁 도령님. 忠淸監司로 계시던 鄭雲영감의 子弟분이시오. (도령 앞으로 가서) 도령님 그럼 말씀하시오 …… 어째 이렇게 목이 탈까. 저 샘터에 가서 물을 좀 먹구 오겠습니다.

○ 万石 숲 뒤로 뛰어간다. 喜順인 넌즛이 丹心일 데리고 방앗간 안으로 들어간다. 道令과 鶴仙은 둘이만 남은 것을 깨닫고 새삼스럽게 몸 가질 바를 모르는 듯. 풀버레 우는 소리. 멀리 草琴 부는 소리. 가랑잎이 우수수하고 道令의 갓 모수리를 치며 떨어진다. 잠시 두 사람은 말이 없다. 道令은 落葉을 밟고 몇 걸음 걷는다.

鄭道令: 여염처녀의 몸인 그대를 이렇게 외간 남자가 청하여 미안하오. 이 古阜에 沈判書 대감의 혈족이 있다는 것은 全州에서 들었소. 그대가 바로 沈判書 대감의 딸이요.

鶴仙: 정녕 그러하오.

鄭道令: (그의 얼굴을 바라보며 황홀한 듯) 과시 미인이로군 …… 그대 어르신네의 얼굴을 보고 싶건 거울을 놓고 그대 얼굴을 보시오.

鶴仙: ……

鄭道令: 나는 전연 몰랐소. 그대와 같은 딸이 있을 줄은 …… 내 어르신네와 그대 어르신네는 막연한 친구시었소. 세의을 가진 두 집안 한 집안처럼 지냈소. 그대 어르신네는 나를 친 아들처럼 귀여워하시었소. 오늘 그대를 이렇게 만나니 친형제를 만난 것 같구료. 鶴仙이.

鶴仙: (얼굴을 들어 道令을 본다)

鄭道令: 나는 울고 싶소. 내 가슴엔 눈물이 복바치오. 그대 어르신네 소식을 들은 지 몇 해나 되오?

鶴仙: 삼 년 되오이다.

鄭道令: 그대는 그대 父親을 어떻게 생각하시오. 그대와 그대 어머님은 兩班 沈松 沈判書에게 버림을 받아 이렇게 세월을 보낸 줄도 아오. 허나 沈대감은 예사 눈이든 양반도 아니셨소. 일신의 영달을 탐내어 크게 백성을 괴롭힌 분은 아니셨소. 兩班 藝道와 탐관오리로 해서 나라이 亡해감을 한탄하신 분이요. 그래서 지난 해 정사의 개혁을 준열히 상소하신 어두운 상감은 이를 모르시고 조정의 간신역적의 무리는 이것을 괫씸히 여겨 음해로써 그대 父親을 역적으로 몰아 남모르게 귀양을 보내 거기서 그대 父親은 세상모르게 참사하시었소.

鶴仙: 참사를 하시엇다고?

鄭道令: 그대 父親의 원수는 지금 조정에선 暴政으로 人民을 괴롭히는 무리요. □□으로 사람을 죽이고 살리며 賣官賣職으로 사복을 채우는 무리들이요. 나는 그대에게 이 비참한 소식을 전하는 것으로 그치는 것이 아니라 우리 다 같이 憤한 마음을 갖자는 것이요.

○鶴仙은 울지도 않고 냉정히 허공을 쳐다보고 섰다. 가랑잎이 또 날린다.

鄭道令: 나는 내 父親의 이야기를 하자면 또 끝이 없소. 내 父親도 역시 그대 父親과 같은 운명으로 비참히 세상을 떠나실 번 하였으나 多幸이랄까 한 목숨 지탱하시어 조정에서 쫓겨나신 후 지금 시골에 파묻혀 계시며 後學을 가르치시는 일에 종사하시오 …… 鶴仙이 우리 젊은 사람들에겐 지금 할 일이 있는 것이요. 亡해가는 나라를 구하자는 것. 도탄에 들어 원한에 찬 百姓들을 살리자는 것. 지금 땅속에 파묻혀 계신 沈대감께서두 이것 때문에 두 눈을 감지 못하실 게요.

鶴仙 : 아, 漢陽千里에 오직 생각으로만 그리워하던 아버님. 그리워하면서 끝없이 원망스러우던 아버님. 세상은 험악도 하여라…… 도령님, 아버님의 소식을 전해주시어 감사하오. 허지만 나는 눈물도 흘릴 줄 몰으는 딸이며 삼옷도 입지 못하는 딸이오. 도령님은 잔잔한 물에 돌을 집어던지시기는 하셨으나 내 가슴은 설네이기는 하나 우리 다 같이 분한 마음을 갖자구 하셨지만 난 분할 줄도 원통히 생각할 줄도 모르는 천한 계집이오.

鄭道令 : 사람에게 貴賤이 있을 리 없오. 이런 노래를 들은 일이 있소. "새야 새야 파랑새야 네 무엇 하러 나왔느냐 푸릇푸릇 夏節인가 하였더니 白雲이 펄펄 날리니 저 건너 靑松綠竹이 날 속인다."

鶴仙 : 못 들었오.

鄭道令 : 지금 全州 地方에 퍼지고 있는 童謠요. (노래로)

새야 새야 파랑새야
네 무엇 하러 나왔느냐
솔닢 냇닢이 푸릇 푸릇
하절인가 하였더니
白雪이 펄펄 날리니
저 건너 靑松綠竹이 날 속인다.

鶴仙 : 파랑새

鄭道令 : 우리는 파랑새가 됩시다. 때가 오면 때가 오면 두 날개를 펼치고 날라갈 파랑새가 됩시다.

鶴仙 : 무슨 뜻이온지.

鄭道令 : 잘 생각해 보시오.

鶴仙 : 파랑새. 그럼 밤도 늦고 했으니 이만…… (방아깐을 向해서) 丹心아.

○丹心이 나온다. 喜順이도 나온다.

鶴仙 : 도령님 안녕히.

鄭道令 : 참 (품에서 한 장의 글월을 끄내주며) 이것은 내가 노상 읽고 좋아하는 글이요. 우리 水雲 선생님의 글이니 읽기 바라오.

鶴仙 : 잘 읽어보겠오. 허지만 인제는 여염처녀를 이런 데로 불러낼 생각은 아예 마시오.

○이때 鶴仙아 鶴仙아 부르는 鶴仙母의 소리 들린다.

丹心 : 아가씨 마님께서.

鶴仙 : 어서 가자. (언덕길로 나갈려 할 때)

○鶴仙母 이미 언덕길에 들어선다. 숨이 턱에 받쳤다.

鶴仙母 : 鶴仙아. (거기 鄭道令이 서 있는 것을 본다) 鶴仙아, 여기 와서 뭘 하는 거냐. 지금 밤이 초경인 줄 아니. 삼경이 다 되도록 뭘 하는 거냐 응? 오라, 그러구 보니 벌서 웅뎅이에서 불어 뿔이 났구나.

丹心 : 마님. 아니예요. 저 喜順를 좀 보러왔어요.

鶴仙母 : 요년 喜順이를 보러 왔으면 喜順이를 봤지 여기 말뚝처럼 서 있는 이 사람은 누구냐?

丹心 : ……

鶴仙母 : 요년아. 왜 말을 못해. 흥 잘됐다. 잘됐어. 어느 새부터 방아깐 옆으로 슬슬 돌아다니며 사내 녀석 상투 끝에 매달리게 됐니. 그래 네 낭군이 어떻게 생겼나 얼굴이나 좀 보자.

喜順 : 아주머니. 그분은 충청감사로 계시던 분의 도령님이에요.

鶴仙母: 아니 충청감사의 도령님이면 제일이냐. 양반의 자식이면 남의 딸자식 후려내란 법두 있어.

喜順: 그런 게 아니에요.

鶴仙母: 내 다 젊어서 겪어본 일이다. (道令을 보구) 그래 댁이 충청감사의 아들이면 남의 집 처녀 후려내란 法을 어디서 배왔오. 論語에 있읍디까. 孟子에 있읍디까.

○鶴仙이 불연 듯 운다.

鄭道令: 초면에 너무나 미안하오.

鶴仙母: 아니 미안하다는 말루 다 때버릴 작정인가. 어서 돌던 수작이여.

喜順: 아즈머니. 내막이 있으니 그냥 집으루 가십시다. (껀다)

鶴仙母: 양반? 뒷구녕으루 호박씨 까는 게 양반인가 인제 양반이라면 지긋지긋하다. 내 딸 鶴仙이 새끼손 하날 건드려. 옛날 香月이 인제는 늙었지만 그냥은 안 둔다 안 둬.

○鶴仙이 울며 나간다. 丹心이와 喜順이 鶴仙母를 끌고 나간다.

○万石, 좀 먼저 들어와 이 光景을 보고 어리둥절한 모양. 鄭道令은 입맛이 쓰게 섰다. 어데선가 멀리 퉁소 한가락 들려오고 간간히 버레가 운다. 万石은 점점 화가 난다.

万石: 아니 저 늙은 것이 눈깔이 빠졌나. 어따가 행악이야. 鶴仙일 집어먹었나, 축을 냈나, 에이.

○万石, 鶴仙母가 나간 쪽으로 뛰어 나가려 한다.

鄭道令: 万石아. 무슨 짓이냐. (嚴하게 부르는 소리에 万石은 氣가 죽는다)

鄭道令: 남을 탓할 것이 아니라 내가 잘못한 것을 뉘우쳐야 한다. 떳떳이 할 일은 떳떳이 할 것이고 은근히 할 일은 은근히 할 것. 이번 이 일은 아주 잘못된 일이다. 첫째 내가 잘못하였고 둘째 네가 잘못하였다.

万石: 道令님. 그저 용서해 주십시오. 솔직이 말삼 들이면 客地에서 고생하시는 도령님의 위안이나 될까 하구 도령님의 말벗이나 할가 하구 겸사겸사 희순이와 의논해서 학선이를 불러내게 된 거에요. 모두 이놈이 잡처논 일이오.

鄭道令: 인제는 아예 그런 짓 말구 이 밤으루 泰仁 舟山里루 떠나거라. 崔氏宅 알지.

万石: 네.

鄭道令: 全琫準, 孫和中, 金開南 선생님들의 연락이 있을 것이니. (편지를 끄내) 이 편지를 전해라.

万石: 네.

鄭道令: 여기 古阜엔 아직도 白雪이 날린다구 전해라.

万石: 白雪이 날린다구요?

鄭道令: 그럼 어서.

万石: 네, 도령님. 저 없는 사이에 부디 몸조심 하시오.

鄭道令: 염녀 마라.

万石: 이곳 사또 張炳甲이 아주 포악한 놈이라니 몸조심 하시오.

鄭道令: 다 알고 있으니 염녀 말구 어서 떠나거라.

万石: 도령님. (목이 멘다) 인제 고생 그만 하시구 대감마님 게신 당진으루 가시는 게 ……

鄭道令: 또 모르는 소리.

万石: (움찔하고 콧물을 쓱 씻고) 그럼 단여 오겠습니다.

◯万石이 서운한 듯 언덕길로 나가 버린다.

鄭道令: (달을 보고) 아 가을ㅅ달 …… 오늘은 한 계집으로 해서 봉변을 당했고나. 허지만 鶴仙이는 과연 미인이로다. 내 어찌 여자를 보는 눈이 떴을고. 망상이다. 파랑새야 파랑새야.

◯새야 새야 파랑새야 노래를 부르며 숲속으로 사라진다. 이때 방아깐 옆길로 朴첨지와 三甫와 술 취한 쌍둥아범이 들어온다.

朴첨지: 누군 살아갈 재주가 있어서 살어가나. 남의 창자까지 빼먹지 못해서 눈알이 뻘건 놈들 아니면 너나없이 다 살 수 없는 거야. 가면 어디를 간단 말이여. 어디 가면 조선땅이 아니구 행악질 하는 方白守令[2]이며 육방관속이 없는 줄 아나.

쌍둥아범: 그래두 음지가 있으면 양지가 있다구 찾어가면 살 곳이 나설 테지. 누군 제 고장 제 땅 싫여하는 놈 있어. 난 풀죽만 먹을 수 있대두 내 고장에서 살겠네.

朴첨지: 이런 제기. 풀죽두 못 먹는 인간이 술은 웨 먹어. 자넨 술 때문에 망했어.

쌍둥아범: 흥, 술 때문에 망했다구?

三甫: 아닌 게 아니라 자네는 좀 과해.

쌍둥아범: 흥, 내가 술이 과하면 땅을 팔아서 술을 먹었나요. 집을 팔아서 술을 먹었나.

三甫: 땅이 있었으면 벌서 팔아먹구 집이 있었으면 벌서 팔아먹었지.

쌍둥아범: 흥, 그래 술 안 먹어서 자네들 잘 사는구먼.

2 '方伯守令'의 오기(誤記).

朴첨지 : 누가 잘 산댔어. 우리들이 지금 무슨 꼴인 줄 알어.

쌍둥아범 : 무슨 꼴이여. 말라빠진 꼴띠기 꼴이지.

朴첨지 : 글세 그 말야. 돈푼이나 있는 사람두 못 살겠다, 땅때기나 가진 사람두 못 살겠다, 이런 눔의 판에 항차 우리 같은 뻴건 주먹만 쥐고 있는 농사꾼들이 살아갈 재주가 있어?

쌍둥아범 : 그러니까 쪽박을 차구 나스겠다는 게 아녀.

朴첨지 : 저런 답답 좀 보겠나. 그래 자네 한사람만 쪽박을 차구 나설 게 아니라 쪽박을 차게 되면 우리 다 같이 차잔 말이야. 안 그런가 三甫.

三甫 : 朴첨지 말두 옳구 쌍둥아범 말두 옳네. 우리가 손톱이 빠지두룩 농사를 지어놓구두 어굴한 도조루 빠저나가 무슨 세 무슨 세니 세전미로 빠저나가 허다못해 삼년 전에 받친 세랍을 뭐 吏房이 잡어먹구 다라났다구 백성더러 다시 물라고 해서 빠저나가 이렇게 세랍을 물고 나면 먹을 쌀이 없어 굶게 되는 판이란 말이여.

쌍둥아범 : 차라리 굶기나 했으면 좋게. 쌀도 아모 것도 없는 놈에게 万石洑의 보ㅅ물을 끌어 농사를 지였다구 보ㅅ물세로 매두락[3]에 베 서 말씩을 받치라니 뭘루 받치느냐 말야. 안 받치면 안 받친다구 디리 잡아다가 경을 칠 테구.

朴첨지 : 北面의 万石洑는 누가 방축을 했는데. 우리가 다 나가 방축을 한 게 아녀. 없는 쌀에 점심을 해메구나가 우리들 손으루 방축을 한 게 아니냐 말여. 말하자면 万石洑는 우리들의 것이지 누구의 것이겠나. 그래 우리들의 洑를 우리들이 썼는데 그 洑ㅅ물을 썼다구 매두락에 베 서 말씩 내―라―. 자네네들 알지.

---

3 매두락(每斗落) : 하나하나의 마지기.

내 아들 녀석 七星이란 놈이 붙들려가서 다 죽게된 것 알지. 뭣 때문인데. 이 洑ㅅ물세 서 말씩은 너무 어굴하다는 말 한마디 했다구 잡아갔어. 그놈 다 죽게 됐네. 두 정강 다리에 뼈가 허―옇게 나오두록 맞구 엉덩판 살점이 넌정넌정 너덜거리는 것을 喜順이가 보고 왔어. 내가 이놈의 방아깐이나 가지고 있으니까 볏섬이나 있는 줄 알구 고걸 알가먹자는 수작인 줄 알어. 쌀섬에다 돈양이나 언저 刑房집 大門만 두드리면 七星이 놈 살릴 줄도 알지만 있어야지. 생자식 하나만 죽였지. (훌쩍하고 코ㅅ물을 씻는다)

○ 이럴 때 喜順이와 靑龍이 들어와 듣다가

喜順: 아버지. 그만 둬요. 그건 말해 뭐 쓸 데 있어요.

朴첨지: 쌍둥아범. 내 한 말 멋하게 생각지 말게. 자네 살길이 맥혀 부치거처로 떠나겠다는 심정두 알겠네. 우리는 가마솥에 들어 들들 복끼는 콩알이란 말여. 가마솥에서 뭐어 나갈려구 하지만 그게 쉬운 일인가. 좀 더 참아보구 같이 살던 고향에서 같이 살아보세. (집으로 들어간다)

三甫: 쌍둥아범, 우리 한잔 먹세. 자네두 알겠지만 우리 집 靑龍이하구 이 방앗간집 喜順이하구 혼인을 하기루 정했네. 잔치에 쓸려구 담은 술이 좀 있으니 이 술이 익거든 여기서 한잔 먹세. 또 우리 집에 와 있는 道令님도 대접할 겸.

쌍둥아범: (목민 목소리로) 三甫. 어떻게 했으면 좋겠나. 자식새끼를 뭘 맥여 살린단 말인가.

○ 이때 "쌍둥아버이", "쌍둥아버이" 쌍둥 母 방아깐 옆길루 나온다.

쌍둥母 : 여깄구만, 또 술 먹었구먼. 어이 망난이두. 둘째새끼 머리가 펄펄 끓구 헛소리를 지르는데 술 먹을 경황 있어. 어서 가유. 어서 썩 일어나유.

쌍둥아범 : 머리가 펄펄 끓어두 할 수 없구 죽어두 할 수 없지.

쌍둥母 : 어이그 지겨워라.

쌍둥아범 : 캄캄한 세상에서 훤이 내다뵈는 길은 하나밖에 없어.

三甫 : 쓸데없는 생각 말구 어서 가세.

○ 쌍둥아범 비틀거리며 앞을 선다. 三甫는 靑龍을 돌아보구.

三甫 : 靑龍아. 난 먼저 집으루 가겠다. 너두 곧 들어오너라.

靑龍 : 예.

○ 쌍둥아범, 三甫 나간다. 이럴 때 상둥母의 등에 업혀 어린 것이 운다. 쌍둥母는 달내며 포대기를 다시 추적어려 맨다. 喜順이가 거들어준다.

喜順 : 쌍둥 어머니. 둘째 아히면 쇠돌이가 알른구먼요.

쌍둥母 : 그게 먹지를 못해서 꼬치꼬치 마르더니 그만 알아누었다우. 참 오라버이는 언제쯤 나온대.

喜順 : 모르지요. 언제쯤 나올른지.

쌍둥母 : 어이 고생두.

喜順 : 여기를 떠나시면 어데루 가실려구.

쌍둥母 : 글세 간다는 곳두 대종이 없지만 내 친정 오라버이가 충청두 서산에 사시니까 거기나 가면 살길이 터질가 하구 그저 대중 없이 떠나는 게지. 허지만 아직 염두가 않나서. 어서 가봐야지.

喜順 : 조심해 가세요.

쌍둥母: 음.

○쌍둥母는 쓸쓸한 우슴을 던지고 황황이 나가버린다. 어데서 부는가 퉁소 한 가락 또 들려온다. 喜順이와 靑龍이만 남아 잠시 어떻게 行動을 취했으면 좋을까 망서린다.

靑龍: 喜順이. 난 내 마음을 아주 작정했어.

喜順: 무슨 마음을?

靑龍: ……

喜順: 무슨 마음을 작정했어?

靑龍: 난 파랑새가 되기루 작정했어.

喜順: 파랑새.

靑龍: 요새 鄭道令님하구 한 房에 있으면서 많이 배왔어. 세상이 훤해지는 것 같애. 우리 백성들이 무슨 까닭으루 고생을 하나, 무엇이 고생을 시키나, 그런 것이 점점 알아지는 것 같애. 도탄에 들어 고생하는 백성들을 위해서 일하고 싸우는 사람들을 파랑새라고 부르기로 했어.

喜順: 누가,

靑龍: 鄭도령님이.

喜順: 나두 알어. 나두 대강은 짐작해. 허지만 어떻게 이 무서운 세상에서. 우리 七星 오빠만 하드래두 누가 빼내주느냐 말야. 난 七星 오빠 생각만 하면 가슴이 미어저. 저번에 옷을 가지고 오빠를 만나러 가지 않았어. 옥창 안에 긴 칼을 쓰고 귀신처럼 쓰러저 있는 것이 뭔가 하구 봤더니 그게 바루 오빠였어. 피투성이가 된 몸. 오빠하구 불렀더니 그제서야 처드는 오빠의 얼굴은 참아 이 눈으루 볼 수가 없었어. 七星 오빠가 무슨 罪가

있다구 산송장을 맨드는 거야. (운다)

青龍: 그러니까 우리는 싸워야 한단 말야.

喜順: 어떻게 싸워. 뭘 가지구.

青龍: 다 있어. 우리들 뒤에 다 있어. 우리는 이러날 때 목숨을 애끼지 않고 합심해서 이러나기만 하면 돼. 喜順이, 난 목숨을 받히기루 했어. 그야 나두 내 마음을 장담할 수는 없지만. 喜順이, 날 믿구 있다가 내가 만일 먼 데루 가서 돌아오지 못하는 날이 있다면 그때두 나를 믿을 테야?

喜順: …… 그게 무슨 말야. 왜 하필 그런 말을 해. 난 青龍이하구 죽어두 같이 죽구 살아두 같이 살아.

青龍: 喜順이.

○ 青龍이는 喜順의 손을 꽉 쥔다. 두 사람 우에 가랑닢이 날린다. 사람 떠드는 소리 난다.

喜順: 누가 와.

○ 青龍과 喜順은 억새 숲속으로 들어선다.

○ 金番首, 李番首 들어온다. 青龍과 喜順 그대루 주저앉이면 숲 우에 드러났던 上半身이 감추어진다.

金番首: 여봐 朴첨지.

李番首: 朴첨지 안 게신가. 하……

朴첨지 목소리: 누구여?

金番首: 官家에서 왔으니 어서 냉큼 나오렷다.

李番首: 하하하……

○ 朴첨지 나온다.

朴첨지 : 어이구 난 누구시라구. 어서 들어가십시다.

金番首 : 들어가는 게 바뻐지 않어. 털어놓구 말하지만 七星일 살리는 법이 있단 말야. 다 됐어. 다 된 일이야. 이만 일엔 使道까지 올라갈 것도 없고 그 刑房 입이나 쓱 씻어주면 그만이구. 그리구 또 이 이번수나 내나 별루 바라는 사람은 아니지만.

李番首 : 金番首. 뭘 그런 말을 하나. 우리가 뭐 돈냥이나 먹자구 朴첨지 일을 봐주는 건가. 그저 七星이 하나 빼내주자는 거지.

朴첨지 : 참 고맙습니다. 그럼 요전 말씀한 대로 반은 刑房댁으루 반은 두 분 앞으루……

金番首 : 허 …… 허지만 이런 말이 입 밖에 나가면 그때는 우리두 경 치구 朴첨지두 경치는 날이니까 알지?

朴첨지 : 온 천만에요. 그럼 七星인 곧 풀리겠지요.

李番首 : 아주 내일루 지정을 질 테니까.

朴첨지 : 내일루 꼭 부탁합니다. 그럼 오늘밤으루 옮겨다 드리두룩(드리도록) 하지요.

李番首 : 이거 너무 미안하군.

朴첨지 : 온 천만의 말씀을.

金番首 : 그럼 내 집으루 오란 말야.

朴첨지 : 네. 어서 먼저들 가시지.

○ 朴첨지 먼저 집으로 들어간다.

金番首 : (李番首의 어깨를 탁 치며) 허 ……

李番首 : 허 ……

金番首 : 요 맛이거든. 요 맛에 아전 노릇두 허구 官奴 使令 노릇두 하는 거란 말야. 하하 ……

○ 두 사람 웃으며 나간다. 靑龍과 喜順의 머리가 억새 숲에서 올라온다. 朴첨지 지게를 문앞에 갖다 세우고 쌀섬을 낑낑거리며 들어다 얹는다. 喜順이 그 앞으로 뛰어간다.

喜順 : 아버지.

朴첨지 : (좀 당황한다)

喜順 : 아버지 이 쌀 어데루 가지구 가는 거에요.

朴첨지 : 알 것 없다.

喜順 : 다 들었어요. 이 쌀 갖다 주면 우리는 멀 먹어요.

朴첨지 : (지게를 지며) 방아깍[4] 직히고 있는 놈이 설마 굶어죽겠니. 맞어 죽는 자식을 살려야지.

喜順 : 내일이면 정말 나올가요?

朴첨지 : ……

○ 말없이 쌀을 질머지구 나간다.

喜順 : 아버지.

○ 靑龍이 喜順이 옆으로 와서 朴첨지 나간 쪽을 본다. 喜順은 울음이 받혀 그냥 돌아스며 靑龍이 가슴에 엉하고 운다.

---

4 '방아깐'의 誤記.

靑龍 : 에이 더러운 놈의 세상.

○ 가랑잎이 또 우수수 떨어지고 멀리 퉁소 긴 가락.

溶暗

제一막

제二장

몇 일 후. 夕陽이 버드나무 사이로 함폭 기뜨렸다. 바람이 나무 끝에 분다. 丹心이가 종종거름을 하고 들어온다. 방아깐 문 앞으로 간다.

丹心 : 喜順아 喜順아.

朴첨지 : (집에서 나온다) 오 웬일이냐.

丹心 : 저, 喜順이 어데 갔어요?

朴첨지 : 官家루 갔다.

丹心 : 官家요? 오날 喜順 오빠가 정말 나오나요?

朴첨지 : 오늘은 정말 나온단다.

丹心 : 아이 얼마나 반가우시겠어요.

朴첨지 : 별루 반가울 것두 없다.

丹心 : …… 저 鄭도령님 못 보셨어요?

朴첨지 : 못 봤다. 왜?

丹心 : 아무것두 아니예요. …… 저 어데 가면 만나볼까요?

朴첨지 : 오래잔어 이리 오실거다.

丹心: 네 — 저 아저씨는 옛날부터 그분 잘 아서요?

朴첨지: 왜?

丹心: 글세요.

朴첨지: 누가 鄭도령이 어떤 사람이냐구 묻던?

丹心: 아니오. 그저 알구 싶어서요. 저 그분이 정말 충청감사의 아들이라면 이 골두 양반이 많은데 양반집에 가 묵지 않구 농군집으로만 슬슬 다녀요.

朴첨지: 허 …… 네가 모르는 말이다. 충청감사의 아들은 농군집에 묵지 말란 법두 있다던? 梧桐나무집네두 우리네두 옛날엔 鄭도령댁의 작인이였더란다.

丹心: 오라. 그래서 잘들 아시는구먼요.

朴첨지: 鄭도령宅두 인제는 가세가 기울어서 도령님은 벼슬할 생각두 단념하구 그저 金사갓처럼 詩나 읊으며 八道 유람을 단이신단다.

丹心: 네 —

◯ 이때 農夫 一 뛰어 들어온다.

農夫 一: 아저씨, 와요 와요 히 ……

朴첨지: 七星이가 오느냐?

農夫 一: 아니요. 술ㅅ동이가 와요. 히 ……

朴첨지: 미친 녀석.

丹心: 웬 술이에요?

朴첨지: 오늘 홧김에 한잔 먹기루 했단다. 참 너 喜順이 대신 술상 봐 논 것이나 좀 내다다우.

◯ 丹心이 집안으로 들어간다. 이때 農夫 二 술동일 지구 三甫와 또 여러 農夫들

과 들어온다. 農夫 二는 술동이를 마당 한복판에 내려놓는다.

朴첨지 : 허 이거 수구허는군.[5]

農夫 二 : 오늘 七星이가 나온다지요.

朴첨지 : 그래서 한잔 먹는걸세.

農夫 二 : 아니 三甫 아저씨가 青龍이 턱으루 내는 술이 아니에유?

三甫 : 아따 무슨 턱이든 한 잔식 허세나.

農夫 四 : 참 青龍이 어데 갔어요?

三甫 : 七星이 데릴러 官家에 갔네.

農夫 一 : 어이 비러먹을 자식들. 죄 없는 사람 잡아다 척척 때리기만 하구.

農夫 二 : 이눔아 그런 말 함부루 했단 너두 경처.

農夫 一 : 아 왜 경처? 없는 말을 했나?

農夫 二 : 처자식이 곤장맛을 못 봐서 가려운 모양이지.

農夫 四 : 아 그만들 두게.

三甫 : 쌍둥아범이 웬일일까.

農夫 三 : 곧 오겠다구 그러든데요.

三甫 : 그 사람이 와야만 할테

◯ 이때 丹心이 안주상을 들구 나온다.

農夫 二 : 아 丹心이로구나.

農夫 一 : 히히히 …… 丹心이 술상 이거 오래간만인데.

丹心 : 어서 술이나 들어.

三甫 : 자 한잔씩 들세.

---

5 '수고하는군'의 誤記.

農夫 三: 이거 아주 바풀이 동동 떴는 걸.

三甫: (朴첨지 보구) 자네는 한잔 들게나.

朴첨지: 난 술 끊었어.

農夫 四: 앗다 七星이두 오늘 나온다는데 한잔 합시다. 인젠 속이 후련할 것이니.

農夫 三: 아 그뿐인가. 靑龍이와 喜順이가 혼인을 하게 됐으면 그 우에 또 기쁜 일이 어딨겠나.

三甫: 자 오늘은 세상일 잊어버리구 좀 취해보세나. 어서 어서 들어.

朴첨지: 에이 참 자네가 권하면 꼭 술을 먹게 된단 말이야.

農夫 四: 자네가 뭔가. 인젠 사둔이지 하하하.

農夫 三: 사둔끼리 권커니 자커니 그 바람에 우리두 취허세나. 이 사람 한잔 더 붓게.

農夫 一: 丹心아. 한잔 더 줘라.

丹心: 어이구. 언제나 철이 나누.

農夫 一: 히히히 …… 조 샐쭉해지는 입 좀 봐. 이뿌기가 鶴仙이 볼 쥐지르겠는데.

農夫 二: 히히히 ……

農夫 一: 이거 봐. 자네두 지난 봄 鶴仙이네 모 내줬지. 그때 말야. 鶴仙이네 앞마당에서 한잔 먹지 않었나. 그걸 보면 빽덕어멈 같은 鶴仙어머니두 인심은 쓸 줄 알거든. "애 鶴仙아. 農夫군님네 술 붜드려라." 아 이러니까 鶴仙이가 서슴지 않구 술 붜주지 않었어.

農夫 二: 못나기두. 그 애긴 밤낮 하지.

農夫 一: 그때 난 처음 봤어. 실상 말이지. 鶴仙이 처음 봤어.

農夫 二: 첨 봤는데 어쨌단 말야. 너보구 눈이나 찌끗하던?

農夫 一: 찌끗이 뭐야. 고 새ㅅ별 같은 두 눈을 사르르 뜨고 방그레 웃

는 얼굴이란. 뭐 오장육부가 다 녹아 빠졌지. 히 ……

丹心: 어이 아주 숭물이야.

農夫 一: 얘 丹心아. 너두 고뿐을 바서 입을 가지구 샐쭉샐쭉허는거야?

모두: 허 ……

朴첨지: 丹心아. 너 여깄다간 안되겠다. 어서 가거라.

○丹心이 나갈려구 한다. 農夫 一은 새 쫓듯이 "우여" "우여" 하고 좇아버린다. 모두 웃는다. 이럴 때 鄭도령 들어와 보구 섰다가 같이 웃는다.

三甫: 아 도령. 어딜 갔다 오셨소. 그러지 안어두 퍽 찾었는데.

鄭도령: 竹雪樓에 가서 놀다가 오는 길이오. 참 여러분. 유쾌하게 노시는군.

朴첨지: 그새 너무 쪼들리기만 하구 울적한 일만 있어서 오날 한잔 먹기로 했습니다. 道令님도 한잔 하시지.

鄭道令: 좋습니다. 일할 때는 일하구 놀 때는 유쾌하게 놀구. 그게 사람 사는 보람이지요. (권하는 술을 쭉 마신다)

農夫 一: 도령님두 인제 보니 술군이신데.

農夫 二: 風月과 술은 붙어다니는거야.

農夫 三: 거 장손이두 말이 제법인 걸 하하하 ……

農夫 二: 아 난 아무것두 모르는 허재빈 줄 아시우?

農夫 三: 자네는 참 춤을 잘 추겠다.

農夫 一: 저 녀석은 춤이라면 기를 쓰는 놈이에요.

農夫 三: 이눔아. 잔소리 말구 장단이나 처라.

農夫 一: 히히히 …… 너 인제 신이 났구나. (朴첨지를 보구) 아저씨. 추석 때 놀던 깽맥이[6] 좀 내주세요.

朴첨지: 들어가 보게. 안에 있으니.

農夫 一: 이왕 선무당 노릇 할 바엔 술 한 잔 더 먹자.

三甫: 쌍둥아범 줄 것은 좀 냉기게.

農夫 二: (술을 쭉 마시고) 커 인제 얼쩍지근허다.

○ 이때 農夫 一 "여" 하며 꽹맥이를 치며 나온다. 農夫 二 춤을 춘다. 몇 젊은 農夫들 신이 나서 함께 춘다. 어느 틈에 農夫 하나는 장구를 들구 나와 친다. 農군 하나가 소리를 끄낸다. 이번에 소리에 맞추어 춤을 춘다. 朴첨지두 점점 신이 났다. 이럴 때 鶴仙이 丹心이 억새 숲에 들어서 본다.

朴첨지: 여보게들. 내 춤 한 번 출께니 보게.

모두: 아. (환호)

朴첨지: 이 춤은 봉산탈이렸다. 탈은 없지만 없는 대로 추어봄세. 자 장단을 치렸다.

○ 장단이 울린다. 朴첨지 자미있는 춤을 춘다. 모두 웃으며 즐긴다.

○ 이때 喜順이가 "아버지" 하고 소리를 지르며 들어온다.

喜順: 아버지

○ 喜順의 심상치 않은 소리에 모두 꿈에서 깨듯이 놀음이 中斷된다.

喜順: 七星 오빠가. (말을 못하고 목이 맥혀 그냥 집으로 들어간다)

○ 이어서 靑龍이가 피묻은 옷에 처참한 꼴이 된 七星이를 업구 들어온다. 그

---

6 '꽹과리'의 사투리.

냥 업은 채 집으로 들어간다. 사람들은 비참한 현실로 돌아온다. 夕陽은 스러지구 어숨푸레하게 어두어지는 속에 바람 소리만 소슬하다. 가랑닢이 흩어진다. 朴첨지 집으로 들어간다. 누구인가 큰 한숨을 짓는다. 靑龍이 집에서 나온다.

三甫: 靑龍아. 어떻게 됐니?

靑龍: (분에 넘처) 七星이가 다 죽게 되니까 그놈들이 내놨지요.

三甫: 七星이는 그래 괜찮겠니?

靑龍: 지금 같애서는 살기 어려울 것 같애요.

三甫: 에이 무지한 놈들.

靑龍: (道令 앞으로 가서) 도령님. 이 원수를 어떻거면 갚어요.

鄭도령: ……

靑龍: 분허구 어굴해서 못 살겠어요.

農夫 二: 이눔의 세상은 얼른 뒤집어 엎어저야 해. 어쩌자구 죄 없는 백성들만 들들 복는 거야.

農夫 四: 그저 들구 일어나서 지는 수밖에 없어. 다 같이 들구 일어나면 될 게 아냐?

靑龍: 七星이가 잘못한 것이 뭐야. 万石洑ㅅ물을 끌어썼다구 매두락[7]에 서 말씩을 거두면 그건 누가 먹는 거야.

農夫 二: 누가 먹어. 그눔들이 먹지.

農夫 四: 뭐 길게 말할 것 없이 그놈들을 칩시다 처. 지금이라두 들구 일어나 치잔 말여. 사람이 한번 죽지 두 번 죽어. 全州서 웅성거리구 있다는 것은 머구 동학당은 뭘하는 거여. 일어날려면 어서 일어나지.

鄭道令: 여러분. 참으시오. 우리는 분하고 어굴할 때 마음을 도리켜 냉

---

7 매두락(每斗落): 하나하나의 마지기.

철이 생각해야 하오. 더군다나 학정이 심한 이때 속에 있는 말을 함부로 했다가는 공연히 히생만 당하게 되는 것이오. 七星이는 참으로 억울하게도 히생을 당했소. 백성들은 왜 고생을 하고 누가 고생을 시키는 것이며 나라는 어째서 망해가는 것인가. 또 그 다음엔 백성들이 살기 위해선 어떻한 일을 해야 할 것인가. 그 일을 하자면 백성들은 어떻게 싸워야 할 것인가. 이런 것을 십분 생각하구 그 이치를 할구 그래서 백성들이 다 같이 굳게 합심해서 나가야 할 것이오. 지금 서울의 궁궐에선 매일 같이 잔치를 차리구 소리와 춤과 술과 가진 향락을 누리며 세월을 보내고 있는 것이오. 이 비용을 누가 당하는 것인줄 아시오. 이것을 모두 백성들이 세랍으로 대는 것이오.

農夫 三: 아니 우리들이 피땀을 흘려서 내는 세랍을 그렇게 쓴단 말이오.

鄭道令: 그 세랍을 가지고도 모자라니까 감투 하나에 얼마 옥관자 하나에 얼마식 팔아서 먹고 쓰고 사욕을 채우는 것입니다.

農夫 四: 어 참 기맥힌 일이로군.

鄭道令: 충청감사니 경상감사니 또 고을로 떨어저 부사니 목사니 하는 벼슬은 다 요즘 돈을 내놓고 사서 하는 것이오. 그렇니까 그 사람들이 충청감사나 경상감사나 부사 혹은 목사가 되는 날은 오래 본전을 뽑아야 하구 본전만 가지구는 셈이 안 되니까 막 긁어서 한 미천 작만하는 것으로 배를 불리는 것이오.

農夫 一: 모두 장사ㅅ속이로군.

鄭道令: 이번 저 万石洑 세랍미만 하드래두 백성들은 쌀 한톨 낼 까닭이 없는 줄 아오. 백성들이 부역으로 맨드러논 洑를 백성들이 쓰는 세랍미란 어느 하눌에서 떨어진 법이오.

農夫 四: 글세 그 말이에요.

鄭道令: 이것은 명색이 세랍이지 기실은 使道가 한 미천 잡자는 수작이오.

農夫 三: 아니 그럼 그걸 다 使道가 혼자 먹어요?

鄭道令: 그러니까 무섭다는 게 아니요.

三甫: 죽일 놈이로군.

鄭道令: 무슨 加結錢이니 加戶錢이니 하는 것두 使道와 六房官屬들이 집어먹는 것이오.

青龍: 아니 그럼 세전을 받아가는 곳은 나라이겠는데 거기서 가만이 있나요?

鄭道令: 나라루 위루 보고할 때는 세랍이 건히지 않었다고 거짓 보고하는 것이오. 백성들은 官家의 文書를 볼 수는 없으니까 文書로 속여 먹는 것이오. 백성들은 세랍을 내고 먹기는 中間에서 使道나 官屬들이 먹구 나라에선 백성이 세랍을 안 낸 줄 알구. 이게 모두 文書 농간이란 말이오.

農夫 二: 어이 참. 낭중엔 밸까지 빼다가 속여먹겠군.

鄭道令: 그리고 이번에 또 새루 백성들은 쌀을 받히게 됐다 하오.

青龍: 또 쌀을 받혀요?

農夫 四: 그게 뭔데요?

鄭道令: 全州에서 온 소식이오. 아즉 내용은 몰으겠지만은 이것으루 해서 죄 없는 백성들은 이번 겨울을 나기에 또 고생을 할 것이오.

農夫 三: 아니 그래. 어떻게 살란 말여. 곰처럼 발바닥만 핥어먹구 살란 말인가. 지랭이처럼 흙만 먹구 살란 말인가.

鄭道令: 그러니까 우리는 탐관오리 백성들의 피와 땀을 긁어 제 배를 채우는 그런 무리를 없애야 하오.

農夫 二: 글세 그게 어려운 일이 아니오.

鄭道令: 결코 어렵지 않소.

農夫 二: 어렵지 않아요?

○ 農夫들은 鄭道令 앞으로 닥어 앉는다.

鄭道令: 우리 조선은 백성들의 피와 땀을 긁어먹는 그런 탐관오리의 나라도 아니며 또 그놈들이 이 나라의 근본이 될 수는 없는 것이오. 이 나라의 근본은 백성들이오.

모두: 옳습니다. 옳은 말이오. (하며 동감)

鄭道令: 첫째 우리는 단합해서 무슨 일이 있던지 간에 다 같이 행동을 갖어야 하오. 아까 어느 분이 지금 곧 치자는 말슴을 했지만 아즉 때가 아니라고 생각하오. 열사람보다는 백사람, 백사람보다는 천사람, 천 사람보다도 만 사람의 힘이 합하면 아문 하나 부시구 들어가 使道며 六房官屬 처 없애기 여반장이며 全羅監營인들 부시지 못하겠오?

三甫: 참 옳은 말슴이군.

○ 이때 집안에서 喜順의 울음 터지는 소리 들린다. 喜順의 오빠를 부르며 우는 소리. 모두 시선이 그쪽으루 간다. 朴첨지 힘없이 나온다.

靑龍: 아저씨.

朴첨지: 뭐 괜찮겠지. 아즉도 맥은 뛰고 있으니까 목숨이 길면 살 테지.

○ 바람 소리 점점 크게 나무 끝에 분다.

鄭道令: 여러분. 이만 헤어집시다.

三甫: (朴첨지를 보고) 너무 상심 말게.

○ 모두 헤여질려구 할 때 쌍둥아범 內外, 쌍둥아이 둘과 그보담 더 큰 아이를

앞세우고 쌍둥母는 어린애를 업고 나온다. 그들은 行旅 차림이다.

三甫 : 이 사람아. 어데를 가는 건가.

쌍둥아범 : 아주 떠나기로 했다네. 三甫 오늘 나두 한잔 먹구 싶었지만 짐을 좀 꾸리느라구. 뭐 여봐란 듯이 떠나는 것두 아니구 살기 어려워 도망을 가는 셈일세. 농사꾼의 조상은 땅이언만 나는 조상도 땅도 없는 놈일세. 한군데서 살다 못 살면 달은데 가서 살아두 보는 게구. 그것두 저것두 다 안 되면 죽는 게지.

朴첨지 : 웨 죽어. 웨 죽는 거야. 악착같이 살지 못하고 웨 죽는 거야 응? 내 아들놈 七星인 지금 다리를 베게 됐네 이 사람아. 웨 살겠다는 말은 못하구 죽겠다는거야, 응? (미칠 듯이) 난 살 테다. 한 놈 쥑이구 두놈 쥑이구 그리구두 나는 살 테다. 죽어가는 자식 내노면서 먹을 것 다 먹구 刑房놈부터 쥑여야 한다. 金番手는 다 뭐구 李番手는 다 뭐여. 여보게 자네. 갈려거든 내 이놈들 쥑이는 것 보구 가게. (문 앞에 가서 도끼를 들구 뛰처 나갈려구 한다)

三甫 : (앞을 막으며) 이 사람이 미쳤나.

農夫들 : 웨 이러시오. 참으시오. (하며 막는다)

朴첨지 : 놔라 놔. (울음 터지는 목소리로) 이눔들아. 내 아들 살려 놔라. 이눔들아.

○ 農夫들 가까수루 朴첨지를 집으루 데리구 들어간다.

○ 바람소리가 지나간다.

쌍둥母 : 어서 가유.

쌍둥아범 : 그럼 잘들 있게.

鄭道令 : (그들 앞에 가서 돈을 꺼내주며) 실례되지만 노자에 보태 쓰시오.

쌍둥母 : 鄭도령님이시지우.

鄭道令 : 그렀소.

쌍둥母 : 뭘 이렇게 주서유. 고마워유.

쌍둥아범 : (도령을 보구 말을 할려다가 그냥 나가버린다)

쌍둥母 : 그럼 안녕히 계서유.

○ 쌍둥母, 아이들을 데리구 나간다. 道令은 그들이 가는 쪽을 발아본다. 農夫들 뿔뿔이 헤어저 나간다. 어느새 조각달이 나무 끝에 걸려 푸른 빛을 쏟는다. 지금껏 억새 숲속에 숨어 이 모든 光景을 보든 鶴仙이 버드나무 밑으루 온다. 道令은 가랑닢을 밟으며 생각에 잠긴다.

鶴仙 : 道令님.

鄭道令 : 누구시오.

鶴仙 : 벌서 잊어버리셨어요?

鄭道令 : 아 鶴仙…… 뭣하러 오시었오.

鶴仙 : 좀 뵈올려구요.

鄭道令 : 나를 …… 무슨 볼일이시오.

鶴仙 : ……

鄭道令 : 어서 말슴하시오.

鶴仙 : 어머님께 다 말씀 들였소. 사연을 들으시군 그날부터 들어누어 뇌심(惱心)을 하시오. 비참히 돌아가신 아버님 생각두 하시는 모양이구 도령님껜 너무도 미안한 짓을 했다고 말슴하시오. 그래서 오늘은 꼭 모시구 오라구.

鄭道令 : 그럼 날 데릴러 오시었소?

鶴仙 : 잠깐만 와 주시기 바라오.

鄭道令 : 허지만 이우에 더 그대를 만날 필요는 없고 그대 집에 갈 필요

도 없는 줄 아오.

鶴仙: 어째서요.

鄭道令: 어서 돌아가시오.

○道令은 자리를 떠날려구 한다.

鶴仙: 도령님. 날 그렇게 못 믿으시오.

鄭道令: 믿다니.

鶴仙: 밤잠을 안 자구 시를 읽으며 생각해 봤소. 주신 글을 읽으며 또 파랑새 노래를 불르며 ……

鄭道令: 파랑새가 뭔지 아시었소?

鶴仙: 알 건두 같구 …… 확실이는 몰으겠지만 아까 여기서 도령님이 여러 사람을 보구 말슴하시는 것 다 들었어요. 발끝만 보던 내 눈이 넓은 벌판을 내다보는 것 같앴소. 이렇게 초록 장옷을 쓰고야만 밖앝엘 다니는 이 몸이 얼마나 세상을 몰으는 바보였든가. 양반도 아닌 기생의 딸 …… 도령님. 난 도령님에게 세상 이치를 배우고 싶은 생각이 나서 …… 도령님. 이런 말 듣기 싫으시지요.

鄭道令: 아니오. 난 내 힘 자라는 데까지 알려구 하는 사람들에게 아는 데까지 말 해주고 싶은 사람이오.

鶴仙: 저, 도령님. 아직 혼자시지요?

鄭道令: 혼자라니?

鶴仙: 저, 아직 장가 않드셨지요?

鄭道令: 허허허. 난 세상에 나서 여자라군 몰르고 살아왔오.

鶴仙: 그럼 사랑이 뭔지 몰으시겠군요.

鄭道令: 사랑, 사랑. 난 사랑이 어떻게 생긴 것인지 몰르겠소.

鶴仙: 아시는구먼요.

鄭道令: 알다니?

鶴仙: 모르시는 것이 아시는 게요. 이런 詩語가 있지 않으오. 사랑이기 어떻더냐. 둥그더냐, 모나드냐, 기더냐, 짧으더냐. 밟고남아가릴러냐. 하 그리 긴 줄은 몰라두 끝 간 데를 몰라라……. 허지만 도령님. 파랑새는 파랑새를 사랑할 줄은 알겠지요?

鄭道令: 파랑새끼리는 서로 사랑이 매질 수 있을 것이오.

鶴仙: 도령님. 도령님이 파랑새라면 나도 파랑새가 되겠어요…… 안 될까요? 잘못일까요?

鄭道令: 鶴仙이.

鶴仙: 파랑새는 파랑새끼리 날러단이는 거지요.

鄭道令: 그게 진정이오?

鶴仙: 몇 일 밤잠을 못 자구 생각하였소.

鄭道令: …… 鶴仙이.

○ 도령은 학선을 뚫어지게 보구 鶴仙의 손을 잡는다. 허나 곧 놓는다.

鄭道令: 허지만 아즉 그대를 믿을 수는 없소.

鶴仙: 어째서 못 믿으시오……. 누가 시킨 일도 아니언만. 나도 모르게 혼자서 애를 태우며 가슴이 타올으는 것, 이것이 뭔가 하구 생각해봤소. 처음 뵈온 후 얼마 않 되는 사이가 먼 옛날 같기두 하오.

鄭道令: 그대는 아름다운 파랑새요. 鶴仙이. 내 눈을 보시오. 내 눈이 뭐라구 말을 허나.

鶴仙: 도령님.

◯ 바람이 일고 가랑닢이 진다. 이때 靑龍이 뛰어 들어온다. 두 사람 떠러진다. 丹心 들어온다.

靑龍 : 도령님. 큰일 났어요.

鄭道令 : ……

靑龍 : 도령님. 어서 피신하시오. 軍奴 使令들이 도령님을 잡으러 다니는 모양이오. 어서.

鄭도령 : 鶴仙.

鶴仙 : 도령님. 제 집이 조용하니 집으루 가십지요다.

鄭道令 : 봐서 가게 되면. 그럼.

◯ 道令 나간다.

◯ 靑龍이도 따라 나간다. 鶴仙이는 버드나무 옆에서 발아본다.

鶴仙 : 도령님 …… 파랑새 새야 새야 파랑새야 …… (노래를 부른다)

◯ 이때 朴첨지는 불 켠 白紙燈을 들고 나와 문 옆에 단다.

◯ 喜順이 나와 燈 옆에서 운다. 바람소리.

조용히 幕.

제二막

鶴仙의 雅淡한 草堂. 오른편으로 안채와 또 대문 쪽으로 통하게 되고, 왼쪽은 花草밭이다. 지금은 가을풀이 우거졌고 紅菊白菊이 제철인 듯 한창이다. 그 옆으로 소나무 한그루 서있다. 燈잔 밑에 책을 읽고 있는 鶴仙의 그림자 쌍窓에 비쳤다. 개 짖는 소리 들린다. 丹心이 들어온다.

丹心 : 아가씨. 아가씨.

○鶴仙이 房에서 나온다.

鶴仙 : 소식 들었느냐.

丹心 : 소식은커녕 靑龍이는 종적을 감추구 靑龍 아버지는 부뚤려 갔대요.

鶴仙 : 부뚤려 갔어?

丹心 : 鄭道令님을 집에 뒀었다는 죄래요.

鶴仙 : 도령님이 무슨 대역죄인이길래 도령님을 집에 뒀었다구 잡아간담. 무서운 세상.

丹心 : 그놈들이 아주 발악을 하는 게요. 지금두 문앞으루 軍奴使令들이 지나가는 것을 보니 그만 가슴이 철렁하겠지요.

鶴仙 : 도령님은 어디 가 계실까. 얼마나 고생을 하실까.

丹心 : 언젠가 물방앗간 七星이가 다 죽어나오던 날, 거기서 도령님이 농군들에게 한 말이 탄로가 나서 使道는 기를 쓰구 鄭도령님을 잡을려구 한 대요.

鶴仙 : 도령님은 참으로 훌륭하신 분인 줄 안다. 좋은 정사를 베풀려

는 생각은 안 하구 세도를 남용해 제 낭탁[8]이나 할려는 썩은 벼슬아치나 계집이나 희롱할 줄 아는 高阜부사, 그런 밸 썩은 위인들에게 비할 게 아니라구 생각한다. 백성들 틈에서 백성들에게 세상일을 알두룩 일러주시구 官家엔 핍박을 받어 피해 다니시는 도령님. 그 슬기로운 눈과 음성과 물방아 근처에서 그를 처음 만났을 때 얼마나 적은 계집인 것을 알았다. 비록 기생의 딸이란 비천한 몸일망정 고시란히 핀 한 떨기 꽃처럼 이 초당에서 세상 풍파 모르고 그저 병풍의 그림처럼 공부나 해왔던 나. 이 몸 도령님을 만나 비로소 알았다. 내 얼마나 눈 먼 사람이었던 것을 알았다. 도령님은 처음 이런 말씀을 하시었다. "젊은 사람들에겐 지금 할 일이 있소. 亡해 가는 나라를 구하자는 것. 도탄에 들어 원한에 찬 백성들을 살리자는 것이오." 이런 말씀을 하시는 그분의 그 두 눈엔 푸른 불이 이는 것을 난 보았다. 어째서 이렇게 내 마음은 안타까운 것인가.

丹心 : 나두 그분이 이상한 분인 줄은 알지만 아가씨. 그렇게 생각하시다가 병나시면 어쩌실라구. 너무 안타까워하지 마시오.

鶴仙 : 나는 그분이 주신 글을 언제나 읽으며 …… "苦待春消息 春光終不來 非無春光好 不來卽非時. 안타까이 봄소식을 기다리거니 봄빛은 끝끝내 오지 않도다. 봄빛은 없는 게 아니오만 오지 않음을 보니 이때가 아닌가 싶도다. 玆到當來節 不待自然來 春風吹去夜 萬木一時知. 當到할 때가 오기만 하면 기다리지 않아도 자연히 오는 것이니 봄바람 불어간 뒷면 일만 나무가 한 때에 다 알도다. 하루에 한 꽃이 피고 이틀에 두 꽃이 피고 三百六十日 삼백예순 꽃이 피느니. 온몸이 다 이 꽃이요 온 세

8 낭탁(囊橐)하다 : 어떤 물건을 자기의 차지로 만들다.

상이 모두 이 봄이로다."[9] 道令님. 당신은 이 봄을 기다리고 봄을 위해서 싸우시오. 진정 이 鶴仙의 가슴에 핀 이 괴로운 꽃은 무엇이라 하겠소. 사랑, 아니 사랑이라긴 너무두 님이 먼 곳에 계시오. (괴로워한다)

丹心: 아가씨. 웬 이렇게 상심을 하시오. 도령님은 꼭 아가씨를 만나러 오실 게요. 참 아까 吏房이 사람을 보내서 마님을 만나구 가시었소.

鶴仙: 무슨 일루?

丹心: 가만이 듣자니까 妓案에 着名을 하는 게 좋으니 使道가 아가씨를 보고 싶어하느니 그런 말이드군요.

鶴仙: 妓案에 着名을 허라구? 흥. 날더러 妓生이 되란 말이냐. 妓生의 딸이란 것두 원한인데 날더러 官妓가 돼서 使道의 몸종이 되라구 …… 그래 마님께선 뭐라 하시던?

丹心: 생각해 보겠다구요.

鶴仙: 아니, 딱 잘라 말씀을 못하시구 …… 이놈들이 내게 올개미를 씌우자는 수작이다.

丹心: 그리구 또 요즘 이상한 소문이 돌아요.

鶴仙: 무슨 소문이?

丹心: 鄭도령이 鶴仙이 집에서 자구 도망을 갔다구요.

鶴仙: 어이구 망칙도 해라.

丹心: 그를 어느 使令이 봤느니 어느 집 하인이 봤느니들 그래요.

鶴仙: 큰일 났구나. 이게 모두 날 먹자는 수작이다. 어머니가 그놈들에게 돈냥이나 집어주던 것을 딱 끊구 곰살궂게 안 하니까 먹자는 게다.

---

9 〈東經大全〉(東學歌辭) 중 일부.

○이때 鶴仙母 나온다.

鶴仙母: 鶴仙아. 이리 좀 앉어라. 丹心이 넌 들어가 보구.

○鶴仙인 마루에 앉고 丹心인 안으로 들어간다.

鶴仙母: 요새 가만이 보니까 네가 鄭도령을 퍽 생각하구 있드구나. 내 말이 거짓말이라구 대답을 해라.

鶴仙: ……

鶴仙母: 나두 그 도령에겐 미안히 했구. 또 네 어르신네 소식두 듣구. 그래서 한번 집에 불러다가 약주나 대접하며 사과두 하구. 네 어르신네 소식도 좀 더 자세히 묻고저 했던 것이 …… 몸을 피했다니 나두 여간 섭섭지 않다. 넌 비참히 돌아가셨다는데 어르신네를 어떻게 생각하니.

鶴仙: 훌륭하신 줄 아오.

鶴仙母: 나두 훌륭한 줄 안다. 이만치 사는 것두 네 父親의 덕. 원수니 뭐니 해두 네 父親만한 인물두 없었구. 인자하신 분도 없었다. 애틋하게 귀양살이를 하시다 돌아가시다니. (부련듯 눈물짓는다) 세상이 이렇게 나가다간 끝장이 날게다. 허지만 이런 세상일수록 □□□ 죽은 체하구 가만있는 게 제일이니라. 뭐니 뭐니 떠들어야 목이나 떨어졌지. 네 父親만 허드래두 괜히 나라를 위하느니 정사를 갈아야 허느니 앞장을 스시다 그렇게 비참히 돌아가신 줄 안다. 옛날부터 그런 생각을 가지신 분인 줄을 난 잘 알고 있었다. 그게 무슨 보람이 있느냐 말이다. 너두 애저녁에 정도령인지 동학팬지 단념해라.

鶴仙: 동학패가 아니에요.

鶴仙母: 동학패가 아니면 뭐란 말이냐. 봐하니 고만큼 짭짤한 젊은 사람도 없는 줄 안다만 불인 줄 알면 달겨들지 않는 게 제일이니라.

鶴仙: 전 그 불 속에 뛰어들구 싶어요.

鶴仙母: 뭣이야?

鶴仙: 전 아주 생사를 결단했어요.

鶴仙母: 생사를 결단하다니. 아니 언제 그렇게 생사를 결단하게까지 됐니. 오라. 그러구 보니 누가 봤다는 게 헛소문이 아니로구나.

鶴仙: 어머니. 어머니까지 그 소문을 정말루 들으시우?

鶴仙母: 정말로 듣지 않으면. 정도령이 새벽녘에 우리 집에서 나가는 것을 봤다는데.

鶴仙: 어떤 놈이 봤어요? 모두 우리를 음해허구 먹자는 수작이에요.

鶴仙母: 수작이 아니라 벌써 턱밑까지 왔어. 오늘두 戶房 하인이 왔다 가구. 軍奴 使令놈들이 슬슬 굶은 강아지처럼 냄새를 맡으러 다니는 게 뭔데.

鶴仙: 정말 어굴해요.

鶴仙母: 뭐가 어굴해. 정도령이 왔다 가질 않아서 어굴허냐? 허 참. 정도령이 여기 없으니 말이지 있기만 허면 벌써 요절이 나구 변통이 생겼을 게다. 뭐 길게 말할 것 없이 정도령 생각은 아주 딱 끊어라. 그렇지 않으면 너두 옥중 귀신이 될 것이구 늘그막의 이 에미두 제명엔 못 죽을 것이니 오늘 아주 귀정[10]을 짓자. 그리구 이 고장에서 엉뎅이 붙이고 살라면 꼴 보기 싫은 놈들이지만 어쩔 수 있니? 아전들 비위 맞처야 하구. 그 새 딱 잡아뗐지만 軍奴 使令들두 돈냥이나 줘서 주물러 놔야 하구. 죽일 놈이니 나쁜 놈이니 해두 使道 눈에 들어야 한다. 정도령 관계

---

10 귀정(歸正) : 그릇되었던 일이 바른길로 돌아옴. (예문) 귀정을 짓다 : 일을 바른 길로 돌려 세워 끝을 맺다.

만 없어두 내버리구 살겠다마는 당장 올개미가 덥칠 판이니 허는 수 없다. 戶房 하인이 와서 반은 위협으로 널 妓案에 着名하라구 허니까 낼부터 관가에 들어가 番을 들두룩 해라.

鶴仙 : 어머니. 당장 목에 칼을 받으면 받었지 妓案에 着名해서 그놈들의 노리갯감이 되기는 싫소.

鶴仙母 : 아 뭣이 어쩌구 어째? 에미가 뭐 못할 일을 시켜? 에미 맘두 쫌 알아줘야지. 울며 겨자 먹기란 말 몰라?

鶴仙 : 어머니. 문간을 보구 발을 뻗으랬다구 온 동리들이 원망을 하는 탐관오리의 노리개가 된다면 당장은 괴로운 것을 모면할 수도 있겠으나 쇠털 같은 날에 무슨 얼굴로 동리 사람들을 대하겠소?

鶴仙母 : 아니, 발악이냐. 발악을 하는 거냐? 어이구 가슴이야. 그래 세상에 어느 놈팽이가 없어서 하필 동학패로 몰려 쫓겨다니는 놈에게 빠졌니. 대명천지 밝은 날에 사람이 기를 펴구 살아야지. 使令만 번뜻해두 가슴이 철렁하구 가랑닢만 버석해도 가슴이 철렁하구. 너는 그놈한테 빠져서 방앗간 옆으루 슬슬 만난 지나 있지만 내가 무슨 죄가 있니? 무슨 죄가 있어서 가슴이 철렁하느냐 말야. 이건 사람이 맘을 놓구 살어야지.

鶴仙 : (운다)

鶴仙母 : 왜 울어? 동학패 뭐? 파랑새? 파랑새가 그리워 우니? 울 것 없다. 보따리 싸 짊어지구 아주 나서라. 어이구 내 팔자야.

○鶴仙母 가슴을 치며 안으로 들어간다.

鶴仙 : (울음을 딱 그치고) 도령님 …… 아 못 믿을 사 어떻게 믿어야 할까? …… 길은 세 길이다. 한 길은 도령님을 따르는 길, 한 길은

妓生이 되는 길, 한 길은…… 한 길은 죽는 길이다. 어찌 이렇게 나를 괴롭힐까. 괴롭히는 물건은 무엇일까 …… 허지만 도령님을 어떻게 믿어야 할까. 무엇으루 어떻거면 도령님을 만날까. 만나기만 하면 …… 가자. 찾아 가자. 남복을 하구. (방안으로 들어갈려 한다) 그것두 가망 없는 일이다.

○ 이때 왼쪽 화초밭 쪽에서 쿵하는 소리 난다. 그러자 담 밖으로 軍奴使令들의 방울 소리 요란스럽게 지나간다. 화초밭 속에서 무엇인가 움직인다.

鶴仙 : 아.

○ 變裝한 鄭도령이 鶴仙 앞 가까이 간다.

鄭道令 : 鶴仙이.
鶴仙 : 누구요.
鄭道令 : 파랑새.
鶴仙 : 도령님.
鄭道令 : (담 밖을 注意하며) 軍奴들이 날 지금 따라왔소.

○ 이때 또 軍奴들의 방울 소리 — 이쪽이다. 없어졌다. 분명히 이쪽이다 — 하며 우군거리는 소리 들린다.

鶴仙 : 도령님.
鄭道令 : 숨을 데가 없을까?
鶴仙 : 이리 방으루.

○ 鄭道令, 房으루 들어간다. 그러자 官奴使令들이 쑥 들어온다.

使令 一: 여기 동학당이 들어왔지?

鶴仙: 아무도 안 들어왔소.

使令 一: 찾어봐.

○ 모두 찾는다. 使令 一이 鶴仙의 방으로 들어갈려 한다. 鶴仙이 그 앞을 막으며.

鶴仙: 어데를 볼려구 그러시오.

使令 一: 房을 좀 볼려구.

鶴仙: 안 되오.

使令 一: 허 이것 봐라. 처녀 맹낭한데.

鶴仙: 맹낭한 것은 당신이오.

使令 一: 뭣이?

鶴仙: 남 여염집 처녀의 방을 마구 볼려는 당신이 맹낭하단 말이요.

使令 一: (기 막혀) 허허허.

鶴仙: 여자에겐 여자의 정조와 비밀이 있는 것이요. 오직 그것을 보고 싶건 들어가 맘대루 보시오. (비킨다)

使令 一: 허허허. 뭐 그렇게까지 말헐 건 없어.

○ 이럴 때 鶴仙母 들어온다.

鶴仙母: 아니 웬일이냐. 웬일들이시우.

鶴仙: 어머니. 글세 동학당이 들어왔다구 자꾸 제 방을 보자구 그래요.

鶴仙母: 동학당이 뭘 먹으러 우리 집엘 들어온단 말이냐. (房을 들여다보고) 있긴 뭐가 있어.

使令 一: 허허허. 괜히 색씨만 놀라게 했군. 허지만 동학당을 집에 감춰 둔 자는 아주 엄벌에 처한다는 것 알지?

鶴仙母: 알구 말구요. 여부가 있나요.

使令 一: 뭐 정사가 어떠니 쌀 세랍이 많으니 하고 불평을 말하는 놈은 모두 동학당패란 말야. 이런 놈들은 철저히 없애기루 했어.

鶴仙: 여부가 있나요. 그눔들 다 때려죽일 놈들이지요.

○ 使令들 나간다.

鶴仙母: 참 수고들 하시오. (하며 따라 나간다)

○ 鶴仙은 크게 숨을 돌린다.

鶴仙: 도령님, 갔어요.

○ 鄭도령, 방에서 나온다. 두 사람 서로 본다. 도령은 그냥 말없이 소나무 밑으로 걷고 鶴仙이 도령을 가슴 아프게 본다.

鄭道令: 鶴仙이. 오늘은 그대와 그대 母親께서 나를 살려주었소. 이 태산 같은 은혜를 내 목숨이 있는 날까지는 잊지 않겠소.

鶴仙: 도령님. 쓸데없는 말씀 …… (도령 앞으루 가서) 그새 얼마나 고생을 하시었소.

鄭道令: 나는 고생이라고 생각지 않소. 七星이가 그놈들 매에 맞어 죽었구 靑龍이가 몸을 피하구 靑龍 아버지가 지금 나 때문에 刑틀에서 고초를 받구. 대체 이 사람들이 무슨 죄가 있소. 내가 이 사람들을 위해서 피를 흘릴 때가 있을 거요. 멀지 않았소.

피를 흘려 우리들의 원수를 갚을 날은 멀지 않았소. 鶴仙이. 내가 피를 흘리고 넘어지거든 그때 만일 내 옆에 있다면 피 묻은 옷자락으로 내 얼굴을 덮어주고 〈파랑새〉를 불러주시겠소?

鶴仙: 도령님. (그의 가슴에 안긴다) 도령님. 웨 그런 말씀을 하시오. 언제나 도령님의 이 몸에 피가 흐르는 날엔 저두 제 몸에두 피를 흘리고 싶소.

鄭道令: 그건 한 폭의 그림을 생각하는 아름다운 꿈이요. 허지만 鶴仙이로서는 안 될 일이며 어려운 일이요.

鶴仙: (그 가슴에 물러나며) 아니 이 鶴仙이를 그렇게 못 믿으시오. 아— 못 믿을 사 나만 어리석은 꿈을 꾸는 것이로다. 차라리 도령님 눈앞에서 내가 먼저 죽겠소. 그렇지 않으면 어머님 소원대루 妓案에 着名해서 官家 들어가 番을 도는 東軒使道의 노리개감이 되든지.

鄭道令: 鶴仙이 미쳤소?

鶴仙: 누가 나를 미치게 만드는 것이오. 명색이 여염 처녀. 이 원수 같은 편발[11] 하나 틀어얹지 못하구 날 믿으란 말 한마디 없는 구름을 잡구 한평생 생처녀 노릇을 허란 말이요.

鄭道令: 학선이. 왜 이렇게 쓸 데 없는 생각을 하시오.

鶴仙: 구름 같은 도령님에겐 쓸 데 없고 듣기 싫은 말이지만 피는 꽃도 한철이거니 임자 없이 시드는 꽃이 어찌 원통치 않으리까.

鄭道令: 鶴仙이. 진정하오. 학선이의 마음 잘 알겠소.

鶴仙: 먼 길 가는 나그네겐 지팡이도 짐이라거니 항차 큰일하시는 도령님껜 계집이 오히려 짐 안 되오리까. 이후론 이 학선의 집 오실 것두 없이 鶴仙이 집 초당에서 새파란 송장이 났다거든

---

11 편발(編髮 / 辮髮) : 예전에, 관례를 하기 전에 머리를 길게 땋아 늘이던 일. 또는 그 머리.

처녀 귀신이 난 줄만 아시오.

鄭道令: 학선이. 웨 이렇게 날 못 믿으시오. 그대가 파랑새 되기를 맹서헌 날 우리 두 사람은 서로 믿는 사람이 되지 않았소. 서로 믿으면 그만이지 그 우에 또 무엇이 있소.

鶴仙: 도령님. 이 학선의 몸이 되어 생각해 보시오. 四柱單子 주고받고 쪽도리 낭자 사모 관대로 초래청에서 만난 내외간도 못 믿어 한다거니 무엇을 가지고 도령님을 믿으란 말이요.

鄭道令: ……

鶴仙: 웨 말을 못하시오. 도령님. 마지막 소원이요. 六禮는 갖추지 못할망정 이 鶴仙이를 진정 믿으시거든 이 머리나 얹어주고 가시기 바라오.

(도령 앞에 몸을 던진다)

◯ 이럴 때 들어오다 이 수작들을 듣던 鶴仙母 나서며

鶴仙母: 아니 만나자 이별이냐. 사랑싸움이냐. 웨 이렇게 찔끔거리느냐. 이별하긴 싫건 꿰치구 가든지 둘이 도망을 가든지. 사랑싸움을 헐라면 아주 피가 나두룩 해라. 인제두 네 입으루 어굴하니 원통하니 하는 말이 나오겠니. 보따리 싸거라. 보따리 싸가지구 따라 가거라. 아까 들었지? 동학당패는 씨를 말린다구. 아니 어짜자구 동학당이 걸려들었니. 다 망했다. 다 망했어. 인제 이 집안 기둥 뿌럭지가 남을 상 싶으냐.

鶴仙: 어머니. 이년이 죽일 년이요. 어머님 마음 편하게 못해드리는 이년이 죽일 년이요. 허지만 어머니. 동학당이 무슨 죄가 있구 도령님이 무슨 죄가 있소이까. 한번 마음으로 정한 남편 동학당이라구 마음을 변하구 官家놈들이 무섭다구 남편을 바꾸긴 어려울가 하오. 하루를 살아두 남편 백년을 살아두 남편. 도령님께 바친 마음 변치는 못하겠소.

鶴仙母: 잘한다 잘해. 우리 집안에 경사 났네. 동학이 나구 열녀가 나구 내 딸과 좋아서 동학당 사위를 얻었구나. 이 복이 어대서 떨어진 복이냐. 어이구 인제는 죽었구나. 영낙없이 죽었구나.

鄭道令: 뭐 너무 한탄하지 마시오. 나만 이곳을 떠나가면 될 것 아니요. 鶴仙은 아직도 白玉 같은 몸이니 다른 데로 시집을 보내시오. 너무 분주를 떨어 죄송하오. 그럼 부디 안녕히 (떠날려고 한다)

鶴仙母: 아니 인제 와서 다른 데로 시집을 보내라구? 이건 동학당 법인가? 그런 사람들은 남의 집 처녀 잔뜩 바람 맞쳐놓구 슬쩍 꽁문이 빼긴가? 안 되네 안 돼. 나두 사위 자랑 좀 해보겠네. 충청감사의 아들 이내 사위요 동학당 파랑새가 내 사위요 허구 어서 내 딸 병신 맨들지 말구 머리나 얹어주게.

鶴仙: 어머니.

鶴仙母: 인제 난 죽든 살든 모르겠다.

○鶴仙母, 안으로 들어간다. 三更 바람소리. 사이.

鄭道令: 鶴仙이. 자 마루로 올라갑시다.

○鶴仙은 마루로 올라간다. 道令 뒤미쳐 올라간다. 鶴仙은 색경을 앞에 놓는다. 이때 丹心이 들어온다. 白紙에 싼 비녀를 鶴仙에게 준다.

丹心: 마님이 비녀를 갖다 주라구요.

鶴仙: 어머님께서. 아 옥비녀. 도령님. 인제 머리를 얹어주시오.

鄭道令: 丹心아. 머리를 얹을라면 어떻거면 좋으냐.

丹心: 낭자를 틀면 되는 줄 아오.

鄭道令: 낭자를 틀면.

鶴仙母의 목소리: 丹心아.

○丹心이 안으로 들어간다. 이럴 때 파랑새 노래 들려온다. 鶴仙은 가슴 앞의 느린 편발을 틀기 시작한다. 틀어 올린다.

鶴仙: 도령님. 비녀를 찔러 주시오.

○道令은 비녀를 집어 鶴仙의 뒤으로 가서 낭자에 찔러준다.

鶴仙: 서방님. 오늘이 며칠날이지요?

鄭道令: 癸巳年 十月 十七日, 鄭進과 沈鶴仙은 百年佳約을 이루다.

鶴仙: 松竹이 변함이 없드시 어지러운 세상에 두 맹서 길이 푸르기를 심축하오.

鄭道令: □□으로 갈지두 모르는 이 몸을 東軒 뜰에서 피 흘리며 넘어질지도 모르는 이 몸을. 오 그대는 이렇듯 사랑하였음이뇨. 鶴仙이. 오늘밤은 낭자를 튼 그대 얼굴 과연 아름다웁구료. 그대 같은 안해를 가지게 된 이 몸은 烏鵲橋에서 織女를 만난 견우 기쁨보다 더 큰가 하오.

鶴仙: 이 몸은 견우를 만난 織女의 기쁨보다 더 크오이다.

○이때 丹心이 술상을 들구 나온다. 鶴仙母 따라 나온다.

鶴仙母: 인제 속이 시원하겠구나. 내일 삼수갑산을 가는 한일지라두 오늘은 원앙의 짝을 지어 술이나 들게.

◯鶴仙母 마루로 올라가 앉는다. 道令과 鶴仙 일어나섰다.

鶴仙母: 어서들 앉어.

鄭道令: 장모님. 절 받으시오.

◯道令과 鶴仙은 함께 절한다.

鶴仙母: 어이그 애물덩어리들. 세월만 좋았으면 이런 영화가 없으련만. (부련듯 눈물짓는다) 鶴仙아. 네가 먼저 술을 딸아라. (鶴仙이 술을 딸아 道令에게 준다) 어서 마시게. (이번엔 道令이 술을 딸아 鶴仙에게 준다) 千金 같은 낭군의 술잔이다. 어서 들어라. (鶴仙이 술 마신다)

鄭道令: (술을 딸아 鶴仙母에게 권하며) 장모 드시오.

鶴仙母: (잔을 받아) 들구 말구. 이렇게 기쁜 날 마시자는 술 아닌가. 무슨 고초가 있던 부디 내 딸 버리지 말기 바라네.

鄭道令: 염녀 마시오.

鶴仙母: (술을 쭉 마시고) 내 고집두 황소고집만큼은 하네만 실상 금부나졸에게 쫓기구 軍奴使令들에게 쫓김을 받는 자네 같은 사람한테 어느 누가 귀한 딸을 내줄려구 하겠나. 나두 애더러 딱 단념해라구 했었네. 허지만 애가 자네를 어떻게 봤던지 생사를 담판하겠다니 그 사랑이 가는 것을 무엇으루 잡아끊겠나. 뭐 이왕 이렇게 머리를 얹어준 바엔 아무쪼록 길이 잘들 살기 바라네.

鄭道令: 명심하겠소.

鶴仙母: (딸을 보며) 허허허. 다 큰 계집애 그 징글맞던 머리채 걷어올려

쪽을 찌니 아주 거뜬해 보이는구나. 허허허. 그럼 오늘밤은 맘껏들 놀게. 난 국숫집에 가서 늦었지만 국수나 좀 눌러 올 테니.

○鶴仙母, 丹心을 데리구 들어간다. 道令이 보는 눈에 鶴仙은 고개를 수기며 비로소 신부다운 교태가 흐른다. 鶴仙은 또 술을 붓는다. 道令은 무엇인가 생각한다.

鶴仙 : 서방님. 뭘 그렇게 생각하시오. 오늘밤은 모든 생각 잊으시기 바라오.

鄭道令 : 참 오늘밤은 내 일생에 가장 기쁜 날일 게요. 사랑, 사랑이란 이렇게 황홀한 것을. 우리가 너무두 늦게 만난 것을 한탄하오.

鶴仙 : 이 鶴仙두. 참 서방님 잠간만.

○鶴仙 방안에 들어가 새 도포를 들고 나온다.

鶴仙 : 이 도포 품세[12]가 맞나 입어보시오.

鄭道令 : 그대가 꾸민 것이오?

鶴仙 : 녜. 도령님. 오시면 드릴려구요. (도포를 道令에게 입힌다. 품세를 만져보구) 아이 어쩌면 이렇게 맞을까. 꼭 맞지요?

鄭道令 : 언제 이렇게 바느질을 배웠소?

鶴仙 : 여자의 직분인 걸요.

○鶴仙은 도포의 고름 다시 잘 맺는다. 행복에 겨운 듯 道令도 황홀히 鶴仙을 안으며.

---

12 품새.

鄭道令: 내 귀여운 파랑새.

○鶴仙은 道令 품에서 파랑새 노래를 한다. 이렇게 행복스러울 때 丹心이가 뛰어 들어온다.

丹心: 아가씨 도령님. 저 万石이가 왔어요.

鄭道令: 万石이가?

○万石이가 들어온다. 丹心이 들어간다.

万石: 도령님. 아, 아가씨.

鄭道令: 어째서 이렇게 늦었느냐.

万石: 아주 선생님까지 만나뵙구 오느라구요. (편지를 끄내 준다)

鄭道令: (편지를 받아본다) 全州, 益山은 (만반 준비가 다 됐노라) 十一月 古阜도 함께. (일어나아? 한다) 그리고 倡義文 (반포하게 됐으며) 量余不足米再徵에 관해서 (조사한 것을 가지고) 즉시 오라 十八日까지 …… 아, 十八日이면 내일까지 …… 그래 다 안녕하시더냐.

万石: 네. 곧 왔다가라구 신신당부 하였소.

鄭道令: 내일루 이백 리를.

万石: 청바우 그 주막집 앞에 말을.

鄭道令: 청바우에서 말을 달리면 지금은 곧 떠나야 □□□□□□□□□ 넌 南面 사거리 배나무집을 찾어 거기 있는 □□이에게 연락을 해라. 鶴仙이 …… 鶴仙이 지금 곧 떠나야만 하겠소. 선생을 만나러 白蓮洞으로.

鶴仙: 白蓮洞으로 선생님을 만나러 이 밤에 아.

鄭道令: 이것이 파랑새요. 날을 때 날러야 하고 앉을 때 앉아야 하오.

이젠 떠나면 아무래두 두 달은 걸리겠소. 빨리 와야 내달 그믐 그럼 이렇겁시다. 내달 二十五日날 밤 이경 때 물방앗간 옆에서 만납시다. 꼭 그때까지 기다려주오.

鶴仙 : 내달 二十五日날 밤 이경 때 물방앗간 옆에서 날더러 그때까지 기달리라구요? 도령님. 어쩌면 그렇게 무정하시오. 오늘밤이 어느 밤이라구 날 버리구 가시려오. 파랑새는 날러두 같이 날구 앉어두 같이 앉을 수는 없소이까. 안되오이까. 첫날 신부가 독수공방이란 웬말이요? 떠나야 하실 길이면 나도 가겠소. 바늘 가는데 실 간다구 서방님 가시는 데 나 못 가오리까. 나도 가겠소. 나도 따라가겠소.

鄭道令 : 여보. 사정이 그런 것을 어찌 하오. 나 역시 그대를 만나 오늘은 인생의 가장 아름다운 밤을 이루어 볼까 하였소. 허나 두 사람의 사랑과 두 사람의 아름다운 밤으로 해서 대사를 망칠 수는 없는 게 아니요.

鶴仙 : 그러니 정녕 날 두고 가시겠단 말삼이요? 싫소이다. 천만 번 죽어두 싫소이다. 그냥 오셨다 가신대도 가슴의 살쩜이 떨어진 듯 하올텐데 머리까지 얹어주시고 이대로 가신다면 가랑잎 힘쓰는 밤이나 첫눈 내리는 밤에 서방님이 꽂아주신 이 옥비녀를 혼자 만지며 밤을 새오리까. 도령님. 계집의 몸이 되어 동행을 못하신다면 남복을 하고 가오리다. (방으로 뛰어들려 한다)

鄭道令 : 鶴仙이. (鶴仙이를 잡는다) 웨 이렇게 철없는 짓을 하오. 알 만한 사람이.

○鶴仙 넘어져 운다.

鄭道令 : 鶴仙이. 울지 마시오. 나도 가슴에 타는 불이 있고 눈물이 있

는 사람이요. 내 두 눈에서 눈물이 살아지는 날이면 (목이 멘다) 그러니까 날 보내주시오. 내가 떠나는 것이 우리 두 사람의 사랑을 빛내게 하는 것이며 우리들의 사랑이 커지는 것이오. 나 역시 □□일이라면 그대를 데리고 떠나고 싶소. 山길을 걸어서 같이 걷고 허지만 官軍이며 軍奴들의 눈이 내 몸을 따르고 다니니 어찌 두 사람의 동행을 기약할 수가 있겠소. 또 길게두 있는 게 아니요. 한 달이면 돌아올 것이니 기다려 주시오.

鶴仙 : 알겠소이다. 따라가지도 못할 사정 잡지도 못할 사정 이 鶴仙인들 모르리오만 웬일인지 마지막 같은 생각에.

鄭道令 : 무슨 그런 말을 하오. 마지막이라니.

鶴仙 : 내달 이 밤에 오신다지만 하도 어지러운 세상일 믿을 수 없어 눈물이 앞을 가리오. 어쩌면 오늘밤이란 밤 하나 고이 넘기지 못하구 이렇게 울게 되오리까.

鄭道令 : 鶴仙이. 그만 눈물을 거두시오.

鶴仙 : 도령님. 가시오. 염녀 말고 가시오. 어느 세상에 첫날밤 신부가 임을 보내며 울지 않을 목석이 있으리까. (눈물을 걷고) 도령님. 가시는 길에 부디 몸조심하시고 오시는 길에 부디 몸조심하시오. 이 몸은 오시는 날까지 이 초당에서 공부나 허구 도령님을 처음 만나던 물레방아 옆이나 竹雪樓에서 파랑새를 부르오리다.

鄭道令 : 고맙소. 그럼 다녀오리다.

鶴仙 : 도령님. 이 도포는 한 바늘 한 바늘 鶴仙이의 마음으로 꾸며 맨든 도포오니 鶴仙이를 데리고 가시는 듯 입고 가시오.

鄭道令 : 이 도포와 더불어 그대 생각이 내 몸에서 떠나지 않을 게요. 그새 몸조심하오.

鶴仙 : (그새 울고 섰는 万石에게) 万石인 어데까지 모셔다 드리나?

万石: 청바우까지요.

鶴仙: 그럼 청바우까지 잘 모시고 가게. 그리구 곧 돌아와 소식을 곧 전해주게.

万石: 아씨. 염녀 너무 마시오.

鶴仙: 도령님 그럼.

鄭道令: 鶴仙이.

◯ 鄭道令과 万石, 화초밭 옆 뒷문으로 나간다. 연연히 보내는 鶴仙.

鶴仙: 도령님.

◯ 이때 소리 없이 軍奴使令들이 쫙 들어선다.

使令 二: 뒷문으로 달아났다.

鶴仙: 앗.

◯ 軍奴使令들 一部 쫓아나간다.

使令 一: 저년을 묶어라.

◯ 軍奴使令들 鶴仙을 묶는다.

鶴仙: 당신네들은 人情이 많아서 첫날밤 신부를 잡아가는구료.

使令 一: 흥 무슨 잔소리냐. 잡아끌어라.

◯ 軍奴使令, 鶴仙을 잡아 나꾼다. 鶴仙 넘어진다. 이때 丹心이 뛰어나온다.

丹心 : 어이구 아가씨. 이게 무슨 청천벽력이요. 아가씨. (鶴仙을 부뜰고 운다)

鶴仙 : 이 원한을 언제나 풀겠느냐.

使令 一 : 에이 어서 끌고 가자.

◯ 使令들 鶴仙일 질질 끌고 나간다. 丹心은 "아가씨" 하고 소리쳐 운다.

— 幕 —

제三막

東軒 大廳 우엔 使道가 앉었구 대ㅅ돌 밑 좌우로 六房官屬 使令들이 느러섰다. 軍奴들이 늘어섰고 刑房은 大廳 옆에서 大典通編을 펼쳐 놓고 앉었다. 이뿌게 생긴 通引[13]이 使道 뒤에 侍立하고 吏房 戶房은 使道 아래 아첨하듯이 붙어섰다. 甲紗 괘자의 級唱[14]은 使道 입만 곁눈으로 보고 섰다. 마당엔 刑틀이 놓여 있고……

使道 : 고 고 고 발직시런 년의 일흠이 뭐라구 그랬지?

刑房 : 鶴仙이라 하오.

使道 : 鶴仙. 고년의 애비가 저 甲山 配所에서 죽은 沈松 沈判書라구?

刑房 : 분명 그렇소이다.

13 조선 시대에, 경기 · 영동 지역에서 수령(守令)의 잔심부름을 하던 사람.

14 及唱의 誤記. 조선 시대에 군아에 속하여 원의 명령을 간접으로 받아 큰 소리로 전달하는 일을 맡아보던 사내종.

使道:　고년 기생의 딸일망정 제 애비의 피를 받아서 叛逆을 하는구나. 그래 아즉도 아가리를 벌리지 않으면 고년을 어떻게 죽여야 좋단 말이냐.

刑房:　고년의 입에서 鄭도령의 말이 나올 때까지 가랑이가 찢어지두룩 치는 게 좋을가 하오.

使道:　고년이 美色이라니 고게 정말이냐.

刑房:　美色은 美色이나 고집이 심한 년이오.

使道:　그 고집을 송두리째 빼버리면 되겠구나. 고년 썩 잡아내라.

刑房:　지금 까무러처 정신을 못 차리고 있사오니 다른 것부터 취조하심이 좋을까 하오.

使道:　음 그럼 그 베전[15]이나 헌다는 놈부터 끌어내라.

通引:　베전이나 헌다는 놈부터 끌어 내랍신다.

級唱:　使令.

使令들:　예이.

級唱:　베전이나 헌다는 놈부터 끌어 내랍신다.

使令들:　예이.

○ 떨렁쇠 金番手가 충충거리며 나간다.

使道:　刑房.

刑房:　예.

使道:　이놈 罪名은 뭣으루 했느냐.

刑房:　相避[16]罪로 했소이다.

使道:　하하하. 相避罪면 아주 호강한 놈이로군.

15　베廛 : 布廛의 동의어. 조선 시대에 삼베를 팔던 가게.

16　상피(相避) : 가까운 친척 사이의 남녀가 성적(性的) 관계를 맺는 일.

○이때 한 罪人 들어온다.

使道: 네가 베전이나 한다는 놈이냐?

한 罪人: (엎뜨려 쩔쩔매며) 使道님. 소인은 아무 罪도 없오이다. 使道님. 그저 살려 주옵소서.

使道: 이눔아. 묻는 말이나 대답하렸다.

한 罪人: 네. 소인은 그저 베백이나 좋이 허읍지요.

使道: 베백이나 허는 눔은 제 妻弟 집어먹으란 法두 있느냐.

한 罪人: 이이구. 하누님이 벼락을 치시오. 妻弟를 집어먹다니요. 妻弟가 알고 집안이 알고 동네 사람들이 소인 청백한 줄은 다 알고 있소이다.

使道: 아 相避를 붙어먹은 놈아. 刑틀을 보구 말을 해. 뼉다귀가 남을나건 어서 바른대루 불어라.

한 罪人: 서또님. 억울하오이다. 다른 罪루 열 번 죽어두 좋사오나 相避罪란 웬말이오. 使道님. 하누님이 나려다 보시오.

使道: 어디라구 항거냐 이놈. 처라.

○使令들 罪人을 刑틀에 묶는다.

使道: 이놈. 너이 집 쌀광에 쌀이 얼마나 들었느냐.

한 罪人: 한 五十 石 되오이다. 使道님. 그저 살려주시오.

使道: 刑房.

刑房: 예.

使道: 상피罪를 犯한 놈이 財物은 어떻거라구 했느냐.

刑房: 몰수하게 됐오이다.

한 罪人: 어이구.

使道: 이놈 들었느냐?

한 罪人: 예.

使道: 네 죄는 당장 죽일 것이로되 그리고 너이 집 財物은 모두 몰수 할 것이로되 인생이 불쌍하니까 쌀 五十 石만 몰수하겠다.

한 罪人: 어이구. 그저 살려만 주옵소서.

使道: 이놈. 도루 갔다 가둬라.

○ 使令들 罪人을 끌구 나간다.

使道: 허허허. 刑房.

刑房: 예.

使道: 오늘두 살 五十 石 몰수하렸다.

刑房: 여부 있소이까.

使道: 허허허. 吏房.

吏房: 예.

使道: 万石洑 八旺里洑의 水稅米는 다 걷혔는가.

吏房: 아직 안 낸 놈들이 있소.

使道: 아직도 안 내다니. 그놈들 당장에 족치렸다.

吏房: 족치는 중이오리다. 이 水稅米 때문에 백성 놈들이 불평이 많은 모양이오이다.

使道: 백성 놈들이 불평이 많으면 어떻거겠는 거야. 주제넘은 놈들. 그 鄭도령이란 놈이 쑤석질을 하구 다니니까 백성 놈들이 들 먹어리는 거지. 아니, 그래 고 어데서 난 새낀데 鄭도령이란 놈 하나 못 잡는단 말야. 全州 監營에서 온 官卒들은 뭘 하는 거야. 그놈이 내 욕을 했다구 백성들이 단합만 하면 使道며 六房官屬 처 업애긴 여반장이다. 万石洑 水稅米는 使道 먹는 것이다. 그래 요런 역적의 말을 했다는 놈을 입때 못 잡는단 말이냐.

刑房: 방금 각처로 찾는 중이오니 불일 내로 잽힐 줄 아오.

使道: 고 얼간 같은 총각놈 잡아내라.

通人: 얼간 같은 총각놈 잡아드리랍신다.

級唱: 使令.

使令: 예이.

級唱: 얼간 같은 총각놈 잡아드리랍신다.

使令: 예이.

○떨렁쇠가 충충거리고 나간다.

使道: 이놈두 鄭가놈과 한 패냐.

刑房: 아직 한 패는 아닌가 하오.

○農夫 一이 끌려 들어온다. 벌벌 떤다.

使道: 형틀에 묶어라.

○使令들, 農夫 一을 刑틀에 묶는다.

農夫 一: 어이구. (하고 悲鳴을 지른다)

使道: 이놈. 鄭道令이 물방아깐 앞에서 농군들을 뫄 놓고 머라구 그랬어?

農夫 一: 전 아무 것두 몰라요. 술 먹구 춤춘 죄밖에는 없어요.

使道: 이눔이.

農夫 一: 어이구.

使道: 저놈 정강이에 뻬가 불거지두룩 처라.

刑房: 棍杖使令.

棍杖使令: 예이.

刑房: 처라.

棍杖使令: 예이. (하고 棍杖을 번쩍 든다)

農夫 一: 어이구머니.

○棍杖使令이 딱 친다.

農夫 一: 아. (하고 悲鳴을 지른다)

使道: 이놈 맛이 어떠냐?

農夫 一: 어이구. 전 쨍맥이 친 죄밖에는 없어요.

使道: 처라.

○棍杖使令이 또 한 번 딱 친다.

農夫 一: 아.

使道: 이놈 鄭가란 놈이 뭐라구 그랬느냐. 万石洑 水稅米는 使道가 먹는다구 그랬다지?

農夫 一: 몰라요.

使道: 또 처라.

農夫 一: 아이구. 말슴하지요. 그런 게 아니라 万石洑 물ㅅ稅루 백성들은 쌀 한 톨 낼 까닭이 없다구 그랬어요.

使道: 그리구.

農夫 一: 加結戈이니 加戶戈이니 하는 것두 使道가 집어먹는 게라구요.

使道: 내가 집어먹는 것을 봤다드냐. 에이 사지를 찢을 놈들. 처라. 또 처라.

○ 棍杖使令 또 무섭게 친다.

農夫 一: 어이구. 하누님. (하고 悲鳴 지른다)

使道: 그리구 백성들이 단합만 하면 使道며 六房官屬 없애긴 여반장이라구 그랬다지?

農夫 一: 네. 全羅 監營두 부실 수 있다구 그랬어요.

使道: 全羅 감영두 부실 수 있다구? 애 요것 봐라. 너 이놈. 鄭가란 놈이 어데 있는 것 너 알겠구나.

農夫 一: 그건 몰라요.

使道: 처라.

○ 棍杖使令 친다.

農夫 一: 아. 그건 정말 몰라요. 모릅니다. 정말 몰라요.

使道: 그럼 알어.[17]

農夫 一: 鄭道令은 三甫 아저씨네 집에 있었으니까 三甫 아저씨가 알거예요.

使道: 梧桐나무ㅅ집 三甫 말이냐.

農夫 一: 예.

使道: 이놈 끌어다 다시 가둬라.

---

17 '그럼 누가 알어?'의 誤記인 듯.

◯ 使令들 끌고 나간다. 農夫 一은 절룸거리며 "어이구 어이구" 하고 울며 끌려 나간다.

使道: 吏房 刑房만 남고 잠깐 물러가들 있거라. 그리구 부를 땐 三甫란 놈을 문초하도록 해라.

◯ 모두 一時에 나가고 吏房 刑房만 남는다.

使道: (은근한 목소리로) 세상이 시끄러우니까 매우 조심을 해야 하겠다.

刑房: 뭐 조심할 것두 없소. 그까짓 놈들 주둥아리를 놀리는 대로 갔다 치고 수상한 놈들은 모조리 씨를 말리면 아무 염려 없을 줄 아오.

使道: 흐흐흐. 그야 監營에서도 동학당이나 공사에 불평을 말하는 놈은 그저 모조리 잡으라는 지시를 나렸으니까 그저 抗拒罪 反逆罪로 몰면 그만이구 그 나머지 등속들은 不孝罪나 不睦罪나 相避罪로 몰면 다 된단 말야.

刑房: 참 相避罪는 아주 보람이 났오이다.

吏房: 글세 그 방책으루 하면 되거든. 하하하.

吏刑房: 하하하.

吏房: 그럼 쌀 五十 石은 곧 몰수를 하지요. 文書는 다 제게 농간이 있으니까요.

使道: 흐흐흐. 그리고 万石洑 八旺里洑 水稅米 걷힌 것은?

吏房: 文書는 다 제게 매끼십시오.

使道: 흐흐흐. 자네덜두 먹구 살아야 할 게니까.

吏刑房: 흐흐흐.

使道: 또 稅米가 京倉가에서 不足이 났다구 量余不足米再徵을 하라구 통지가 왔네.

刑房: 京倉에서 斗量질을 해서 不足 난 쌀을 다시 걷으란 것이군요.

吏房: 백성들이 또 짜다구 하겠군요.

使道: 짜다구 해서 안 내구 배길 텐가. 京倉에서 不足이 난 것은 다 거기서 농간을 부린 줄 알지만 다시 걷을 건 걷어야 헌단 말야.

吏房: 여기선 공연히 수고만 하게 되는군요.

使道: 허 吏房이 아즉도 몰랐군. 쌀 한 섬에 서 말씩 더 걷어 올리라구 했지만 여기서 너 말씩 걷으면 한 말씩은 뭐 고시란히 떨어지는 물건이거든.

吏房: 흐흐흐. 참 使道껜 당하지 못하겠소이다.

使道: 아주 너 말씩 내일로 반포허구 이것 때문에 鄭가놈 같은 것들이 백성을 또 쑤석질 할 것이니까 이놈들을 철저히 잡아야 헌단 말야.

刑房: 염려 마십시오.

使道: 어쨌던 정가란 놈부터 잡아야 해. 다들 알겠지?

吏刑房: 네.

使道: 여봐라.

◯ 官屬들 일제이 쫙 들어선다. 칼을 쓴 三甫 끌려 들어온다. 상두ㅅ머리가 풀어저 처참한 꼴이다.

使道: 네가 梧桐나무ㅅ집 三甫놈이랬다.

三甫: ……

使道: 이놈 넌 무엇 까닭에 鄭도령이란 놈을 집에 갔다두구 밥을 멕였어?

三甫: 밥을 멕였으니 어쨌단 말이요.

使道: 어쨌단 말이오? 이놈 어째서 밥을 멕였느냐고 묻는데 어쨌단 말이오?

三甫: 사람을 이만치 반죽엄을 만들어 놨으면 그만이지. 또 뭘 묻겠다는 것이오?

使道: 허허. 이놈 아즉도 코ㅅ대가 살아있군. 뭐 길게 말할 것 없다. 鄭도령이 叛逆하는 놈인 것은 너두 알겠구나.

三甫: 鄭도령은 叛逆한 것 없는 줄 아오.

使道: 그렇니까 네놈두 동학당이란 말이다.

三甫: 난 동학의 동짜두 모르는 사람이오. 우리 백성이 어굴한 세상에 몰려 못 살구 압제가 심해서 못 살겠다는 것은 알 뿐이오. 공사는 백성들을 편한케 하는 것이 공사인 줄 아오. 백성이 눈물 속에 살구 원한에 떨고 있는 이때 당신네들만 배를 불리고 산다면 그게 무슨 백성들을 다스리는 공이란 말이오.

使道: 뭐뭐 뭣이? 배를 불리구 살아?

三甫: 난 아무 죄도 없오. 鄭도령은 그 댁을 옛날부터 잘 아는 탓으로 내 집에 온 것이오.

제四막

물방아깐이 있는 第一幕과 같다. 허나 지금은 눈 오는 겨울이다. 三幕에서 달포 후. 밤, 二更 칠 무렵. 눈이 부실부실 나린다. 등짐장사 차림의 사람들이 靑竹을 지고 들어온다. 朴첨지가 맞이한다.

朴첨지: 누구시오?

등짐장사 一: 난 ○○面 接頭요.

朴첨지: 아, 참 수구하시오. 또 누구신지요?

등짐장사 二: 난 ○○面 接頭요.

朴첨지: 어이구. 인제서 오셨군. 또?

등짐장사 三: 나 ○○面 接頭요.

朴첨지: 참 먼 길에 오시느라구 얼마나 고생을 하시었오. 난 北面 接頭 朴一孝이오. 어서 들어가십시다.

등짐장사 一: 都䮼頭께서는.

朴첨지: 아직 소식이 안 왔습니다.

등짐장사 二: 鄭道令께선 白蓮洞 근처에서 흉한들을 만나 도라가셨다는 소문이 있으니 그게 정말인가요?

모두: 안이? 돌아가시다니. 그럴 리가 있나. (하며 중얼거린다)

朴첨지: 그런 말 믿을 수 없소. 진실한 통지가 없기 전엔 믿지 않는 게 좋지요. 좌우간 우리는 단합하구 또 전번에 들인 계획대루 일을 시작하는 게 옳은 줄 아오. 어서 들어가십시다.

○ 모두 집으로 들어간다. 아무도 없다. 이때 靑龍이 들어온다. 四方을 살펴본다. 喜順이 집에서 나온다. 청룡 얼른 숨는다. 喜順이는 밖게 누가 오지나 않었나 하는 감시로 휘-도라보고 집으로 들어가려 한다.

靑龍: 喜順이.

喜順: (놀랜다)

靑龍: 나야. 靑龍이야.

喜順: 아 — 靑龍이. 언제 왔어?

靑龍: 지금 …… 그새 잘 있었서?

喜順: 응—

靑龍: 지금 사람들이 왔지?

喜順: 응 퍼-런 대를 모두 짊어지구 왔어.

靑龍: 그게 뭐 맨들 건지 알어?

喜順: 몰라.

靑龍: 창이야. 창을 맨들 거야. 또 우리는 총두 손에 넣게 됐어.

喜順: 총이라니?

靑龍: 탕—탕 쏘는 총 말야. 왜 全州 監營 軍卒들이 가끔 이상한 것 들구 단이지 않아? 그게 총이야. 참, 鶴仙 아가씬 나왔다지?

喜順: 벌서 나왔어.

靑龍: 우리 아버지 소식은 못 들었어?

喜順: …… 못 들었어.

靑龍: 참말 못 들었어?

喜順: ……

靑龍: …… 이상한 일이야. 鶴仙 아씨가 나올 수 있으면 아버지두 나올 수 있을 텐데. 농간이 있어. 필경은 농간이 있는 일이야.

喜順: …… 鶴仙 아씨가 나온 것은 그 집 어머니가 저 万石洑 중턱에 있는 논 한자리를 팔아 그것을 디밀구 빼내온 것이래.

靑龍: 먹었군. 또 그놈들이 먹었어. 허지만 七星이는 멕이지 않아서 죽었나. 다 그놈들은 먹을 것 다 먹구 사람을 죽이는 걸 멕였다구 믿을 수 없으니까 鶴仙 아씨 만나거든 조심하라구 그래. 한 번 그놈들에게 지목을 받으면 언제나 그물 속에 든 고기니까. 난 우리 아버지가 불상해서 못 살겠어. 멋 때문에 그놈들이 형틀에서 …… 차라리 내가 송곳정질을 당하는 게 났 내 놈들의 원수는 갚고야 말 것이니까 …… 喜順이 어서 말해 줘. 우리 아버지 소문 들었을 테지 …… 응? ……

喜順 : 알면서 웨 물어. 알면서.

◯ 이때 農夫 二, 三, 四, 집에서 나온다. 靑龍은 喜順을 데리구 몰래 방아 뒤로 사라진다.

農夫 二 : 인제 곪을 대로 곪았으니까 터저야지. 터질 때가 가까웠으니까. 그래 三甫가 무슨 罪가 있다구 三甫를 죽인다는 거야. 靑龍이가 알면 얼마나 복통을 하겠나.

農夫 四 : 오는 달 첫 장날에 竹雪樓에서 여러 사람 보는 중에서 총으로 쏴 죽인다니 어이 참 어굴한 세상두.

農夫 二 : 동학당은 다 죽인다지만 백성들을 다 죽일 수 있어요. 백성들은 侍天主 뭐라는 주문만 않일 뿐이지 백성들의 생각이 동학당의 생각이구 동학당의 생각이 백성들의 생각인 걸요. 먹고 사는 게 젤 아니예요. 먹고 사는 것으로 바른 말을 허는데 그놈들이 동학당으로 몰구 반역이니 역적으루 몰구 생사람을 죽이는 거 아니예요. 三甫 아저씨를 내달 첫 장날 竹雪樓에 내다가 죽이는 것두 다 다 망치는 거지요. 입을 덥석하는 놈은 이렇게 죽는 것이니 꿈적 말라는 수작이지요.

農夫 三 : 인제 各面의 狀頭들두 뽑히구 다 내통이 됐으니까 불만 지르면 불은 막 붙어 돌아갈 판일세. 우리 面엔 喜順 아버지가 앞장을 스겠다구 나스구 인제는 어느날 어두루 뫃이라 하면 各面村村에서 수많이 모이기만 하면 되네.

農夫 四 : 사발통문만 짝 들이는 날이면 뫃이말구. □□ 이번에 바치라는 量余不足米ㄴ가 뭔가 아 글세 이 쌀을 백성들이 왜 낸단 말인가. 아 우리가 稅米 바치는데 쥐가 먹을 테니까 不足이 나느니 마를 테니까 부족이 나느니. 아 이 따위 수작을 해서 □□

□ 쌀 한 섬에 서너 말 씩 加捧을 해서 바쳤는데 이것두 倉官의 눈깔 보는 데서 左右에 官卒을 죽 세워놓구 받아간 게 아닌가. 그래 이렇게 바친 쌀이 서울 창고루 올나가서 斗量질을 할 때 곱쟁이가 부족이 나다니 이게 어서 난 수작인가.

農夫 二: 먹었지요. 먹는 놈 따로 있어요. 湖南 轉運使ㄴ가 뭔가 하는 者가 稅米를 운반하면서 먹었을 테구 倉卒輩들이 쌀섬에다 대침질을 해서 빼먹었을 테구 싫어옴네 허구 돌려서 빼먹는 놈두 있을테 아 이래서 축이는 쌀을 인제 와서 애무한 백성들 보구 다시 내라—안 되지요. 이번엔 결코 안 됩니다. 우리는 이 어굴한 쌀을 다시 낼 수 없다 자 모혀라 하구 三尺童子가 소리만 질러두 모일 판인 걸요.

農夫 三: 여보게. 全州, 益山에서두 다 여러 날 차부가 왔는군—

農夫 二: 백성들은 예나 게나 다 한말일 테지요.

農夫 四: 白蓮洞 부근에선 벌서 첫다지 않아—

農夫 三: 거기선 치기 전엔 모두 잡혓다네. 그래서 都狀頭 鄭道令이 그 놈들에게 맞어죽었느니 피무든 도포자락을 흙 속에서 파냈느니 하는 소문이 돈 거지—

農夫 二: 허지만 喜順이 아버지 말대루 믿을 수 없는 일이예요. 鄭道令님은 우리 都에 都狀頭로서 우리 郡의 일을 제처놓구 다른 郡에 가서 피를 흘리리라구는 믿어지지 않어요.

農夫 四: 나두…… 낭설인 줄 아네만—참 鶴仙이가 官家에서 죽두룩 고생을 하구 나와 마진 자리두 아물기 전에 鄭道令 죽었다는 소식을 듣고 여간 슬퍼하지 않는다는군.

○ 이때 朴첨지 나온다.

朴첨지:　여보게들—

○朴첨지를 중심해서 뫃인다.

朴첨지:　道令님이 죽은 소문을 믿을 수 없는 것이니까. 모쪼록 빈말이래두 이런 말은 안 하는 게 좋네. 지금 우리 郡에선 鄭道令 都狀頭를 泰山 같이 믿고 있으니까. 그리고 우리 郡에서는 내달 첫 장날 바루 三甫가 죽엄을 당하는 날루 정하잔 말일세. 各面狀頭들하구두 의논이 됐구 또 道令님두 이 날이 조타구 하실걸세. 그리구 지금부터 竹槍을 맨들구 총은 靑龍이가 가져오기루 했구 지금 없는 것은 총알이란 말야. 도령님께서 가지고 오신다고 했으니까 꼭 올 걸세. 난 온다고 믿고 또 와야 하겠다구 믿네. 그저께 오실 날인데 안 오시는 걸 보니 근심두 되네만……

農夫 二:　쉬—(귀를 기우린다)

○모두 흐터질려구 한다. 이때 使令 一과 金番首, 李番首 들어온다.

使令 一:　뭣들이냐 응. 뭣을 웅성거리고 있는 거냐, 응?

農夫 二:　아무것두 아니예요.

使令 一:　아무것두 아닌데 뭣허러들 모혀 있서?

農夫 二:　뭐 모여서 얘기두 못하나요?

使令 一:　뭐 얘기두 못허나요? 이놈아 어듸서 배운 말버릇이냐. (하고 갈긴다) 못난 것들이.

農夫 二:　(맛기만 하고 말 못한다)

使令 一:　뮌 얘기를 하느냐. 어서 말해라.

朴첨지: 뭐 다른 말 없었오니다. 에구. (金番首, 李番首를 보구) 난 누구시라구. 저 오늘은 이 사람 (農夫 二를 가르치며) 선친의 제삿날이라구 없는 음식이나마 같이 먹자구 그래서 가는 길이지요. 뭐 다른 얘기 없었오이다.

使令 一: 그럼 진작 그렇게 말할 것이지. 뭐 얘기두 못허나요? 눈꼴이 시단 말이지 이놈아.

農夫 二: 아니예요. 하누님이 벼락을 치시지. 그런 게 아니예요.

使令 一: 뭐가 아니야. 농사꾼놈들이 국으루 농사나 짓지 뭘 웅성거리는 거냐.

農夫 二: 아니예요. 웅성거린 것 없어요.

金番首: 이놈아 잔소리 말어.

使令 一: 동학당을 꾸미느냐. 민란을 꾸미느냐?

朴첨지: 온 무식한 놈들이 뭘 아나요. 농사꾼은 그져 농사나 짓는 게 제일인 줄 압니다. —

使令 一: 다 알구 있다. 죽은 체하구 속으로 칼날을 가지고 있고. 너 (農夫 二를 가르치며) 이놈 동학당이지?

農夫 一: 아니예요. 동학당이 제일 나쁜 줄 아는걸요.

使令 一: 이놈 끌고 가자.

○ 金, 李番首 와락 덤벼든다. —

朴첨지: 使令님. 그져 한 번만 용서해 주시오. 오늘밤이 선친의 제삿날이라구 하니 그저 용서해 주시면 땅속에 파무친 이 사람 선친두 백배치사할 껍니다.

使令 一: 세 사람 이상 모여서 수군거리면 잡혀가는 것 알지?

朴첨지: 네 — 잘 압니다. 그저 조심하겠오이다.

使令 一: 그럼 오늘밤 제사를 지내구 내일 관가루 날 차자 오너라. 알겠느냐.

農夫 二: 네 곡 차자 갈 게요.

使令 一: 안 오는 날이면 아주 요절이 날 줄 알고.

農夫 二: 네 —

使令 一: 괫심한 놈 —

○ 使令과 李, 金番首 나간다. 나갈 제 휘도라 靑龍이가 나간 물레방아 뒤두 보구 서슬이 푸르게 나간다.

農夫 二: 흥 개 같은 자식들 —

朴첨지: 이 사람들 그저 말조심하게. 그럼 어서들 집으루 가게.

○ 農夫들 슬슬 흩어저 나간다. 喜順이 나와 使令들 간 쪽을 보다 물레방아 옆으로 간다.

喜順: 갔어 —

○ 靑龍이 나온다.

喜順: 아이 가슴이야. 아직도 가슴이 벌렁거려 —

靑龍: …… 난 저놈들에게 잡히는 게 겁나지 않어. 겁나는 것은 우리가 해야 할 일을 못하게 되는 것이구, 불상하신 우리 아버질 저 竹雪樓에서 사형에 처한다니까. 그날 아버지를 보지 못할까, 그게 겁날 뿐이지. 그놈들이 우리 아버질 죽이고 배겨낼상 싶어. 그날 난 한놈 죽이고 말 테니까. 허지만 아버지는 영영 해두 없구 말두 없구 아무 것두 없는 세상으로 영영 가시게 될 것인가. 우리 아버지의 말을 빼앗고 세상을 빼아서 가는 놈. 아 — 원통해서 못 살겠어. (운다)

喜順 : 청룡이. 울지 말어. 운다구 뭐 원수가 갚어질 텐가.

靑龍 : 喜順이. 인제 마즈막이야. 싸우는 길밖엔 없어. 나 이번에 뭐 허구 온 줄 알어? 총 쏘는 법 배웠어. 내달 첫장날이라지. 그날 내가 총을 쏠 테니까 喜順이 잊지 말구 내가 누구를 쏘나 보란 말이야. 七星이의 원수 한꺼번에 갚아줄 테야. 난 万石이만 기다려. 도령님이 万石이를 식켜 총알을 보낸다고 했으니까 …… 아버지는 그놈들의 물고 아니면 총에 돌아가실 지도 모르지만 우리는 끝까지 살아야 해. 살아서 이 원수 같은 땅을 밟고 살아서 싸와야 해. 喜順이. 사람으로 태나서 한번 사람 노릇을 해보구 죽어야지 —

喜順 : 靑龍이. 허지만 몸을 조심해 개주검을 해서는 안 되니까. 난 靑龍이만 태산처럼 기대리고 살고 있어. 태산이 무너지면 나도 무너지는 거야.

○ 이때 朴첨지와 등짐장사(狀頭)들 나온다.

靑龍 : 아저씨 —

朴첨지 : 오 — 왔네 그려.

등짐장사 — : 아 — 여기서 또 보게 되는군 —

靑龍 : 오시느라구 수고들 하셧습니다.

朴첨지 : 그래 총은 어찌 됐나?

靑龍 : (매우 은근한 목소리로) 저 — 노루목 밑에다 감춰 놨어요.

朴첨지 : 됐군 — 거기 누가 오나 좀 봐라.

○ 喜順인 망을 본다.

朴첨지 : 자네 아버지 소식 들었지?

靑龍 : 들었습니다. 아저씨. 그날루 일어나지요?

朴첨지 : 우리도 그날로 정하고 都狀頭 도령님이 오실 때만 기다리기루 했네.

靑龍 : 그전까지 안 오시면요?

朴첨지 : 그때는 도령님이 죽었다는 게 분명해질 테니까 허는 수 없시 우리끼리 이러나는 수밖에 없지 —

등짐장수 二 : 기회는 아주 이런 기회가 없는 줄 아오.

등짐장사 三 : 그제 등짐장사나 장꾼들처럼 竹雪樓에 모여서 구경하는 것처럼 허다 거사를 하면 될 게니까 —

靑龍 : 그럼 전 총을 날려다 놀 테니까요.

朴첨지 : 사발통문은 南南狀頭님이 맡기로 했네.

靑龍 : 잘 하셨군요. 좍 돌리면 될 겝니다.

○ 喜順이 망을 보다 놀랜다.

喜順 : 아버지 저기 누가 와요.

朴첨지 : 어서들 가시지.

○ 모두 헤진다.

朴첨지 : 喜順아. 누가 오건 영세네 집으로 알려 다오 —

喜順 : 네 —

○ 朴첨지 나간다.

青龍: 喜順이. 그럼 또 올게.

喜順: 지금 가?

青龍: 가야 해. 우린 잘 있어. 내일 밤에 또 올게.

喜順: 青龍이 ……

○ 青龍은 밖으로 나가버린다. 喜順도 사람 오는 쪽을 보군 피해서 집으로 들어갔다. (무대 잠시 공허) 초롱불 들은 丹心이와 鶴仙이 들어온다. 鶴仙인 아직도 自由롭게 것지 못하는 걸음이다. 鶴仙의 초록 장옷과 초롱ㅅ불 우에 부실부실 나린다. 鶴仙이는 失望하는 태도.

鶴仙: 좀 이리 저리 차저 봐라.

丹心: 글세 오늘도 앞으신 게로군요. 아니 아직 못 오신 거로군요. …… 아씨 잠깐만 혹씨 저 집안에 와 게신 지 —

鶴仙: 아니다. 아직 안 오섰다. 도령님이 오섰다면 집안보다도 여기서 나를 기다리실 거다.

丹心: 그래두 추우니까. 그리구 또 이렇게 눈이 오니까 집안에 게신지 누가 아라요 —

鶴仙: 글세 글세. 참 네 말을 듣고 보니 그러게두 생각된다. 추우니까 눈이 오시니까 날 기다리시다가 집안에 들어가 몸을 녹이시는 지도. 어서 들어가 봐라. 어서 —

○ 丹心이, 집으로 들어간다.

鶴仙: 아 — 왜 이러케 가슴이 설레일까. 그저께 그그저께 오신다는

님이 오늘이 벌서 그믐인데.

○가슴 조이며 집문을 본다. 丹心이와 喜順이 나온다.

喜順 : 아가씨. 몸도 아직 불편하신데 오늘도.

鶴仙 : (실망하는 빛) 오늘두 또 — 丹心아. 어서 대답해라 어서. 오셨느냐 않 오셨느냐?

丹心 : ……

鶴仙 : 어서 웨 말이 없니. 안 게시면 안 계시다고 말을 할 께지 —

○이때 二更 치는 소리.

鶴仙 : 저 종이 초경이냐 삼경이냐?

喜順 : 이경이요 —

鶴仙 : 이경. 오는 달 二十五日 밤 이경 때 물방아 옆에서 만나자던 도령님 그그저께 밤에도 이경을 쳤구, 그저께 밤에도 이경은 첫구, 어저께 밤도 오늘밤도 무심한 이경 종소리는 이 가슴을 흔들엇것만 오신다던 님은 안 오시고 이렇게 눈만 나리는구나. 하늘도 말이 없고, 나리는 눈도 말이 없으니 어데 가서 도령님의 소식을 듯는단 말이냐. 오 — 도령님은 날러가 버린 파랑새가. 날러가 버린 화살인가. 올 때가 되면 차져오는 봄처럼 봄꽃이 필 적에나 오실넌가?

丹心 : 아씨 — 형틀에서 상한 상처 아물기도 전에 몸을 쓰고 마음을 괴로워하시면 어찌 하오. 너무 상심치 마시오.

鶴仙 : 내 다리에 살점이 떠러져 내 몸이 열 조각에 난다 한들 이렇게 아푼 마음, 님으로 해 괴로운 마음 당할소냐. 아 — 괴로운 마

음. 내 어이 이렇게 뼈아프고 만날 때 만나지도 못하고 인생일세에 가장 꽃다운 밤이라는 첫날밤도 갖어보지 못한 아—이런 사랑을 내 어이 믿었은고…… 아니다. 내가 미친 소리를 하는구나. (비틀거리며 나무토막에 앉는다) 내 머리에 꼬자 주신 그날밤에 옥비녀 弱水 三千里라더니 도령님 가신 곧은 三千 里도 아니언만 님 가신 곳과 나 있는 곳이 왜 이렇게 머냐. 지금쯤 白運洞에서 오시는 길인가. 万石이를 청바우에서 보내주신다더니 이 어찌된 곡절이란 말이냐. 형틀에서 무지한 곤장에 마질 적마다 눈앞에 보이시던 도령님 내가 죽었다면 내 가슴을 그 누가 덮어주고 내 무덤에 그 누가 흙을 집어 던져주었을 것이냐. 아니다. 왜 이렇게 철없는 소리만 할까. 喜順아. 이렇게 분수없는 말을 하소연처럼 하는 말을 숭보지 마라. 내 맘에 도령님이 도라가신 것만 같애서 마음을 진정할 수가 없구나.

喜順 : 아씨. 그 소문을 그대로 믿지는 못하오. 세상이 하도 어지러워 헛소문도 날 법하오니 믿을 수 없는 줄 아오—

鶴仙 : 낸들 어찌 믿으랴. 세상 사람이 다 鄭道令은 죽은 사람이라구 말한대두 나만은 나만은 믿지 않으련다.

丹心 : 白運洞 근처에서 어떻게 되셨느니, 누가 땅에 무친 도포 자락을 봣느니 다—믿을 수 없는 줄 아오.

鶴仙 : 피 묻은 도포자락, 지내가는 말이래두 가슴이 서늘해지는구나. 그날 밤 이 몸이 입혀드리는 도포 한 바눌 한 바눌 그리운 마음 가득가득이. 가랑닢 지고 귀뜨라미 우는 밤이 꾸미고 고히 꾸며 내 손으로 잎여드린 그 도포가 피 묻어 낫서른 땅에 파무칠 리는 없다. 만일 그렇다면 …… 한 사람의 사랑두 중하구 풀지 못한 두 사람의 사랑두 원한이 만켔다만 도령님은 나 한 사람에 사랑만을 받으실 분이 않이오. 나 한 사람은 사랑하는

데만 골몰하실 수 없는 분이다. 이 고을에 뜻 가진 사람들이 모두 기다리는 도령님 …… 나는 동헌 마당에서 무서운 형을 받으며 이렇게 생각하였다. 누구를 사랑할 것이며 또 누구를 위해 살 것인가. 참다운 한 사람의 사랑이 천만 사람을 위하는 사랑 될 수 있는 것 …… 오! 눈은 왜 이렇게 오기만 하는가. 이 눈은 七星이에 무덤에도 올 것이며 도령님이 게시는 꿈에도 …… 아니, 아니 도령님이 지금 날 차저오시는 길에도 부실부실 오겠구나.

丹心: 아씨. 오늘도 안 오시는 모양이니 그냥 도라가십시다.

鶴仙: 오늘두 또 헛걸음이 헛걸음을 면할라면 어데로 가야 할까. 銀河水를 차자 烏鵲橋를 가야 할가! 눈물이 비가 돼서 나린다는 칠월 七夕날 …… 이것이 바로 도령님을 첨 만나든 곳, 눈이 오건 바람이 불건 내 몸이 어름장이 되건 여기서나 밤을 새련다. 丹心아. 너는 드러가거라.

丹心: 아씨. 왜 이러소. 골병 든 몸으루 이 추운 데서 …… 아씨 어서 도라가십시다.

鶴仙: 아니다. 오늘밤마는 밤을 새워 여서서 못 오시는 도령이다 생각하여 보겠다.

丹心: 아씨. 그럼 喜順네 집에라두 드러가 몸을 녹입시다.

鶴仙: 왜 이렇게 성화냐. 조용히 조용히 날 좀 내버려 둬다우.

○ 이때 万石이 헌 보자기에 싼 함을 들고 주위를 조심하며 들어온다.

喜順: 누구요?

万石: 喜順이.

喜順: 아 …… 万石이.

万石: 아, 아씨.

鶴仙: 万石이가 앓인가 …… 도령님은?

万石: 도령님은 ……

鶴仙: 그게 뭔가? 손에 든 그게 뭔가?

万石: 아씨, 뺵다구 ……

鶴仙: 뺵다구? 뺵다구라니, 누구의?

万石: 자 …… 아씨 보세요. 난 그새 청바우에서 도령님이 도라오실 때만 기대리고 있었지요. 그랬더니 하루는 웬 사람이 이것을 들고 와서 뼈다귀라고 하며 아씨께 전하면 아실 게라구요— 스무 닷샛날 밤 以後 二更에 이 방아깐 옆으로 갔다 드리라는 걸 그만 오다가 羅卒놈들한테 걸릴 번해서 피해 오느라고 사흘이나 늦었구먼요.

鶴仙: 그럼 도령님의 소식은?

万石: 이걸 가저온 사람은 아모 말도 없고 그냥 뺵다구라고 하면서 …… 어찌된 영문인지 오면서 …… 울기만 했어요.

鶴仙: 그럼 분명코 이것이 도령님의 …… 이것이 분명 도령님의 뼈란 말이냐? 이게 꿈이냐 이게 생시냐 …… 스므 닷샛날 오신다는 도령님이 이 그믐날 눈 오는 밤에 이 鶴仙이가 입혀드린 도포는 엇다 버서 버리시고 그 이글이글한 눈과 세상에 올은 것을 위해서 피 묻은 옷 모습은 어따 버리시고 이렇게 헌 보자기에 싸혀 천지가 좋아고 하시든 당신이 이렇게 좁은 함 속에 들어 첫날밤도 이루어 보지 못한 이 鶴仙이를 차저 오셨구려. 도령님, 아이구 도령님. (하고 함을 잡고 운다) 이게 뭔 말이요. 이게 웬 말이요. 도령님 인제 화촉의 방을 꾸미고 이 함을 안고 첫날밤을 새우란 말이오. 이 고을 뜻 잇는 사람들 당신 오시기를 기다렸거늘 인제 이 함을 들고 동헌을 치란 말이오. 그렇찬으면 동헌 마당으로 다 잡여가 죽으란 말이요. 아이구. 도령님 어서 대답을 하시오. 두 귀는 엇다 버리시고 대답을 하세요.

万石: 인제 그만 진정하시고 어서 …… 함을 푸러보시오. 난 오는 길에 푸러보려고 푸러보려고 했지만 아씨가 푸러보기 전에 내가 푸러보는 것이 죄가 될가 하여 못 푸러보았오 …… 아씨 어서 푸러보시오.

鶴仙: 푸러보면 뭘 하느냐. 뭘 보겠다고?

万石: 혹시 도령님의 유언이나 들었는지 말이요 …… 그럼 제가 풀기만 하지요. (보자기를 푼다) 어서 여러 보시오.

鶴仙: 도령님. (하고 뚜껑을 연다) 아—편지. (읽는다) 화조일석 참으로 그리운 학선이. 나는 그대와 언약을 어기게 되었오. 모든 동지들에게 장부의 □□의 마음. 내 몸 하나 없어진다고 부서짐이 없오. 우리는 서로 못 보는 한이 있을지라도 사람은 咫尺에 있고 風雲 속에 피는 꽃이로다. 사람이 사람을 압제하고 무서운 차별을 두는 그런 세상에서 우리는 살기를 원하지 맙시다. 그대 소식 들었오. 우리는 □□과 죽엄을 뚤고 사는 길을 取합시다. 万石이가 이 함을 전할 것이오 …… 아 사흘 후 …… 이 함 속에 든 것은 진실로 내 뼈요 …… 青龍이에게 …… (학선은 함 속을 들춘다. 총알이 나온다) 이게 뭔가.

万石: 아니 그게 바로 총알이군요.

鶴仙: 총알—

万石: 뼈다귀 허군 왜 이렇게 무거운가 하고 땀을 흘였드니 총알이 돼서 무거웠군. 그러문 그렇지 도령님이 어떤 분이신데 그렇게 쉽게 세상을 떠나—

鶴仙: 도령님 …… 어쩌면 이렇게 사람을 속이셔—

丹心: 인제 마음이 후련 하시죠—

鶴仙: 얘 그런 일 두 번만 있다간 오장육부가 나머나지 못하겠다. 그럼 靑龍일 만나야지.

喜順: 오늘 왔다 갔어요.

鶴仙: 어듸로 간 건 모르겠니.

喜順: 노루목 밋치래요.

万石: 노루목 밋치면 바로 거기로군.

鶴仙: 아는가?

万石: 그럼요.

鶴仙: 그럼 ……万石인 …… 노루목으로 곳 거름하게. 하여튼 집으로 좀 들어가자.

○모두 집으로 들어간다. 무대 잠시 공허. 눈 날린다. 万石이와 喜順이가 나와 어듸론가 살어진다. 그러자 다른 편에서 使令 軍奴들 쑥 들어온다.

使令 一: 鶴仙이가 이리 온 것이 분명하지?

金番手: 요새 며칠 이리 단기는 거 수상허단 말야.

使令 一: 그럼 여기서 …… 자넨 저리 가 숨구.

○使令 一 지휘로 六七名의 軍奴가 包圍陳을 치고 숨는다. 이때 바람소리 쏴— 하고 지나간다. 丹心이 초롱불을 들고 鶴仙이와 집에 나온다.

丹心: 그럼 이 밤에 도령님은 오실 게 안여요.

鶴仙: 오신다구 했지만 벌서 二更이 지나.

丹心: 이번에야말로 꼭 오서야 할 텐데.

鶴仙: 한 근심이 지나면 또 한 근심이 온다고, 오시다가 다른 지장이나 생기지 않었나. 왼일인지 눈보라가 지나간 뒤철은 몸이 피곤해 오는구나.

丹心 : 喜順이더러 도령님이 오시건 집으로 알려달라고 했으니까 집으로 갑시다.

鶴仙 : 아마 오늘두 못 오시나 보다 …… 그럼 가자.

○ 두리 나가려다가 멈춧한다.

鶴仙 : 아—이대로 가서 될가. 만일 오섯다 나를 못 보시면 이렇게 눈이 오는 밤에 …… 도령님.

○ 이때 鄭道令 들어온다.

道令 : 아—鶴仙이.

鶴仙 : 아 도령님. 정말 도령님이오.

道令 : 얼마나 기다렸오.

鶴仙 : 그런 말슴 하시지도 마시오. 정녕 이게 꿈은 아니죠. 아 아 도포 분명 도령님이긴 허나 …… 道令님. 어쩌면 그렇게 사람을 놀라게 하시오. 함은 인제 받었소. 글월도—

道令 : 지금?

鶴仙 : 万石이가 오기를 늦게 와서요.

道令 : 위험한 물건이 돼서 그렇게 꾸민 것이요. 놀라게 해서 미안하오. 학선이 …… 그 새 그놈들에게 잡혀가서 얼마나 …… 고생을 하였오. 나 때문에—

鶴仙 : 當身 때문에 허는 고생이라면 무슨 고생런지 다 하겠소 …… 허지만 못할 고생은 그리운 것이요. 그리운 마음이 타기 시작하면 것잡을 수 없구 불길이 되구 잠이 않 오구 그게 제일 괴로

웠소이다. 이 괴로움이 없어져야 당신의 정말 안해가 될 수 있을 것인데—

道令: 아니오. 우리는 서로 사랑하는 사람들. 그리움이 없는 사람 어듸 있겠오.

鶴仙: 道令님 이번에.

道令: 쉬 …… 무슨 말을 하려고 하시오. 나는 지금 (아주 적은 목소리로) 이 고을 동지들을 만나고 오느라고 좀 느졌오. 인제 우리에겐 때가 왔오. 파랑새가 모두 날개를 펼치고 이러날 때가 왔오. 인제 정말 꽃이 필 것이오. (가마니) 지금 朴첨지, 七星 아버지를 만났오. 우리는 인제야 風雲과 함께 旗빨을 앞세우고 나갈 때가 온 것이요. 아— 오늘처럼 기쁜 날은 없군. 깃부게 생각합시다. 우리웠던 사람 마음껏 가슴에 서려두었든 하소연두 푸러봅시다. 당신을 보니 나에겐 새로운 힘이 샘물 솟듯 솟아나는구려 …… 鶴仙이. 퍽 괴로운 긔색이로군. 아직도 그놈들에게 마진 상처가 낫지 않었을 텐데—

鶴仙: 當身이 만저만 주신다면 이 밤으로 곧 날 것 같으오—

道令: 내 손이 가면 이 밤이라도 아 내 손이 당신에게 그렇게 약이 된다면 언제던지 그대 옆에 있으리라. 그대는 또 내 옆에 있어야 하겠고.

鶴仙: 그게 정말이요. 정말이라면 아 인제 이 학선의 소원이 푸러지는 때가 왔군요. 도령님. 이번엔 날 데리러 오셨군요—

道令: 데리러 오다니. 내가 어데로 간단 말이오. 인제 여기서 삽시다.

鶴仙: 여기서 살아요? 어떻게?

道令: 우리 둘이 뜨겁고 빛나는 사랑으로 영원히 살 수 있는 집이 있소.

鶴仙: 그 집이 어데 있에요?

道令: 竹雪樓—

鶴仙: 竹雪樓? …… 그게 무슨 말슴이예요. 竹雪樓가 우리들의 집이라니요.

道令: 놀라지 마오.

鶴仙: 왜 오늘은 이렇게 놀라게만 해 주세요? 왜 아주 당신의 뒤를 따르라곤 말슴해 주진 않고.

○鶴仙이 비틀거린다. 道令이 안어준다. 눈은 여전히 나리다.

鶴仙: 아이 추워요.

道令: 춥건 집으로 갑시다.

鶴仙: 집으로 정말 가치 가시겠어요?

道令: 응. 오늘은 당신의 머리를 얹든 그 밤으로 돌아갑시다. 그래서 오늘밤은 아주 아름다운 밤을 이루어봅시다.

鶴仙: 아이 반가워라. 이렇게 학선이의 마음을 깃뿌게 맨들어주시는 도령님이 어이 그리 오시는 게 늦이섯소.

道令: 인저도 늦이 않었오. 언제인가 당신을 처음 이곧에서 만났을 때 당신은 돌아가며 이런 말을 했지. 인제는 아예 여염 처녀를 불러낼 생각을 말라고—

鶴仙: 먼 옛날 같애요.

道令: 나는 당신을 그 초당에서 불러내고 당신은 내 가슴에 숨어있는 사랑을 불러내고—

鶴仙: 아이 추어. 웨 이렇게 자꾸 추어질까.

道令: 그럼 어서 그 초당으로 갑시다.

鶴仙: (道令에 품에서 떨어지며) 道令님이 학선이 걱정은 마시고 볼일이 게시구 또 떠나실 일이 있으시면 가 주세요. 竹雪樓에서 때가 오면 또 만나뵈옵지오. 丹心아 가자 ……

道令:　학선이. 왜 이러우?

鶴仙:　당신을 내가 자는 조고만 초당에 가두어 놓면 당신의 할 일을 못하실는지두. 당신 앞엔 커다란 세상이 있고 당신은 그것을 사랑하시니까.

道令:　그것은 당신도 사랑하는 세상이지.

鶴仙:　그러니까 오늘은 당신을 잡지 않을 테예요.

道令:　학선이. 고맙소. 하나 오늘밤은 우리들의 밤인 것이요. 갑시다.

鶴仙:　도령님. (도령을 보구 어쩔 줄을 모른다) 丹心아. 너 먼저 가거라.

○저—만침 떠러져 망을 보든 丹心이 등불을 들고 먼저 나간다.

鶴仙:　(도령을 가슴 뛰게 보며) 道令님, 힘 있게 …… (하고 가슴에 쓰러진다) (도령은 힘 있게 포옹한다)

○이때 丹心이의 아—하는 悲鳴 들린다. 도령은 丹心이 나간 쪽으로 간다. 이때 이미 包圍하고 있던 使令 軍奴들이 칼을 겨누고 쫙 나타난다.

道令:　아—

○官奴 一, 二이 벌서 鶴仙일 잡아나꾼다.

鶴仙:　아—

道令:　너 이놈들이 벌서 우리들을 包圍해 있었구나.

使令 一:　흥, 鄭道令. 인제도 빠저나갈 才操가 있을가. 참 鄭道令은 둔갑 장신을 한다지 홍……

道令:　무슨 재주가 있든…… 鶴仙이만은 건드리지 말고 나하고 겨누어 보자—

使令 一: 학선이를 놔주란 말이냐? 당장 고년을 끌고 가거라.

鶴仙: 에이 비겁헌 놈들아. 아—도령님. 오늘밤은 또 이러케 아름다운 밤이 깨지오.

道令: 학선이.

使令 一: 어서 끌고 가거라.

鶴仙: 도령님—

○ 軍奴 一, 二, 끌고 간다. 도령은 칼을 빼들고 鶴仙이가 끌려 나간 쪽으로 확 달린다. 한 놈에 軍奴가 퍽하고 쓰러진다. 그러나 道令은 亦是 包圍 中에 있다.

鶴仙: (목소리) 도령님 ……

○ 한 놈의 軍奴가 또 道令에게 달겨든다. 그놈이 저만치 떠러저 미슬거릴 때 다른 한 놈이 칼을 맞이며 包圍의 一角이 뚜러진다. 道令은 安全 태세를 取하며 한발 한발 물러선다. 허나 軍奴들은 最後의 一刻을 놓이지 않을려구 헌다. 使令 一이 썩 돌어서며 칼날과 칼날이 맛부닺는다. 한참 눈은 작구 온다. 헉—하고 쓸어 쓸어지는 使令 一.

—幕—

제五막

竹雪樓. 한쪽에 솟은 樓閣. 그 밑은 사람들이 모이는 廣場이 되고 다른 한편으론 높고 낮은 언덕이 뻗어올라, 그 뒤로 나무들이 섰다. 멀리 山峯이 峨峨하게 굽어간 것이 보인다. 지금 사람들이 웅성거리며 모인다.

群衆에서 一 : 여기서, 여기서 죽인다지?

群衆에서 二 : 아니 누구를 죽이는 거야?

群衆에서 三 : 동학당이래.

群衆에서 四 : 아니야. 民亂을 꾸미려던 농군이래.

群衆에서 五 : 누구야?

群衆에서 一 : 梧桐나무집 三甫.

모두 : 三甫? ……

群衆에서 二 : 青龍 아버지 말이지?

群衆에서 三 : 흥. 三甫가 무슨 죄가 있어 죽이는 거야.

群衆에서 一 : 그러니까 三甫를 살리자는 말이다.

群衆에서 四 : 꿈같은 소리. 어떻게 살리자는 말여?

群衆에서 一 : 살리는 수가 있다. 우리는 이렇게 하면 된다. (四, 五人, 一을 둘러싸고 웅성거린다)

○ 이때 다른 群衆이 들어온다.

群衆에서 六 : 두 사람이다. 두 사람을 죽인단다.

群衆에서 七 : 두 사람씩이나?

群衆에서 八 : 누구요? 한 사람은 三甫구.

群衆에서 六 : 한 사람은.

群衆에서 五 : 누구냐?

群衆에서 九 : 누구란 말이냐?

群衆에서 六 : 한 사람은 바로.

群衆에서 三 : 봐라 저-기.

모두 : (그쪽을 본다)

鶴仙母의 소리 : 날 죽여라. 날 먼저 죽여라.

群衆에서 六 : 바로 저 여편네의 딸이다.

群衆에서 二 : 아. 鶴仙이 어머니다. (뛰어나간다)

群衆에서 一 : 그런 鶴仙이다.

群衆에서 三 : 鶴仙이를?

群衆에서 四 : 鶴仙이두 죽이는구나.

群衆에서 七 : 아니, 鶴仙이를 어째서 죽인다는 거여.

鶴仙母의 소리 : 내 딸 못 죽인다. 날 먼저 죽여라.

○ 이때 *婦女子* 한 떼 몰려온다.

婦女 一 : 어이구. 불상해. 鶴仙이를 죽이다니.

婦女 二 : 鶴仙이가 鄭도령을 사랑했다구?

婦女 三 : 사랑이 무슨 죄야.

婦女 四 : 인제 鄭도령이 살리러 온대.

婦女 一 : 꿈같은 소리.

樓閣 위에서 一 : 아, 온다.

樓閣 위에서 二 : 아, 三甫다.

樓閣 위에서 三 : 저건 鶴仙이다.

樓閣 위에서 四 : 맞었다. 鶴仙이가 끌려온다.

樓閣 위에서 一 : 저 무섭게 생긴 놈이 누구냐?

樓閣 위에서 二 : 저놈이 使道다.

樓閣 위에서 三 : 잘 먹어서 배때기가 나왔구나.

群衆 속에서 : (웃음소리)

○ 이때 총소리가 울린다. 바람에 불린 것처럼 한쪽으로 밀린다. 朴첨지가 언덕 뒤에서 쑥 올라오며.

朴첨지 : 아니다. 헛방이다. 使道가 나온다는 헛총이다.

○ 모두 웅성거린다. 이때 狀頭들, 農夫 二, 三, 四, 靑龍이 뛰어 들어온다. 각기 群衆 속에 배치된다.

農夫 二 : 여러분. 三甫나 鶴仙이에게 무슨 죄가 있어 저놈들이 죽인다는 거요. 그래 우리는 죽은 백성을 구경만 해야 하겠소.

群衆에서 一 : 원수를 갚읍시다.

群衆에서 二 : 옳소.

農夫 二 : 萬石洑 洑세를 집어먹는 놈이 누군 줄 아시오?

群衆들 : (웅성거린다)

農夫 二 : 저기 오는 저 使道놈이요.

群衆들 : (웅성거린다)

群衆에서 六 : 죽일 놈이다.

群衆에서 七 : 아주 없애야 한다.

群衆에서 八 : 먹은 것을 쏟아놓두룩 밸을 갈러야 한다.

農夫 二 : 저눔이 지금 죄 없는 백성을 죽이러 온다. 우리 백성은 저놈들한테 그냥 물려서 개돼지처럼 살아야 하느냐.

農夫 三:　지렝이도 밟으면 꿈틀한다.

群衆들:　옳다. 옳은 말이다. (하며 웅성댄다)

○곧 軍奴들이 나오며.

金番手:　누구냐. 지금 떠든 놈이 누구냐.

○農夫 二, 三, 群衆 속에 없어지고 群衆들 잠시 동요된다.

李番手:　저 눔이다. 저 눔을 잡아라.

○官奴들 몇 그쪽으로 달려간다.

軍奴 一:　비켜라. 使道께서 납신다.

軍奴 二:　이눔아. 저리 썩 물러가.

○群衆들 사이에 길이 터진다. 樓閣 위엔 使令들이 경비로 섰다. 使令 하나가 고동을 뚜— 하고 분다. 미친 사람처럼 鶴仙母 뛰어나온다. 뒤따라 喜順이가 뛰어온다.

喜順:　아주머니. 아주머니. 왜 이러시오. 참으시오.

鶴仙母:　참아? 날더러 참으란 말이냐? 내 딸 죽는 것을 내 눈으로 보란 말이냐? 날 죽여라. 이 늙은 것부터 죽여라.

軍奴 一:　에이 저리 못 갈까.

鶴仙母:　이눔아. 넌 에미도 없구 자식두 없느냐.

軍奴 一:　무엇이? (鶴仙母를 밀어 친다)

喜順: 어이구. 아주머니. 아주머니.

群衆에서 五: 온다.

群衆에서 六: 三甫다.

◯이때 큰 칼을 쓴 三甫 들어온다. 群衆은 처참한 印象이다.

喜順: 아저씨. 아저씨.

◯三甫는 언덕으로 끌려 올라간다.

群衆에서 七: 봐라. 저.

群衆에서 八: 鶴仙이다.

◯큰 칼 쓰고 산발한 鶴仙이 들어온다. *婦女*들 중엔 참아 보지 못해 얼굴을 가리는 사람도 있다. 鶴仙母, 鶴仙 앞으로 달려가 치맛자락을 잡으며 운다.

鶴仙母: 鶴仙아. 鶴仙아. 이게 웬일이냐. 이 꼴이 웬일이냐. 네가 무삼 대역죄인이라구 만인시중에 생목숨이 끊긴단 말이냐. 네가 殺人을 했으며 나라에 역적 노릇을 했단 말이냐. 너 대신 내가 죽으마. 꽃다운 청춘시절에 處斬을 당허다니 날 두고 너만 죽겠느냐. 나도 죽겠다. 나도 죽겠다.

軍奴 二: 웬 청승이냐. 비키지 못할까.

鶴仙: 軍官使令. 내 마지막 소원이요. 죽는 사람에게 어머니도 보지 말란 말이오⋯⋯ 어머니 너무 설어 마시오. 사람으로 마지막 가는 이런 처참한 꼴을 어머님께 보여드리는 이 불효녀 鶴仙은 가슴이 아픈지 쓰린지 형용할 수도 없소이다. 나는 육시처

참을 당해두 겁낼 것 업소마는 꽃 피는 봄도 못 누리고 이대로 이대로 죽는 것이 千秋의 한 될까 하오이다. 허지만 道令님이 날 살려주실 거요. 내가 죽더라도 날처럼 죽는 사람은 살려 주실 거요.

鶴仙母 : 어이구. 鶴仙아. 이 늙은 에미 혼자 두고 너 혼자 처참을 당한단 말이냐.

○ 軍奴는 달려붙는 鶴仙母 와락 떼쳐버리고 鶴仙일 언덕으로 끌고 간다. 고동이 뚜— 하고 울린다. 使道 行列이 樓閣 위에 선다. 銃을 든 軍奴들이 樓閣 左右에 벌려서서 群衆을 위협하고 있다. 刑房이 반포文을 펼친다. 고동이 뚜— 하고 울리며 총 든 軍奴가 하늘에다 헛총을 놓는다. 群衆들 잠시 동요한다.

使令 二 : 조용해라.

刑房 : (반포文을 읽는다) 백성은 듣거라. 國家에 준엄한 법이 있거니 이 법을 어기는 者 반드시 형벌에 처함이 이 또한 법인 줄 알라. 민심을 소란시키며 질서를 문란시키는 者 이는 반역지죄인이다. 동학당은 관가에 대한 불평을 말하여 안정한 생업에 힘쓰는 백성을 소란시키고 태평성대의 아름다운 질서를 문란시키어 이는 성대의 반역지죄인들이다. 동학당은 관가에 대한 불평을 말하여 안정한 생업에 힘쓰는 백성을 소란시키고 태평성대의 아름다운 질서를 문란시키어 이는 성대의 반역지죄인들이다. 만백성은 화락히 살고 官家의 官吏들은 공명정대한 양심으로 불민불휘 공사에 힘쓰고 선정을 베풀어 백성들의 안락을 도모코자 하느니 이에 불평을 갖는 者 동학당이 아니면 민란을 음모하는 者니라. 양순한 백성들이 이런 者로 인하여 불안한 가운데 있으므로 이런 반역지徒를 백성들 앞에서

處斬하여 백성들의 마음을 안정시키며 널리 후환이 없도록 경계하는 바이다. 여기 두 죄인 金三甫, 沈鶴仙은 민란 장두 鄭도령과 내통한 者요. 곧 동학당이며 크게 民亂을 음모하고 관정 발악한 대역죄인인지라. 大典通編에 의하여 斬刑에 처하는 바다. 某年 某月 某日. 高阜 府使 張炳甲.

朴첨지 : 공명정대한 양심으로 공사에 힘쓴 것이 뭐냐?

農夫 三 : 万石洑 洑세를 잡아먹은 것이 공명정대냐?

群衆들 : 옳다. 옳은 말이다. (하며 떠든다)

刑房 : 어떤 놈이냐. 지금 그놈을 잡아라.

◯ 軍奴 一이 群衆 속으로 뛰어든다.

群衆들 : 아. (하고 동요를 일으킨다)

◯ 軍奴 一, 찾지 못하고 群衆에게 막혀 제자리로 간다.

使令 二 : 조용해라.

刑房 : 조용하게 엄숙하게 이 처형을 보지 않으면 발포할 것이다.

使道 : 여봐라.

通引 : 예이.

使道 : 두 죄인을 곧 처형해라.

通引 : 級唱.

級唱 : 예이.

通引 : 두 죄인을 곧 처형하랍신다.

級唱 : 執杖 使令.

執杖 使令 두 사람 : 예이.

級唱: 두 죄인을 곧 처형하랍신다.

執杖 使令 두 사람 : 예이.

○ 고동이 뚜하고 이번에 매우 크게 처랑하게 울린다. 이때 執杖 使令 둘이 시퍼런 칼을 번쩍 들고 죄인 앞으로 가려 한다. 이때 群衆 속에 들어든 鶴仙母 미친 듯이 소리치며 群衆을 헤치고 언덕 쪽으로 간다.

鶴仙母: 못 죽인다. 못 죽여. 내 딸이 무슨 대역죄인이란 말이냐. 날 죽여라 이눔아.

使道: 저게 웬 물건이냐.

鶴仙母: 이눔아. 공명정대해서 백성들의 세납을 잘라먹고 내 딸을 죽이는 거냐. 이눔아.

群衆에서: —옳다.
—공명정대란 뭐여.
—양심이란 뭐여.
—못 죽인다.

○ 軍奴가 헛방을 쏜다.

群衆: 아— (동요)

鶴仙母: 쏴라 쏴. 이 늙은 년을 쏴라.

使道: 저년을 당장 잡아내라.

○ 軍奴들이 鶴仙母 이끌고 나간다.

鶴仙母: 鶴仙아. 鶴仙아. (소리 지르며 끌려 나간다)

喜順: 아주머니. 아주머니. (鶴仙母 끌려간 쪽으로 가려다 軍奴에게 꽉 막힌다)

使道: 執杖 使令은 뭣 하느냐.

○ 執杖 使令 다시 칼을 들고.

鶴仙: 도령님 ……

○ 使令들 三甫와 鶴仙의 얼굴을 黑布로 덮는다. 執杖 使令이 발자욱을 뗀다.

群衆: 와. (소리친다)

群衆에서 ㅡ: (뛰어나서며) 使道는 들으시오. 이 사람들을 죽이기 전에 이번 京倉으로 실어간 쌀이 축 났다니 그 不足米를 어째서 우리 百姓들 다시 낸다는 것이오.

使道: 全羅 監司 영감의 令이시다. 무슨 잔소리냐.

群衆에서 ㅡ: 그러면 全州, 益山 등지는 서 말씩인데 이 고을은 어째서 너 말씩이오?

使道: 저, 저놈두 동학당이다. 잡아라.

群衆에서: 못 잡는다. 한말씩은 어떤 놈의 뱃속으로 들어가는지 대답해라.

群衆에서: ―어서 말을 해라.

―집어먹은 쌀을 도루 내라.

―쌀을 내라.

使道: 에이 모두 동학당 놈들이다. 쏴라.

○ 총소리가 울린다. 群衆에서 ㅡ이 넘어진다.

群衆들: 와― (하며 동요)

使道: 執杖 使令. 뭘 하느냐. 어서 쳐라.

○이때 다른 편에서 총소리가 두 방 울린다. 執杖 使令이 두 罪人 앞으로 달리다 기겁을 한다.

刑房: 이게 어디서 들리는 총소리냐.

○이때 총을 든 青龍이 群衆 속에서 앞으로 나선다. (언덕)

青龍: 여러분. (群衆을 向해) 여기 두 사람은 鄭도령 때문에 죽는 사람이요. 허지만 鄭도령이 우리 백성을 못살게 한 일이 있소?

群衆들: 없소.

青龍: 그러면 우리들을 정말 못살게 군 놈들을 칩시다.

群衆들: 와.

使道: 저 놈을 잡아내라.

○이때 鄭도령이 나선다.

鄭道令: 쳐라.

群衆들: 와. (하며 누각으로 몰린다)

○총소리 亂射. 青龍이 낲으로 누각으로 올라가다 맞아 넘어진다.

鄭道令: 앗. 쳐라.

○道令 다시 앞서고 그 뒤 朴첨지, 農夫 三, 四, 各面 狀頭들 쳐올라간다. 使道 以

下 官屬들 천방지축으로 달아나 버린다. 一部 群衆 쫓아나간다. 群衆은 怒濤와 같이 쓸리려 한다.

鄭道令: 여러분은 잠시 참고 이리 모이라. (군중 그 말에 順從한다) 장두들은 앞을 나서라. (狀頭들 앞에 나선다) 애무하게 주검에 당하였던 두 사람 우리들의 동지를 풀어 보호합시다. (喜順이와 몇 사람 三甫와 鶴仙을 풀어 自由롭게 한다) 여러분. 우리들은 인제 우리들의 원수를 갚읍시다. 갚을 때가 왔소. 보시오. 여기 피 흘린 사람들을. 지금 저 獄中에는 애무한 罪名으로 신음하는 백성이 얼마나 많소이까. 이 백성들을 살려냅시다.

群衆들: —옳소.

—어서 살려냅시다.

鄭道令: 보시오. 이렇게 백성을 虐待하고 虐殺하는 놈들이 손톱이 빠지게 지은 농사를 피 맺힌 쌀을 빼앗아 간 놈들이요. 불평을 얘기하면 반란죄요, 돈이나 쌀이나 멕이지 않으면 不孝죄, 아니면 상피죄요. 이것이 백성들의 마음을 안정시킨다는 수작이며 태평성대라 하겠소? 지금 세계는 조선의 재물을 빼앗아 갈려구 노리고 있소. 밖으로 조선의 재물을 팔아먹으려는 者, 안으로 백성들의 고혈을 빨아먹는 者, 이런 탐관오리배들이 나라를 망치는 것이요. 우리 백성들만이 나라를 구하고 새로운 나라를 세울 수 있는 손이며 발이며 기둥인 것이요. 全州에서도 益山에서도 일어났소. 자 일어나 칩시다. 세 대로 나누어 일대는 앞문으루 이대는 뒷문으루 동헌을 치며 삼대는 옥을 칩시다. 여기 장두의 지휘를 따라 물러섬이 없이 칩시다. 狀頭들은 軍器를 나누시오. (狀頭들 軍器를 나눈다)

○ 총은 앞을 서고 창은 뒤를 서고 무기 없는 백성들은 뒤를 서고 나가자 모두 왈칵 나가려 할 때 相對方의 총소리 요란스럽다.

鄭道令 : 아. (하고 뒤로 멈칫한다. 총에 팔을 맞았다)

朴첨지 : 鄭道令.

鄭道令 : 괜찮소. 이런 것쯤은 괜찮소. 나가자.

○ 鄭道令이 뛰어나간다. 群衆들 怒濤와 같이 몰린다. 反對方의 총소리 요란하다. 群衆은 뒤로 물러선다.

朴첨지 : 겁 낼 것 없다. 원수를 쳐라.

○ 群衆들 함성 지르며 몰려나간다. 총소리, 함성 자꾸 거리가 멀어진다. 三甫는 이미 쓰러져 있구 鶴仙은 비틀거리며 누각으로 올라가 바라본다.

喜順 : (三甫를 흔들며) 아저씨. 아저씨. (喜順, 다시 벌떡 일어나며 靑龍의 시체 앞으로 간다) 靑龍이. 아 靑龍이. 아버지를 살리려던 靑龍이가 먼저 죽었구먼 …… 잘 싸왔소. 허지만 원수를 죽이지 못했으니 ……

鶴仙 : 喜順아. 봐라. 불길, 불길이 일어난다. 東헌이 깨진다. 아. 獄門이 깨지는 소리가 들린다. 우리들의 원한이 터져오르는 불길. 아, 도령님.

○ 총소리. 함성.

— 溶暗 —

○ 총소리. 함성. 함성. 함성. 총소리. 함성. 함성.

소리 : 竹雪樓루 진을 쳐라.

— 溶明 —

鶴仙 : (몸을 지탱하지 못하여) 도령님은.

喜順 : 아가씨!

○ 고동소리 뚜 울린다. 鶴仙 "흑" 하고 손으로 얼굴을 가린다. 群衆들이 몰려온다. 狀頭들이 旗幟를 들고 各己 군중을 거느리고 들어와 配列된다. 輔國宏民의 깃발. "貪官汚吏는 嚴責할 事", "奴婢文書는 燒却할 事", "土地는 平均으로 分作케 할 事", "七班賤人의 待遇를 改善할 事" 等을 明記한 旗幟들이 配列된다. 고동이 뚜 울린다. 農夫들이 帳幕 없는 平轎에 누운 鄭道令을 미고 들어온다. 그 뒤에 鶴仙, 丹心 따르고 앞에서 朴첨지가 인도한다.

鶴仙 : 도령님 …… 어머니 ……

鶴仙母 : ……

○ 平轎는 鶴仙의 옆을 지나 樓閣 위로 올라간다. 平轎 놓인다.

鶴仙 : 도령님.

鄭道令 : 鶴仙이. 난 죽지 않는 사람이요. 나를 좀 일으켜 주시오. (鶴仙과 朴첨지 일으킨다) 朴一華 狀頭. 백성을 괴롭히던 탐관오리 중에 가장 큰 놈인 使道를 잡아 내시오.

朴첨지 : 使道를 잡아 냅시다.

○ 묶인 使道가 끌려 들어온다. 使道는 아까 鶴仙이가 死刑을 받으려던 곳에 와 무릎을 꿇는다.

鄭道令 : 使道. (엄하고 낮은 소리로)

使道 : 예. 그저 살려 주옵소서.

鄭道令 : 使道는 자기의 罪를 알겠느냐.

使道 : 예. 천만번 알겠소이다.

鄭道令 : 죄상을 좀 사문하시오. 朴狀頭.

朴첨지 : 万石洑 八旺里洑 洑세는 쌀루 받아 어떻게 했느냐.

使道 : 저허구 刑房, 吏房허구 논아 먹었소이다. 인제는 다시 안 그럴 것이오니 살려 주옵소서.

朴첨지 : 그리구 또.

使道 : 量余不足米라구 해서 서 말씩 걷어올리라는 것을 이눔이 한말씩 더 붙여 반포하였으며.

朴첨지 : 그리구 도.

使道 : 加結錢이니 加戶錢이니 無名雜 는 저희들이 과연 썼소이다.

朴첨지 : 그리구두 이놈 善政을 베풀었다는 게냐?

使道 : 죽을 때가 돼서 환장을 했었나 보이다.

朴첨지 : 무죄한 백성은 얼마나 죽였느냐.

使道 : 생각이 잘 안 나오이다.

朴첨지 : 생각이 안 나다니?

使道 : 예. 하두 여러 사람이 돼서 생각이 삭막하오이다.

群衆에서 三 : 저기 사람을 잡는 귀신이었다.

群衆에서 四 : 저 놈을 당장 죽입시다.

群衆에서 六 : 능지처참을 합시다.

群衆에서 七 : 죽이자.

群衆에서 八: 우리들이 다 같이 죽이자.

使道: (혼이 거진 다 빠진다)

鄭道令: (마지막 힘을 주어 일어난다) 여러분. 우리는 너무 情을 격하지 맙시다. 아까운 동지들이 피를 흘렸소. 우리들의 싸움은 이것으루 그치는 게 아니라 전라도 탐관오리의 조종이며 虐政의 큰집인 全羅 監營으로 갑시다. 우리는 태산 같은 믿음과 끊어지지 않는 단결루 마음을 단합해서 이 輔國安民의 깃발을 들구 전라감영으로 갑시다. 全州의 동지들이 기다리고 益山에서 동지들이 監營으루 향발하였을 것이요. 저 使道를 당장 죽이는 것으루 우리들의 원수를 갚게 되는 것이 아니요…… 저 놈을 앞에 세우고…… 全羅 監營으루 갑시다…… 갑시다…… (그만 넘어진다. 朴첨지 부축한다) 백성들의 원한이 없는 파랑새 나라 땅은 백성의 것이다. 사람이 사람을 학대함이 없는 ('사람이 사람 섬기기를 한울 같이 하는'으로 수정) 나라를 향해서 날아가자…… 鶴仙이…… 함께 갑시다. 監營으로…… 監營으로…… (숨 차서 버린다)

○道令을 눕힌다. 朴첨지는 가슴을 만져본다.

朴첨지: 우리들의 都 狀頭 鄭進 鄭道令께서는 臨終하시었소.

○群衆은 머리를 숙이어 弔意를 表하고 모든 旗幟가 머리를 숙인다. 旗幟를 내려 屍床 위에 덮는다. 鶴仙은 울음이 끓어올라 울음소리를 내며 운다. 道令님의 가슴 위에 넘어질 듯.

鶴仙: 도령님. 인제는 꽃이 필 것이오. 동지들이 피를 뿜은 땅 우에 도령님이 점점히 흘리신 피ㅅ방울마다 꽃이 필 것이오. 아. 도령님. 오늘이 첫날밤이오. 輔國宏民 旗幟 이래 첫날밤이 돌아왔소. 쌍초ㅅ불 타고 타는 화촉의 밤도 나는 싫소. 全羅 監營 대청에서 관디베낌하여주소. 도령님. 어서 갑시다. 도령님. 주무시오. 깊은 잠 드시었소. 도령님 주무시면 나더런 왜 가잔 말 안 하시오. 거룩하오. 거룩하오. 도령님이 거룩하오. 피를 흘려 내 게 주신 도령님의 이 사랑 크고도 거룩하오. 갑시다. 가십시다. 旗幟를 앞세우고 도령님은 여기 싫여 고동 불고 나발 불고 戰勝歌 높이 불러 山川을 울리면서 靑山도 지나가고 綠水도 건너가고 百里를 十里 같이 全羅 監營으로 …… 도령님. (운다)

朴첨지: 여러분. 鄭道令 都 狀頭의 遺言을 받어 앞으로 앞으로 힘차게 나아갑시다. 우리들이 나아가는 땅은 우리들의 땅이오. 우리들의 땅을 짓밟고 더럽힌 우리들 백성의 원수를 치러 갑시다.

群衆들: 갑시다.

朴첨지: 빛나는 피를 흘린 동지들과 거룩한 피를 뿜은 都 狀頭를 모시고 다 함께 갑시다.

鶴仙: (눈물을 씻고 냉정한 목소리로) 女必從夫라 하느니. 내 낭군이 가시는데 내 어찌 못 가겠소. 낭군의 뒤를 따라 나도 가겠소. 낭군이 흘린 피를 내 어찌 흘리지 못하겠소. 내게도 칼을 주시오. 죽창을 주시오.

朴첨지: 아니 그 몸으루.

鶴仙: 어서. 어서.

朴첨지: 갑시다. 자. (竹槍을 준다)

鶴仙: 원수에게 이 창을 던지러 ……

朴첨지: 여러분. 떠납시다. 고동을 불어라.

◯ 고동이 울고 나발이 운다.

朴첨지 : 떠납시다. 全羅 監營으로.

群衆들 : 全羅 監營으로.

◯ 모두 槍劍을 든다. 머리 우에 높이 들어올린 道令의 喪轎가 앞으로 움즈긴다. 群衆은 노래를 부른다.

백성의 원한 맺힌
백성의 기치 세워
피 흘린 님을 따라
나가자
원수의 감영으로

학대와 차별에서
억울히 흘린 눈물
골수에 사모쳤다
나가자
원수를 짓부서라

먼저 간 백성들아
두 눈을 감어다오
고혈을 빨린 명을
우리가 나가서 찾어주마

幕

미스터 方

戱曲(전一막)

蔡萬植 小說 〈미스터 方〉에서
趙靈出 編劇

때　　解放後 晩春

곳　　서울 南村

나오는 사람들

方三福(미스터 方)

그의 妻

正洙(그의 조카)

申첨지

干蘭

白主事

현저동 아주머니

金마리아

신기리 장수

신문 配達

鄭哥

스미쥐少尉

舞台　八·一五 以前 어떤 銀行의 重役이 살던 半洋式 호화로운 집의 庭園이다 香나무等이 섰고 여기저기 牧丹이 피여있고 뜰 中央엔 좋은 床이며 의자 세 개가 놓여있다 왼쪽으로 바위며 丹楓나무가 섰는 구비를 돌아나가면 正門이 있는 모양이고 바른편쪽엔 집으로 들어가는 玄關과 그 옆으로 應接室의 一部가 보인다 應接室창엔 자랑스럽게 어울리지 않는 色調의 커ー텐이 늘어졌다

지금 申첨지가 庭園을 쓸고 있다 正洙가 집안에서 나온다.

正洙: 영감님 오늘아침에 온 신문 못 봤어요.

申첨지: 신문이 석장이나 왔는데 응접실에 없습디까.

正洙: 두 장밖에 없던데요.

申첨지: 그럴 리가 있나 참 아까 주인나리께서 무슨 신문인가 그 신문 한 장을 들구 화를 벌컥 내십디다. 그리구 막 학생 욕을 하십시다.

正洙: 삼촌이 내 욕을 해요.

申첨지: 이런 말은 學生한테 안할 것이지만 내가 듣기에두 민망해서 …… 학생 그 신문에두 왼쪽이 있구 바른쪽이 있소.

正洙: ……

申첨지: 난 도무지 모르겠습디다. 왼쪽이나 바른쪽이나 다 같은 조선 사람끼리 싸울께 뭐란 말이오.

正洙: 옳지 못한 것은 없애야 합니다.

申첨지: 허지만 저마다들 옳다구하니 어느 장단에 춤을 추란 말요.

正洙: 자기 의사를 발표하는 것은 자유니까요.

申첨지: 참 학생은 잘 알겠지만 우리정부가 언제쯤이나 선답디까.

正洙: 인제 곧 설 겝니다.

申첨지: 허지만 그 미국하구 노시아하구 회를 해서 아주 조선 사람에게 독립을 준다는 미소공동위원회가 열려야 할 께 아니겠소.

正洙: 미소공동위원회가 열리지 않두래두 남조선에다 단독정부를 세운답니다.

申첨지: 남조선에 다가만 아니 그럼 북조선은 조선땅이 아니란 말이오. 그래 손바닥만 한 땅조각을 반을 딱 째겨놓구 남조선에다가만 정부를 세우다니 안 될 말이오. 난 무식은해서 몰라두 삼천리 강산에 나라두 한나라가 돼야 할께유 대통령두 한사람이 나서야 할께요.

正洙: 옳은 말씀이시오.

申첨지: 난 오른쪽두 왼쪽두 아니오. 그저 내속에서 울어나는 소견이지 참 학생은 주인나리께서 왼쪽이라구 하니 정말 왼쪽이오.

正洙: 글쎄요.

申첨지: 글쎄가 뭐요. 아까 집안이 벌컥 뒤집혔오. 학생을 당장 내쫓아야 하겠다구 주인나리께서 노발대발 하십디다.

正洙: 아무리 삼춘ㅅ집이래두 질편—히 와서 있는 게 잘못이지요. 나가라구하시면 나갈 뿐이지요.

申첨지: 그래 이만한 집을 쓰구 사시면서 공부하겠다구 와있는 삼춘조카 하나 돌봐주지 않구 당장 내쫓인다구 하시니.

正洙: 뜻이 맞질 않는 탓이지요.

申첨지: 아무리 속으룬 뜻이 맞질 않드래두. 학생이 주인나리께 말 한마디 잘못하는 것 난 못 들었소.

正洙: 삼춘은 인제 정신을 차리실 때가 올꺼니까요 지금 아무리 통역의 세도가 크다 하드래두…… 삼춘은 이런 집에서 오래 사실만한 인격이 안되시니까.

申첨지: 그야 인격이 있구 없구가 상관있소. 운이 터질 때가 되면 터지는 게지.

正洙: 실상 지금 삼춘은 세상을 만난 듯 내노라 하시지만 좀 더 생각하실 필요가 있어요. 우리 집안은 농사꾼의 집안으로 할아버지는 東拓會社小作人으루 늙어 도라가시구 아버지는 장사를 헌다구 다니시다 객사를 하시구 삼춘은 농사를 집네하시다 일본으루 건너가신 후론 영 소식이 없었지요…… 영감님 우리는 영감님이나 우리 집안사람들이나 다 가치 불행한 사람들이었지요. 허지만 조선이 해방된 오늘에 있어 제일 불행한 사람은 삼촌이에요.

申첨지: 아니 주인나리께서 제일 불행하시다니 난 도무지 학생의 말을 알아들을 수가 없소 그래 이 늙은 申첨지보다도 주인나리가 더 불행하시단 말이요.

正洙: 그렇습니다.

申첨지: 아예 그런 말씀 마시우. 개같이 벌어 정승같이 살랬다구 주인나리야 福이 터지신 양반인 걸.

正洙: 난 시골서 면소 고즈가이루 있다가 배워야 하겠다는 생각에 일본 가서 고학을 했지요. 그러다 고향엘 다니러왔다가 강제증용에 걸려 북구주 탄광으루 끌려갔지요. 난 거기서 좋은 동무를 만났어요. 해방이 되면서 우리는 조선으루 돌아왔지요. 나에게 새로운 지식을 가르처 준 그 동무는 지금 감옥에 가 있습니다.

申첨지: 감옥이면 무슨 죄로.

正洙: 글세요 무슨 罪라구 할까요. 하여튼 이집에서 쫓겨나가는 나보다 쫓아내려는 삼춘이 불행합니다…… 영감님 잠깐 다녀오겠습니다.

○ 正洙 나간다.

○ 申첨지 딱한듯이 한숨 짓는다. 方의 妻 집에서 나온다.

方의 妻: 뭣하는 거야. 얼른 쓸구 나리 구두에 징을 좀 박아오라구 했더니.

申첨지: 인제 곧 박아 오지요.

方의 妻: 正洙 어데 갔서.

申첨지: 볼일이 있다구 또 나갔어요.

方의 妻: 돈도 못버는 위인이 무슨 볼일이 있담 어이 지겨워라 인제 살만하니까 삼춘조카니 뭐니 하구들 꼬여들지.

申첨지: 그래두 궂인일엔 일가친척이 제일입네다.

方의 妻: 어서 빨랑빨랑 쓸구 갔다 와.

申첨지: 염려마시오.

○ 집뒤로 돌아가 버린다.

方의 妻: 어이구 굼벵이 같으니 …… 干蘭아 干蘭아.

○ 干蘭이 집에서 나온다.

干蘭: 네.

方의 妻: 응접실 다 치웠니.

干蘭: 치우는 중이에요.

方의 妻: 요년아 오늘은 스스미취少尉께서 오시는 날이니 빨랑빨랑 치우라구 귀ㅅ구녕이 아프게 일렀지.

干蘭: 곧 치울께요.

方의 妻: 어서 좀 잽새게 치워.

干蘭: 네.

○ 干蘭 들어간다.

○ 이때 鄭哥 들어온다.

鄭哥: 안녕 하십니까.

方의 妻: 어서 오세유.

鄭哥: 方선생 게십니까.

方의 妻: 그 뭐 싸인인가 뭣 때문에 나갔는데 곧 올께니까 기다리시라구요.

鄭哥: 오늘은 틀림 없을가요. 이번 이일이 늦는 날이면 이 사람의 목이 날아갈 판이니까요.

方의 妻: 염려마시라구유.

鄭哥: 그야 方선생을 믿으니까 뭐 허지만 차일피일 밀어온 게 두 달이 아닙니까. 교제비만 하드래두 벌써 십만 원에 꼬리가 달리구보니 ……

方의 妻: 주인이 곧 올께니까 저 응접실에서 기다리세유.

鄭哥: (시계를 보며 대단 초조해서) 이거 참 큰일 났군 아즈머니께서 좀 재촉을 해주십시요 이번 그 싸인 한 장 때문에 교제비루 쓴 돈이란 게 모두 고리대금으루 돌린 돈입니다 일주일에 이활 이자니까 이자만 하드래두 이만 환씩 늘어갑니다 몸이 달겠나 안 달겟나 생각을 좀 해주서야 하겠는데.

方의 妻: 뭐 주인이 하는 일엔 영낙이 없으니까 염녀 마세유 어서 응접실루.

○ 이때 干蘭이 應接室 창문에서 머리를 내밀고

干蘭: 마님 徐主事한테서 電話가 왔서요.

方의 妻: 徐主事한테서? 어이 극성들두 ……

○ 方의 妻 들어간다.

○ 鄭哥 초조하게 왔다 갔다 한다 손을 꼽아본다.

鄭哥: 利子가 벌서 五萬환 五萬환 모두 十五萬 환 물건 값을 치면 모두 六十五萬 환 ……

(주먹으로 이마를 두드린다)

◯ 이때 현저洞 아주머니 들어온다.

현저동 아주머니 : 저 이집이 바루 方서방 댁이유.

鄭哥 : 方서방이요? 아 方선생 말입니까.

현저동 아주머니 : 저 현저동 살던.

鄭哥 : 네 좀 가만이 계십시오. 저 저 주인 아즈머니.

◯ 方의 妻 응접실 창문으로 머리를 내민다. 반색을 한다.

方의 妻 : 아니 이게 누구에요. (현관문으로 나온다) 현저동 아주머니 웬일이세요.

현저동 아주머니 : 여기서 산다는 소식을 듣구 찾아오는 길이지 아이 어쩌면 이렇게 훌륭한 집을 얻었을까.

方의 妻 : 뭘요 인제 좀 더 큰집을 구해 나갈려구 하는데 어서 이리 앉이세요.

현저동 아주머니 : 이렇게 존집을 두구 더 큰 집을 구해서 ……

鄭哥 : 저 물을 좀.

方의 妻 : 千蘭아.

千蘭 : (응접실 창으루 머리를 내민다) 네.

方의 妻 : 물 한 그릇 떠 와.

千蘭 : 네. (없어진다)

方의 妻 : (현저동 아주머니를 보고) 어서 앉으세유.

鄭哥 : 저 전화를 좀.

方의 妻 : 쓰세요.

◯ 鄭哥 玄關門으로 들어간다.

현저동 아주머니 : 손님인가.

方의 妻 : 모두 문턱이 닳게 찾어들 오는구먼유. 그래 아즈머닌 해방덕에 미천 좀 잡으셨우.

현저동 아주머니 : 해방덕이 먼가 그저 주초가 물러앉는 집 한채 질머지고 살아가는게지.

方의 妻 : 아이 주변두 없으시우. 쌘게 집인데 장마만 지면 아궁지에서 구정물이 쏟아지는 그집에서 여지껏 살다니.

현저동 아주머니 : 아닌게 아니라 일본사람이 살던 집이나 한 채 얻어볼까 하구 의논두 할겸 方서방이 出世를 해서 잘 산다니 인사두 할겸 겸두겸두 오늘 찾어온게지.

方의 妻 : 아즈머니두 망녕이시유. 方서방이라니 옛날엔 方서방이라구 불러두 망발이 않됐지만 지금은 미시타 方선생님이라구.

현저동 아주머니 : 밑씻다 方선생님 오라 그럼 밑씻다란 말은 벼슬 이름이로군.

方의 妻 : 밑씻다가 아니라 미시타.

현저동 아주머니 : 오 미시타.

方의 妻 : 미시타란 通譯官의 벼슬 이름이라우.

현저동 아주머니 : 호 …… 그런 걸 내가 알 재주가 있어야지 실례했수. 그저 해방전에 우리 집 행낭채에 살던 신기리장수 方서방만 생각했구료 호 ……

方의 妻 : (언짢은 氣色)

○ 이때 간난이 물그릇을 들구 나온다.

干蘭 : 마님 물요.

方의 妻 : 요년아 언제 물떠오라구 그랬어.

干蘭 : ……

현저동 아주머니 : 아까 손님이.

方의 妻 : 오호…… 이런 정신 보겠나 응접실루 손님 갖다 줘.

干蘭 : (들어간다)

현저동 아주머니 : 심부름 하는 계집아인가.

方의 妻 : 어디 사람두구 지내겠어요. 속이 썩어서 식모두 그렇구 침모두 그렇구 상일하는 첨지꺼정 제밥먹구 잘았다구 도무지 말을 안 듣는구먼유. 인제 좀 살만하니까 시골서 사춘아이들 꺼정 와서 극성을 부리는 구먼유.

현저동 아주머니 : 좌우간 고맙소. 성공을 했으니 사람이란 열 번 다시되고 백번 다시 된다구 개천에서 용이나구 진흙에서 꽃이 핀다더니 方서방을 아니 참 方先生을 두구 헌 말이로군. 인젠 먹는 걱정은 없겠구료.

方의 妻 : 뭐 먹구 사는 것쯤이야 얼마 드나유. 그저 문이 미지게 찾아오는 손님으루해서 머리가 빠질 지경이지우 무신집을 구해달라 장사를 하게 해달라 뭐 불하물자를 맡어달라 경찰서에 가쳤으니 빼놔 달라는 둥 새벽부터 밀려들어 골치가 아퍼 죽을 지경이라우.

현저동 아주머니 : 그럴 때가 좋습넨다. 옛날처럼 우리 집 행낭방에 그냥 살아보시우. 어느 강아지새끼 하나가 코끝을 내밀텐가 福이 터지구 운이 터졌지.

方의 妻 : 그래두 주인이 재간이 있었으니까 된 일이지우. 상해가서 서양 사람 집에 고용을 살며 한마디식 배운 양국말이 세월을 만난게지우.

현저동 아주머니 : 아닌게 아니라 方서방은 참 方선생은 여러 가지 재간이 많었으니까.

方의 妻 : 아즈머니한테만 말이지. 주인이 이만큼 된것두 다 내덕이 많치우.

현저동 아주머니 : 많구말구. 고생두 지겨웠지.

方의 妻 : 양복하나 변변한 것 있었나유 해방되며 양국사람이 들어오자 양복은 한 벌 있어야하겠구 그때 일 아시지우 내 옷까지 있던 것 말끔 잽혀서 양복 한 벌 해 입힌 것 아니에유. 허지만 사내라는건 예편네 공이라군 눈꼽만치두 몰라주는 군유. 인제 남부럽잖게 살만하니까 몇 십 년 고생해 온 예편네는 집구석에만 박아놓구 저만 요리ㅅ집이니 무슨 스끼야끼집이니 오뎅집이니 나종엔 기생집으루 난봉을 피우는군유.

현저동 아주머니 : 사내덜이란 다 그렇다우.

方의 妻 : 아즈머닌 핼로껌이란 것 모르시지우.

현저동 아주머니 : 핼로껌이라니 그것두 벼슬이름인가.

方의 妻 : 호…… 참 글쎄 아주머니 히…… 핼로껌이란게 바루 서양여자처럼 차리구 다니는 갈보라우

현저동 아주머니 : 새록새록이 새것이 나오는군 호……

方의 妻 : 하두 어처구니가 없어 웃기는 하지만 두 눈에서 쌍심지가 탈지경이라우. 주인이란게 요즘엔 그 핼로껌 하나를 얻어가지구 죽자사자 하는 판이라우.

현저동 아주머니 : 어이구 속깨나 썩겠수.

方의 妻 : 허지만 어림 없지우. 아주머닌 내 성질 아시지우 어쩌는가 두구보지만 수틀리면 그저 그 삐뚜러진 매부리코를 뜯어버릴 작정이니까. 참 시장하실텐데 안에 들어가서 빵에다 서양고치장 좀 발라 잡수십시다.

현저동 아주머니 : 글쎄 뭐 아직 시장한 생각은……

○ 이때 또 초조스럽게 鄭哥 나온다.

鄭哥: 方선생이 아직두 안오시는군요.

方의 妻: 좀 더 기다리세유.

鄭哥: 이거 참 큰일 났군 시간은 다 돼 가는데 ……

方의 妻: (현저동 아주머닐 보구) 들어가십시다.

鄭哥: 저 오늘은 그 스스미취少尉의 싸인은 틀림없겠지요.

方의 妻: 오늘 스스미취少尉께서 이리 오신다구 했으니까유.

鄭哥: 오늘 이리루? 하…… 그럼 진작 그렇게 말씀을 하실게지. 하…… 오늘 싸인을 얻지 못하면 이 鄭道榮는 아주 망하는 날입니다. 그럼 잠깐 다녀오겠습니다.

◯鄭哥 좀 생기가 나서 나간다.

方의 妻: 아이 골치야.

현저동 아주머니: 저 서양 사람의 싸인이란 게 그렇게 힘이 있나.

方의 妻: 있구 말구요. 그거 한 장이면 안 되는 일이 없는 걸유.

현저동 아주머니: …… 이왕 왔던 길이니 아까두 말을 했지만 그 일본 놈 살던 집말이야. 거 서양 사람 싸인 한 장 얻어서 구할 수 없을까.

方의 妻: 온 아즈머니두 그런 청을 하실려건 진작오시지.

현저동 아주머니: 지금은 사람들이 다 차서 어렵겠군.

方의 妻: 그야 보통사람으룬 어렵구 말구유.

현저동 아주머니: 그래두 方선생이 들어 안될까.

方의 妻: 안될 일이 있나유. 헐려구만 들면 화신상회 같은 것두 데꺽이지우.

현저동 아주머니: 그럼 주인한테 잘 청을 해서 하나 얻어 주두룩 힘써 주구료. 되기만 한다면 꼭 그 은혜는 갚을 것이니까.

方의 妻: 온 천만의 말씀을 은혜라니 아즈머니한테 집 하나 거저 드려두 좋은 처지에

현저동 아주머니 : 에그 고마워라.

方의 妻 : 염려마시우. 아담한 집으루 하나 골라서 들두룩 할테니까.

현저동 아주머니 : 정말 부탁이우.

方의 妻 : 그대신 뭐 옛날 본색을 감춘다는 게 아니라 우리가 아즈먼네 행낭사리를 했느니 신가리장수를 했느니 이런 말을 남한텐 아예.

현저동 아주머니 : 온 미쳤나. 남한테 그런 말을 허게 ……

方의 妻 : 지금 주인은 높은 사람들하구만 교제를 하니까유.

현저동 아주머니 : 암 그렇구 말구.

方의 妻 : 어서 들어가십시다. 퍽 시장하실텐데.

현저동 아주머니 : 틀림없이 되겠지.

方의 妻 : 글세 걱정마시우. 아즈머니두 양옥집이서 좀 살아보서야지.

현저동 아주머니 : 글세. 온 호 ……

○ 두 사람 집안으루 들어간다 申첨지 구두를 들고 나온다 밖에서 新聞配達이 들어온다.

申첨지 : 누구시오.

新聞配達 : 신문대금 받으러왔오.

申첨지 : 신문대금이면 잠깐만 기다리시우 (應接室門 앞에 가서) 마님 마님.

○ 方의 妻 나온다.

方의 妻 : 왜 그래 아니 아직두 구두를 들구 어물거리는 거여.

申첨지 : 지금 징을 박으러 나가는 길인데 신문대금을 받으러왔군요.

方의 妻 : 당신이 신문대금을 받으러 왔어.

新聞配達 : 그렇습니다.

方의 妻: (申첨지를 보구) 아니 왜 이렇게 섰는거여. 빨랑빨랑 갔다 오지 못하구.

○ 申첨지 나가버린다.

方의 妻: 무슨 신문여.
新聞配達: 인민신보올시다.
方의 妻: 그게 무슨 신문여.
新聞配達: 무슨 신문이라니요.
方의 妻: 그게 빨갱이신문인지 아닌지 말여.
新聞配達: 그야 보시는 분이 아실거지요. 좌우간 신문을 보셨으니까 代金을 주십시요.
方의 妻: 못주겠어. 우리 집에선 빨갱이신문은 안 보구 또 볼 필요두 없으니까.
新聞配達: 볼 필요가 있고 없고 그건 이 신문배달 하는 사람으론 둘쨉니다. 허지만 보신 한 달치 신문代金은 주서야 할께 아닙니까.

○ 이때 미스터 方 들어온다.

미스터 方: 뭐야.
方의 妻: 글세 신문代金을 부득부득 내라는군요.
方: 무슨 신문야.
新聞配達: 인민신보올시다.
미, 方, : 뭐 뭣이 인민신보 누가 넣라구 그랬어.
新聞配達: 이집에 있는 젊은 사람이 너달라구 그래서요.
方: 뭐 젊은 사람이 너달라구 해서 넜다. 그럼 그 젊은 사람을 보구 대금을 달라구 그래. 그리구 내일부텀 절대로 절대로 말야 인민신보는 넣지 말란 말야 알겠나.

新聞配達: 그럼 그 젊은 사람은 이집 식구가 아닌가요.

方: 그 신문을 좋아하는 分子는 우리 집 식구가 아닐뿐더러 三八선을 넘어 北조선에 가서 살 사람들이야. 응 알겠어. 자네두 우리 대한국민의 젊은 사람이 될려면 그따위 빨갱이신문배달 집어치구 대한신문을 배달하거나 그렇쟎으면 大한靑年團에 들어서 정치운동을 허란 말야. 도대체 어른을 몰라보구 모리배를 숙청하느니 친일파가 어더니 삼상결정을 총체적으로 지지하느니 하구 입만 까서 떠드는 빨갱이들이 난 싫여. 자 이건 약소하지만 신문대금이아니라 점심값으로 주는 것이니 가다가 장국밥이나 설넝탕이나 한 그릇 자시란 말야.

新聞配達: 신문代金아닌 다른 돈은 받기 싫소. 난 신문代金을 받으러왔지 구걸을 온 사람은 아니요. 사람을 똑똑이 보구 말을 하시요.

方: 뭐 뭣이 똑똑이 봐.

新聞配達: 인민의 의사를 대변하는 우리 인민신보를 싫다구 하는 사람은 조선의 인민이 아닌 동시에 조선 사람이 아닌 것이오.

方: 뭐 뭣이 조선 사람이 아니라.

新聞配達: 선생두 우리 조선민족의 한사람이 될려구 하시건 그 허풍선이 같은 우월감을 없애야 합니다.

方: 이눔아 이 경칠놈아.

新聞配達: 아, 그렇게 흥분하실 것 없습니다. 안녕히 계십시요.

○新聞配達 나가 버린다.

方: 아니 저게 어서 난 자식이야 능지처참할 자식 같으니.

方의 妻: 여보 洞넷 사람 들으리다.

方: 들으면 어때 저따위 놈들은 아주 없애야해 개 같은 자식.

方의 妻: 여보 그래두 체면은 생각해야지 점잖지 못하게 욕설을 해서 쓰우.

方: 욕이 나오는 걸 어떻거란 말야.

方의 妻: 이게 모두 正洙 때문이지 머유.

方: 그 빌어먹을 자식을 당장 쫓아버려야지. 아 그자식이 어째서 빨갱이신문을 보느냐 말야.

方의 妻: 삼춘 조카라구 사정을 봤다가는 큰일 나겠수.

方: 당신이 正洙를 보구 당장 나가라구 말을 해.

方의 妻: 내말을 들을상 싶우 그래두 당신의 부치니까 당신이 딱 잘러 말하는 게 젤 났지.

方: 엥이 참.

方의 妻: 여보 안에 현저동ㅅ집 주인마누라가 와 있우.

方: 어떻게 알구.

方의 妻: 왜 모르겠수 方三福이하면 다 알지.

方: 암 그야 딱 알지 하…… 그래 우리가 이렇게 사는 걸 보구 뭐래.

方의 妻: 뭐라긴 입을 딱 버리지 호…… 그런데 집을 하나 얻어 달라는 구료.

方: 또 청이로군 뭘 가졌어.

方의 妻: 빈손 입디다.

方: 뭐 빈손들구 청을 하러 왔어.

方의 妻: 허지만 어떻거우 난 또 힌소릴 땅땅 했는데 하나 얻어 줍시다.

方: 이런 맹추보겠나. 아 일본집하나 권리금이 얼만데 돈 안들이구 되느냐 말야.

方의 妻: 현저동 그 집을 팔면 안될까.

方: 이런 맹추보겠나. 그까진 걸레쪼각 같은 걸 팔아 어느 코에 붙이느냐 말야.

方의 妻: 그럼 괘니 흰소리 했군……

方: 가만있으라구 그래 미스터 方선생만 믿으라구 그래.

方의 妻: 그리구 또 鄭哥가 왔읍디다.

方: 아따 그 자식 웨 그렇게 안달야 어련이 안 해줄까 봐.

方의 妻: 그래두 十萬 圓이나 쓰지않았우.

方: 十萬 圓이 돈이야 남들은 百萬 圓式 쓰는 판인데 이번 불하물을 슬적 개인회사루 돌리는 날이면 수천만 원이 떨어지는 판이야. 그까진 十萬 圓이 돈이야.

方의 妻: 그래도 徐主事것 金가 鄭가 살살이것 해서 모두 싸인을 받아줘야지 않우.

方: 염려말아. 오날 스미취少尉가 다 싸인을 해가지구 올께니까. 참 응접실에서 스미취少尉하구 저녁에 술을 할게니까 그리 준비를 허란 말야. 응 스미취少尉가 내게는 하누님이니까. 흐…… 그리구 이건 자개함이야. 이따 스미취少尉 줄꺼야. 그 뭐 코아레 진상이 제일이니까.

方의 妻: 허지만 너무 믿지 말어요. 믿는 도끼에 발ㅅ등 찍힌다구 꾀가 있이 잘 하시우.

方: 그런건 염녀 말어. 그리구 참 집에 맥주 얼마 있어.

方의 妻: 한 두 궤짝은 남았으리다.

方: 음 됐어. 저 왜 우리 살던 고향에 말야. 그 白순사의 아버지 白主事 알지.

方의 妻: 욕심쟁이 말이우.

方: 허허 참 오늘 우연히 길에서 만났지.

方의 妻: 어떻게 됐습디까. 군수나 한등 했습디까.

方: 군수가 뭐야. 해방바람에 아주 폭삭 망한 모양이드군 그래 흐……

方의 妻: 어이구 그저 돼지처럼 욕심만 부리더니.

方: 사람의 운수란 알 수 없는 게야. 하여튼 지금 곧 우리 집으루 온다구 그랬으니까 삐루하구 그 서양 간즈메 몇 통 뜯구해서 이리 내와 이렇게 살면서 술 한 잔 안내면 인색하다구 그럴꺼니까.

方의 妻: 그것만 가지구 안주가 되우. 스미취少尉도 온다니가 청요리나 좀 시킵시다.

方: 그런게야 당신맘대루 할께아냐. 참 또 전화 온 것 없어.

方의 妻: 徐主事한테서 왔습디다.

方: 뭐라구.

方의 妻: 이따가 사람을 보내라구.

方: 음 됐어 그리구 또.

方의 妻: 마리아란 女子한테서 왔읍디다.

方: 마리아가 그래 뭐라구?

方의 妻: 어이구 주책두 게집이라면 귀가 번쩍 해서.

◯ 메다 붙치는 말을 하구 앵하니 들어가 버린다.

方: 성미두 더럽지.

◯ 이때 밖에서 "方선생" "方선생" 부르는 소리 들린다. 미스터 方 나간다. 곧 웃음소리를 터뜨리며 方이 白主事를 데리고 들어온다.

白主事: 하…… 이거 온 대궐 속을 들어오는 것 같네그려.

方:　흐…… 이런 집이야 뭐 삼판통엔 수두룩하지요.

白主事:　허 참 집 훌륭하군.

方:　이집 내력을 말하면 이게 원래 조선은행 중역으루 있던 일본 사람의 집이였지요.

白主事:　참 무던히 잘들 살다 갔군.

方:　저게 응접실이구 아래층 웃층 할 것 없이 수난로가 있구 전화가 붙어있구 그 뭐 쓸만하지요.

白主事:　이만한 집을 쓰구있으면 밥 안먹어두 배고푸지 않겠네.

方:　흐…… 어서 좀 앉으시우.

白主事:　허 참 方선생은 아주 대출세를 했거든.

方:　출세랄께 있나요. 인제부터 올라갈 길을 닦을 판인걸요.

白主事:　그렇지 올라가기 시작하면야 도지사쭘은 책경 쉬우니 참 그 뜰이랑 이렇게 앉어보니 무슨 외국에 와 있는 것 같군 그래.

方:　흐…… 그래 참 白상은 그새 무슨 재미를 보셨는가요.

白主事:　내 재미야 뭐 해방이 내겐 원수란 말야.

方:　아닌 게 아니라 해방을 원망한 적두 있었지요.

白主事:　내 참 方선생한테 말이지만 그래두 시굴선 白主事 白文洙라면 남 부럽지 않게 산다는 소문이 파다하질 않았나. 죽일 놈들이지 자네두 잘 알지만 내 아들 奉先이가 人格과 수단이 남에게 빠질 위인은 아니었느니.

方:　암 그렇구말구요. 주재소에 근무했을 적부터 약삭빠른 사람이지요.

白主事:　해방 전엔 경찰서 경제계주임으루 그 뭐 군수나 도 평의원 부럽잖게 살았느니 내참 죽일 놈들이지. 그때야 뭐 소작하는 놈들이 어디서 꿈쩍을 하겠나 내 땅만 하드래두 이백 석 추수를 하는 토지가 아니었나.

方： 허 참 그새 많이두 장만하시었우 …… 이봐 이봐 그 삐루 좀 빨랑 가좌.

白主事： 아니 삐루는 웬.

方： 흐 …… 모처럼 만났는데 한 잔 해야지요.

白主事： 허 ……

○方의 妻가 삐루와 안주를 들고 나온다

方의 妻： 아이 평안 하셨서유.

白主事： 누구신지.

方： 모르시든가 내 마누라지요.

白主事： 오 오라 참 이 눈 좀 보겠나 양장을 해서 잘 몰라보겠군 허 ……

方의 妻： 그럼 앉어노세유 삐루는 얼마든지 있으니까유.

方： 자 우선 한잔 쭉 드시지.

白主事： 이거 온.

方： 그리구 시장하실텐데 청요리 좀 시켜와 탕수육이니 나조기니 잡채 덴뿌라니 좀 골라서.

方의 妻： 심부름꾼이 나가서.

方： 그럼 전화를 해 전화 뒀다가 뭘 하는 거야. 이런 때 쓰자는 게지 어서 그리구 우선 안주 빨랑 내오구.

○方의 妻 들어간다.

白主事： 허 참 많이 변했군

方： 자 어서 쭉 드시구 말씀 하시우

白主事： 얘기를 하면 그저 울화가 터저서 …… 한참 전장통에 그 물자가 귀할 적에두 우리 집엔 없는 것 없이 살아왔네 광목이며 고무신 지까다비 빨래비누 양말 정종 허다 못해 설탕으로부터 그 뭐 참 군색없이 지냈단 말야

方: 재주가 용하시니까

白主事: 어딜 내 재준가 그다 내 아들의 덕이었지 그러다가 덜컥 해방이 되니까 말이네 그 어데서 온 불한당 같은 놈들인지 그저 막 남의 집을 처 들어와서 세간사리하며 유리창 철궤 물건이란 물건은 다 부서놓구 친일파를 처라 민족반역자를 죽여라 하며 들구 치니 세상에 이런 법두 있나

方: 거 모두 빨갱이 들 이지요

白主事: 맞었네 맞었어 그 후에 알구 보니까 그게 모두 빨갱이데 그려

方: 그래두 목슴 지탕하신 것이 천행이시오

白主事: 보게 이 머릴 좀 보게 이 허옇게 된 것이 그때 맞인 자리네

方: 하마터면 큰일 날번 했군

白主事: 이우에 더 큰일 어딧겠나 아들은 팔이 불어진 채 제 처가로 도망을 가고 난 서울로 도망을 온 게지 그래 이게 고작 해방된 보람인가 해방은 조선 사람 살리는 해방이 아니고 죄 없는 사람의 물건 뺐고 들 부시고 들구치는 해방인가 해방두 좋구 독립도 좋지만 오늘날 당도해서 정부하나 섰느냐 말야 다 틀렸네 다 틀렸어

方: 그저 일제시대나 지금이나 약싹빠르게 지내는 게 젤입넨다

白主事: 자네말이 옳으이 옳아

方: 그럼 지금은 아무것두 없으시겠구려

白主事: 없다마다…… 이 입은 옷 한 벌 밖엔 없네

方: 거 해방통에 막 쏟아저 나왔던 광목장사나 했드라면 한미천 잡으실 걸 갔다

白主事: 나두 돈속엔 환한 사람이 그거 모르겠나 허지만 뭐 친일파니 민족반역자니 하는 바람에 꼼짝 달싹 못하구 고시란히 녹았단 말야

方: 그걸 보면 白상두 뱃심이 약하시거든

白主事: 약하지 않으면 인민공화국이니 머니하고 나오는 판에 …… 내 참 인제 와서 보니 깜빡 속았단 말야

方: 흐 …… (이럴 때 간난이가 술안주를 내온다)

白主事: 웃을 일이 아니네 자네는 해방통에 이렇게 부자가 됐지만 서리맞인 병아리 신세가 된 응 이 사람의 생각을 좀 해 보란 말야 울화가 안나겠나 응 이 원수를 응 이 원수를 어떻거면 갚느냐 말이네 .

方: 암 그야 그런 원수는 갚어야합넨다

白主事: 그래 갚을 도리가 없겠나

方: 그까짓 원수쯤이야 뭐 땅 짚고 헴치기지요 (다꾸앙쪽을 손으로 그냥 집어 썩썩 깨물어 먹는다)

白主事: 정녕 도리가 있을까

方: 그 뭐 순시깐입넨다

白主事: 어쨌던 그놈들을 말이네 그놈들을 한 놈 냉기지 말구 붙잡아다 괴수 놈들일랑 목을 썰어죽이구 다른 놈들일랑 뼈다귀가 부러지두록 처서 항복을 받구 그리구 빼았긴 것 일일히 모두 찾구 집터 세간 처 부신것 말끔 다 물리구 …… 그렇게만 해 준다면 내 내 재산 절반 논아 줌세 절반 응 방선생

方: 염려마슈 자 쭉 드시지

白主事: 진정이렸다

方: 뭐 지금 당장이래두 내말 한마디만 떨어질라치면 기관총 둘러 멘 엠피가 백 명이구 천 명이구 들끌어 내려가서 쑥밭을 만

들 것이니까

白主事: 참 고마우이

方: 놈들은 깡그리 죽여놀테니 염려말구 오늘은 삐루나 흠뻑하십시다

白主事: 고마우이 자네라면 어련하겠나

方: 군정청의 서양 사람 조선 사람의 장관하며 부장이며 무슨 처장 국장이며 밑으루 과장 가가리꺼정 힌소리아니라 내 말 한마디면 그만이구 이승만 박사 김구 선생두 내말 한마디면 뭐 안되는 일이 없으니까

白主事: 허 …… 참 方선생은 인제 아주 영웅이 됐단말야

○ 이러는 동안에 안주가 자조 나오고 비루가 자조나온다

方: 이래봬두 동양삼국 물 다 먹어본 方三福이우 청어를 못허나 일어를 못허나 영어야 뭐 말할 것두 없구

白主事: 그 영어가 세월을 만났지 흐……

方: 거 다 白상한테만 말이지만 내가 이만치 된게 스미취少尉란 분의 통역으루 들어간 덕이지요

白主事: 스미취少尉

方: 스미취少尉는 절대적으로 이 사람의 말을 신용하지요

白: 그야 그렇겠지

方: 뭐 안 사준 것이 없읍넨다 길다란 담배ㅅ대가 좋다구 그래서 그걸 사주구 또 썩 좋은 조선그림을 사고싶다구 그래서 이 사람이 고물상이란 고물상을 뒤지다 못해 간신히 동대문시장 개천가에서 사슴이 불로초를 물구 그 옆에 신선이 앉어있는 그림을 한 장 사서 줬지요

白: 그 바루 방문우에 붙이는 그림이로군

方: 그게 제일입넨다

白: 왜 梅蘭菊竹의 四君子가 존 걸 가따

方: 白상 모르시는 말씀야 그리구 또 조선소설중에서 젤 유명한 게 뭐냐 하길래 내가 읽은 중에서 제일 재미있던 守一과 沈順愛를 한 권 사서 주구

白: 엥이 토끼전이 존 걸 가따

方: 白상 몰으시는 말슴야 守一과 沈順愛가 젤 입넨다 그리구 또 금가락질 하나 선사 하구

白: 허

方: 조선 음식 중에 뭐가 제일 맛이 있느냐구 하길래 난 고치장찌개가 제일이라구 그랬지요 난 고치장찌갤 좋아하니까

白: 하……

方: 이봐 이봐

方의 妻: 왜 그러우

◯方의 妻가 나온다

方: 거 고치장찌개 좀 끓여

◯方의 妻 들어간다

◯이때 밖에서 "미스터 方"하는 女子의 목소리 들린다

方: 컴언 컴언

◯金 마리아 들어온다 상자와 봉투를 들었다

方: 아 아니 웬일야 마리아가 우리 집엘 찾어오다니 어 어서 앉어

金마리아: 한상 벌어졌구료

方: 잘 왔어 스미취少尉가 온다구 그랬으니까 여기서 한 잔 하구 우리 춤이나 추러가지

金: 아이구 춤두 못추는 위인이 이거 받우

方: 뭐야

金: 徐주사가 전해 달라구

方: 뭔데

金: 이건 과자 이건 돈

方: 아니 徐주사 심부름을 마리아가 왜 맡았어

金: 난 머 徐주사 심부름 못할 사람인가

方: 그래두 수상치 않으냐 말야……

金: 아따 의심은……

方: (봉투를 뜯으며) 徐主事하구 마리아하구 무슨상관이 있느냐 말야 …… 萬 圓짜리 切手로군 그래 겨우 萬 圓야 (휙 내 던지며) 도로 갖다 줘 오라질 자식

金마리아: 요전에 받은 十萬 圓은 뭐유

方: 건 교제비지

金: 당신 싫으면 그만 두 내나 쓰지 (절수를 집어 제 핸드빽에 넣는다)

方: 어디 보자 그래 전 그물건을 十萬 圓에 拂下맡어다 一百五十萬 圓하난 냉겨먹을테문서 겨우 돈 萬 圓야 옘병할 자식 엠피한테나 스미취少尉한테 말 한 마디문 전 콩밥을 먹을 자식이

金: 호…… 또 욕이 터지는구료

方: 그래 생각을 해봐 일은 내가 다 맨들어주구 먹기는 저 혼자 먹겠다는 거지 우라질 자식

金: 호…… 미스터 方 성미두 급하시유 돈이 남아야 그때 논아 먹

는게 아니우 그리구 오늘 싸인이 되느냐구

方: 싸인? 나한테 싸인만 재촉하는 거야 첨부터 심뽀가 틀렸어

金: 아이 참 뭐 그럴게 있우 그 덕에 나두 좀 팔자를 고쳐봅시다

方: 마리아는 내말만 들어 당장 복이 터질 테니

金: 누가 싫대

白: 저 변소가

方: 참 인사하시지 (마리아를 보구) 인사해 미스터白 白상이셔

金: 金마리아 에요

白: 난 이 方선생과 한 고향 사람이요

方: 그럼 소변을 보실라면 변소가 세 군데나 있으니까 가까운 응접실 옆으로 가시지

○ 玄關門을 열고 白主事 들어간다

方: 에이 취하는군 이봐 마리아 徐主事하구 언제부텀 알았어

金: 왜 내가 徐主事를 좋아하나 싶어서

方: 괘니 재미없어 응 날 괄세했다간 재미없어

金: 누가 당신을 괄세한댔우 모두 당신 말 한 마디에 달렸는 걸

方: 그럼 온천이나 한번 놀러갈까 나하구 스미취少尉하구

金: 맘대루 합시다 비행길 타구 공중으루 올라가든지

方: 가만있어 인제 우리 스미취少尉만 딱 잡으면 말야 하와이두 뉴욕두 다 갈 수 있으니까 일제시대두 上海 天津 北京으루 一流호텔루만 다니던 미스터 方인데 뭐 나만 믿어 하늘의 별두 따다 줄게니까

金: 호……

◯이때 申첨지 구두에 징을 박아 들구 들어온다

方: 징 박았어

申첨지: 네

方: 어디 좀 봐 (본다) 아니 이게 징이라구 박은거야 이렇게 무지스럽게 징을 박으면 어떻게 다니란 말이야 이 징을 박은 놈이 어떤 놈야 당장 불러 와

申첨지: ……

◯申첨지 하는 수 없이 나간다
이 때 正洙가 들어온다 玄關으로 들어가려 한다.

方: 正洙야 이리 좀 오너라

◯正洙 미스터 方을 向해선다.

方: 인민신보란 신문 네가 너라고 그랬다지

正洙: 네

方: 아까 配達이 와서 代金을 달라구 그러드라 난 그따위 신문 보기두 싫구나 그 신문은 네가 본 것이니까 네가 돈을 내란 말야

正洙: 제가 지불하지요

方: 너 삼춘을 어떻게 생각하니

正洙: 어떻게라니요

方: 삼춘 집에 와 밥을 먹으면서 그래 이눔아 삼춘을 잡아먹지 못해 하는 놈하구 한패가 됐어

正洙: 한패가 되다니요

方: 인민신보 좋아하구 남산으루 몰리는 그놈들 하구 말이다 악질 모리배를 처단해라 악질 통역관을 처단해라

正洙: 삼춘이 악질 모리비가 아니고 악질 통역관이 아니면 그만 아닙니까

方: 이눔아 듣기 싫다 요전 오월 초하룻날두 너 남산엘 갔다 왔지

正洙: ……

方: 이눔아 네 나히에 十萬 圓을 벌었느니 百萬 圓을 벌었느니 그렇지 않으면 어깨에 금줄 붙인 사람이 수두룩한데 …… 뭐 친척이라두 사상이 들려가지군 한집안에 있을 수 없으니까 나가거라 그눔들이 너 하나쯤 안 먹여 살리겠니

金: 뭘 그러슈 당신이 또 뭐 투철한 우익이라구 학생 어서 들어가요

正洙: (들어간다)

方: 내 참 집안이 망할라니까

金: 그만해 둬요 요즘 젊은 사람들은 다 그런걸

○ 이때 白主事 나온다

白主事: 거 참 변소가 아니라 거 뭐라구 그럴까 아 그렇게 으리으리한 변소는 난생 처음인걸

方: 흐 …… 이집에서 便所 하나는 자랑이지요

白: 거 참 훌륭한걸

方: 자 인제부터 여기 미인두 앉었구하니 본격적으루 응 술을 듭시다

白: 난 과해

方: 괘니 그러셔 내 白상 주량을 다 아는데 흐 ……

○이때 方의 妻 정종ㅅ병을 들구나오다 거기 계집이 와 앉인걸 보구 멈춧섰다가 마땅찮은 듯이 정종을 상에 갖다 놓는다

方: 이봐 이 과자 徐주사가 보낸거라구 드려다 둬

方의 妻: (마땅찮게 받아 들고 들어간다)

方: 白상 자 따끈한 정종을드시지

金: 지금 그 여편네 누구에요

方: 지금 그 여편네 말이지 그 바루 내 내 친척야

白: 친척이라니

方: 아따 뭐 아실 것 없구 어서 좀 드슈 白상 부탁하신 건 그 뭐 경찰두 있구 엠피두 있구 국방경비대두 잇구 청년단두 있으니까 염려 마슈 내말 한마디면 죽을 놈 살구 살 놈 죽구 그 뭐 거칠 것 없으니까 흐……

○이때 鄭哥 들어온다

鄭가: 方선생

方: 아 정선생 잘 왔어 난 지금 취했어 자 한잔 들어

鄭: 方선생 사람 좀 살리시오

方: 살리다니 언제 내가 사람 죽였나 하……

鄭: 오늘은 영낙없을 테지

方: 싸인 말이지 응 싸인 아니 웨 그렇게 안달야 어련이 안 해줄가봐 이 이 方三福이 몰라 인제 군정청 물건이 자네 앞으루 솨르르 풀려 나올 판인데 고새를 못 참아서 안달야 에끼 이사람 하……

鄭: 하…… (허나 한편 괴롭다) 허지만 오늘 틀리면 난 아주 파산일세

方: 재산이 얼마가 돼서 파산야 염녀말어 내다 해줄테니까 응 당

장말야 스미취少尉가 곧 올테니까 자네 눈 앞에서 싸인한 문서를 받아줄테니까 한잔 내지 응 한잔

鄭: 그야 한 잔 뿐이겠나

方: 하…… 오—케이 네버마인 네버마인

金: 아이 그만 좀 기세를 올리시우

○이때 申첨지가 신기리장수를 데리구 들어온다

申첨지: 데리구 왔는데요

方: 뭐 뭐야

申첨지: 징박은 신기리장수를 불러왔는데요

方: 누구야 응 자넨가 (신기리장수를 본다 시선이 움직이지 않는다)

신기리장수: 아 여보게 자네가 바루

方: (태도를 표변해서) 아니 여보게라니 응 한 뒤 개만 박아두 될 징을 신바닥에 홈싹 박아놨으니

신기리장수: 아니 이사람 이 태춘식일 몰라보겠나

方: 자네가 사람을 잘못 보는 게 아닌가

신기리장수: 아닐세 자네가 정녕 나허구 종묘 앞에서 신기리장수하던 方三福이지

金마리아: (눈이 뚱그래진다)

方: 뭐 뭐 뭐 뭣야(벌컥 소리를 지르며) 이 자식아 사람을 잘 보구 말을 해

신기리장수: 이거 온 미치겠군

金: 여보슈 당신이 사람을 잘못 봤우 이 미스터 方은 지금 스미취少尉의 통역으루 계신 분인데 해방전이라해두 신기리장수 했을 분은 아니요 어서 가시우

신기리장수: …… 예 예 예끼 이 짐승 같은 놈아 그래 통역으루 出世를 했

다구 옛날 친굴 몰라봐

方: 아니 이게 이게 이게 허허 참 별자식 다 보겠군

신기리장수 : 머 별자식을 …… 예 예 예끼 이 짐승 같은 놈아 (한 대 갈긴다 미스터 方은 쓰러진다)

신기리장수 : 이놈아 세상을 좀 똑똑이 봐라 신기리장수가 천대만 받으란 법은 없다 우리들의 권리를 주장할 세상은 왔다 네눔이 올챙이쩍 생각을 못하구 응 이놈아 얼마나 잘 사나 보자 네놈의 눈깔에서 생피가 쏟아질 날이 있을께다

方: 저 저 저자식이

신기리장수 : 그래 응 옛날에 같이 고생하던 친구를 몰라봐 옉기 이 이 올챙이만두 못한 놈아

○신기리장수 나가 버린다

方: 저자식이 응 첨지 뭘 하는 거야 저놈을 잡지 못해 어서 좀 잡어

申첨지: 오늘부터 난 이집하인노릇 그만 두겠소

○申첨지 집 뒤로 들어가 버린다

方: 뭐 그만 둬 요것 봐라 야 正洙야 正洙야

○正洙 모자를 쓰구 보따리를 들구나온다 이여서 方의 妻 현저동 아즈머니 간난 나온다

方의 妻: 아니 웬 야단이유

方: 正洙야 이눔아 뭘하는거야 삼춘이 맞어죽어두 구경만 할테냐

正洙 : 인제부터 삼춘의 페는 않 끼치기루 했어요 나가라구하시니 나가지요 안녕히 게서요

方 : 임마 나갈테문 어서 나가

金 : 그만 두세요

方 : 이눔들이 응 신기리장수 태춘식이하며 영감쟁이하며 저눔하며 응 두구보자 어느 놈이 못배기나 응 사람을 처 테로단들야 보자 스미쥐少尉의 싸인하나면 말끔 가막소밥이다

白 : 그저 그놈들은 말끔 없애야 하네

方 : 이놈들이 떠드는 말 아시지 무슨 권리니 자유니 삼상결정을 총체적으로 지지하느니

白 : 그놈들 다 나라를 망치는 놈들일세

鄭 : 옳습니다 우리는 결사적으루 신탁을 반대해야 합니다

方 : 뭐 염려 없어 그깐 놈들 허허 참 그래 이 方三福이를 신기리장수루 뒤집어 씨워

金 : 그만 고정하세요 똥이 무서워서 피하나요 더러워서 피하지

方 : 허 참 더러운 놈들야 자 홧김에 서방질한다구 자 오늘 스미쥐少尉 오건 명월관으루 갑시다 미스터鄭 염려말어 싸인은 다 된 거니까 마리아두 염녀말구 白상두 날만 믿으슈

方의 妻 : 아이 참 별일두 다 보겠네 아즈머니 들어가십시다

方 : 아 현저동 아즈머니 인사가 늦어서

현저동 아주머니 : 뭘 이렇게 잘 사는걸 보니 어떻게 반가운지

方 : 흐…… 뭐 집을 구하신다구 염려마시우 집이란 얼마든지 있는 게 집이니까

현저동 아주머니 : 아이 고마워라

鄭 : (시계를 보고) 方선생 이거 시간이 다 돼 가는데 어찌된 셈일까

方 : 이봐 서양 사람 시간약속 꼭 지키는 거 알지 응 올 시간 다 됐어

鄭: 허지만 난 등꼴에 땀이 나는 판일세

◯ 이때 스미취少尉 들어온다

스미취少尉: 오 미스터 方

方: 오 미스터 스미취 어서 오십시요 어서 아주 눈이 빠지게 기다렸습니다 …… 어서 앉으십시요

스미취少尉: 좋소

方: 이사람들 내 친구입니다 미스터 白 미스터 鄭 미쓰 金 마리아 아주 미인이지요

스미취少尉: 좋소 나 시간 바뻐 한마디 말하구 가겠소

方: 뭐 사무적인 애긴 차차 하구 응접실에 들어가 삐—루를 한잔 하십시다 또 오늘 少尉가 펄적 놀날만한 조선보물을 선사할 것이니

스미취少尉: 미스터 方의 호의 대단 감사합니다 허지만 오늘 딱 잘러 말하겠소 (가방에서 서류를 꺼낸다) 이 서류에 모두 싸인 할 수 없오 한 장두 어려운 싸인을 이렇게 여러 장 할 수 없오 또 조선 사람의 幸福을 위하는 것이고 정당한 것이며 조선건국을 위해서 옳은 일과 사업에 대해서는 우리 미국사람 원조합니다 허나 개인의 모리적 사업을 위해서 싸인할 수 없오 난 미스터 方이 關係한 이 모든 서류 이게 부당한 모리적 수단인줄 잘 알았오

方: 그건 그건 少尉의 오해입니다

스미취少尉: 아니오 이번 불하물은 정당히 조선 사람에게 배급줘야 할 것인데 당신은 鄭이란 사람과 徐란 사람의 개인회사에 넘겨서 폭리를 얻을려구 한 것 잘 아오 이렇게 많은 싸인 필요 없오

方: 그건 그건 그런게 아닙니다

스미취少尉 : 그리구 당신이 사준 이 조선그림 조선서 제일 가치 있는 예술적인 그림 아니요 또 이 조선소설 수일과 심순애 조선소설의 예술작품 아닌 것 알았소 인제 난 당신의 말 신용 못하겠소

方 : 아닙니다 그건 그건 少尉가 모르시는 생각입니다

스미취少尉 : 자 이 금반지 도루 받으시요 우리 미국군인 처음 조선에 들어와 조선사정 몰라서 당신 같은 사람들하고 악수한 것 후회하오 정말 조선의 애국자들 따루 있는 것 알었소 당신 같은 사람 때문에 군정청 신용 잃었오

方 : 少尉나리 나 잘못한거 없읍니다

스미취少尉 : 나한테 편지 여러 장 왔오 미스터 方 날 팔아서 돈 많이 쓴 것 잘 아오 이 서류만 해도 미스터 方이 미리 돈 얼마 쓴 것 잘 아오 조선 모처럼 일본서 해방된 오늘 모두 양심 가지구 일해야 하오 양심 가진 조선 사람들 많이 發見했오 또 통역만 하드래두 미스터 方 좀 더 공부하시오 대학 卒業한 通역하는 분 정했소

方 : 아니 그게 그게 무 무슨 말씀 입니까

스미취少尉 : 인제 나는 조선의 행복을 위해서 일하는 조선 사람들과 협력할 것이며 군정이나 미국사람 이용해서 모리나 장사할려는 사람들은 상대로 안할 작정이오 미스터 方 난 당신의 새로운 發展을 축복하며 이집 곧 明渡해주기 바라오 꾿빠이

方 : 少尉나리 미스터 스미취 이 미스터 方 어찌 되랍니까

스미취少尉 : 노력하시요 미스터 方 꾿빠이

○ 스미취少尉 점잖게 나간다 미스터 方 어쩔 줄 몰른다

鄭 가 : 方선생 어떻게 된 일이오 응 싸인 싸인을 받아 줘야지 응 벌서 시간이 다 됐는데 이봐 어서 말을 해 난 난 여섯시까지 싸인한

것을 앓 가지구 가면 차압이야 차압 응 내돈 十萬 圓 먹었지

金마리아 : 미스터 方 이게 정말이유 徐主事 앞으루 싸인해 준다는 것 어찌되는거요 되는거요 안 되는 거요. 아이 건너다보니 절터라구 내 이런 일이 있을 줄 알았어.

方의 妻 : 여보 어떻게 된 일이요. 어서 좀 말을 해유. 이렇게 이렇게 있을게 아니유.

白 : 여보게 내 원수 갚아주겠다는 것 어떻게 되나 응 엠피를 풀어서 그놈들을 깡그리 죽여준다는 것

鄭 : 어서 내돈 十萬 圓 내놔라 싸인 한 장에 十萬 圓 싸인의 그림자라두 좀 보자 요렇게두 내게 사형선고를 내려야 하느냐

方의 妻 : 여보 벙어리가 됐우 어서 쫓아가 봐유

白 : 흥 알겠네 다 틀렸네 그려 머리가 허—연 어른을 보구 白상이니 무어니 안하무인으루 깔보드니만 흥 나만 미친놈이 됐네

金마리아 : 아이 분해 속은 게 분해 신기리장수한테 속은 게 분해

方의 妻 : 뭣야 속은 게 분해? 이년아 뭘 속아 응 이년아 이 개 같은 핼로껌 년아 (마리아에게 달려든다 正洙가 막는다)

正洙 : 작은 어머니 왜 이러세요 참으세요

金마리아 : 아니 누구한테 달겨들어 아이 참 인제 알구보니 모두 쌍것들이야 아이 분해 (나가 버린다)

方의 妻 : 누가 상껏이야 응 핼로껌이면 젤이냐

正洙 : 글세 참으세요

方의 妻 : 아이 분해 아이 분해. (남편한테 달겨들어 木石처럼섰는 그를 흔들며) 여보 웨 이렇게 넋이 빠졌우 이러구 있을게 아니우 어서 쫓아가 봐요 어서 어서 좀 잘못한 게 있건 잘못했다구 빌어요 빌면 될 께 아니우

正洙 : (격분해서) 작은어머니두 정신을 차리십시요 누구한테 무엇을

빌라구 하십니까 사리사욕을 위해서 민족의良心을 팔아먹으란 말입니까 지금 조선 사람의 위신을 망치구 조선의 민주독립을 해치는 사람들이 누구인줄 아십니까 바로 삼촌과 같은 통역들과 미군정을 이용해서 自己의배를 불리자는 악질分子들입니다 오늘의 이 꼴이 무엇입니까 그러면서도 신탁을 決死反對한다는 애국자입니까 …… 저는 가슴이 떨려서 더 말할 수도 없읍니다 삼춘 작은 어머니 안녕히 게십시오 …… 영감님

申첨지 : 나두 가겠소 …… 안녕히들 게시요

○ 두사람 나가버린다

간난 : 영감님 학생 (부르며 뛰어 나간다)

白 : 엥이 도깨비에게 흘렸었군 方서방 잘 있게 (나가 버린다)

현저동 아주머니 : 에이 나두 가야지 잘들 있우 (나가 버린다)

鄭 : 方가야 어서 내돈 내놔라 이놈아 싸인을 해준다구 응 사기를 해먹었지

方 : 해먹었으니 어떻거란 말야 이 우라질 놈들아

鄭 : 좋다 좋아 당장 고발이다 당장 쇠고랑을 채울 것이니까 보자 봐 (흥분해서 나간다)

方의 妻 : 여보 어떻거문 좋우 이게 무슨 벼락이우

方 : 이게 이게 꿈이지 꿈일 테지 …… 응 흐 …… 하히 …… 응 이게 꿈이지 (픽하고 쓸어진다)

方의 妻 : 에그머니나 여보 여보 정신을 채리우 응 여보 정신을 채리슈 (흔들며 운다)

方：　(벌떡 일어나며) 에이 우라질 자식 같으니 그래 그래 날 버리구 가야 옳아 불러 正洙놈을 좀 불르란 말야 正洙 正洙 正洙를 좀

方의 妻：　웨 이러우 가라구 해놓구서

方：　가란다구 그래 가야 옳아 응 그래두 우리 집안에 믿을 놈은 제놈 하난 줄 몰으구 응 (소리치며) 이 눔아 正洙야…… 正洙야 (부르며 미친 듯이 쫓아 나간다)

方의 妻：　여보 여보 (부르며 쫓아 나간다)

◯ 庭園엔 黃昏이 깃드린다

幕

一九四七, 六, 二

附記

이 戲曲은 蔡萬植의 小說 「미스터-方」을 自由롭게 劇化한 것이다.

열두 삼천릿벌
(전五막 七장)

조령출 김덕운

등장인물

박로인(열두 삼천릿벌의 농민)

박성춘(그의 아들)

박성옥(그의 누이동생)

최봉련(박성춘의 애인)

최만길(최봉련의 아버지)

최봉규(최봉련의 사촌 오빠)

리천복(박성옥의 애인)

지배인(관개 건설 토레스트)

권시정(트레스트 당 조직원)

부장(농업성)

정상칠(트레스트 시공부장)

홍제도(트레스트 三 사업소 기사장)

강재한(三 사업소 안성 현장 책임자)

고용칠(三 사업소 안성 현장 로동 공급부원)

맹진호(안성 현장 청년 작업반원)

김춘자(안성 현장 청년 작업반원)

정채순(안성 현장 청년 작업반원)

추양선(자추공)

조길석(콩크리트공)

황찬수(천공)

서기(지배인실)

처녀 一, 二, 三, 四(농목장 조동 트럭)

농민 一, 二, 三, 四, 五

천복모

류종락(지주)

후지모도(일제 경관)

기라 로동자, 농민, 경관들

사건은 일제 말엽에서 一九五五년 봄에 이르기까지 열두 삼천릿벌과 그 관개 건설장에서 벌어진다.

제一막

제一장

일제 말엽 어느 해 여름. 아득한 지평선을 이룬 열두 삼천릿벌. 우측으로 낮은 언덕 밑에 성춘과 봉련의 쓰러져 가는 초가집. 그 앞 행길가에 늙은 들매나무 한 그루. 한창 가물이 져서 록음도 풀이 죽었다. 그래도 울밑에는 봉선화 두어 그루 빨갛게 피어 있다. 붉은 노을이 비낀 해질녘 무더운 적막 속에 멀리서 들려오는 농민들의 구슬픈 노래소리, 갈매기 울음소리, 까마득히 먼 청천강 물이 햇빛에 번득인다.

△ 후지모도 경관을 앞세우고 급히 들어와 기웃거린다. 경관 집안을 살피고 나온다.

경관 : 부장님 고양이 새끼 한 마리두 없습니다.

후지모도 : 개자식들. (주위를 살피며 경관과 같이 퇴장)

△ 박성춘 조심히 들어와 바라보다 그들이 사라진 후 들매나무 밑에 주저앉으며 먼 청천강을 바라본다.

△ 이윽고 최봉련 빈 물동이를 들고 나오다가 성출은 보고 놀랜다. 살그니 봉선화 꽃잎을 따들고 성춘이 앞에 던진다. 성출 놀래서 돌아본다.

최봉련 : 어딜 갔댔어? 아저씨가 어제 밤새껏 기다렸는데.

박성춘 : 립석에 좀 갔댔지. (하늘을 쳐다보며) 금년 농사두 다 틀렸어. 이렇게 가물다간 사람두 말라 죽겠다.

최봉련 : 우물물두 바짝 다 말라붙어서 저 가랫골 샘터루 실러 가던 참야.

박성춘 : …… 물루 배를 채울래두 물까지 마른 이놈의 고장에서 그냥 살아야 한담?

최봉련 : 무슨 별도가 있나? 그저 참구 살아야지.

박성춘 : 참으라구? 어떻게 참으란 말야 어떻게 ……

최봉련 : 요샌 왜 그렇게 거츨어졌어?

△ 오랜 침묵

최봉련 : …… 하긴, 논에 나가면 정말 눈 뜨군 못 보겠어. 벼포기들이 어찌나 말랐는지 게다가 김두 못매줬으니 인제 지주가 또 야단칠거야.

박성춘 : 맘대루 하라지. 아무래두 여기선 못 살걸 가지구.

최봉련 : 비나 좀 왔으면 얼마나 시원할가.

박성춘 : 하늘만 믿구 산다는 게 틀렸단 말야.

최봉련 : 도대체 그놈의 수리 공사는 어떻게 되는 게야?

박성춘 : 흥, 그 왜놈들의 수리 공사가 될 것 같애? 벌써 二○여 년이나 두구 떠들기만 했지.

최봉련 : 그래두 됐으면 물구경이나 하지.

박성춘 : 된다면 또 신통할기 뭐야? 우리들이 피담 흘려서 지은 낟알은

지주놈들의 창고루 몽땅 들어가는걸, 그리구 왜놈들이 요즘 수리 공사를 왜 버쩍 다구치는지 알어? 지금 '대동아 전쟁'을 잔뜩 벌려놓구 뽕이 빠지게 됐거든 …… 식량이 있어야지, 그래서 이 열두 삼천릿벌의 쌀을 탈짜 내자는 거야.

최봉련 : 그래서 우리 아버지 같은 늙은이까지 끌어 갔나부지?

박성춘 : 나두 우리 아버지두 불일간 또 끌려 나갈게야, 어떤 놈이 먹지두 못 하구 순사놈들에게 칼잔등으로 얻어맞아 가면서 일할 장수가 있느냐 말야?

최봉련 : 난 정말 밤잠을 못 자겠어? 병 들구 늙은 아버지가 배를 골으시면서 젊은 사람들두 못 배긴다는 데서 어떻게 고역을 하실지 (목멘 소리로) …… 차라리 내가 나갈걸 그랬어.

박성춘 : (생각다가 결단성 있게) …… 봉련아 난 떠나기루 작정했다.

최봉련 : 떠나다니? 어데루?

박성춘 : 갈 데 없을라구.

최봉련 : 혼자서?

박성춘 : 나는 우리 부모들처럼 이 고장에서 늙구 싶지는 않어.

최봉련 : 이러나저러나 정든 고향을 버리구 어델 떠나? (머리를 흔든다)

박성춘 : 누군 고향이 좋은 줄 모르나?

최봉련 : 글쎄 갈 데가 어데냐 말야?

박성춘 : 류종락이 같은 지주놈들두 보지 않구, 논을 불어서 물을 듬북 부어 놓구 물모를 심어서 봇도랑에는 언제나 물이 마르지 않구 …… 가을엔 머리 숙인 벼이삭들이 실렁거리구 ……

최봉련 : (황홀하게 그려보다가) …… 그렇게 좋은 데가 있을까? …… 꿈이야, 그건 꿈이야.

박성춘 : 꿈이라구? 봉련아 난 만주루 갈 테다.

최봉련 : 만주루?

박성춘 : (봉련의 손을 힘있게 잡으며) …… 봉련아 너두 같이 가자!

△ 박로인 들매나무 뒤에서 엿듣다가 놀랜다.

박로인 : 얘, 이 녀석아 그래 어델 떠나? 농사두 집어 던지구 그래 집안 망하는 꼴 볼 작정이냐? 엉 이놈.

박성춘 : …… 아버지.

박로인 : 어서 말 좀 해봐라. 네 시퍼런 두 눈으루 저렇게 쩍쩍 갈라진 논바닥을 보면서두, 빼빼 말라비틀어지는 벼포기들을 보면서두 그래 이 애비를 버리구, 달아날 궁리만 해? 에끼 고약한 녀석 같으니라구.

박성춘 : 아버지. 제가 얼마나 말씀드렸어요. 이왕 농사 질 바에는 물 있는 고장으로 가자구요.

박로인 : 물 있는 고장엔 어떤 놈이 그냥 땅 준다던? 이 왜놈들이나 지주놈들이 망하기 전엔 어데나 마찬가지야.

△ 최봉규 동정을 살피며 등장.

최봉규 : …… 아니, 아즈바닌 왜 이렇게 역정이슈?

박로인 : (침을 뱉으며 담배를 피운다)

최봉규 : 성춘이, 공연히 늙은 부모 속 썩어 들이지 말게. 쓸데없이.

박성춘 : (외면한 채 앉아 있다)

최봉규 : (봉련을 보고) …… 넌 왜 그렇게 울상이 돼 서 있니? 아버지 안 돌아 오셨니?

최봉련 : 아니요. (물동이를 들고 나간다)

최봉규 : (박로인 앞에 와 앉으며) …… 아즈바니, 이런 세상에는 그저 죽었

고 하구 살아가야지 별도리 없습네다. 우리 삼촌두 그렇지만 작년 가을만 해두 소작료가 많으니 적으니 말썽을 일군 것이 잘못이지요. 그래서 지금 류 주사가 땅을 뗀다 만다 수모를 받구 있으니 ……

박로인: 이사람, 지렁이두 밟으면 꿈틀한다네.

최봉규: 그야 …… 세상이 너무 험악하니 하는 말 아니요.

박성춘: 세상이 험악한 줄 인제야 알았나요?

최봉규: …… 자네 요즘 말 좀 삼가야 합네. 그러단 재미없어. (박로인에게) …… 참 한집안 같애서 이런 말씀두 드리지만 정말 때가 어느 땐가요. 성춘이 사상이 뭐 불온하다는 소문이 떠돌구 있는데 ……

박로인: 그런 말은 또 어데서 들었나?

최봉규: 경찰서에서 눈치를 챈 모양입디다. 저 립석에서두 어제 젊은 친구들이 두 사람이나 잡혀 갔다지 않소. 징병과 보국대를 회피하면서 류언비어만 퍼뜨리구 다닌다구요.

박성춘: 남의 걱정은 마슈. 제목에 칼이 들어와두 죽어지내란 말이지요. (벌떡 일어나 집으로 퇴장)

최봉규: (못마땅한 듯이 바라보다가) 아무래두 저 사람이 순편칠 않을 것 같쉐다.

△ 농민들 급히 들어온다.

농민 一: 아즈바니, 불벼락이 또 나었수다. 류 주사가 나와서 야단을 친다는군요. 오늘은 정말 사생결단을 내야겠수다.

농민 二: 이래두 죽구 저래두 죽을 바에야 무서울 게 뭔가.

최봉규: 공연히 서뿔리 불구덩이루 뛰어 들지를 마소. 잘못 덤비다가

오늘은 땅까지 떼우지 말구. 아 저렇게 김두 제대루 못 매줬으니 손이 발바닥이 되두록 빌어두 모자랄텐데 정신들이 나갔소? 때리면 우는 척이래두 할 줄 알아야 사는 세상이라우.

농민 一: 자네나 실컷 마구 울면서 살게나.

최봉규: 저 형님은 나잇살이나 하시구두 세상 물정 모릅네다래. 나두 동네를 위해서 하는 말이웨다. 그리구 저 한가지 더 일러 둘 것은 수리 공사 보국대 말이웨다. 인재부턴 한 사람두 빠저선 큰일 나겠습데다. 막 잡아다 가두는 판이니 ……

농민 一: 자네나 늙어 죽두룩 흙짐을 져보지? 황천에 가선들 물구경 할 줄 압나?

△ 최봉규 멋지게 나간다.

△ 어린 천복과 그의 아버지, 어머니 보따리를 지고 등장.

박로인: 아니, 이사람, 종시 떠날텐가? 죽어두 제고장 제 땅에서 죽어야 합네.

천복모: 별 도리가 없수다. 생각다 못해 떠나는 길이웨다.

아버지: 이를 악물구 어떻게 살아 볼까 했수다만 정말 그놈의 보국대에 갔다 와서 결심했수다. 우리 같은 농사꾼이야 어디 사람 값애 갑데까, 진통을 지던 아이 벤 색시가 놈들에게 맞아서 죽는걸 봤수다.

천복모: 어이구 군소리두 많소. 저물기 전에 어서 떠납세다. 천복아, 어서 가자.

리천복: 성옥이 만나보구 갈테야 .

박성옥: (집에서 나와 울먹하며) …… 천복아 갔다가 언제 오니?

리천복: (역시 울먹하며) …… 나도 몰라.

천복모: 아즈바니두 어떻게 해서던 물 있는 고장에 가서 사시라요.

박로인: 난 죽어두 예서 죽을라네.

농민 一: 여보게 잘 생각해보라구. 공연히 고생길에 들지 말구. (동네 부인들도 말린다)

아버지: 여보.

천복모: 어이구 왜 저리 주책이 없을가. 저 꼴이니 이날 입때까지 이 고생이지.

△ 최봉련 빈 물동이를 들고 시름없이 등장.

최봉련: 아즈머니, 기어이 떠나시는군요.

천복모: 어떡허겠니, 잘 있거라. (보따리를 업다)

최봉련: (목이 메어) …… 천복아. (머리를 쓰다듬어 준다)

박로인: (땅을 치며) 에익, 이놈의 세상 무심두 하구나!

△ 잠시 후 모자를 쓴 박성춘, 최만길을 업고 들어와 들매나무 밑에 눕힌다.

△ 일동 놀랜다.

농민 一: 성춘이, 이게 왠일인가?

최봉련: …… 아버지? 어떻게 된 일이에요? 아버지.

박성춘: 고을루 들어가던 길이었지요. 난 누군가 하구 살펴봤더니 이렇게 말라 죽을 벼포기들을 그어잡구 쓰러져 계시드군요. …… 아저씨. (흔들며) 정신을 차리슈.

박로인: 여보게. 만길이.

최만길: (겨우) …… 얘, 봉련아.

최봉련: 아버지 여기 있어요.

최만길: 여보게 기중이, 하늘을 좀 보게.

박로인: (진정시키듯) …… 구름이 끼는걸 보니 비두 옴직하웨.

최만길: (정신이 좀 가시는 듯) …… 세상에 이런 일두 있나. 놈들이 물을 준다는 공사판에 나갔더니 멕이지두 않구 순사놈들이 칼잔등으루 …… 어이구 옆구리야 …… 그놈들이 그저 늙은이 젊은이 할 것 없이 말 한마딜 해두 막 치드구나.

박성춘: 놈들의 수리 공사가 그렇게 해가지구 백년이 간들 될 줄 압니까. 그건 물을 주는 공사가 아니라 우리 농민들을 잡는 공사에요. 인제부터는 한 사람두 보국대에 나가지 말아야 해요.

최만길: 성춘아, 네 말이 옳다.

△ 후지모도 경관들을 배치하고 감시하다가 소리친다.

경관 一: 닥쳐라.

일동: (놀랜다)

경관 一: 서에 좀 가자.

박성춘: 무엇 때문에 가잔 말요?

경관 一: 뭣이? 방금 뭐라구 지껄었어? 응?

박성춘: 눈이 있거든 이 늙은이를 좀 보시오.

경관 一: (성춘의 뺨을 갈기며) 건방진 자식. (최만길을 걷어차며) 이건 보국대 도주자야.

후지모도: (권총을 손장난하며) 네놈두 그럴 줄 알았다니까.

경관 一: (최만길을 또 발길로 차며) 야, 야, 빨랑빨랑 일어나서 공사판에 다시 못 나갈테야 응?

최만실: (겨우) …… 날 마자 죽이슈.

경관 一: 뭣이? (다시 발로 찬다)

최봉련 : 여보, 당장 죽어가는 늙은이에게 너무 하지 않아요.

경관 一 : 얼굴두 빤빤해 가는걸, 하……

박성춘 : (경관 一의 멱살을 틀어쥐고 동댕이친다)

후지모도 : (땅 공포를 놓고 성춘에게 총을 겨눈다)

경관 一 : (버둥거리며 일어나 성춘을 쓰러뜨린다) 흥, 서에 가서 좀 보자 자식.

△ 류종락 말라 죽은 벼포기를 뽑아 들고 말채직을 흔들며 노기 등등해서 들어오고 뒤로 농민들과 최봉규 따라 등장.

류종락 : 후지모도상, 무슨 사냥을 해 봤소. 총소리가 요란한걸요.

후지모도 : 아! 류상, 그 백마를 타시구 산보 나오셨군요!

류종락 : 산보 다닐 땐가 좀 보오. (벼포기를 앞에 던지며) 농사는 다 망쳤소. 게다가 작인들의 불평이 많소.

후지보도 : 어제두 립석에서 (성춘을 가리키며) 이따위 놈들을 체포해 봤지요만 이놈두 아주 불온사상을 퍼뜨리구 다니는 악질이요. (농민들에게) 야 이 무지한 놈들아, 그래 도대체 불평이 무슨 불평질이야 응?

류종락 : 봉규, 그래 자네네 농사 꼴두 이 모양이니 어떡헐 작정인가 응? 우리 부친께서 자네 아버지 때부터 얼마나 도와줬는데 그 은공두 모르긴가? 정신을 차리라구 정신을……

최봉규 : (황송한 듯) 할 말이 없네.

류종락 : 그러지 않아두 자네는 나와 소학 동창으루 모든 걸 믿구 이 동네 농사일을 맡겨 오다싶이 했는데…… (농민들을 살펴보며)…… 그래 이 동네에선 농사를 질 작정인가 응? 저 박 령감 말 좀 해 보오. 이 벼포기 꼴을 보란 말요.

박로인 : (머리를 짚고 묵묵히 앉았다)

류종락: 하두 비가 안 온다구 야단들이기에 나와 봤더니 그래 하늘만 쳐다보구서야 어떻게 농사가 되겠느냐 말야?

농민 一: 이 물 없는 고장에서 그럼 무슨 별도리가 있어야지요.

류종락: 그럼 아주 폐농을 시키겠단 말인가? 저 박령감까지두 농사를 망치구 있으니 …… 우리 부친이 저 논바닥을 보신다면 기절을 하실 거다 기절을!

박로인: 농사꾼이 농사를 망치구 싶어서 망치겠소.

류종락: 그래, 그렇다면 어째서 김 매줄 생각은 안 하느냐 말야? 에?

농민 五: …… 김은 맬래두 보국대에루 나가야 하구 도무지 기력이 없수다. 굶구서야 어떻게 일을 하겠습네까?

류종락: 누가 굶으랬는가?

농민 四: 농량을 좀 주슈, 저 만길 령감을 보슈.

류종락: 뭣이 어째? 소작료가 많으니 어쩌니 떠들어댄 낮짝으루 지금 와서 농량을 달라구? 뻔뻔스런 것들.

농민 五: 정말 너무 하시우, 너무 해요.

류종락: (말채찍으로 후려치며) …… 무슨 군수작이야 수작이?

농민 五: …… 사람을 뭘로 여기슈?

후지모도: (빰을 갈기며) 자식, 이름이 뭐야?

농민 五: 송만수웨다.

경관 一: 아, 이자는 수리 공사 보국대에두 살살 피하구 안 나간 자지요.

후지모도: 흥, 서루 끌구 가. 그래 물이 없어 농살 못 짓겠다면서 어째서 수리 공사엔 슬슬 피하느냐 말야 응? 이 자식아. (멱살을 잡아 메친다)

최봉규: 그야 뭐 물을 준다는 공사인데 반대할 리가 있나요 나으리.

최만길: (겨우) …… 봉련아, 물을 좀 다우, 물을.

최봉련: 아버지. (어쩔 바를 모르다가 뛰어 나간다)

최봉규: 삼춘님, 어떻게 된 일이슈?

최만길: …… 내 하나 없어지면 봉련이가, 봉련이 신세가 불쌍하구나!

최봉규: 삼춘, 그런 념려는 마슈. 내가 있는데 봉련이 하나 돌보지 못할라구요.

최만길: …… 여보게 기중이, 어데 있나? (박로인을 쓰러안으며) …… 내 평생 논베미마다 물을 듬북 줘보지 못하구 죽는 게 한이웨.

박로인: 만길이, 죽을 생각은 아예 마시. 어떤 일이 있어두 살구 봅세, 살구 보자구.

최봉련: (어데선가 물을 구해들고 급히 들어온다) …… 아버지! 물을 잡수세요. …… 아버지.

최만길: ……

박로인: 만길이! 여보게 만길이?

최봉규: (박로인을 보며) …… 아저씨!

박로인: (목멘 소리로) …… 어서 눈이나 감겨 드려라!

최봉련: (물바가지를 떨어뜨리고 엎으러지며) …… 아버지! (울음이 터진다)

박성춘: (비통하게) …… 아저씨! …… 이놈의 세상 끝장을 보자 끝장을!

△ 류종락, 후지모도 등 앙천대소한다.

류종학: 하 …… 주제넘게, 네놈두 그래 이 두상처럼 끝장을 보구 싶은가? 응?

후지모도: 흥, 너희 놈들이 우리 대일본 제국을 반대하구 또 이 지주를 반대한다던 신세가 어떻게 될지는 너희를 자신이 더 잘 알게다. 일언이폐지하구 우리 대일본이 대동아 전쟁을 승리하기 위해서는 첫째 쌀이 필요하다.

박성춘: 쌀은 우리가 필요하다.

후지모도: 닥쳐라. 앞으루 수리 공사 보국대를 반대하구 회피하는 자는

누구를 물론하구 철저히 처단할 것이다.

최봉련 : (설움을 떨쳐 버리듯 벌떡 일어나며) …… 이놈들아, 우리들은 너희 놈들을 위해서 이렇게 죽지는 않을 테다.

△ 농민들 분노에 차며 웅성거린다.

후지모도 : (총을 겨누며) 거역할 텐가?

최봉규 : (당황하며) 나으리, 거역하다니요. 얘야 봉련아.

후지모도 : 쏜다.

최봉련 : (가슴을 내대며) 쏴라!

박성춘 : (두 손에 수갑을 채운 채 가슴을 내대며) 쏴라 쏴!

△ 어린 천복과 성옥 공포와 격분에 찬 눈으로 바라본다.

△ 갈매기 울음소리, 서쪽 하늘은 피와 같이 붉다.

제二장

제一장과 같은 무대. 一○년 후, 성춘의 집은 새로 기와를 올려 아담히 꾸려졌고 들매나무는 열두 삼천릿벌 력사를 말해 주는 듯, 기연히 서 있다. 청천강 바람이 불어오고 우수수 락엽이 진다. 나무 밑에 피다 남은 모닥불에선 연기가 아직도 솔솔 피어오른다. 농민들이 일하면서 부르는 흥겨운 노래소리.

△ 이윽고 박성옥 이마의 땀을 문지르며 뛰쳐 들어와 들매나무에 매단 종을 친다.

소리 : 자, 또 한참 쉬구들 합세다.

소리 : 다음 참엔 기운 좀 더 버쩍들 내자구. (와자 떠드는 소리)

박성옥 : (나무 밑의 물동이를 밀어 보며) …… 아이구나, 벌써 기진 다 떨어졌네.

소리 : (멀리서) 성옥 동무, 물이 좀 없소.

박성옥 : 왜 없겠어요. 저기 청천강 물을 못 봐요.

소리 : 에끼. (웃음소리 터진다)

리천복 : (뛰쳐 들어오며) 성욱 동무, 물 좀 줘.

박성옥 : (금시 뾰루뚱해지며) 천복 동무하군 말두 하기 싫어.

리천복 : 뭐가?

박성옥 : 三사업소 공사장으로 조합 민청원들이 동원될 때는 꼭 함께 가자구 해놓구선 오늘은 나를 싹 떼 놀게 뭐야?

리천복 : 글쎄 내가 맘대루 조직한 줄 알어? 조합 일두 있구 여기 남아서 수로 성로 작업하는 것두 중요하지 않어? 봐가다가 다음번 제二대루 오면 될 것 가지구.

박성옥 : 그만둬. 난 안 가두 좋아. (물동이를 들고 나가려고 한다)

리천복 : (물동이를 잡으며) 왜 이래?

박성옥 : 놔.

박로인 : (삽을 들고 들어오며) …… 왜들 이러노? 동이 깨질라. 물 좀 또 길어다 놔라.

리천복 : 좀 남았어요, 아저씨. (꼭배지를 동이에 댄다)

박성옥 : (몰래 눈을 흘기며 물을 따른다)

박로인 : (모닥불에 담배를 피워 물며) 가뭄만 지면 마□물까지 마르는 고장이니 ……

리천복 : (물을 주며)어서 잡수세요.

박로인 : (한모금 마시고 맛을 보며) 참 물맛은 언제나 꿀 같구나. 옛다, 너희들두 마셔라.

박성옥 : 또 길어 올텐데요.

리천복 : 어서 마자 잡수세요.

박로인 : 팔 떨어지겠다 원.

박성옥 : (마지못해 받아 천복과 같이 마신다)

박로인 : 너희들은 아무래두 나만치는 물맛을 모를게다.

△ 천복모 질통을 지고 등장.

천복모 : 아즈바니, 이 질통이 왜 말썽이요, 한삽이래두 더 져야겠는데.

리천복 : 이리 주세요. (질통을 수리한다)

천복모 : 천복아, 그래 너두 오늘 꼭 떠나야겠니?

리천복 : 오늘 저녁으루 모두 떠나야 해요.

박로인 : 민청원들이 다 떠난다는데 그 틈에 빠져서야 되겠나.

리천복 : 어머닌 왜 그렇게 걱정만 하세요. 우리 농민들이 어떻게 가만 앉아서 물을 받겠어요?

박로인 : 나는 밤잠을 자다가두 생각하면 잠이 다 안 옵네. 내 살아 생전 물구경을 하게 된다니.

박성옥 : 아즈머니 저번날 도당에서 나으신 지도원 동무가 연설하는 걸 들으셨지요. 래년 봄엔 무슨 일이 있어두 우리 열두 삼천릿벌에 물을 주자구 트레스트 로동자들이 맹세했다니 않아요.

리천복 : 그것두 내각 결정에는 명년 五월 一五일에 끝내기루 됐지만 로동자들이 우리 농민들을 생각해서 달 반이나 기한 단축한 것을 맹세했다니까요.

박로인 : 모내기 전으로 논밭에다 물을 흠뻑 주자는 게지.

천복모 : 그렇게만 되면야……

박로인 : 조상들두 춤을 추실 걸세. 천복어멈, 남의 물에 개 잡아서야

쓰겠나, 어서 아무말 말구 보내주라구, …… 그 미국 놈들이 전쟁만 일구지 않았더라면 벌써 이 논벌에 물이 넘실거렸을지두 모를걸.

천복모 : 생각하면 분통이 터질 일이지요. 언제인가 성춘이가 하던 말이 생각납네다. 그게 벌써 一〇년 전 일이군요. 왜놈들의 수리 공사는 우리 농민들에게 물을 주는 공사가 아니라 사람 잡는 공사라구요.

박로인 : (회상에 잠기며) 우리 성춘이가 그때부터두 만만친 않았지. 왜놈들이 정말 이 열두 삼천릿벌을 욕심내서 그 三〇년 동안이나 □손 닭알 만지듯 수리 공사를 한다구 갖은 행악질을 다 해 가면서두 종시 못 해내구 뺑소니치지 않았나.

천복모 : 그때 봉련이 아버지가 억울히 돌아가시던 일두 눈에 선하군요.

박로인 : 그 사람은 정말 불쌍하게 죽었느니!

천복모 : (잠시 생각다가) …… 그런데 래일 성춘이가 돌아오면 얼마나 서운할고. 봉련이가 어떤 사람에게나 시집을 가는지 ……

박로인 : 십년이면 강산두 변한다네만 봉련이야 맘 변할라구, 그게 다 그 봉규의 작간일걸세. (삽자루를 거칠게 들고 나간다)

천복모 : 에이구, 고렇게 맘씨 곱던 봉련이가 그럴 수가 없을 텐데 원. (수리된 질통을 지며 따라 나간다)

리천복 : (생각다가 혼잣말처럼) …… 사람의 마음이 그렇게두 변할 수가 있을까?

박성옥 : 그렇지만 나루선 봉련 언니가 그러리라군 생각지 않아.

리천복 : 인제 성춘 형님이 돌아오면 성옥 동무 어떻게 말할 테야?

박성옥 : 난 생각만 해두 안타까워. (생각에 잠긴다)

리천복 : 三 사업소 안성 원장 책임자와 결혼한다면서?

박성옥 : (발딱 일어서며) 그런 말 듣기두 하기두 싫어졌어. (동이를 들고 나간다)

리천복 : 빨리 길어오구 또 작업 시작하자구. (종을 친다. 그리고 일터로 뛰쳐 나간다)

△ 이윽고 박성춘 견장 없는 군관복 차림으로 배낭을 메고 등장. 생기 발발하고 희망에 찼다. 그립던 집이며, 들매나무며, 들판을 쓰러안을 듯 다정히 살핀다.

박성춘 : (배낭을 내려놓으며 방안을 향하여) …… 성옥아, …… 아버지, …… 일을 나가신가부군. (들매나무를 쓰다듬어 보다가 옛날 봉련과 마주 앉던 자리에 앉아도 본다. 담배를 꺼내 피워 물며 회상에 잠긴다) …… 봉련이 두 일을 나갔겠지. …… 봉련이 (눈에 그려보는 듯 논벌을 멍하니 바라보다가 희망에 찬 미소를 띄며 벌떡 일어서서 돌을 주어 힘껏 팔매친다)

△ 박성옥 물동이를 이고 들어온다.

박성옥 : (감격하여) …… 오빠.

박성춘 : …… 성옥아! (뛰쳐 가 물동이를 받들어 내리워 준다)

박성옥 : (성춘에게 매달리며) …… 오빠.

박성춘 : (성옥을 쓰러안으며) …… 그세 벌써 이렇게 큰 처녀가 됐구나.

△ 리천복 뛰쳐 들어오다가 긴장하여 그들을 바라본다.

박성옥 : …… 난, 난 무슨 말을 해야 할지 모르겠어요. 오빠는 너무두 무심해요. 오빠는 왜 그렇게 소식을 끊었댔어요,

박성춘 : 정전은 됐어두 무척 바빴지, 아버지랑 뭐 걱정했겠구나.

박성옥 : 그럼요. (눈물을 닦으며) 오빠의 편지를 어제야 받구서 얼마나 기뻐했다구요.

박성춘: 내가 잘못했다.

박성옥: 아니에요, 바루 여기서 오빠의 편지를 동네 분들과 함께 읽었다우. 편지엔 래일 오신다더니 벌써 ……

박성춘: (웃으며) 네가 보구 싶어서 날아 왔지, 하하하 아버지는 어데 일 나가셨니?

박성옥: 아버지두 수로 만드는데 계셔요. 내 빨리 모셔 올게요. (뛰쳐나가다가 천복을 보고) 우리 오빠가 왔어! (급히 퇴장)

리천복: (달려오며) 성춘 형님, 나 리천복이에요.

박성춘: 야! …… 천복이 네가 벌써 몰라보게 컸구나. 성옥이와는 인민학교를 같이 다녔지.

리천복: 그럼요. 형님이 인민 군대루 나간 다음 성옥이와는 초중두 같이 졸업했구 우리 협동 조합에두 같은 날 가입해서 지금은 또 같은 작업반 분조장으루 일하지요. 정말 난 성옥 동무를 진심으루 ……

박성춘: 사랑하는가?

리천복: 저 …… (당황하여 헛기침을 하며) 저, 난 우리 부락 협동조합 발전을 위해서 일생동안 여기서 살기를 결심했어요.

박성춘: 참 훌륭한 청년이 됐군!

리천복: 두구 보세요. 우리 부락 농민들이 옛날 그 지주놈들보다두 더 부유하구 훌륭하게 살게끔 될 테니까요.

박성춘: 좋소! 멋진 생각야. 그러나 문제는 물이지.

리천복: 옳아요. 정말 물이 없어가지군 우리의 꿈을 이룰 수가 없거든요.

박성춘: 저번에 발표된 내각 결정 二二호는 우리들의 꿈이 아니겠나, 인제 저 청천강 물을 우리들의 힘으로 끌어 들어야지.

리천복: 그렇구 말구요!

△ 박로인과 성옥을 비롯한 남녀 농민들 회색만면하여 떠들썩거리며 등장

박성춘 : …… 아버지

박로인 : (천천히 가까이 와서) …… 성춘아!

박성춘 : 아버지! 그동안 안녕하셨습니까? 동네 여러분! 얼마나 고생을 하셨습니까?

천복모 : 우리들이야 무슨 고생이랄 게 있나, 자네가 그 왜놈 경찰에 잽혀 갔다가 해방이 돼서 살아 돌아와 가지군 토지 분어 사업 하느라구 애를 쓰더니 그 다음엔 인민 군대를 나가서 원수들을 물리치구 이렇게 이기구 돌아왔으니 두 번 세 번 반갑네! …… 그런데 저애 아버지 는 그만 …… 놈들에게 학살당했다네.

박성춘 : 아즈머니! 천복이가 저렇게 훌륭한 청년이 되지 않았습니까! 저는 이렇게 오래간만에 고향에 돌아 오구 보니 무슨 말부터 해야 좋을지 말문이 맥힙니다.

농민 三 : 이사람아 인제 한상 채려놓구 밤새껏이래두 얘기주머닐 여세나.

농민 五 : 일언이폐지하구 이렇게 고향에 돌아 왔으면 우리 조합 일 같이 하게 될 텐데 ……

박로인 : 아 그렇구말구! 이제야 이 애비 버리구 달아날 궁리는 않을 테지.

일동 : 하하하 ……

박성옥 : 오빠, 어서 대답을 해요.

박성춘 : 아버지, 좀 더 기다려 주셔야 하겠습니다.

박로인 : 아니, 그게 또 무슨 소린고?

△ 관개 건설 트레스트 지배인과 권시정 등장.

권시정 : 여기서들은 또 무슨 재미나는 말씀들입니까.

박로인 : 어서 오십시오.

지배인 : 수로 성로 작업에 대단히 열성들이십니다.

박로인 : 그게, 다 우리 일 아닙니까.

리천복 : 그래서 우리 민청원들은 三사업소루 오늘 저녁 떠나기루 했습니다.

지배인 : 훌륭하오! 리의 간부들과 관리 위원장 동무에게서 이야길 들었소.

권시정 : 농민 여러분들의 이와 같은 열성에 우리 로동자 동무들두 기운이 바짝 더 날게요.

박성춘 : (뜻밖인 듯 감격하여) …… 련대장 동지!

권시정 : (찬찬히 보며) …… 아니 …… 이게 누군가? 응?

박성춘 : (거수경례로) 련대장 동지! 제一차 진격 당시, 제一대대 三중대 一소대 一분대장이던 박성춘이올시다.

지배인 : 련대장과 분대장의 뜻밖의 상봉이군요!

권시정 : 우리 련대의 영웅적인 공병 분대장이었지요. 그래 언제 왔소?

박성춘 : 제대돼서 방금 오는 길입니다.

박로인 : 참, 우리 성춘이의 련대장 어른을 여기서 이렇게 만나뵈니 반갑습네다.

권시정 : 아, 춘부장 어른이시군요. 얼마나 반가우십니까?

박로인 : 글쎄 인제는 며느리나 맞아서 나와 같이 농사를 질려구 했더니 또 무슨 딴 궁리를 하는가보외다.

권시정 : 하하하. (지배인도 따라 웃는다)

박성춘 : 련대장 동지 ……

지배인 : 련대장 동지가 지금은 우리 트레스트의 당 조직원이시오.

박성춘 : 아 그렇습니까! 당 조직원 동지, 저 역시 희망하던 관개 건설 트레스트에 배치를 받았습니다.

권시정 : 참 잘 됐소! 동무는 전쟁 시기에두 항상 이 열두 삼천릿벌에 물을 줄 꿈만 꾸댔으니까.

박로인 : 난 또 딴데루다 가는가 했구나. 아 그렇다면야!

일동 : (즐겁게 웃으며 박수로 환영한다)

권시정 : 지배인 동지께 인사하시오.

박성춘 : 지배인 동지이십니까! (경례하며) 박성춘이올시다.

지배인 : (악수하며) 옛전우를 만난 듯 반갑소! 우리와 관개 건설 공사는 전투보다 못지않은 어려운 공사요. 같이 싸웁시다.

박성춘 : 힘껏 싸우겠습니다. 많은 지도를 바랍니다.

농민 三 : 저, …… 저 지배인 어른! 정말, 래년 봄엔 정말루 물이 내려옵네까?

지배인 : 하하하 통수식날까지는 몇 번이나 물어보실 작정인가요? 아까두 물어보시더니.

일동 : 하하하하

지배인 : 나는 이 벌에 나오기만 하면 어델 가나 그런 질문을 받게 됩니다.

농민 四 : 목마른 사람처럼 정말 안타까우니 하는 말이웨다.

농민 三 : 사실 우리들은 왜놈 때 三〇년을 두구 등골이 휘두룩 흙짐을 져서두 물구경을 못 했수다. 그리구 해방 후에두 정말 三-四년을 애썼지만 그 미국놈들 때문에 종내 물구경커녕 모주리 부숴까지 놨으니 또 그걸 다시 할려면 몇 三년이나 기다리구 애써야 물구경할는지 모를 텐데 래년 봄에 물 내려 보낸다는 말은 당초 믿어지질 않는다니까요.

지배인 : 그러나 우리 김일성 원수께서는 무슨 일이 있어두 래년 봄엔 여러분에게 물을 보내줘야 한다는 간곡한 말씀이십니다.

권시정 : 물론 이 공사는 수월한 공사가 아닙니다. 수도와 잠관, 배수잠관, 분수문 등 대소 구조물 공사만 해두 一천三백 여 개나 되

구 이와 같은 수로가 청천강 물을 도는 제一계단 공사에만두 그야말루 천리 수로입니다. 뿐만 아니라 전쟁 기간에 보시다 싶이놈들이 모두 파괴해 논 것을 다시 하게 되니 물론 어렵습니다. 그러나 저 청천강 물이 저절로 흘러 올 리는 없지 않겠습니다. 그러니까 우리 로동자들과 농민 여러분들의 힘찬 의지와 로력에 달렸지요.

박로인 : 이루 말해서요. 거미도 줄을 쳐야 벌레를 잡는다네.

농민 三 : 글쎄요. 그 뭐 당초에 ……

농민 一 : 그야 뭐 래년 봄에 물이 올 말두야 뼈가 부스러진들 힘 아끼겠소 원.

천복모 : 두말하면 군소리지요. 얘 천복아 왜 그러구 섰니, 해 다 갔는데.

리천복 : 자 그럼 떠날 동무들은 어둡기 전에 빨리들 떠나자구.

지배인 : 목재 신구 왔던 트럭이 지금 기다리구 있소. 타구들 가우.

리천복 : 고맙습니다.

권시정 : 자 그럼 성춘 동무, 언제 오겠소.

박성춘 : (경례하며) 수일내루 다시 뵙겠습니다.

권시정 : 성춘 동무에 대한 기대가 크우.

지배인 : 꼭 오시오. 그럼 수고들 하십시오.

천목모 : 자 우리두 일 마자 제깍 해치웁세다.

△ 농민들 나간다. 지배인, 권시정도 퇴장

리천복 : (성옥에게) …… 저 …… 저

박성옥 : 뭣 말야.

리천복 : 다음번엔 꼭 오란 말야.

박성옥 : 누가 남의 걱정하랬어?

리천복 : 성춘 형님, 그럼 먼저 갑니다. (계면쩍게 뛰쳐나간다)

박로인 : …… 성춘아!

박성춘 : 아버지!

박성옥 : 오빠! (행복감에 젖어) …… 이렇게 가족이 단출히 모여 보기두 오랜만이군요!

박성춘 : …… 아버지! 봉련네는 그 후 어떻게 살아가는지요.

박로인 : (얼굴이 흐려지며) 네가 인민 군대루 나간 후 봉련이는 제 봉규 오래비를 따라서 이 고장을 떠났니라.

박성춘 : 그 후 소식을 모르시나요? 제가 월미산 전투에서 부상당한 후로는 소식이 끊어졌으니까요.

박로인 : 자, 어서 들어들 가자꾸나, 어서. (성춘의 배낭을 들고 들어간다)

△ 불안한 사이.

박성춘 : …… 성옥아 봉련이가 어떻게 됐니?

박성옥 : (안타까운 듯 먼 논벌을 바라볼 뿐)

박성춘 : (불안하여) …… 성옥아!

박성옥 : …… 오빠 …… 봉련 언니는 三사업소 어느 현장에서 일하구 있대요.

박성춘 : (희망에 차며)……그래? 거기서 만날 수 있겠구나!

△ 트럭의 엔진소리, 공사장으로 떠나는 농민들의 노래소리, 박성옥 그쪽을 바라보며 손을 흔든다.

박성춘 : (생각에 잠겨 먼 논벌을 바라보며) …… 봉련이!

박성옥 : 오빠! 저 기러기들이 줄을 지어 가요.

△ 어느새 황혼이 깃들었다. 노래 소리 멀리 사라지고 기러기들이 우짖는다.

— 천천히 막 —

제二막

제一장

그리 높지 않은 야산 등성이에 자리 잡은 관개 건설 트레스트 제三사업소 안성 현장. 좌측에는 바라크로 된 현장 사무실 내부, 사무 탁상들과 의자, 전화, 긴 걸상들이 놓여 있고, 정면 벽에 유리창과 그라휘크들, 우측 벽 출입문으로 나가면 곧 사무실에 잇대어 지붕만 덮인 바라크다. 목재로 된 질통, 삽, 괭이 등 작업 도구들과 세멘트, 목재 등이 놓여 있다. 그 후면으로는 멀지 않은 작업장이 바라보이고 넓은 마당 한편에는 게시판과 구조판, 그 뒤로 판자와 각재들이 쌓여있다. 작업장 가까이 공화국기와 五색기들이 세찬 강바람에 춤추듯 나붓긴다. 작업장 저편 들판을 지나 □□□□□□□ 않는다. 제二차 교대 시간이 지난 후 황혼이 깃든 늦가을 어느날 저녁, 작업장과 사무실에 전등불이 번쩍 켜진다.

△ 흙 질통을 진 남녀 로동자들이 번잡히 래왕한다. 쾅쾅 지축을 흔드는 발파 소리, 요란한 기적 소리와 전차 지나가는 소음 속에 작업복 차림의 최봉련 사무실로 들어와 노트를 정리하다가 깊은 생각에 잠겨 홀로 창밖을 바라보고 섰다. 이윽고 주위는 점점 고요해진다. 봉련 실내를 오락가락하다가 걸상에 맥없이 앉는다.

△ 최봉규 노트를 들고 게시판 뒤에서 나온다.

최봉규: (좌측을 바라보며) …… 여보게 용칠이, 언제 왔나?

고용칠: (들어오며) 조금 전에 왔네.

최봉규: 뭐 좀 실어 왔나?

고용칠: 이번엔 무우 배추에 콩기름, 백하젓에 뭐 흠뻑 가져왔네.

최봉규: 로동자들이 각처에서 모여들었는데 좀 잘 먹여야겠네. 불평이 잦는걸.

고용칠: 여부 있나, 이게 어떤 공사라구 일제 때두 못 해낸 그야말루 세계적 공사를 하구 있는 판인데.

최봉규: 여보게 책임자의 생일이 오늘야.

고용칠: 그래서 부랴부랴 뒤쳐 오지 않았겠나, 흐뭇이 채려야지.

최봉규: 책임자는 저렇게 눈코 뜰 새두 없는 사람이 돼서 난 자네만 기다리든 참야.

고용칠: 하하 사실 내가 없으면 일 되겠나? 그리구 오늘 같은 날 책임자와 결혼 날짜두 질질 끌게 아니라 사람들 앞에서 선포해둬야 할 게 아닌가? 인제 온 세상이 아는데.

최봉규: 그러게 말일세, 우선 책임자를 좀 만나야겠군.

고용칠: 여보게, (팔을 끌어당기며) …… 그것 말야.

최봉규: 됐나? 도급 임금 이번에 계산 못 해주면 ……

고용칠: 정말 좋지 않을걸 (봉규와 같이 쑥덕거리며 퇴장)

△ 권시정 사무실로 등장.

권시정: 책임자 동무 어데 가셨소?

최봉련: (깜짝 놀라며) …… 아이 당 조직원 동지! 오랜만입니다.

권시정: 아! 봉련 동무였군. 수고하오. (악수한다)

최봉련: 기다렸어요. 밤길에 오셨군요. 책임자 동문 굴에 나가셨는데

인제 곧 오실 거에요.

권시정 : (앉으며) 책임자 동무가 무척 바쁠 게요.

최봉련 : 그러믄요. 제一계단 공사 중에두 가장 어려운 데가 우리 안성 현장이니까요.

권시정 : 그래서 경험이 많구 유능한 이 책임자를 파견한 것이요. 그리구 이번에 군대에서 단련된 박성춘 동무를 이 현장에 파견한 사실두 다 우연한 일이 아니지. 성춘 동무가 오늘 아침에 왔다지요?

최봉련 : 네 아침에 오자마자 양수장엘 갔지요.

권시정 : 어떻소? 현장 실정은 잘 모를게요만 ……

최봉련 : 책임자 동무는 그동안 시공 지도원이 비어서 밤낮 혼자 애쓰셨지요. 박성춘 동무가 오자 얼마나 기뻐하시는지, 그리구 머지 않아 현장 질서두 째이게 될 거에요.

권시정 : □□□□□□ 안되면 물을 내려 보낼 수가 없을 테니까.

최봉련 : 그래서 우리 청년 작업반원들두 기세를 올리느라구는 하지요만.

권시정 : 그래 작업반 운영이 잘 되우?

최봉련 : …… 제 력량이 부족해요. 아직 규율이 째이지 못하구 작업 능률은 올리지 못하구 있으니까요.

권시정 : 한 술에 배부를 리는 없지, 봉련 동무가 친누이처럼 반원들을 사랑하구 애쓴다는 말은 들었소. 꾸준히 연구하구 노력하시오.

최봉련 : 제 힘껏 해보겠어요. 그런데 아직두 작업 조건이 문제에요. 우선 로차 신로 가설 문제만 하드래두 ……

권시정 : 알겠소. 책임자 동무와두 얘기가 있었지만 토의해 봅시다. (담배를 피운다) …… 아 결혼식은 언제 할 작정이요? 약혼한지 일년이나 됐다면서 ……

최봉련 : (일어서며) 전 결혼이 바쁘지 않아요. 그리구 제가 약혼했다는

말은 뜬소문이란 걸 말씀드려야겠어요.

권시정 : 하하하 뜬소문이라? (봉련의 뒷모습을 바라보다가) …… 봉련 동무는 어떤 고민이 있군?

최봉련 : (일부러 웃으며) …… 전 고민은 안 하기루 결심했지요. 그 대신 공상을 많이 하지요.

권시정 : 흐음! 그러다 보니 봉련 동무는 공상이 많은 처녀시랬군! 하하하 그래 어떤 공상을 하우?

△ 추양성과 조길석 등장.

권시정 : …… 어 …… 안성굴의 주인들이로군요! 얼마나 수고를 하우? (악수를 한다)

추양성 : 이렇게 밤길 오실래기에 욕보셨겠습니다.

권시정 : 괜찮습니다. 그래 댁으로 모두 돌아가시든 길이요?

조길석 : 우리들은 굴이 집인걸요. 이 추양선 아바이의 제기루 우리들은 이 추도 공사 끝나기까진 굴속에서 살기루 두더지 동맹을 졌수다.

일동 : 하하하하

권시정 : 열두 삼천릿벌 농민들두 지금 대단한 열성이요.

추양선 : 그러니 우리가 굼뜨게 일할 수야 있습네까.

권시정 : 그렇지요 …… 그래 상도갱 방법을 적용해야 된다구요?

추양선 : 올쉐다. 그 상도갱으루 파지 않구선 일을 해낼 수 없을 뿐만 아니라 기간 단축을 보장할 수 없지요.

권시정 : 그럴래면 二중 로차 선로두 가설해야 된다지요?

조길석 : 그렇지요?

최봉련 : 그것만 해결된다면 현재 약 二〇메터 운반 거리에서 七二〇

공수의 로덕을 절약하구두 四○여 일이나 기한 단축할 가능성이 있습니다. 현재 버덕은 잔뜩 밀리구, 굴진 작업은 더디구 그래서 우리 청년 작업반 맹진호란 동무가 데루와 버시모루 대용으루 철선을 써보자는 의견입니다.

권시정 : 철선으로?

추양선 : 그럴 듯한 궁리를 했지요.

조길석 : (창밖을 내다보며)아, 책임자 동무랑 사업소 홍기사장과 우리 새 시공 지도원 동무두 옵니다.

권시정 : 박성춘 동무가 온 후 현장 분위기가 어떻소?

추양선 : 참 군대에서 단련된 동무가 첫눈에두 다릅습데다. 인제 현장 실정만 파악하게 되면 많은 일을 할 수 있으리라구 우리들은 기대가 큽네다.

△ 홍 제도와 박성춘 강재한과 같이 등장.

강재한 : 아 벌써 오셨군요. 당 조직원 동지.

홍제도 : 퍽 기다렸습니다.

권시정 : 수고들 하십니다. (악수한다)

박성춘 : 당 조직원 동지! 수고로이 오셨습니다.

홍제도 : 부상 동지와 중앙당 관개 수리과장 동지는 아직 二사업소에 계신가요?

권시정 : 지배인 동지와 같이 올려구 했지만 거기서 하루 더 묵고 이 현장엔 래일 오실겝니다.

홍제도 : 이번엔 어떤 중요한 지시를 가지구 내려오신 것 같은데요?

권시정 : 인제 말씀 드리지요, …… 그래 성춘 동무!

박성춘 : 네.

권시정 : 현장 실정을 료해할 만 하우? 어쨌던 명년 四월에는 저 청천강 물을 낼 보내야 되오.

박성춘 : 알겠습니다. 이 굴은 편마암 부식층이여서 굴진 작업이 대단히 곤난하리란 것을 알았습니다.

권시정 : 뿐만 아니라 전체 트레스트적인 현상이지만 로동자들의 구성 성분이 각양한 데다가 기능공이 부족하고 질서와 규율이 아직 째이질 못했소. 작업 조건에두 여러 가지 애로가 많은 형편이요. 책임자 동무 그렇지요?

강재한 : 그렇습니다. 아까 전화루두 말씀 드렸습니다만.

권시정 : 로동자 동무들의 의견을 충분히 들어봤습니까?

강재한 : 물론입니다. 바루 이 동무들인데.

권시정 : 나두 들어봤소만, 가능성이 없소?

추양선 : 나는 그렇게 하지 않구선 일 못 해내겠다니까요.

조길석 : 아시다싶이 암석이 굳다면 모르되 부식층이 생기기 시작한 이상 그 방법 아니군 우선 로동 재해를 방지해낼 수두 없을뿐더러 기일 보장은 도무지 념두 못 내지요.

강재한 : 동무들의 그 열의에는 나두 찬성이요. 그러나 현실적 조건을 타산하지 못할 열의는 결국 맹동이요. 만약 그러다가 잘못되는 경우 그 막대한 시간과 로력 랑비를 누가 책임질테요? 동무들이 아니라 법적 책임자인 바루 나요. 알겠소? 어떻습니까, 기사장 동지?

홍제도 : 상도갱 굴진 방법에 대해선 이 박 동무와두 방금 의논해 봤습니다만 원체 암석이 물러놔서 역시 그 방법이 가능할 뿐만 아니라 안전하다구 봅니다. 그런데 문제는 생출목이 전연 없어 탈입니다.

강재한 : 문제는 거기 있습니다. 하루가 바쁜 이때 그걸 언제 찍어서 어

기까지 운반해 오겠소?

추양선: 생솔목이 있으면야 더욱 좋지요만 내 경험으루 봐서 지금 묵어나는 오랜 락엽송으루두 동발목은 넉넉하웨다.

강재한: 하하하 아바이, 로망한 소리 마슈.

추양선: 책임자 동무, 내가 로망하긴 아직두 멀었다는 걸 아슈.

권시정: 허허 그럼 어떨가요. 기사장 동무?

홍제도: 네, 어쨌던 시급한 문제니만큼 현장 실정에 근거해서 더 연구해 보는 게 좋겠습니다.

강재한: 현장을 한번 보시는 것이 어떻습니까? 나로서는 이 동무들의 의견에 동의할 수가 없습니다.

권시정: 박 동무 의견 없소?

박성춘: 저는 이 추양선 아바이의 의견을 존중해서 연구해 보는 것이 좋겠다구 생각됩니다.

최봉련: 로차 선로 가설 문제두 당장 해결해 주셔야겠습니다.

권시정: 좋소, 우선 현장을 한번 봅시다. 그리구 二중 로차 선로 가설 문제두 중요하게 제기되구 있는만큼 기사장 동지, 저 책임자 동무와 박 동무 세분이 로동자들과 긴밀한 련계 밑에 연구를 거듭해서 수일 내루 보고하두룩 …… 트레스트 지배인의 지십니다.

홍제도: 알겠습니다.

권시정: (일어서서 거니며) …… 그리구 부상 동지와 당 중앙 관개 수리과장 동지의 지시를 전달해야겠습니다. 우리 앞에 가로놓인 난관들은 한두 가지가 아니요. 우리는 인제 一천三백여 개나 되는 각종 구조물들에 전체 트레스트적인 동기 콩크리트 공사를 진행하지 않을 수 없데 되었소. 추위는 눈앞에 닥쳐왔소.

△ 잠시 당황한 침묵.

추양선 : (주저하며) …… 겨울에 콩크리트를 쳐요?

권시정 : 그렇습니다. 어려운 문젭니다.

강재한 : 일찍이 우리나라 토건 력사에서는 찾아볼 수 없는 문젠데요.

권시정 : 역시 경험과 리론이 없단 말이지요?

홍제도 : 사실이 그렇습니다.

권시정 : 그러나 저 광활한 열두 삼천릿벌 농민들은 그야말루 생명수와 같이 물을 기다리구 있지요. 이 겨울에 콩크리트로 공사를 진행치 않구서는 명년 봄에 물을 줄 수가 없습니다. 그러면 어떻게 이 어려운 과업을 실천할 것인가? 지금 당장 대답을 얻긴 어려울 겝니다.

강재한 : 네 그렇습니다.

홍제도 : 저는 일제 때부터 근 三〇년의 경험을 가지구 있습니다만 이 과업은 참 어렵군요.

권시정 : 그렇습니다. 때문에 전체 사업소적으루 각 현장마다 이 문제를 광범한 집체적 토의에 부쳐서 연구하는 게 좋겠습니다. 그래서 창발적이며 실천적인 의견들을 제출하도록 ……

△ 잠시 엄숙한 침묵.

권시정 : (좌중을 살펴보며) …… 모두 심각들 해졌군요. 하하하하

박성춘 : 당 조직원 동지, 그러면 우선 현장을 보시는 것이 어떻습니까?

권시정 : 좋소, 나가봅시다.

△ 추양선, 조길석 얘기하며 나간다.

강재한 : 저, 있다가 시간을 봐서 저녁 식사나 같이 했으면 하는데 어떻습니까, 박성춘 시공 지도원두 오시구……

홍제도 : 하하 의견은 좋은 의견이오만 홀아비 신세에 무리를 해선 안 될텐데?

강재한 : 어머님이 간단히 준비하신 모양입니다.

권시정 : 나는 시간이 없을 것 같소만……

홍제도 : 봉련 동무, 청년 작업반장이 어째 결혼식이 굼뜬가요?

△ 최봉련 불쾌감을 감추며 나가버린다.

강재한 : 원채 바빠놔서, 허허 박 동무 꼭 오늘 밤은 시간을 쫌 냅시다.

박성춘 : 감사합니다, 나가 보시지요.

△ 전화벨소리.

△ 권시정, 홍제도, 박성춘 퇴장.

강재한 : (수화기를 들고) 네, 네, 그렇습니다. 바루 접니다. 사업소요? 아, 로동부장 동무슈? 네,네 하하하 전화를 퍽 기다렸습니다. 농민 트럭을 우리 현장으루 출발시켰다구요? 五〇명, 네, 네, 고맙습니다. 네? 그래두 트럭이 모자라는 형편인데요, 네, 네, 알겠습니다. (수화기를 놓고 벽에 걸린 칠판에 기입한다. '농민 트럭 五〇명 금일 도착' 그리고는 실내를 오락가락하다가 생각난 듯 수화기를 들고) 트레스트시공부 대라구. 여보쇼, 안성 현장입니다. 아, 시공부장 동무십니까? 저 강재한이올시도. 하하 원체 바쁘시니까 본부에만 계시는군요. …… 네, 바루 그 굴진 작업 문제 말입니다. 당 조직원 동지두 二사업소에서 내려오셔서 토의가 있었는데

사업소 기사장 선생께서는 새루 온 시공 지도원과 그 고집불통인 추양선 령감에게 맞장구를 쳐가면서 상도갱 방법을 추켜 세우구 있습니다.

△ 최봉규 등장. 탁상에 마주 앉아 노트를 정리한다.

강재한 : 네? 그래서 말입니다. 내 방법, 아니 저 부장 동무의 의견대루 주장해 왔습니다만…… 네? 결론이 있을 때까지 종전대루! 네! 알겠습니다. 네, 아, 저 당 조직원 동지에게서 전달의 말씀을 들었습니다. 겨울에 콩크리트 친다는 말은 정말…… 하하나 역시 그건 망상으루 밖엔…… 네? 네, 네, 알겠습니다. 명령이니 어쨌던 연구를 해 봐야지요. 네, 수고하십시오. (수화기를 놓고 손끝으로 테불을 두드린다)

최봉규 : 트레스트 시공부장이 우리 현장에 대한 관심이 대단하거든요. 책임자 동무에 대해서두 신임이 두텁습니다.

강재한 : (말을 막는 듯이) 상하부간의 신임이란 그렇게 쉬운 일이 아니오. 문제는 사업상 능력에 달렸지. …… 어쨌던 우리 현장이 一계단 공사 중에두 제일 어려운 공사란 것은 트레스트에서 뿐만 아니라 성에서나 당 중앙에서까지두 관심이 대단하니까, 만일 기일 내에 공장 계획 보장 못하는 날엔 내 위신 문제가 아니겠소.

최봉규 : 원 걱정도, 책임자 동무 하는 일이 안될 리 있소. 一계단 공사만 성과 거두면 트레스트 본부에 어떤 중요한 자리루 올라가실 텐데 뭘 그루.

강재한 : 말 마우, 그렇게 자리나 바라보구 일을 해서야 쓰겠소, …… 그래 조동 로력 몇 명 받았던가?

최봉규: (노트를 보며) …… 에, 五호 농장에서 六〇명, 복게 농장에서 三〇명, 황수 목장에서 四〇명이라, 숙천 과수 농장에서 四五명이라, 그리구 어느 잠업 농장에선가 三五명, 혀서 도합 二一〇명이지요.

강재한: (기입하며) 꽤 쓸 만하우?

최봉규: 글쎄요, 그 농사나 짓구 돼지나 기르던 친구들이 당장 흙짐 지기는 그럭 해내겠지만 앞으루 콩크리트 작업 같은 어려운 공사를 어떻게 해낼는지 내 원 한심합디다.

강재한: 그래두 조직적으루 일하던 친구들이니까 규율은 있을거요. 그리구 사업소엔 열두 삼천릿벌 농민들이 동원갔다구 해서 전화루 부탁했더니 로동부장이 겨우 五〇명 밖에 안 보내 주누만.

최봉규: 어이구 (손을 내저으며) 트럭두 좋지만 현재 조건으룬 곤난한데요. 아 글쎄 전쟁 끝에 지금 모든 게 부족한 줄 번연히 알면서두 한다는 소리가 왜 비좁으냐 추우냐 당초 골치 아파서 ……

강재한: 자기 권리의 당연한 주장이지. 어쨌던 로력은 자꾸 받아야 하우. (서류를 작성하고 나서 일어서며) …… 자 이 문건 사업소에 급히 올려 보내주. 나 굴에 좀 나가 봐야겠소. (문께로 가다가 생각난 듯) …… 아 저 있다가 봉련 동무와 같이 와야겠는데?

최봉규: 원, 오지 말래두 가겠수다. 그리구 고용칠 동무두 마침 왔길래 지금 어머님을 도와서 차하진 않게 준비시키구 있지요.

강재한: 여러 가지루 정말 봉규 형이 도와주지 않는다면 난 아무 일두 못 한다니까.

△ 맹진호 등장, 철선을 매만지며 사무실을 기웃해 본다.

최봉규: 하하하 내 하는 일은 없지만 책임자 동무 일이라면야 내 뭣인

들 아끼겠소만 오늘 같은 기회에 결혼 날자두 앞당겨서 선포하구 맙시다.

강재한 : 나두 그걸 바라구 있던 참이요. 하루 이틀두 아니구 …… 나두 인젠 사십객이 아니요.

최봉규 : 그러니 하는 말이지요.

강재한 : 그럼 난 굴에 갔다가 손님들 모시구 곧장 집으로 가겠소. (퇴장)

최봉규 : 나두 봉련이를 다리구 곧 가겠수다. (사무를 보기 시작한다)

맹진호 : (사무실에서 나오는 강재한에게) …… 책임자 동무.

강재한 : 응? 어째?

맹진호 : 어제 말씀 드렸던 ……

강재한 : 아 베시모루 대용품 말인가? 좋소, 좋소, 좀 기다려. (서둔다)

맹진호 : 자신 있습니다.

강재한 : 알만해, 바쁘니까 래일 오라구, 응?

맹진호 : 글쎄 제 말씀 좀 들어 보시구 이러나저러나 ……

강재한 : 알만하대두 그래.

△ 김춘자 급히 등장.

김춘자 : 책임자 동무, 말씀 좀 드릴게 있는데요.

강재한 : 래일 오쇼. 오늘은 손님이 오셔서 ……

김춘자 : 다른 게 아니라 난 몸이 말재서 며칠 쉐야겠어요. 우리 봉련 반장은 당초 승인을 안 해주니까요.

강재한 : 진단서를 제출하면 될게 안야? (급히 굴로 퇴장)

맹진호 : (그쪽을 바라보다가) …… 제길. (철선을 둘러메치고 주저앉는다) 이 따위에서 일해 먹어?

김춘자 : 책임자가 겉으룬 저래 뵈두 얼마나 인정이 많다구, 여길 떠나

면 더 난 데가 있을 것 같애서? 나두 처음 흙짐 지군 정말 울었어. 그래두 여길 떠날 생각은 안 했어. 그건, 그건 저, 진호 동무가 있었기 때문이야, 정말이야.

맹진호: 군소리 집어치워, 난 떠나구 말테니까.

김춘자: 흥, 갑재기 웬일이야? 친누이 같은 봉련 반장두 있구 해서 인젠 여기가 제집 같다드니? 봉련 반장이 책임자와 결혼한다는 소문이 듣기 싫은 모양이지?

맹진호: 이건 뭣두 모르구 왜 시끄럽게 야단야?

김춘자: 시끄러우면 그만둬, 왜 남의 속을 고렇게두 몰라줘?

△ 최봉련 등장.

최봉련: 춘자 동무, 몸이 말때면 어서 돌아가 쉬지 않구 왜 추운데 섰어요?

김춘자: (새침해서 퇴장)

최봉련: (춘자의 뒷모습을 바라보다가) …… 진호 동무, 왜 싸웠소?

맹진호: 두말이 필요 없어요. 여기서야 무슨 일 해먹겠소? 난 없어지구 말겠수다.

최봉련: 무슨 소리요? 내가 본 진호 동무가 아니야.

맹진호: 비겁하단 말이지요?

최봉련: 그럼 뭐에요? 참을성이 있어야지.

맹진호: 난 참을성이 없어요. 견딜 수가 없어요.

최봉련: (미소를 띠며) 꼭 어린애 같애요.

맹진호: 차라리 어린애라면 좋겠수다. 한바탕 쌈이래두 해보게, 글쎄 래루는 썩어나는데 베시모루 없어서 로차 선로를 못 놓는다구야 말이 돼요?

최봉련: 나두 책임자 동무에게 제기는 했어요. 동무 자신두 대담하게 얘기를 해봐요.

맹진호: 책임자 동무야 나 같은 사람의 말을 듣기나 하는 줄 아우?

최봉련: 그럴 리 없어요. 책임자가 우리들에게 의거하지 않구서야 어떻게 일하겠어요.

맹진호: (생각다가) …… 난 정말이지 떠나구 싶지는 않아요 …… 그렇지만 ……

최봉련: 그렇지만 뭐에요?

맹진호: …… 사실이지 난 부모두 동생도 없이 자라났지요. 여기 와서 난 반장 동무를 정말 친누님처럼 믿어 왔어요.

최봉련: 진호 동무! (손을 다정히 잡으며) …… 나두 알아요.

맹진호: 그래서 나는 반장 동무에 대해서 주제넘게 걱정도 나무람도 하게 되지요.

최봉련: 고마워요. 내게 무슨 잘못이 있다면 서슴치 말구 지적을 해줘요. 나두 진호 동무가 쌈이래두 하구 탈선을 할 땐 정말 친동생처럼 아프게 때리군 했지요.

맹진호: 난 조금두 아픈 줄을 몰랐어요. 앞으루두 그럴거에요. 그렇지만 …… 그렇지만 ……

최봉련: 어서 말해요.

맹진호: (잠시 생각다가) …… 난, 반장 동무가 정말 책임자 동무와 결혼을 하신다면 행복할 수가 있겠는지 늘상 얘기하구 싶은 것도 못했어요.

최봉련: (격했으나 참고 먼 벌판을 바라본다)

맹진호: …… 역시 내가 어리석은 말을 했군요. 미안합니다. 반장 동무.

최봉련: 앞으룬 그런 뜬소문 가지구 걱정하지 말아요. 서루 일이나 잘해요. 우리는 일 속에서 자기를 키워야 해요.

△ 고용칠과 황찬수 등장.

고용칠 : 어! 봉련 동무! 오랜만이요.

최봉련 : 어제 보구두요.

고용칠 : 하하하 봉련 동무의 잔치날이 하루가 멀단 말이지요.

황찬수 : 요즘 컬컬한데 잔치술이나 어서 먹읍시다레.

최봉련 : 할일들이 없어요?

맹진호 : 그따위 수작 지껄이구 다니지 말구 전기나 잘 봐, 괜히.

황찬수 : 뭐야? 넌 왜 참견야? (들었던 뻰치로 턱을 쳐들며) 요고 근질근질하니?

맹진호 : (와락 멱살을 잡으며) 뭐 어째서?

최봉련 : 진호 동무, 무슨 짓이요? (고함친다)

맹진호 : (분을 참으며 멱살을 놓고 나간다)

황찬수 : 크 참 어처구나 없다. 그래 내가 못할 말 했소?

최봉련 : (엄격히) 정말 그런 실없는 말 하구 다니지 말구 전기나 잘 봐요. (사무실로 들어간다)

△ 고용칠과 황찬수 멋쩍게 나간다.

최봉련 : (사무에 여념이 없는 봉규를 한참 바라보다가) …… 오빠는 언제나 바쁘군요.

최봉규 : 응? …… 응, 당초 눈코 뜰 새두 없다.

최봉련 : 오빠두 어서 가족들을 다려 와야지요.

최봉규 : 글쎄, 통 꼼짝할 시간이 없구나.

최봉련 : 조카들이 여간 보구 싶지 않아요.

최봉규 : (돌아 앉으며) …… 네 나이두 인젠 애들 귀한 줄 알 때가 됐니라.

최봉련 : 아이, 오빠두 …… 할 말이 좀 있어서 왔어요.

최봉규: 마침 잘 왔다. 나두 할 말이 있었는데 …… 오늘이 책임자 생일이라는 건 알구 있지?

최봉련: 나두 아까 들었어요.

최봉규: 그러니 말이다. 우리 오누이가 가만있을 수야 있겠니? 같이 가봐야겠다. 사실 네나 내나 광산에 있을 때, 그리구 八호 공사 트레스트에서두 책임자 동무의 신세를 알마나 졌니, 참 사람은 큰사람이니라, 내가 한 대 천직을 당하구 곤난할 처지에서 그 사람이 아니면 내가 어떻게 됐겠네, 그 사람은 또 정말 몇 해를 두구 너를 친누이처럼 귀여워하구 사랑하구 …… 참 그걸 네가 안다면 인젠 책임자의 심정두 알아 줘야지. (담배 연기를 내뿜는다)

최봉련: 오빠, 나는 아버지가 돌아가신 후 오빠는 정말 아버지 대신 믿구 모셔 왔어요. 오빠의 말이라면 다 들어왔지요. 듣기 어려운 말두 딱이 거절은 못해 왔지요. 오빠가 어려웠으니까요. 그게 내 약점이었어요. 책임자 동무에 대해서두 오빠는 오빠대루 난 나대루 생각이 따루 있었다는 걸 보드래두 ……

최봉규: 아니 뭐 생각이 따루 있다니? 그게 무슨 소리야?

최봉련: 그것 보세요. 사실 나는 책임자 동무를 웃사람으로 존경은 해 왔지만 진정으루 애정을 느껴 본 적두 없구 또 책임자에게나 오빠에게 무슨 약혼이니 결혼이니 내 자신이 승인한 일은 전혀 없었으니까요.

최봉규: 흠, 그걸 말이라구 하니 인제 와서? 책임자의 위신을 생각해서래두 네가 그럴 순 없어. 지금 이 현장은 말할 것두 없구 온 사업소나 트레스트 중요 간부들두 다 알구 있는 판인데 오늘 성춘이가 나타나자 네가 그런 태도루 나온다면 책임자가 너나 성춘이를 어떻게 보구 내 꼴은 뭐가 되겠는지. 철이 들었다면

생각을 해봐라. 흥, 한 현장에서 꼴 좋겠다. 그러구 우에선 널 어떻게 보겠는가 말이루다. 또 뭐 네가 성춘이와 약혼을 했던 것두 아니구 네 아버지가 돌아가실 때만 해두 내 한말이 있다. 네가 아버지를 생각해서래두 하나 밖에 없는 네 웃사람의 말을 듣는 일이 옳지.

최봉련 : 오빠, 지금 나는 우리 열두 삼천릿벌에 물을 내려 보내구 싶은 생각밖에 없어요.

최봉규 : (역정을 내며) …… 네가 정말 나를 오래비라구 생각지 않으려면 네 맘대루 하려므나. (쥐었던 노트를 탁상에 내리친다)

△ 잠시 사이.

△ 박성춘 원기 있게 등장.

박성춘 : 아, 봉규 형님, 몹시 바쁘죠? 고단하시겠습니다.

최봉규 : 허허 그저 그 재미에 일하지, 그래 현장에 맘에 드나? 무척 어려운 현장이 돼서 ……

박성춘 : 역시 어렵습니다. 뚫구 나가야지요.

최봉규 : 책임자두 자네가 와서 무던히두 기뻐합데.

박성춘 : 많이 배워야겠습니다. 봉련 동무, 아까 토의하던 상도갱 굴진 방법과 二중 로차 선로 문제두 해결됐소.

최봉련 : 그래요? 로동자들이 얼마나 좋아하겠어요.

박성춘 : 굴진 작업을 하루속히 끝마치는 대루 동기 콩크리트루 돌입해야 될 판이니까 온 현장적으루 전투 준비를 본격적으루 해야겠소.

최봉규 : 자넨 그야말루 본격적인 군대식이네 그려.

박성춘 : 하하하. 습관이겠지요.

최봉규: (나갈 차비를 하며) …… 우리 로동자들은 아직 어려놔서 군대식 작풍은 좀 안 맞을걸.

박성춘: 알만 합니다.

최봉규: 나두 처음 들었네만 겨울 콩크리트가 될가 원 ……

박성춘: 그러나 당면된 전투 과업입니다.

최봉규: 글게, …… 저 일 끝나면 책임자 동무 댁으루 오게나. (퇴장)

박성춘: 가구말구요. (노트를 뒤적인다)

최봉련: (그를 바라보다가 미소를 띠며) …… 고향이 많이 변했어요?

박성춘: 아. 없던 수로를 만드느라구 열성들이드군.

최봉련: 나는 오빠와 고향을 떠난 이후 한번두 못 가봤군요.

박성춘: 고향을 잊어버린게지요.

최봉련: 천만에요. 나 역시 바빴지요. 들매나무가 전쟁 통에 상하지나 않았어요?

박성춘: 십 년 전이나 오늘이나 여전히 앞벌을 바라보구 서 있습디다.

△ 그들 자기도 모르게 회상에 잠긴다.

최봉련: 성옥이두 어른이 됐겠군요?

박성춘: 천복이랑 벌써 초중을 졸업하구 협동 조합 작업반 분조장들루 일하드군.

최봉련: 벌써요. 참 고향은 역시 많이 변했군요.

박성춘: 물론이지요. 난 여기서 이렇게 발전한 봉련 동무를 만날 줄은 …… 정말 반가웠소. 앞으루 봉련 동무가 무한히 행복하기를 나는 진심으로 바랍니다.

최봉련: (일어서며 창밖을 바라본다) 고마워요. (수건으로 몰래 눈물을 닦는다)

△ 오랫동안 사이

△ 트럭의 엔진소리와 경적소리, 농민 청년 남녀들의 노래 소리.

△ 이윽고 박성옥과 리천복 뛰쳐 등장

박성옥 : …… 오빠!

박성춘 : 성옥이 너두 왔구나.

리천복 : 성옥 동무두 떼를 써서 뒤따라 왔지요.

박성옥 : 三사업소에서 마친 이 현장으루 배치하지 않겠어요.

최봉련 : …… 성옥아! (달려간다)

박성옥 : 아니 봉련 언니 아니에요? (반가왔으나 경원한다)

최봉련 : (섭섭한 감정으로) …… 벌써 이렇게 컸구나, 천복이두!

박성옥 : (성춘의 기색을 살핀다)

△ 어색한 사이.

박성춘 : 성옥아 합숙으루들 가자. (천복이도 같이 나간다)

△ 봉련 그들을 바라보다가 버림을 받은 듯 맥없이 의자에 주저앉아 머리를 싸쥔다.

△ 김춘자 급히 등장

김춘자 : (울상으로) …… 반장 동무! 큰일이 났어요. 맹진호 동무가 달아날 차비를 해요. 빨리 붙들어야겠어요.

최봉련 : (멍하니 바라보다가 소리친다) 당장 가서 붙들어와요. 내가 오랜다구, 로차 선로 문제두 해결됐다구 그래요.

김춘자 : 반장 동무, 내말은 귓등으루두 안 듣는걸요. 짐을 막 꾸리는

걸 봤는데 어서 가봐줘요. 반장 동무의 말은 들을거에요. 반장 동무, 제발 어서 가서 붙들어 줘요.

최봉련 : (물끄러미 보다가) …… 춘자 동무는 진호 동무를 진심으로 사랑하우?

김춘자 : 반장 동무에게만 말이지 그 동무 없으면 난, 난……

최봉련 : (미소를 띠며) …… 가요. (급히 나간다. 춘자도 따라 나간다)

— 암전 —

제二장

一장과 같은 무대.

추운 밤. 세찬 바람소리.

캄캄하다. 윙윙 전선주가 운다.

△ 박성춘 외투를 걸친 채 탁상에 마주 앉아 너울거리는 불꽃을 끝없이 바라보고 있다. 이윽고 꺼진 전등을 다시 쳐다본다. 초조스러운 듯 벌떡 이러나서 창밖을 내다본다.

△ 황찬수 바삐 들어온다.

박성춘 : 동무 어찌된 셈이요? 이 전기가?

황찬수 : 글쎄 아무리 조사해 봐두 어째서 어떻게 생긴 고장인지를 모르겠수다.

박성춘 : 그래서?

황찬수: 우리 구역 안의 사고가 아닌 것 같습니다.

박성춘: 어떡헐 작정이요?

황찬수: 뭐 좀 기다려 보는 수밖에 없지요.

박성춘: (흥분된 어조로) 그래 동무가 전공이요?

황찬수: (어처구이 없는 듯) 七급공입니다.

박성춘: 누가 그것을 묻소, 콤프레샤가 돌아가야 굴을 파지 않겠소? 이제 굴진 작업은 일주일 안으로 끝내야 되겠단 말요, 지금 착암수들은 한숨을 쉬구 앉았소.

황찬수: 착암수들은 수굴을 시작했습디다.

박성춘: 그러니 기다리구 앉아 있잔 말이요?

황찬수: (불안스럽게 시무룩해서) …… 다시 조사해는 보겠습니다만 ……

△ 잠시 사이

박성춘: (부드러운 어조로) 좋소, (생각다가) 동무 기분이 상했소? 허허 내가 너무 지나친 모양이군, 동무 다시 한 번 나가 조사해 보라구, 정말 부탁하오 벌써 세 시간이요.

황찬수: 나가 보지요. (급히 달려 나간다)

박성춘: (다시 자기 책상 앞에 앉아서 도면을 본다)

△ 맹진호 들어온다.

맹진호: 지도원 동무!

박성춘: 어떻게 됐나?

맹진호: 지금 추양선 아바이랑 천세득 착암수랑 수굴을 하느라구 얼마나 애를 쓰는지 몰라요.

박성춘: 정말 훌륭한 아바이들이야, 밤낮 굴속에서 한 달 동안을 견디여 배기니 ……

맹진호: 이놈의 정전, 아무래두 무슨 곡진이 있어요.

박성춘: 나두 그렇게 생각은 되지만 굴진 작업의 마지막 단계에 와서 지장이 많으니.

맹진호: 사실이지 지도원 동무가 처음 오는 길루 二중 로차 선로를 해결해 주구 밀차의 복스메다루 부속두 참나무와 밤나무두래도 해결해 줬기 망정이지 굴진 작업이 이렇게 빨리 나갈 법이나 했겠어요. 그런데 전기가 말썽이니 속 짓달아 못 견디겠거던요. (불쑥 일어서며) 나두 좀 나가 보겠어요.

박성춘: 찬수 동무가 지금 막 달려 나갔어.

맹진호: 그 새끼는 덜렁쇠가 돼서 참.

박성춘: 쌈은 또 하지 말구 ……

맹진호: 인젠 쌈 안 하기루 했어요.

박성춘: 봉련 반장에게 톡톡히 비판 받았다면서?

맹진호: 혼이 났어요. (급히 달려나간다)

△ 성춘이 다시 앉아 불꽃을 바라보며 생각에 잠긴다.

△ 잠시 사이

△ 김춘자 두건으로 귀를 싸매고 들어온다.

김춘자: …… 아이구 …… 추워, 겨울 귀신이 막 기어드는구나! (두건을 벗겨 싸락눈을 턴다. 성춘을 보고나서) …… 아이! 난 책임자 동문 줄 알았더니 ……

박성춘: (여전히 불꽃을 바라본다) 춘자 동무요?

김춘자: …… 왜 그렇게 혼자서 수심에 잠겼수? 지도원 동무? 겨울 공

사 문제 때문에 골치가 아프겠군요…… 지도원 동무는 여기 오신지 한 달이나 되면서두 누구와 한번 놀러 다니는 것을 못 봤으니 …… 그러다 병나면 어떡허실라우, 그래두 책임자 동무나 다른 동무들은 술두 좀 마십디다만……

박성춘: 나두 마시면 말루 마시지요.

김춘자: 아이 오늘은 롱담까지 하시는군요!

박성춘: 내가 그렇게 딱딱해 보입디까?

김춘자: 덮어놓구 말이지만 난 지도원 동무가 처음엔 무서웠다우, 어찌나 명령식으로 다구치는지 ……

박성춘: 그래서 나를 군대식이라구 비판했지요. 나두 잘 아오. 그러나 우리는 직장 규률에 복종해야 되지 않겠소. 춘자 동무는 요즘두 가끔 결근을 한다는데 어디가 아푸?

김춘자: (좀 당황하며) …… 정말 힘에 부쳐서 병이 나군 해서 그래요. 다시 시집이나 갈까 생각두 했지만 …… 호호호

박성춘: 춘자 동무는 최봉련 브리가리지요?

김춘자: 뭐 그 동문 이름두 듣기 싫수다.

박성춘: 어째서 그렇소? 동무네 반장인데?

김춘자: 여자가 그래선 못쓴다우, 그야 사업은 잘 하지만 사람이 그래선 ……

박성춘: 사람이 어떻단 말이요?

김춘자: 글쎄 책임자 동무하구 결혼을 한다구 뭐 책임자 생일날 여러 사람 앞에서 자기 오빠가 공표까지 했다면서 인제 와서 또 주춤하구 있으니 그야 또 모를 일이지, 지도원 동무가 온 이후론 마음이 달라졌다구 모두 그래요. 아이 정말 네 입 좀 봐, 호 …… (벌떡 일어선다)

박성춘: 춘자 동무 어떤 사람들이 그런 말을 합디까?

김춘자: …… 저 고용칠 동무가 그런 말을 하드군요. 책임자 동무는 매우 기분이 좋지 않드라구 ……

박성춘: (기가 막힌 듯 바라보다가) 춘자 동무 쓸데없는 소릴 듣구 다니지 않는게 좋겠소. 그리구 우리 일이나 힘껏 해봅시다. 예? (악수를 청한다)

김춘자: 아이 지도원 동무, 난 입으루 망한다니 …… (계면쩍게 손을 내민다)

박성춘: 수고스럽지만 반장 동무를 좀 불러 주겠소?

김춘자: 네, (그만 멀쑥해서 나간다)

박성춘: (멍하니 생각에 잠기며 이마를 가볍게 두어 번 두드린 다음 도면을 본다. 이윽고 테블을 가볍게 치며 일어서서 실내를 오락가락한다)

△ 박성옥, 리천복 등장

박성옥: 오빠!

리천복: 형님 고단하시겠군요.

박성춘: 아! (반갑게) 그래 농사꾼들이 공사장에 와서 일을 해보니 어때?

박성옥: 뭐 아직 얼떨떨해서 잘 모르겠어요.

박성춘: 하하하하 참 성옥이나 천복이가 이 현장으로 온 것만은 좋았는데 너희들은 배수 잠관 공사에 나가 일을 하게 되니 자연 만날 기회가 적군.

박성옥: 난 오빠 옆에서 일하구 싶어요.

박성춘: 그야 어디서 일을 하나 열두 삼천리루 물을 보내기는 마찬가지야. 자 보라구 (책상 우에 놓인 도면들을 가리키며) 이건 우리 현장에서 앞으로 해야 할 겨울 콩크리트 공사 부분이야. 이 산은 거의 다 뚫었으니까 인제 콩크리트 공사를 하지 않구서는 저 청천강 물을 열두 삼천릿벌루 끌어 댈 수가 없단 말이거든.

박성옥: 그런데 이렇게 크구 넓은 구조 틀들에 어떻게 겨울 공사를 해요, 콩크리트가 막 얼텐데?

박성춘: 그러니까 어렵다는 게지.

리천복: 우리들은 지도원 동무의 연구 결과를 얼마나 기다리구 있는지 알아요?

박성춘: 어디 나 혼자서 하는 일이라구? 온 트레스트가 들끓구 있는데.

리천복: 어떤 사람들은 코웃음만 치구들 있지요.

박성옥: 남의 일처럼 생각을 하거든

박성춘: 콩크리트를 얼쿠지 않기 위해서는 영상 七도 이상의 양생 온도가 필요하단 말야. 자 이 등불을 보라구, (두 사람 불꽃을 본다. 성춘은 테블에 놓인 소방용 바께쓰로 등불을 씌우며) …… 이렇게 외기를 막으며 이 물통 안의 공기는 더워지겠지?

리천복: (호기심을 가지고) …… 물론이지요 ……

박성춘: (바께쓰를 벗기며) …… 또 이 방안에 화독을 피우면?

리천복: 하하하하

박성춘: 왜 웃는가?

리천복: 세살 애두 알 일인걸요.

박성옥: 그럼 집안에서 불을 피우구 콩크리로 공사를 해요?

리천복: 그건 참 처음 듣는 소리로군요.

박성춘: 믿을 수 없단 말이지?

리천복: …… 글쎄요. 그게 될 수 있을가요?

박성춘: (테블을 탕 치고 일어서며) 하하하하 어떤 사람들처럼 자네두 코웃음을 치는가? (실내를 오락가락)

리천복: 아닙니다. 난 그저 ……

박성춘: 문제는 실천이야. 책임자 동무두 지금 내 설계도를 가지구 사업소에 올라갔으니까 트레스트 시공부장 동무가 좋은 결론을

주시겠지. (그들의 어깨를 어루만지며 부드럽게) 이 현장에는 아직두 앞으로 전진하기를 두려워하는 사람들이 있어 참 …… 전쟁만 힘든 줄 알았더니 건설사업두 그만 못지않게 힘이 든 걸!

박성옥: 서로 믿구 사랑하구 도와주구 한다면 못 할 일이 어데 있겠어요.

박성춘: 옳은 말이야, 서로 사랑을 갖는다는 것은 중요하구두 귀중한 문제지.

박성옥: …… 오빠 …… 난 여기 와서 봉련 언니를 만나구선 정말 반가웠어요.

박성춘: 나두 그렇다.

박성옥: 그리구 얼마나 행복한 생활이 벌어질까 생각했지요. 그런데 웬일이에요? 옆에서 보기두 안타까워요.

박성춘: 문제는 간단하지, 바로 내가 이 현장에 도착되던 날 책임자 동무의 집에서 나는 직접 봉련 동무의 오빠가 하던 말을 똑똑히 들었다 …… (창 밖을 내다본다 반발적으로) 그게 지금에 와서 내가 무슨 상관이겠니.

박성옥: 나두 그런 소문을 듣구 분개했어요. 그렇지만 오빠.

박성춘: 그만둬, 나는 네게 단단히 일러둔다만 누구에게나 이런 이야기 쓸데없이 하구 다니지 않는 게 좋아.

리천복: 옳아요. 뭐 그런 일루 상심할 것 없어요.

△ 이때 쾅쾅 지축을 흔드는 발파소리.

박성춘: 저 발파 소리를 들어봐라. 이렇게 정전이 돼서두 로동자들이 손으루래두 굴 뚫러 내는 소리다.

△ 계속되는 발파소리. 그는 가슴이 □□□지는 듯 창밖을 내다본다.

박성춘 : 래년 봄에 어떻게 해서든 저 굴로 물을 보내자, 물을 ……

리천복 : (눈에 그려보며) …… 열두 삼천릿벌에!

△ 멀리서 '뜨락또로 운전수의 노래' 소리 들려온다. 천복, 성옥, 성춘 따라부른다.

△ 최봉련 등장. 사무실을 들여다보고 노래소리에 귀를 기울리며 생각에 잠긴다. 이윽고 노래 그친다. 봉련 사무실로 들어간다.

박성춘 : 춘자 동무를 만났소?

최봉련 : 네, (성옥에게) …… 오빠 만나러 왔어?

박성옥 : 네.

리천복 : 성옥 동무, 여기 합숙에나 가봐.

박성옥 : (눈치를 챈 듯) …… 그래, 봉련 언니, 합숙에 먼저 갈테니 있다 좀 만나요. (천복과 같이 퇴장)

최봉련 : 나두 곧 갈테야. 먼저들 가.

△ 사이

최봉련 : 정말 밤낮없이 피곤하시겠어요.

박성춘 : 그야 다 마찬가지지요 …… 난 동무가 그렇게 발전한 것을 볼 때 아버님이 살아계시다면 얼마나 반가워하실가 …… 생각하군 하지요.

최봉련 : 정말 가족을 생각하면 외로워요.

박성춘 : 오빠가 계시지 않소?

최봉련 : 오빠요 …… (반발적으로) …… 그럼요. 지금껏 오빠를 의지해 살아왔으니까요. (진실하게) 그러나 지금은 작업반원들과 일하는 것이 얼마나 행복스러운지 몰라요. 서로를 사랑하구 믿구 때

로는 싸우기도 하구……

박성춘: 봉련 동무네 브리가다가 잘 움직이구 있다는 것은 온 현장이 기뻐할 일이요. 그런데 …… 춘자 동무와 같은 사람들이 있어선 안 되겠는데 봉련 동무는 그 동무에게 개별적 교양을 주었소? 요새 와서는 진호 동무의 열성까지두 바루 보지 않는 눈이 생겼습디다.

최봉련: 그 동무가 제일 말썽이지요. 그래서 비판을 주곤 합니다만……

박성춘: 말썽꾼에 대한 교양 사업이 부족한 것 같소. 그러한 동무들이 위험한 요소를 가지구 있거든, 그저 안일하게 살아 볼려는 생각, 그뿐만 아니라 엄중한 것은 간부들 사이를 상케 하는 좋지 않은 쏘삭질이요.

최봉련: (놀라며) 무슨 말을 들어셨어요?

박성춘: …… 동무나 내나 책임자 도무나 다 들어선 좋지 않을 말들이요.

최봉련: …… 성춘 동무! 나를 좀 더와 주어야겠어요. 근거 없는 풍문을 책임질 수는 없지 않아요?

박성춘: 근거 없는 풍문이라구요?

최봉련: (어이가 없어 바라보다가 돌아서며) …… 세상엔 서루 믿어야할 사람이 믿지 못하는 불행도 없진 않군요.

박성춘: 그만둡시다. 쓸데없는 문제 때문에 우리사업에 지장을 주어선 안 될테니까.

최봉련: 쓸데없는 문제라구요?…… 물론이지요. 어떠한 개인적 문제루 사업에 지장을 줄 수는 없지요. 그렇지만 사람들마다 자기 개인 문제를 소홀히 할 수두 없지요. 사람들이 생각해야 할 귀중한 문제기 때문에 나는 오늘까지 그것을 생각해 왔지요. 앞으루두 생각할 문제지요. 그렇지만 오늘은 말하지 않겠어요. 나의 말이 변명이나 비겁한 소리로 밖에 안 들릴테니까요. (어

두운 창밖을 내다본다)

박성춘 : (봉련의 뒷모습을 한참 보다가) …… 내가 이 현장에 오던 날은 가장 기쁜 날이면서 동시에 슬픈 날이었소. 그러나 나의 꿈은 열두 삼천릿벌에 있지요. 원쑤들의 탄우 속에서도 이 열두 삼천릿벌을 잊어 본 적은 없었으니까요.

최봉련 : 그건 나두 마찬가지에요. 무엇 때문에 내가 여기서 일하구 있는 줄 아세요?

△ 잠시 사이. 고용칠 들어와 옆문으로 그들의 동정을 살핀다. 그 뒤에서 맹진호가 숨어서 고용칠을 감시한다.

박성춘 : (담배 연기를 바라보다가 벌떡 일어서며) …… 봉련 동무! 우리 앞에 할 일은 태산 같소! 그렇소. 피차 조국의 충직한 아들과 딸이 됩시다. 이 한 가지 길에서 어떠한 난관과도 이겨 나갑시다. (옆문으로 퇴장)

△ 고용칠 질겁하여 달아난다.

맹진호 : (나오며) 지도원 동무!

박성춘 : 무슨 일이야?

맹진호 : 지도원 동무, (손수건을 내보이며) 이 수건이 고용칠이가 떨어뜨린 것 같은데요.

박성춘 : 어데서 났어?

맹진호 : 저 변압기 밑에 떨어져 있지 않겠어요? 아무래두 고용칠이가 무슨 장난을 치구 있는 게 틀림없어요. (귓속말을 한다)

박성춘 : (수건을 받아보며) …… 변압기 밑에? (생각한다) …… 전공이 어데

있는가?

맹진호: 전기를 고치고 있지요, 덜렁쇠가.

박성춘: (수건을 간직하며) 이 수건이 어디에 떨어졌드란 말은 절대루 입 밖에 내지 말라구. (진호와 같이 나간다)

최봉련: (성춘이가 앉았던 자리에 앉으며 머리를 그러쥔다)

△ 사이.

△ 최봉규 등장.

최봉규: 에이 참 날씨두…… 합숙에 있는 줄 알았더니 여기 있었구나 …… 책임자 동문 아직두 안 왔니?

최봉련: …… 네.

최봉규: (담배를 피워 들며 동정을 살피다가) …… 어데 말쨌니? 몸조심해야 된다 …… 그리구 저 네 결혼 날자는 정초루 미뤘다. 지금은 한창 분주한 때니까.

최봉련: (떨리는 목소리로) 오빠는 정말 저를 동생으루 생각하나요?

최봉규: 무슨 소린지 원.

최봉련: 인제는 저의 결혼 문제에 대해서 절대 간섭을 말아 주세요.

최봉규: 철없는 소리 말아, 사람들 앞에서 그렇게 이 오래비가 말을 해 놓구 온 세상이 다 아는데 인제 와서 사람으룬 그럴 수 없어. 그래 책임자 얼굴에 무슨 칠을 못 해서?

최봉련: 오빠는 너무 저를 무시해 왔어요. 저의 의사도 확실히 듣지 않구 오빠 혼자서 이렇게 그럴 수가 있어요. 나에겐 내 희망이 있구 내 행복이 따루 있어요.

최봉규: 애, 봉련아, 네가 정말 세상모르누나.

최봉련: (치미는 감정을 못 참아 밖으로 나가버린다)

△ 동시에 고용칠이 들어온다.

고용칠 : 왜 또 그러나?

최봉규 : 야단났군.

고용칠 : 책임자 동무한테 시집 안 가겠다는 투정이지? 허허허.

최봉규 : 그러니 내 립장이 어떻게 되겠나?

고용칠 : 원 걱정도 팔자지, 왜 그렇게 결단성이 없나? 잔치 차려서 신고 태워 놓면 그만이지.

최봉규 : 글쎄 일은 딱하게 됐단 말일세. 생각지두 않았던 박성춘이가 하필 이 현장으로 오게 될 줄이야.

고용칠 : 역시 그 친구가 말썽꾼이라니까. 만일 그 일이 성사가 안 되는 날이면 책임자가 자넬 뭘루 알겠나. 그러지 안아두 공급 二만 원 건두 있는데 책임자한테 미움을 받는 날이면 자넨 달세 다야.

최봉규 : 여보게 그러기에 급할 땐 친구가 제일이라지 않나. 정말 난 도와줄 친구라구는 자네 밖에 없네. 아까 말한 것 어떻게 좀 알아 봤나?

고용칠 : 로임은 타다 놨나?

최봉규 : 타오기야 했지만 이번엔 만사 제쳐놓구 로동자들 도급 임금은 계산해 줘야 될 형편이니 말이야.

고용칠 : 그참 야단인데. 자네의 딱한 사정을 알구두 모른숭하구 있을 순 없는 처지구 해서 내 힘껏 노력은 해 봤네만.

최봉규 : (실망한 듯) 그래 융통이 안 됐단 말인가?

고용칠 : 돈은 있네, 있어.

최봉규 : (급히 희색을 띠며) 있어?

고용칠 : 그런데 힘든 돈이야. 한밤중이래두 자기가 쓰겠달 때 갚지 않으면 큰일 날 돈이 돼 놔서.

최봉규 : 여보게 제발 좀 살려주게나. 그래 내가 배은망덕하겠나 원.

고용칠 : 하긴 급할 땐 나라님 감투끈 살 돈두 잘라 쓴다데만……

최봉규 : 아—정말 이럴 땐 친구가 제일이라니까. 그저 四만 원만 돌려주게나.

고용칠 : (매우 곤란한 표정을 하다가) 참 사람두 웬만한 처지 같으면 안 될 일이지만 념려 말게. (아랫주머니를 뒤지며) …… 크, 조화다?

최봉규 : 뭘 그렇게 찾나?

고용칠 : …… 또 달아났군, 수건 말야. 크, 참 조화다?

최봉규 : 아니 한창 바쁜 때 이 전기는 왜 이리 말썽인가? ……

고용칠 : 핫, 내니 아우, 이 달에두 벌써 벌써 몇 번짼지 원원.

최봉규 : 책임자가 오면 또 야단치겠군.

△ 번쩍 전기가 왔다.

고용칠 : 야따? (다소 당황한 기색) 제길 어데가 고장이 났댔나?

△ 강재한 방한모를 털며 들어온다.

고용칠 : 어이구 추운데 얼마나 고생이슈.

강재한 : 몇 시간이나 정전됐소?

최봉규 : 네 시간은 잘되지요.

강재한 : 그래 네 시간씩이나 일을 섰단 말이요?

고용칠 : 사고야 어떡헐 재주 있어야지요?

강재한 : 이 박성춘이는 어델 돌아 다니는가?

고용칠 : 헛, 말씀 마슈, 그 친구가 하늘의 별이나 딸 듯이 뭐 동기 콩크리트가 어쩌구 떠벌리면서 뒤구석에선 저 볼땅은 다 보는가

봅데다. 책임자 동무두 그 봉련 동무에 대해서 단단히 단속해야겠는걸요. 성춘이란 자를 정배를 보내든가 ……

강재한 : 무슨 소리요?

고용칠 : 저 로임 계산원에겐 미안한 말이지만 책임자 동무의 위선을 떨궈서야 되겠나?

최봉규 : 이 사람, 봉련이가 어쨌단 말인가, 공연한 사람을 ……

고용칠 : 저 사람이 내가 군소리나 하는 놈인 줄 아나. 내 눈으루 봤네 봤어.

강재한 : 그만 지껄이우.

고용칠 : 난 책임자 동무를 생각해서 하는 말이웨다.

△ 박성춘 들어온다. 그 뒤로 추양서, 맹진호, 조길석 등 로동자들 들어온다.

박성춘 : 아! 책임자 동무 오셨군요.

강재한 : (자기 의자에 앉아 그들을 바라본다) 그래 몇 시간이나 일을 쉬었소?

추양선 : 일을 쉬다니요. 수굴루래두 그냥 해내지요.

박성춘 : 전기 사고가 이렇게 빈번한데 대해서는 어떤 철저한 대책을 세워야겠습니다.

강재한 : 어떤 대책말요? 우리 현장에 무슨 반동이라두 엮었단 말이요?

맹진호 : 그렇지 않다구 말할 수야 없지요.

강재한 : 쓸데없는 걱정 말구 동무들의 사업이나 잘하란 말야 …… 경각성을 높이는 것은 좋소. 그러나 전공들을 얼마나 잘 통제했기에 네 시간씩이나 정전이란 말요? 책임성을 높이란 말요, 책임성을 (담배를 꺼내 성냥을 그어 불어 물어 연기를 푸 내뿜으며 창밖을 내다본다) 참 한심들하군.

조길석 : 어떻게 됐습니까? 책임자 동무?

강재한 : 동기 콩크리트 문제 말인가? …… 헛, 트레스트 시공부장에게 코웃음만 당했소. 여러 딴 현장 친구들 앞에서 톡톡히 챙피를 당했단 말요. 二○여 년의 경험을 가진 나로서는 처음 당하는 망신일걸. 나두 어떻게 해서든 동기 콩크리트를 해보자는 심정으로 저 시공 지도원 동무가 작성한 설계도를 그대루 가지고 갔었소. …… 나두 주책이 없었지! …… (주머니에서 설계도를 꺼내 테블 우에 던지며) 가마니□기루 풍막을 치구 그 안에 쭈그리구 돌아 앉아서 부채루 불을 피워 가며 콩크리트가 얼지나 안나 하구 기웃거리는 이 강재한이의 꼴을 만화에나 그렸으면 좋겠다구 놀려댑디다. 하하하하 바루 시공부장이 ……

△ 고용칠 따라 웃는다.

△ 맹진호, 조길석, 추양선, 로동자들 심각한 표정들이다.

박성춘 : (침착하게) …… 책임자 동무, 자세히 말씀해 주십시오.

강재한 : 지도원 동무는 밤낮으로 애 많이 썼지만 나두 참 이렇게까지 될 줄은 꿈밖이요. 사업소 기사장 동무두 아무런 기술적 해명두 못 하구 덤덤히 앉아 있었으니까.

박성춘 : 그러면 시험 공사에 대한 문제는 제기해 보셨습니다?

강재한 : (한심한 듯) …… 동무, 그렇게 쥐구멍으루 소를 볼 순 없지 않소.

박성춘 : 그렇지만 이 설계는 일개 시공 지도원의 의사로만 된 것은 아닙니다. 책임자 동무께서 우리 동무들의 창발성을 존중하신다면 시험 공사에 대한 승인은 얻을 수 있었을 것입니다.

강재한 : 동무는 내가 허재빈 줄 아는 모양이군? 하하하

박성춘 : (분을 누르며) 책임자 동무, 그건 너무 지나치신 말씀 같습니다. 어떻게 시험 공사래두 하게 해주십시오.

추양선: (결심한 듯) …… 책임자 동무, 어떻게 해서든 우리는 시험 공사를 해야겠습니다.

조길석: 우선 해봐야 할 것 아니웨까? (로동자들 호응한다)

강재한: (담배 연기를 후 내뿜으며 바라보다가) …… 누구의 승인으로? 에?

박성춘: 책임자 동무두 승인을 못하시겠단 말씀입니까?

강재한: 여보 동무, 너무 조급하게 서둘지 마시오.

박성춘: 조급이 아니라 우리들의 성의입니다.

강재한: 그럼 동무 마음대루 행동하겠단 말이요? 좋소. 나는 동무가 이렇게까지 나올 줄은 몰랐소. 어쨌던 이 문제는 트레스트 본부에서 최종적 결론이 나오겠지만 나는 승인할 수 없소. (불쑥 일어서며 문을 쾅 닫구 나간다)

최봉규: (급히 일어서며) 저 책임자 동무, 잠깐만. (따라 나간다)

△ 잠시 사이

고용칠: 저, 시공 지도원 동무, 안 될거면 공연히 책임자와 의나 상했지 그건 머 래년 봄에 가서 해두 되지 않겠소. 사실 왜정 때두 근 三〇년을 끌면서두 못 한건데 우물에서 숭늉 찾기지 그게 되겠소. 겨울에 콩크리트를 한다군 원 당초 ……

박성춘: 여보 식은 소리 마쇼.

△ 고용칠 멀쑥하여 퇴장.

△ 전화 벨소리.

박성춘: (수화기를 든다) …… 네, 네, 그렇습니다. 바루 접니다. 아 당 조직원 동무십니까? …… 네? 사업소에서 방금 내려 오셨는데 댁

으로 가신 모양입니다. 래인 트레스트에서요? 여보쇼, …… 여보쇼, 네, 네, 기술 꼬미샤에서 …… 제 설계를 토의하시겠다구요? 네, 네, 책임자 동무에게 전하겠습니다. 네, 고맙습니다. (수회기를 놓는다)

추양선: …… 지도원 동무.

박성춘: (격동적으로 테블 우의 제도 용지를 펼치며 심각히 들여다본다)

△ 로동자들 박성춘의 주위에 모여 제도 용지를 들여다본다.

제三막

관개 건설 트레스트 본관 二층에 자리 잡은 지배인실. 좌측에 치우쳐 커다란 태블과 회전의자, 두개의 전화, 그 앞에 긴 탁상과 의자들.

정면 벽에는 방대한 관개 건설 전모를 뵈어주는 커다란 공사 약도, 양수장, 수도 잠과, 급류공, 교량 등 각종 구조물 설계도들이 붙었다. 넓은 창틀, 우측에 서기실로 통하는 문, 좌측으로 당하에 통하는 문, 전체로 넓고 밝으며 깨끗하게 정돈되어 있다. 아침이다. 창밖에는 함박눈이 내린다. 강재한 창밖을 바라보고 섰다. 지배인 서기 주전자를 들고 들어와 차를 부어 놓는다.

강재한: 고맙소. (차를 마시며) 아직 부회가 끝나지 않았소?

서기: 글쎄요, 三사업소 기사장과 시공부장의 론쟁이 대단하군요.

강재한: 헛, 동무는 겨울에 콩크리트 친다는 말 들어 본적 있소?

서기: 저두 처음 듣는 말인데요. 어떻게 될 수 없을까요?

강재한 : 글쎄 그래 지배인 동지 기색은 어떻습디까?

서기 : 안색이 좋지 않은신 것 같애요. 오늘 꼬미사에 부장 동지두 내려 오신다는데 온 트레스트적으로 큰 론쟁이 벌어질 것 같애요.

강재한 : 국가적 문제요

서기 : 곧 끝날 거에요. 앉아 기다리세요. (나간다)

강재한 : (거닌다. 생각에 잠겨 혼자 코웃음도 친다)

△ 이윽고 정상칠 들어와 노트를 탁상에 던지며 앉는다.

강재한 : …… 시공부장 동지, 역시 부장 동지의 견해가 옳았지요?

정상칠 : (담배를 피우며) 기술부와 우리 시공부 기술진의 협의회가 말해주고 있지요.

강재한 : 저두 근 二○년이나 토건 부문에서 일해 오지만 겨울에 콩크리크를 쳤다는 사실은 들어 본 기억이 없습니다.

정상칠 : 그 홍 기사장은 무엇을 믿구 그러는지 노상 태산두 옮겨 놀듯이 덤비지만 기술적 한계성이 그것을 용인치 못한다는 것입니다.

강재한 : 기술두 경험이 안받침 돼야지요. 요새 햇내기들은 시공부장 동지의 경험마저 인정하지 않을려구 대드니까요.

정상칠 : 나의 많은 경험이야 무슨 값에 가겠소만 적어두 그 홍 기사장만한 뱃심은 가져야겠는걸요. 허허허

강재한 : 원 그거야 보석을 차돌에 비하는 격이지요. (은근히) 솔직히 말씀 드려서 홍기사장이야 명색이 피사장이지 이번에두 무슨 로망이 불었는지 그 터무니없는 동기 콩크리트에 맞장구를 치구 나서니 내 참.

정상칠 : 하하하하

강재한: …… 그런데 성에서는 그 문제를 어떻게 보구 있는지요.

정상칠: 뻔하지요. 그 박성춘이의 설계도두 올려 보낸지 며칠 됐는데 여태 소식 없는 것으루 보아 짐작할 수 있지 않소.

강재한: 성의 우수한 기술자들에게 큰 웃음거리가 됐을 것입니다.

정상칠: 인제 그 사람들은 자기들이 어리석었다는 것을 구체적으루 알게 될 것입니다.

강재한: 인제 말씽이던 이 문제가 오늘 기술 꼬미샤에서 락착이 되면 종전 계획대루 다구치야겠습니다. 그런데 사업소 기사장과 보조가 잘 맞질 않아서 더 큰 성과를 못 거두군 하지요.

정상칠: 그것두 딱한 일이지요. 그렇지만 걱정할 필요는 없소. 사업소 기사장 자리두 그 홍 기사장 팔자에 있는 것은 아니니까.

강재한: 알겠습니다. 아무도 우리 현장을 따라오지 못하게 하겠습니다. 어쨌던 오늘 부장 동지두 내려오신 자리에서 그 망발꾼들에게 단단히 기술적 교양을 주셔야겠습니다.

정상칠: 문제는 누가 국가적 입장에 섰으며 누가 공명심에 날뛰는가가 문제지요. 우리는 외롭지 않지요. 제五, 제六, 제三사업소 지배인들두 내편이니까요.

강재한: 옳은 말씀이십니다.

△ 지배인과 홍제도 등장.

지배인: (자리에 앉으며) …… 나는 우리 트레스트 기술진들이 대담성과 적극성이 부족한 것 같소.

정상칠: 지배인 동지, 우리 조선의 기술이라는 것은 그 현실적 한계성을 인정하지 않을 수 없습니다.

홍제도: 지배인 동지, 나는 박성춘 동무의 설계에 대한 연구 사업을 포

기할 수는 없습니다. 계속 연구해 보겠습니다. 트레스트 기사장 동지의 성 꼰쑬딴뜨물과의 토의 경과가 기대됩니다.

정상칠 : 홍 기사장 동무, 과학에는 두 개의 공식은 있을 수 없습니다.

강재한 : 제 무식한 생각에두 강물이 얼어붙는데 콩크리트를 친다는 것은 좀 상식을 벗어난 것 같습니다.

홍제도 : 오직 진리로 가는 공식이 있을 뿐이지요.

지배인 : 그런데 제四, 제三사업소들에서 올라 온 제기와 박성춘 동무 설계와의 공통점은 무엇을 말해주고 있소? 문제는 로동자들의 창발적 계기에 대한 기사들의 기술적 규명을 첨부하는 문제가 중요합니다. 그런데 그것을 못 주고 있는 형편이요. 나는 우리 트레스트 기술진들이 그야말루 전투에서의 전사들과 같은 고도의 완강성과 현실적 투쟁이 필요하다구 봅니다.

△ 잠시 사이.

홍제도 : 지배인 동지, 그럼 난 당부에 좀 들리겠습니다. (퇴장)

지배인 : (창밖의 함박눈을 바라보다가) …… 추위가 보통이 아니로군!

강재한 : 작년보다 추위가 더 이른 것 같습니다.

지배인 : 우리는 어떤 방법으로든 저 엄한과 싸워 이겨내야겠소. 그래 동무네 안성 수도 굴진 작업은 어느 날 끝난다구?

강재한 : 뭐 다 됐습니다. 인제 한 닷새면 관통될 테니까요.

지배인 : 그 굴은 부식층이 돼서 몹시 걱정을 했는데 ……

정상칠 : 책임자 동무가 애썼지요.

지배인 : 고생했소.

강재한 : 뭐 저야 별루 ……

정상칠 : 로동 재해라군 한 건도 없었다니까요.

지배인 : 참 훌륭하오, 로동자들을 조금이라두 다치게 해선 안 되니까.

정상칠 : 역시 모범 현장이지요.

강재한 : 과남한 말씀입니다. 현장에서 의견 통일만 잘되면 머지않아 그렇게 될 수 있습니다.

지배인 : 어째 그 현장엔 사상 통일이 잘 안 되우?

강재한 : 그 말씀을 드릴려든 참입니다만…… 사람이란 참 모를 일입니다. 그 박성춘 시공 지도원 말입니다. 어제 밤만 하드래두 사업소에서 트레스트 시공부장 동무를 중심으로 한 동기 콩크리트 문제 토의가 있었는데 내가 현장에 돌아가서 그 결과를 알려주는 마당이었지요. 적지 않게 모인 로동자들과 지도일꾼들 앞에서까지 자기의 연구 설계도가 통과되지 않았다구 해서 나를 허재비처럼 취급하지 않습니까.

지배인 : (노트에 기입하며) 그래서?

강재한 : 그리구 내가 승인을 하지 않음에두 불구하구 자기의 연구 설계도에 근거한 시험 공사를 해낼 때라구 큰소릴 탕탕 치면서 로동자들을 선동하구 야단이니 유일 관리제가 도무지 말이 아닙니다. 그 동무를 그냥 두구는 나로서두 현장을 끌구 나가기가 힘들 것 같습니다.

△ 서기 등장.

서기 : 지배인 동지, 아까 오신 박기중 로인께서 기다리구 계신대요.

지배인 : 아 그럼 잠깐 들어 오시라오.

△ 서기와 함께 박로인 솜주의에 방한모를 쓰고 회초리를 띠에 꽂은 채 등장.

박로인: 지배인님 그간 안녕하십네까?

지배인: 아 난 누구신가 했드니 …… 어서 오십시오. 이거 얼마만입니까? (손을 잡는다)

박로인: 우리 부락에 오셨을 때 뵌지가 벌써 한 달이 넘었습네다.

지배인: 그 먼 눈길을 오시느라 수고 많았겠습니다. 아드님이 보구 싶어서 오셨지요.

박로인: 아들두 아들이려니와 이렇게 까마귀발두 얼어 빠지는 엄동설한에 고생을 하는 로동자들은 보구야 어떻게 가만있을 수가 있습네까, 새해두 래인 모레구 해서 ……

서기: 선물을 가지구 오셨어요. 조합원들이 무우, 배추 다섯 달구지에 감자와 시라기 한 달구지, 도야지 세 마리에 그리구 여맹원들이 만든 손장갑 三백 켤레와 방한모 二백 개를 싣구 지금 저 아래턱에 세워들 놨답니다.

지배인: 어이구! 원 큰 념려들을 하셨군요!

박로인: 그 뭐 허허.

지배인: 서기 동무 어서 따끈한 차를 대접하시오.

서기: 네. (퇴장)

박로인: 새벽녘에 떠날 땐 안 오던 눈이 흠벅이두 옵네다.

지배인: 어서 앉으십시오.

박로인: 예 고맙쉐다.

지배인: 고맙습니다. 성의껏 보내주신 선물들은 로동자들이 기쁘게 받을 것입니다. 도야지를 그렇게 보내신다던 봄에 가선 조합의 종자 돼지가 곤란하지 않겠습니까?

박로인: 원 천만의 말씀을, 걱정 없지요. 조합돼지가 예순두 마리에서 수놈이 열세 놈인데 열 마리 내놓구 수놈만 세 마리 가져왔지요. 지금 암돼지 서른여덟 놈이 모주리 배가 잔뜩 불렀는데 우

리 조합에는 돼지만 도맡아 기르는 처녀 가축반장이 있습지요. 한 마리가 열 놈씩 오는 봄엔 못돼두 새끼돼지 三백 마리는 우글거릴테라구 장담을 하지 않습네까, 하하하……

지배인: 그러면 감사히 선물을 받겠습니다. (수화기를 든다) …… 로동 공급부 대라구 …… 몇 가호가 조합에 들었습니까?

박로인: 처음엔 일흔 여섯 가호에서 겨우 스물두 가호 들었댔는데 이 겨울에 들어서면서 쉰 여섯 가호나 들었습네다.

△ 서기 들어와 차를 권한다.

서기: 추우실텐데 어서 드세요.

박로인: 고맙쉐다. 숭늉이요? (서슴치 않고 마신다)

서기: (미소를 띠며 나간다)

지배인: …… 공급부장 동무요 …… 에, 에 그래서 말요, 선물 가지구 온 농민 동무들을 더운 방에 안내하구 선물들은 잘 접수하쇼. 그리구 에 합숙 책임자에게 점심을 준비시키쇼.

박로인: 우리들 점심은 걱정 마슈. 한 보자기 싸왔쉐다.

지배인: …… 선물들은 얼구지 말구 잘 간직해야 하우. 돼지들은 깃을 많이 줘서 춥지 않게 하구 잘 멕이쇼. (수화기를 놓는다. 박로인에게) 그래 협동조합이 잘 돼 나갑니까?

박로인: 할 바에야 서루 잘할 내기지요. 우리 조합엔 제대 군인들두 서너명 있구 중학교 나온 젊은 친구들두 네다섯 명 되는데 어찌나두 욕심쟁이들인지 방금 돼지 얘기두 했습네다만 소나 닭이나 오리, 심지어 염소까지두 몇 백 마리씩 기를 계획들을 세우구 밤낮 연구하는데 우리 늙은 건 미처 따라가질 못하겠다니까요.

일동 : 허허허 ……

박로인 : 그런데 여러분두 아시다싶이 우리 벌엔 그저 물이 걱정이웨다. 첫째두 물이요 둘째두 셋째두 그저 물이지요. 그래서 지금 부락마다 농민들이 □□□ 나서 보를 쌓올리느라구 밤낮을 모릅네다. 우리 부락 박천집 과부라구는 처음엔 한 질통에 흙을 다섯 삽씩 지더니 시원치 않다구 하면서 일곱 삽씩 지질 않았겠습네까, 그러니 그 과부에게 맘둔 성관이란 홀애비 녀석은 또 열 삽을 졌지요. 그러니 과부는 열두 삽을 졌수다. 그러니 너 열두 삽이면 난 열다섯 삽이다 너 열다섯 삽이면 난 열일곱 삽이다 ……

일동 : 허허허 ……

박로인 : (승기가 나서) 언땅 한 짐이 쌀 한 섬이다 하구 지금은 스무 삽씩 정말 황소처럼 지는 장사들이 열다섯 명이나 됩니다. 그러니 해년 봄에 우리 벌에다 물만 보내주신다면야 무섭지요. 아 무섭고 말구요.

지배인 : 물만 있다면 그야말루 아름답구 부유한 마을이 되겠습니다!

정상칠 : 래년 봄엔 구경을 가야겠군요.

박로인 : 오셔야지요. 지배인 어른두 꼭 오셔야 합니다.

지배인 : 가두 그저 가진 않겠습니다. 반드시 저 청천강 물다리를 끌구야 갈테니까요.

박로인 : 우리들은 수백 년을 두구 조상적부터 그 물을 바래왔습지요.

△ 전화벨

지배인 : (수화기를 들고) 네, 네, 손님들이 계신데요, 아 그래요? 그럼 내가 곧 가지요. 네, (수화기를 놓고) …… 저 좀 바쁜 일이 있어서 가봐

야겠는데 서기 동무를 따라 합숙에 가서 좀 쉬두룩 하시지요.

박로인: 고맙쉐다, 제 걱정은 마시구 어서 가보슈, 나두 짐 부리우는 걸 봐 줘야겠수다.

△ 지배인 퇴장.

박로인: …… 저 우리 애 있는 데가 여기서 한 이십 리 된다지요?

정상칠: 아드님이 누군가요?

박로인: 저 박성춘이라구 ……

정상칠: 아, 그 동문 마루 이 책임자 동무네 현장에서 일하지요.

강재한: (일어서며) 박성춘 동무의 춘부장 어른이시었군요.

박로인: 이거 미쳐 인사가 늦었쉐다.

강재한: 강재한이올시다.

박로인: 말씀은 많이 들었습네다. 젊은 애들 데리구 여러 가지루 속태우시겠습네다.

강재한: 별말씀을 다 하십니다. 성춘 동무가 일을 썩 잘 해줘서 큰 도움이 됩니다.

△ 박성준과 추양선, 조길석 등장

박성춘: 아버지!

박로인: 오니야! 마침 오누나, 봉련이랑 성옥이랑두 다 잘 있었니?

박성춘: 네, 그런데 어떻게 오셨습니까? 그새 몸 편하셨나요?

정상친: 우리 로동자들에게 많은 선물을 가지구 오셨소.

추양선: 로형 이 눈길에 수고하셨수다.

박성춘: 현장에서 같이 일보시는 분들입니다.

박로인 : 이거 참 반갑수다. 얼마나 수고들 하슈.

추양선 : 다 마찬가지지요. 오는 봄엔 물을 내려 보내구야 말테니 물모 농사 준비를 탁탁이 해두슈.

박로인 : 여부 있나요. 우리는 그저 그날만 기다립네다. 그럼 우리 만납세다 에? 성춘아 저 어른들 속 태우지 말구 일을 실속 있게 해야 하니라.

서기 : (등장) …… 합숙으로 가실가요?

박로인 : 그럽세다. 애야, 그럼 일보군 그리루 좀 오너라. (서기와 같이 퇴장)

박성춘 : 네 곧 가겠습니다.

강재한 : 그래 한창 바쁜 때 작업은 어떡허구 이렇게 몰려들 왔소?

추양선 : 우린 一차 교대웨다.

조길석 : 오늘 동기 콩크리트 문제가 토의된다는데 눈 붙이구 잠이 와야지요, 교대 끝나자 뛰쳐 왔지요.

정상칠 : 어서들 앉소.

박성춘 : …… 부장 동지, 어떻게 됐습니까?

정상칠 : 우리 시공부와 기술부에선 부결됐소.

강재한 : 어서들 내려가오, 그일 때문에 시공 지도원이 바쁜 사람들까지 끌구 올 필요가 어데 있소? 기사장과 책임자두 왔는데 ……

박성춘 : 기술 꼬미샤는 아직 시작 안 했겠지요.

추양선 : 지배인 동무를 만나서 떼를 써서래두 해결을 짓구 가세. (내심 홍분되었다)

강재한 : 동무들이 무슨 해결을 짓는다구 야단요?

추양선 : 그게 부결되다니 당치 않은 말이웨다. 우리들이 정말 래년 봄에 농민들에게 물을 못 보내주구서야 어떻게 농민들 앞에 낯짝 들구 다니겠습네까. 그 설계도대루만 한다면 틀림없을 텐데 책임자 동무는 우리가 해보겠다는 조그마한 구조물 시험

공사두 당초 허락을 안해 주시니 이런 답답한 노릇이 또 어데 있겠소.

강재한 : 그건 동무들의 주관적인 생각이요.

조길석 : 아닙니다. 나는 콩크리트공으로 십오 년을 살았습니다만 시공 지도원의 설계는 성공할 가능성이 있다구 믿습니다.

박성춘 : …… 부장 동지, 이 설계도를 다시 한 번 봐 주실 수 없겠습니까? (설계도를 펼친다)

정상칠 : 좋소, 그 설계는 이미 여러 번 검토해 봤소. 기술적 지도를 하구 있는 사라들이 그리 무능한 사람들만이 아니라는 것을 알아 두시오.

박성춘 : 부장 동지, 오해는 마십시오.

강재한 : 시공 지도원 동무 …… 동무의 최근 사업 작풍은 우리 현장과 사업소 전체 규률을 문란시키구 있소. 상부에 대한 불신임까지 조성시키고 있단 말이요.

조길석 : 책임자 동무, 그것은 지나친 생각이지요.

강재한 : …… 동무의 심정두 리해할 수는 있소 …… 아직 젊고 큰 공을 세우구두 싶을 것이요. 그러나 동무의 그런 방법으루는 공을 세울 수 없소. 공연히 소란을 일으키지 말구 동무 자신의 장래를 위해서래두 더는 문제를 제기하지 말도록 하는 게 좋을 거요.

박성춘 : 저는 이 문제를 포기할 수는 없습니다. 부장 동지, 그 설계에 근거한 계획서에 대해서는 우리나라의 현실적 조건을 고려해 둔 구체적 분석이 필요할 것입니다.

정상칠 : (보던 책을 탁 접어 탁상에 던지며) 흥 좋소. 우리들의 기술적 견해에 대해서는 완전한 불신임이로군? (벌떡 일어서며 창가로 간다)

△ 무거운 침묵.

강재한 : 지도원 동무, 동무가 정말 그렇게 상부를 받지 않구 의식적으로 규률을 파괴하려구 든다면 나는 현장 책임자로서 문제를 달리 세워야겠소.

박성춘 : 책임자 동무. (무슨 말을 하려다 참는다)

△ 지배인, 부장, 홍제도 등장.

지배인 : 동무들, 부장 동지께서 내려 오셨습니다.

부장 : 수고들 하우. 동무들.

△ 인사를 한다.

정상칠 : 부장 동지, 눈길에 오시느라구 ……

부장 : 추위가 막 습격을 하는군.

정상칠 : 대단한 추위입니다.

부장 : (소파에 앉으며) …… 어떻소? 그 후 공사 형편이?

지배인 : 네, 저번에 보고를 올린 이후 별다른 진척은 없습니다만 아시다싶이 당면 과업인 동기 콩크리트 공사 문제를 둘러싸구 전 트레스트가 동원 상태에 있습니다.

△ 서기 들어와 차를 부어 놓고 나간다.

부장 : (차를 마시고 나서) 명년 四월에는 어떠한 일이 있어두 반드시 물을 보내줘야 하겠습니다. …… 어떻습니까, 저렇게 설한풍 휘몰아치는 로천에서 저와 같이 방대한 콩크리트 공사가 가능하겠는가? …… 지난 예긴 해서 뭣하겠소만 전 지배인 최련 동

무는 아시다싶이 九－一〇월 온화한 계절은 기본 공사에 주력한 대신에 불필요하거나 차요지인 사무실과 주택 건설에 허비하구 공사를 아니 할 수 없게 됐단 말입니다. 정말 지배인 동무와 여러 동무들의 책임은 무겁구두 큽니다. 지배인 동무, 어떤 긍정적 대책이 발견되지 않습니까?

지배인 : 오늘 기술 꼬미샤에서는 동기 콩크리트에 대한 긍정적이며 건설적인 문제들이 많이 제기될 것이라구 믿습니다. 우선 저번에 올려 보낸 박성춘 동무 설계에 근거한 시험 공사를 통해서 난관을 돌파해 보려는 내 의견입니다.

부장 : 흐음…… 시험 공사를! 그래 기술 일꾼들의 의견은 어떻습니까?

지배인 : 유감이지만 아직 자신들을 못 가지구 있는 형편입니다.

부장 : 저 시공부장 동무는 그 설계도를 잘 검토해 봤겠지요?

정상칠 : 네, 본인에겐 유감이지만 제 의견으로선 보시다싶이 너무나두 원시적입니다. 확실성과 안전성을 보여줄 만한 과학적 기초가 전혀 없다구 봅니다. 사실에 있어서 이번 제 자신이 지배인 동지의 특별 지시로써 커다란 기대를 가지구 각 사업소를 돌아 봤습니다만 유감스럽게두 신통한 의견을 못 얻었습니다. 그래서 오늘 아침 우리 시공부와 기술부와의 심각한 협의회를 통해서 동기 콩크리트 공사 가부에 대한 사전 토론을 전개해 봤습니다만……

지배인 : 그래 긍정적 결론을 못 얻었단 말이요?

정상칠 : 역시 우리 트레스트 본부의 기술자를 총 동원해서두 긍정적인 결론을 얻어 낼 수가 없었습니다. 실루 유감스러운 일입니다.

부장 : 그 이유를 좀 들어 봅시다.

정상칠 : 이것은 과거에 일본에서두 해결 못한 문제지만 쏘련과 같이 고도의 현재적 과학 기술을 소유한 나라이라면 혹 모르되 우

리나라 형편에서는 도저히 이와 같이 방대한 동기 콩크리트 문제는 해결하기 곤난하리라구 생각되는 때문입니다. 그러지 않아두 우리 공사의 각종 구조물들은 아시다싶이 영구성을 요구하니만큼 웬만한 현대적 기술 장비를 갖추지 못하구서는 그 구조물들의 견고성과 수밀성을 높은 수준에서 보장할 수가 없기 때문입니다. 그래서 동기 콩크리트 공사는 부득불 단념하구 래년 봄으로 미루는 수밖에 없다는 결론에 도달했습니다.

강재한 : 역시 시공부장 동지의 말씀이 옳은 것 같습니다. 제 경험 비춰보드래두……

추양선 : 아니웨다, 이 성춘 동무의 설계대루 한다면 우리들은 넉넉히 해낼 수 있습네다.

부장 : 이 동무들은?

지배인 : 三사업소 안성굴의 상도갱 쌍천비의 명수인……

부장 : 아, 추양선 동무! 반갑습니다. 애쓰셨겠습니다. (악수한다)

추양선 : 천만의 말씀을…… 바루 이 동무가 박성춘 시공 지도원이지요.

부장 : 아, 동무의 설계도는 성에서두 검토 중에 있소. 그래 동무는 자기 설계에 자신을 가질 수 있소?

박성춘 : 저로선 자신을 가지구 있습니다만

부장 : 방한 장치를 가마니루 할 수 있다는데 가능하단 말이지?

박성춘 : 충분합니다. 우리 홍 기사장 동지의 계산에 의하며 그와 같은 방한 장치로써 탄과 가능한 전력만 보장된다면 능히 양생 온도를 보장할 수 있다는 것입니다.

추양선 : 그렇지요. 우에서 하라고만 하시면 우리는 정말 콩크리트를 얼구지 않을테웨다.

조길석 : 사실 우리가 가진 조건으루 넉넉히 해낼 수 있습니다.

박성춘 : 시공부장 동무, 우리들은 세계에 자랑하는 현대적 기술 장비로

무장된 아메리카 군대와 싸웠습니다. 싸워서 승리했습니다. 우리들이 무엇으루 놈들을 타승했겠습니까. 우리들의 애국심이었습니다. 원쑤에 대한 참을 수 없는 증오심이었습니다.

정상칠 : 과연 그렇소. 그러나 우리 공사는 전쟁과는 엄연히 구별해야지, 특히나 동기 콩크리트는 우리에게 있어서 전연 경험과 리론두 못가지구 있단 말이요, 그런 것을 동무의 서투른 젊은 혈기로써만 해결될 듯 싶소? 동무의 설계대루 가마니태기나 치구 무연탄불이나 피워가지구 될 것 같은가? (좌중을 살펴 본다) 우리들은 동무의 그 애국심에 대해선 반대 없소. 그러나 그 애국심이란 것두 우리 공사에서는 고도의 기술로써 보장될 때라야만 진정한 애국심을 볼 수 있을 것이요.

박성춘 : 과연 옳은 말씀입니다. 그러나 저에게 아니 우리 로동자들에게 설계도에 제시된 자재만 보장해 주십시오. 가능한 정도의 전력두 말씀입니다.

정상칠 : 동무, 만약 동무의 설계가 가능하다구 칩시다. 그러면 그 자재들을 어떻게 보장해 내겠는가? 우리의 공사는 직경 二백 리 거리에 수로 연장이 三백六〇킬로요. 대소 구조물들이 일천 삼백여 개나 되오. 그 광활한 분산된 지역에 가마니와 뚤넝, 난로, 연로, 목재물이 얼마나 방대하게 들지 그야말루 천문학적 숫자란 말요. 에? 알겠소?

부장 : 허허허 그런 자재 문제는 걱정 없소.

추양선 : 옳은 말씀입니다, 난 농민들과두 말해봤수다만 가마니나 뚤넝 같은 거라면 하늘을 덮을거래두 농민들이 한번 떨어나기만 하면 그런건 걱정 없답네다.

△ 흥분된 사이.

홍제도: (심중히) 시공부장 동무, 나는 어제밤 뜬눈으루 새웠습니다. 곰곰 생각해 봤지요 나두 三〇여 년의 경험을 가지구 있는 사람인데 왜정 때는 느껴보지 못한 귀중한 것을 느끼면서 살구 있지요. 일상적으로 로동자들 속에서 같이 살구 일하는 가운데서 얻은 고귀한 것입니다. 나두 처음엔 동기 콩크리트는 애야 불가능한 것으로만 생각해 왔지요. 그러나 이 현장 브리가다원들과 일상적으로 담화를 했으며 특히 이 박성춘 동무의 불굴의 연구 사업에서 나는 많은 것을 느꼈습니다. 동시에 성춘동무의 설계도는 우리나라 실정에서 가장 적절하며 가능한 것이라는 자신감을 가지게 됐습니다. 나는 박성춘 동무가 오늘 기술 꼬미샤에서 자기의 연구 결과를 상세히 해명할 것이며 자기의 설계도를 강력히 주장해 주기를 바랍니다.

정상칠: 그것은 자유지요. 그러나 그런 주관적 자유는 꼬미샤가 허용 안할 것입니다.

홍제도: 허용 되여야만 합니다.

정상칠: 안 될거요. 왜냐하면 우리의 건설 공사는 자자손손 후대에게 물려줘야 할 백년대계의 거대한 공사라는 것을 알아야 하오. 생각해 보시오, 그와 같이 확실성과 안전성이 없는 설계도루 서뿔리 어린애 불장난하듯 했다가 콩크리트가 모두 얼어서 봄에 첫물이 내려가자 그 수다한 구조물들이 부슬부슬 떨어져서 무너안즌다면 누가 그 책임을 지겠소? 책임 문제두 중요하려니와 국가와 인민 앞에 무서운 범죄로 될 것이요. 지배인 동지 나는 기사의 양심으로 이 동무들의 제기를 접수할 수 없습니다. 그러한 무모한 책임을 전 공사의 시공 책임자로서 질 수 없습니다.

박성춘: 책임은 우리들이 전체 로동자 동무들이 질 것입니다.

강재한: 부장 동지 의견대루 이 겨울은 공사의 철저한 준비기두 충당하구 명년 이른 봄에 가서 본격적인 콩크리트 공사를 진행하는 것이 국가적 입장이 아닌가 생각합니다. 이것은 제五, 六 사업소, 그리구 제三사업소 지배인 동무들두 일치된 의견들이라는 것을 말씀드려 봅니다.

지배인: 좋소. 알만 하우, 부장 동지, 제 결심은 우선 조고마한 구조물에 시험 공사를 진행시켜 볼 작정입니다.

정상칠: 지배인 동지, 신중히 생각할 필요가 있다구 봅니다.

지배인: 시공부장 동무, 우리에게 건설 속도를 지연시킬 권리는 부여되지 않았소. 국가와 인민들은 그것을 허락지 않소.

부장: 내가 오늘 새벽 이곳으로 떠나올 때 김일성 수상께서는 벽에 붙인 저와 같은 공사약도를 바라보시면서 재삼 저에게 간곡히 지시하셨습니다. 명년 봄에는 어떠한 일이 있던지 저 열두 삼천릿벌 농민들에게 반드시 물을 보내주도록 이곳 트레스트 지배인을 비롯한 전체 로동자, 기술자, 사무원들에게 간곡히 전해 달라구요!

△ 일동 감격된 분위기, 엄숙한 사이.

지배인: 부장 동지! 성에서는 어떤 의견이신지요?

부장: 성에서두 여기 트레스트 기사장과 꼰쓸딴뜨들이 밤낮을 불구하고 온갖 기술적 력량을 총동원애서 계속 연구 중이요. 저 박성춘 동무의 설계도에 대한 최종적 결론두 가부간 머지않아 해명될 것입니다. 시공부장 동무, 그리구 성춘 동무, 나는 동무들에게 많은 기대를 가집니다. 그러면 우선 동무들의 기술 꼬미샤를 봅시다. 나는 큰 기대를 가지구 내려 왔습니다.

△ 서기 등장.

서기 : 지배인 동지, 각 사업소들에서 올라 와서 지금 기다리구들 있습니다.

지배인 : 부장 동지, 동무들, 그럼 회의에 들어갑시다.

△ 문밖에서는 회의에 모여든 사람들이 웅성웅성한다.

△ 모두 일어서 나간다.

△ 정상칠과 강재한 노트를 들고 얘기하며 나간다.

△ 박성춘 한옆에 앉아 심중한 생각에 잠겼다.

추양선 : (성춘을 바라보다가 어깨를 툭 치며) 성춘이, 하늘이 무너져두 솟아날 구멍이 있다네.

조기설 : 기운을 내라구, 기운을

홍제도 : 갑시다, 성춘 동무

박성춘 : (벌떡 일어선다)

제四막

二막과 같은 무대.

세찬 바람소리, 눈보라. 밤 열두시 경, 여기저기 외등이 껌벅인다.

공화국기, 五색기, 민청기들이 펄럭인다. 사무실 우측 바라크 지붕 밑에는 우등불을 피웠다.

△ 김춘자는 우등불 앞에 오그리고 앉아 훌쩍훌쩍 운다.

△ 최봉련, 맹진호를 비롯한 조길석, 처녀 一, 二, 三, 四 기타 작업반원들 눈보라 속에서 홍겹게 노래를 부르며 세멘트 포대를 쳐다본다.

△ 정상칠 사무실 안에서 창밖을 내다보다가 생각에 잠겨 오락가락 거닌다.

정상칠 : (혼잣말로) …… 과학은 진리로 가는 공식이 있을 뿐이다. 역시 이 현실 앞에 나와 고독한 공식을 무너졌는가! (자기를 비웃는 듯 코웃음을 치며 창밖을 바라본다)

△ 추양선 작업장에서 나와 사무실을 기웃해 보고 김춘자 옆에 앉아 담배를 피워 문다.

추양선 : 책임자 동무 못 봤나?

김춘자 : (우등불만 들여다 본다)

추양선 : 어델 갔을까? (김춘자를 기웃이 들여다 보고) …… 왜 또 쪼그리구 앉았노? …… 흠 일을 안 하는 사람은 오뉴월에두 추운 법이야.

김춘자 : 듣기 싫어요.

추양선 : 또 무슨 비판을 받었구만 응?

김춘자 : 정말 너무들 해요. 남의 속은 모르구 ……

추양선 : 춘자 속을 누가 몰라서? 시집을 갈려면 빨리 갈게지 그렇게 입술이나 빨갛게 칠하구 다니면 시집가나? 일을 잘 해야지. 저 친구를 좀 보라구, 四八〇분의 한 푼을 허비하지 않겠다구 한 시간 전부터 나와서 작업 조건 마련해 놓느라구 애쓰는걸. 오늘은 봉련네 작업반이 콩크리트 三백 프로는 칠걸. 이 뻔새루 내밀면 三월 말께는 너끈히 끝낼게야. 춘자가 이렇게 건달을 부리드래두, 허허허 (퇴장)

김춘자 : 흥, 내가 건달뱅이가 돼서 앉아 있는 줄 알아요?

맹진호 : (뛰쳐 오며) …… 춘자 동무, 몸이 좀 녹았어? 동무 몫까지 내가 다 할테니까 푹 녹여가지구 오늘은 좀 신나게 일을 하자구. (우등불에 담배를 피운다)

김춘자 : 나두 누구에게 지지 않게 신나게 일하구 싶은데 미처 따라 갈 수가 없으니 안타까와 죽겠어, 미안해.

맹진호 : 천만에, 한 술에 배부를라구.

정상칠 : (그들은 바라보다가 옆문으로 나온다) 동무들은 일차 교댄가?

맹진호 : 그렇습니다. 시공부장 동무, 콩크리트 검열 나오셨다더니 안 보십니까?

정상칠 : 이 추위에두 견뎌낼까? (담배를 붙이며 옆에 앉는다)

맹진호 : 얼까 봐요? 보시면 알겠지만 여름보다두 멋지게 굳거든요. 얼구다니요, 우리 추양선 아바이 말대루 가슴으루 막아서래두 얼구진 않을테니까요. 다른 사업소 현장들에서두 잘 돼 갑니까?

정상칠 : 기본적으룬 되구 있지만 ……

맹진호 : 참 이렇게 넓은 벌판에서 그 크구 많은 콩크리트 공사를 겨울에 해 내는걸 생각하면 우리 로동자들의 힘이 얼마나 큰지 모르겟거든요. 나두 이런 공사를 한몫 하구 있다는 걸 생각하면 우리 로동자가 된 게 얼마나 신나는지 모르겠어요. 그렇지 춘자!

정상칠 : (담배 연기를 후 내뿜으며) …… 동무들은 부부끼린가?

김춘자 : (외면한다) 몰라요.

맹진호 : 아닙니다.

정상칠 : 옳지 인제 부부가 될 판이로군, 그렇지?

맹진호 : 그 뭐 아직……

정상칠 : 어서 잔치들이나 하우. 한잔 마시러 올테니.

△ 박성춘과 홍제도 굴에서 나온다.

박성춘 : 아 시공부장 동무 여기 계시댔군요.

홍제도 : 찾아 다녔습니다.

정상칠 : 미안합니다. 이 동무들과 얘기에 팔려서 그만……

박성춘 : 남마구리 명수로부터 보실가요?

정상칠 : (벌떡 일어서며) 가십시다. (그들과 같이 퇴장)

△ 맹진호와 김춘자 우등불을 들여다보며 제가끔 생각한다. 잠시 사이.

맹진호 : 춘자 동무, 생각을 좀 해봐, 벌써 금년두 二월 중순에 들어섰어. 우리 둘이 맹세한 기간 단축 날짜두 부득부득 다가오는데……

김춘자 : 그러니 날더러 어쩌란 말야? 나두 그걸 모르는 건 아니지만 몸이 말째서 그런걸……

맹진호 : 몸 말짼 춘자 동무가 책임자 동무의 술심부름은 어떻게 해?

김춘자 : 그럼 책임자 동무의 부탁을 어떻게 거절하겠어? 그러지 않아두 요즘 화가 버쩍 난 사람에게.

맹진호 : 우리들이 이 추운 겨울에두 저렇게 방한 장치를 해놓구 콩크리트 공사를 하는 게 다 누구 때문이겠어? 우리들의 행복을 위한 일인데 일을 하잔 말이야 일을.

김춘자 : 흥 나두 일을 하구 싶어. 남만 못지않게 말야 (울적하며) 그렇지만……

맹진호 : 그렇지만 뭐야? 어서 말을 해.

김춘자 : 까놓구 말하자면 진호 동무는 봉련이를 생각하구 있지?

맹진호 : (벌떡 일어서며 무섭게 노려본다)

김춘자 : (위압되며)…… 아니 왜 그렇게.

맹진호: 봉련 반장은 내 누님과 어머니 같이 모시는 사람이야. 봉련 반장은 정말 성춘 지도원을 사랑하구 있어. 그 사람들처럼 깨끗하구 훌륭한 사람들이 돼야 해. 뭣두 모르구 여지껏 날 그렇게 봐 왔어? (주먹을 춘자 얼굴에 내대며) 나한테 그따위 소리 다시 끄내만 봐. (화가 나서 나간다)

김춘자: (기쁨에 찬 얼굴에는 눈물이 흐른다) …… 진호 동무!

최봉련: (들어오며) …… 춘자 동무 또 싸웠어?

김춘자: 아니에요 아니에요 진호 동무는 저 …… 반장 동무 미안해요. 진호 동무는 나를 …… 나를 …… (부끄러운 듯 눈물을 닦으며 뛰쳐나간다)

최봉련: (그들을 바라보다가 미소를 띄우며 앉아 우등불의 불꽃을 들여다본다)

△ 조길석, 처녀 一, 二, 三, 四, 기타 작업반원들 등장.

처녀 三: 아이 이 땀 좀 봐, 물 흐르듯 하는구나! (수건으로 얼굴을 문지른다)

처녀 一: 반장 동무, 오늘은 춘자 언니까지 나왔으니까 三백 프로는 올리겠수다.

조길석: 세멘트두 잔뜩 쌓아 놨으니 문제없지. 겨울에 콩크리트 치는 재미두 그럴듯한걸. (담배를 붙인다) 인젠 모두 한다하는 콩크리트공이 됐단 말야.

처녀 二: 처음엔 한심들 했지요.

처녀 四: 인젠 정말 못 해낼게 없을 것 같애요.

처녀 二: 우리들이 五급 콩크리트공으루 된 건 정말 현장 지도원 덕이지요.

조길석: 내 덕이 아니라 동무들의 열성이야. 무엇보다두 이렇게 동기 콩크리트를 하게 된게야 뭐니 해두 시공 지도원의 투쟁이 컸지.

로동자: 그러니까 일이란 해봐야 안다니.

최봉련: 어쨌던 지금이 제일 어려운 고비지요. 아직두 북마구리 명수도 방한 장치의 네온이 충분치 못한 것 같은데 만일 콩크리트가 어는 날이면 만사가 허사니까요.

로동자: 탄이 떨어져가는데 책임자 동무는 어떡헐 작정인가요. 자재 청구한지는 오라다는데?

조길석: 시공 지도원이 걱정합디다. 기다려 봐야지.

처녀 一: 전기 사고나 안 났으면 좋겠는데 히타두 자꾸 꺼지군 하니.

처녀 二: 독일서 보낸 미끼샤는 고쳤나요?

추양선: 거진 고쳐가지. 이번 교대부터는 쓰게 될 걸.

로동자: 핫 참, 어떤 놈이 파괴했는지 발견만 하면 그저 밟아 죽일텐데.

조길석: 쥐새끼는 쥐틀을 놔야 하느니, 쥐틀을.

처녀 三: 정말 경각성을 바짝 높여야 하겠어요.

최봉련: 어쨌던 연료가 래일까지 도착 안 되면 정말 야단인걸요.

로동자: 정말 이런 상태가 계속된다면 참을 수 없어요. 책임자 동무는 요즘 무슨 이유루 언제나 얼굴을 찌푸리구 사람 대하기를 쓴 의 대하듯 하는지 알 수가 없거든요. 이렇게 바쁜 고비에 아까두 일 나와야 될 이 춘자 동무를 붙잡아 놓구 술심부름을 시키구 앉았으니.

처녀 三: 홍 노름 좋다.

일동: 하하하하

조길석: 웃사람의 뒷공론은 그만 두자구.

△ 박성춘과 정상칠, 홍제도, 추양선 등장.

조길석: 아 시공부장 동무 다 보셨습니까?

로동자: 어떻습니까?

정상칠: 아직 내온이 충분치 못한 곳두 부분적으로 있지만 아주 수밀성이 기술 수준에서 볼 때 훌륭히 보장됐습니다.

홍제도: 그러나 공사의 질 보장 문제에 있어서 아직두 남아 있는 소홀한 태도를 퇴치해야겠소.

△ 눈발이 친다.

박성춘: 사무실로 들어가시지요.

△ 모두 따라 들어간다.

박성춘: 역시 볏짚 뚤넝으루 한 방한 장치 내부 온도가 가마니 벽보다 높습니다.

정상칠: 옳소, 확실히 二도가 높았소. (책상 앞에 앉아 노트에 기입하며) …… 二중 방한 장치는?

박성춘: 외벽보다 三도 내지 四도나 높습니다.

정상칠: (노트에 기입한다) …… 三도 내지 四도.

박성춘: 그리구 지금가지 여러 가지루 시험해 본 결과를 말씀 드린다면 경우에 따라서는 장치 내부 온도가 급격히 저하될 때가 있는데 그럴 때는 유연 연료루 연기를 피워서 장내에 퍼뜨리면 二도는 더 높일 수 있지요.

정상칠: 흠 …… (열심히 기입한다)

박성춘: 그리구 방한 장치 출입문을 반드시 二중 내지 三중 문으루 하는 것이 장내에 같은 온도를 정상적으루 보장할 수 있습니다.

추양선: 그리구 요즘에 시공 지도원 말대루 시험해 보니까 화목을 중층에 놨을 때보다 하층에 놓은 것이 온도를 더 높일 수 있습디다.

정상칠 : 그렇겠지요. 더운 공기는 뜨게 마련이니까. 우리는 어떻게 해서든 높은 강도와 수밀성을 보장해야 되우. 그리구 건설 작업에 있어서 년중 언제나 콩크리트를 타입할 수 있기 때문에 로력의 류동성을 방지하구 보조 자재의 회전률을 증가시켜서 공사의 원가를 현저히 저하시키는 유리성두 있지요.

박성춘 : 공사의 난관은 지금부터이지요. 나는 꼬미샤 회의 이후 부장동무의 구체적 지도가 컸다구 봅니다. 아직두 초보적인 이 성과를 더 한층 발전시키기 위해서는 많은 지도가 있어야겠습니다.

정상칠 : 앞으루 실천을 통해서 같이 연구해 봅시다. 우선 동기 콩크리트에 대한 기술 지도서를 작성해서 각 사업소와 현장마다 박성춘 동무의 방법들을 시급히 보급시키기루 합시다.

홍제도 : 합숙으루 가서 정리하시지요. 자 그럼 수고들 하우. (같이 퇴장)

박성춘 : 수고하십시오.

일동 : (기쁜 낯으로 인사한다)

추양선 : 성춘이 어때? 싸운 보람이 있지! 내 속이 다 시원해진다니.

박성춘 : 그러나 절대루 안심할 수는 없습니다. 자재가 아직도 소식이 없으니까요.

추양선 : 글쎄 그것 때문에 우리두 자네를 기다리구 있었지. 책입자 동무한테 단단히 말을 하자구.

박성춘 : 걱정은 마십시오.

추양선 : 그럼 길석이 가보자구 (길석과 같이 퇴장)

박성춘 : 아 참 동무네 작업반이 신문에 났소. (신문을 책상 서랍에서 꺼내 준다)

정채순 : (받아보며) …… 야 — 정말 동무들 좀 봐요. '최봉련 동무가 지도하는 민청 청년 작업반원들은 새 토대 기준량을 창조하고 있다'

처녀 四 : 야 …… 멋지다

△ 처녀들 박수하며 둘러붙어 본다.

정채순: ‘전체 반원들은 반장 최봉련 동무 주위에 한결같이 뭉쳐 강력한 전체적 규률과 사상 의지의 통일로써 눈보라 휘몰아치는 영하 二○도의 혹한 속에서도 매일 콩크리트 작업에서 二○○% 이상의 높은 실적을 발휘하고 있다’

처녀 二: (신문을 뺏으며) …… 야 우리끼리만 보면 되겠니? 교대 시간두 아직 있는데 합숙에 가서 딴 브리가다에 시위하자. (뛰쳐나간다)

처녀 三: 그것 참 좋다. (모두 뒤따라 나간다)

박성춘: 봉련 동무 축하합니다. (악수한다)

최봉련: 고마워요 성춘 동무의 지도가 컸지요.

박성춘: 천만에요. 그런데 책임자 동무를 못 봤소?

최봉련: 모르겠어요. 지금 탄이 떨어졌는데 걱정이에요.

박성춘: 책임자를 만나야겠소.

최봉련: 시급한 대책이 서지 않군 큰일 날텐데요.

박성춘: 알구 있소 (생각한다)

최봉련: 우리는 참 바쁘군요. 성춘 동무가 온지두 벌써 석 달이 넘었어요.

박성춘: 벌써 그렇게 됐는가? 동무와 얘기할 사이두 못 가졌군. (봉련을 바라본다)

최봉련: …… 성춘 동무 ……

박성춘: ……

최봉련: 무슨 얘기하실 것 있어요?

박성춘: …… 아니요. 다음에 얘기합시다.

최봉련: 가보겠어요. 작업 준비를 해야겠어요. (나가서 우등불 옆에서 잠시 생각하다가 눈을 맞으며 사라진다)

△ 봉련의 뒷모습을 바라보다가 생각에 잠겨 거닐기 시작한다.

△ 요란한 전화벨.

박성춘 : (꿈에서 깬 듯 주먹으로 이마를 가볍게 두드리며 수화기를 든다) …… 네, 네, 책임자 동무는 안 계신데요, 몸이 불편하시다구 들어가셨는데 댁에두 안 계신 모양입니다. …… 사업소입니까? 누구신가요? 아 계획부장 동무십니까? 네 바로 접니다. …… 네 공사는 예정대로 돼나갑니다. 콩크리트의 질이 매우 우수하다는 것이 시공 부장 동무로부터 판명됐습니다. 네 그러나 자재가 당장 곤란합니다. …… 네 만일 그것이 안 된다면 래일부터 공사를 중지할 수밖에 없을 뿐만 아니라 이미 시공한 콩크리트는 모두 얼어 터집니다. 네? 여기서두 알아는 보겠습니다만 …… 네네, 안전군관 동무요? 여긴 안 계신데요, 아까 간부 합숙에 가는 걸 봤는데, 네네 (수화기를 놓는다) …… 어찌된 일인가?

△ 강재한 들어와 노기를 띠고 바라본다.

박성춘 : (모른 채 책임자의 책상 서랍에서 문서를 찾아 들며) …… 아니 이게 어떻게 된 셈야? 이 일을 어쩐다?

강재한 : (흥분을 참지 못하는 듯이) 흥, 동무는 어쩌자는 겐가? 내 서랍에서 무슨 비밀을 찾아내자는 게요?

박성춘 : 책임자 동무! 무슨 말씀입니까? 그렇게 말씀하시는 건 옳지 않습니다.

강재한 : 그렇소. 내가 하는 일은 다 옳지 않소.

박성춘 : 사업소에서 급한 전화가 왔습니다. 우선 이 문건을 보십시오. 이 청구서는 이 달에 소요되는 자재의 추가 신청서입니다.

강재한 : (놀라서 청구서를 본다) 뭐요? 이건 내가 벌써 사업소루 올려 보낸 문건인데?

박성춘 : 그렇습니다. 사업소루 벌써 올라갔어야 할 문건이지요.

강재한 : 그런데 이것이 어데서 헤매구 있었단 말인가?

박성춘 : 책임자 동무의 테블 서랍 속에 잠자고 있었습니다. 문제는 여기에 그치는 것이 아닙니다. 사업소에서 이에 대한 추가 예산을 세우지 않았기 때문에 우리는 자재를 받기 곤난하게 됐습니다. 래일까지 이것이 보장되지 않는다면 부득불 공사를 중지하지 않을 수 없게 될 것입니다.

강재한 : 공사를 중지하다니 뭘 말인가. 그러기에 내가 진작부터 주장한 것은 그것이요. 확실한 계획 없이 막연한 예산으로 일을 시작한 것이 무모한 짓이었단 말이요.

박성춘 : 물론 그렇습니다. 그러나 동기 공사를 통해서 우리는 산 경험을 얻구 있지 않습니까. 우리에게 있어서 이번 공사는 위대한 학교입니다.

강재한 : 좋습니다. 말은 좋소. 이 현장은 단순한 학교가 아니라 국가 계획을 실행하는 법적 기관이라는 것을 잊지 말아야 할 것이요.

박성춘 : 옳습니다. 그러나 일은 이렇게 됐습니다. 만일 책임자 동무가 잊어버리고 이것을 올려 보내지 않았다면 문제는 다르거니와 그렇지 않은 경우라면 여기엔 반드시 우리 사업에 대한 어떤 파괴 공작이 숨어 있다구 생각됩니다. 그렇지 않은가요?

강재한 : 좋소. 밝혀 봅시다.

박성춘 : 밝힐 필요가 있습니다. 지금 시공한 콩크리트는 당장 얼게 됐단 말입니다.

강재한 : (당황한다. 그러나 위신을 차리며) 내가 다 해결할테니 걱정 마쇼.

△ 세찬 바람소리, 눈보라. 추양선 급히 등장.

추양선 : 성춘이, 북마구리에는 四도루 떨어졌네. 탄은 모자라구 추위는 저모양이니 어떻게 비상대책을 세우지 않군 견디여 내질 못하겠네. 책임자 동무, 이제 도대체 어떻게 되는 셈판이요?

강재한 : 벅적 과댈 필요는 없소.

추양선 : 콩크리트가 얼어따지는데두요.

박성춘 : 남은 탄들을 모두 걸어 모아 봅시다. (추양선과 같이 눈보라를 헤치며 퇴장)

강재한 : (주먹으로 테블을 치며) …… 꼴 잘 돼간다. (의자에 털썩 앉는다)

△ 최봉규 황급히 들어온다. 매우 초조하다.

최봉규 : 아 이렇게 늦두룩……

강재한 : (불안스럽게 흘겨보며) 동무, 도급 임금 계산은 어떻게 됐소? 로동자들의 여론을 좀 들어 보란 말요. 남 목 날리게 하지 말구 래인 아침까지 당장 만들어 놓소 괜히.

최봉규 : (놀라며) 아니 무슨 이야길 들으셨소?

강재한 : 여보, 사람을 너무 조롱하지 말란 말야. 지금 내 위신이 어떻게 됐는지 아우?

최봉규 : (생각다가) 글세 내 뭐라구 그럽디까, 고용칠이 말마따나 성춘이를 다른 현장으루 조동만 시킨다면 만사가 다 해결될 게라구……

강재한 : 듣기 싫소, 믿는 도끼에 발등 찍힌다구…… 그리구 이달 자재추가 신청서를 내가 분명히 동무에게 부탁을 했는데 어째서 이렇게 책상 구석에 백혔단 말요? 에?

최봉규 : (펄쩍 놀라며) 아니 그건 …… 난 도무지 모르는 일인데 ……

강재한 : 분명히 동무에게 맡겼소. 이 강재한이가 구름장에나 치부를 하는 바본 줄 아우? 헛 참, 좌우간 두고들 봅시다. (밖으로 나가버린다)

최봉규 : (어리둥절해 섰다) …… 야! 무서운 세상이로군.

△ 고용칠 등장. 뒤를 밟아 봉련이가 밖에서 감시한다.

고용칠 : 아니 여기 있었나?

최봉규 : 책임자 동무와 이야길 좀 하느라구.

고용칠 : 야단났군, 엎친 데 덮친다구 저번의 그 돈 四만 원을 받으러 왔단 말이야. 오늘루 당장 갚지 않는다면 책임자에게 말해서래두 받아내겠다구.

최봉규 : (펄쩍 놀라며) 아니 그게 책임자에게 무슨 상관있나?

고용칠 : 상관이 있지, 자네 개인을 보구 준 돈이 아니라 직장을 보구 준 돈이니까 ……

최봉규 : (어안이 벙벙해서) 이건 또 무슨 소리야?

고용칠 : 그 돈이 또 무슨 돈인 줄 아나? 그게 바루 류종락이의 돈이란 말야.

최봉규 : (더욱 놀라며) 류종락이? 아니 그 사람이 어데 와 있길래?

고용칠 : 그건 나두 모르지 비밀이니까, 자네께니 터놓구 말이지만 문제는 사는 길이야. 별 딴 수가 없단 말야. 상상을 해보게. 만약 직장에서 자네가 정탐 기관의 돈을 얻어 썼다는 사실이 탄로나는 날이면 자네 신세가 어떻게 되겠는가? 세상이란 그렇게 간단한 게 아니거든.

최봉규 : (펄쩍 뛰며) 뭐 정탐 기관의 돈? 그럼 자네두.

고용칠 : 인젠 자네두 곤난하게 됐네 …… 그러니 이왕 한 발을 적신 바

에는 두 발 다 적셔서 개울을 같이 건너서잔 말일세.

최봉규 : (절망적으로 주저앉는다)

고용칠 : 안다면 하늘이나 내나 알 일이지 그저 자네가 한 가지 일만 해 준다면 四만원 문제가 아니라 돈을 얼마든지 (은근히) 그저 방한 장치에 불을 질러만 준다면 …… 자네두 한몫 해주게 …… 우리 지부에서 내린 명령일세, 류종락이가.

최봉규 : (펄쩍 놀라며) 류종락이가 날더러 불을 지르라구?

△ 최봉련 귀를 기울인다.

고용칠 : 못난 사람, 대체 무엇이 겁나는가? 쥐두 새두 모르게 슬쩍 성냥 한 가치면 알아볼 일인데 성냥 한 가치에 자 五만 원일세. (돈뭉치를 최봉규 주머니에 쑥 집어넣어 준다)

최봉규 : 아니 이사람 …… (당황한다)

고용칠 : 이만한 장사는 또 없어. 오늘 일이 성공되기만 하면 또 五 만 원이 약속돼 있네.

최봉규 : (어쩔 줄 모르며) …… 이 사람, 정말 날 어떻게 만들자는 겐가? 응?

고용칠 : (위협적인 어조로) 공연히 딴 생각 말구 생길 때 먹어두지 않으면 후회할 걸세.

최봉규 : ……

고용칠 : 만일 잘못되는 경우엔 자네 운명이 어떻게 된다는 것쯤은 상식적으루 알아둬야 하네. 자네 생명은 우리 손아귀에 있네. 내 먼저 가 기다리겠네. 뒤루 곧 오라구. (어깨를 툭 치며 퇴장한다)

△ 최봉련 날쌔게 숨는다.

최봉규 : (얼빠진 사람처럼 멍하니 섰다가) …… 이게 어떻게 되는 판인가? …… 불, 불을 질러라? …… (고용칠이가 나간 쪽을 얼빠진 사람처럼 바라본다)

△ 세찬 바람소리, 눈보라.

△ 봉련이 나와 사무실로 들어간다. 극히 흥분되었다.

최봉련 : 오빠!

최봉규 : (깜짝 놀라) …… 누구야? 아니 …… 네가 왜 왔니?

최봉련 : (흥분을 억제하며) 오빠를 만날려 했어요.

최봉규 : (불안한 감정을 숨기며) 왜 무슨 일루?

최봉련 : 도급 임금은 어떻게 됐어요? 말들이 많아요. 이번 로임엔 계산해 줘야겠어요.

최봉규 : (저으기 안심된 듯 가벼운 한숨을 내쉰다) …… 난 또 무슨 일이라구, 미친 것들 내가 그런 돈이나 잘라먹을 사람인 줄 아나부지? 자 보려므나 인제야 돈이 나왔으니 낸덜 어떡허겠니? (주머니를 툭툭 친다) 헛, 참 (잠시 사이) 왜 그렇게 뚫어지게 보니?

최봉련 : 오빠 바른대루 말씀을 해요.

최봉규 : 무엇을 말야?

최봉련 : 나는 다 들었어요.

최봉규 : (놀라며) 듣다니?

최봉련 : 고용칠이는 어떤 사람이에요?

최봉규 : 그게 무슨 소리야?

최봉련 : …… 나는 알았어요. 고용칠이가 교묘하게 우리 현장에 숨어 들어온 파괴 암해 분자란 것을요.

최봉규 : 닥쳐라. 말이면 다 하는 줄 아니? 그 사람이 뭘 어쨌다구.

최봉련 : 오빠는 날 속일 테에요?

최봉규: 뭐 어째? (놀란다)

최봉련: 무엇에 불을 놓자는 거에요?

최봉규: (무섭게 바라보다가) 봉련아!

최봉련: 만일 오빠가 그걸 바른대루 말하지 않는다면 …… 오빠두 …… 고용칠이와 같은 사람이라구 생각해요.

최봉규: (봉련을 숨저고리를 틀어쥐고) 아니 네가 오래비를 어떻게 알구서 …… 에이 고약한 년. (봉련을 밀쳐버린다)

최봉련: (흥분된 떨리는 목소리로) 오빠 난 오빠를 엽때 믿구 살아 왔어요.

최봉규: 나 역시 네 부친을 대신해서 널 데리구 살아 왔다. 그런데 지금에 와선 또 나를 보구 무엇이라구?

최봉련: 오빠는 무서운 구렁텅이에 빠졌어요. 고용칠이한테서 무슨 돈을 받았는지 어서 말해봐요.

최봉규: (더욱 당황하며) 아니 네가 미쳤니? 내가 누구한테 돈을 받았다구? 먹을 돈이 있으면 좀 먹었으면 좋겠다.

최봉련: 그럼 그 돈은 어데서 났어요?

최봉규: (말을 못한다)

최봉련: 그리구 누가 어데다 불을 지르겠다구요? 언제요?

최봉규: 그래 …… 네가 그걸 안단 말이냐?

최봉련: 나는 들었어요. 오빠는 언제부터 그렇게 됐어요?

최봉규: …… 난 아무것두 모른다.

최봉련: 오빠 잘 생각해봐요. 고용칠이는 원쑤에요. 그리구 오빠두 ……

최봉규: …… 그래 나두 원쑤란 말이지?

최봉련: 좋아요. 난 마지막이에요. 오빠가 정말 자백을 안 한다면 …… 나를 원망하지 말아요.

최봉규: 좋다. 날 잡아라 날 잡아서 네가 속 시원할 게 뭐가? 네겐 하나밖에 없는 오래비야. 웃사람이야. (퇴장)

최봉련 : ······ 오빠! (따라 나간다)

△ 고용칠, 나오다가 그들의 뒤를 따른다.

△ 무대 잠시 공허. 세찬 바람소리, 눈보라.

△ 박성춘 급히 등장.

박성춘 : (수화기를 들고) ······ 여보 ······ 여보 ······ 여보쇼. (전화가 고장인 듯 수화기를 철컥 놓는다)

△ 리천복, 박성옥 급히 들어온다.

박성옥 : 오빠!

박성춘 : 그래 너의 작업장엔 온도가 어떠냐?

리천복 : 어제는 一○도 오늘은 六도에요.

박성춘 : 六도?

리천복 : 그래서 형님 말씀대루 연기를 막 피웠지요. 그랬드니 七도가 되지 않아요.

박성춘 : 무슨 일이 있든 콩크리트는 얼구지 말아야지.

박성옥 : 오빠, 아버지가 그렇게 말리는데두 매일 성로 작업에 나가시다가 지금 앓아누셨다구 소식이 왔어요.

박성춘 : 아버님이 괜찮으시다구?

박성옥 : 조합에서 우리들의 부식물을 가지구 온 동무한테 들었어요. 아버지는 우리들에게 알리지 말라는 걸 ······

리천복 : 감기니까 곧 일어 나실거라구 안심하라구 그러드군요.

박성옥 : 난 편질 쓰겠어요.

박성춘 : 흠. (뒷짐을 지고 생각다가) ······ 아버지 우리는 물을 위해서 싸우

고 있습니다. 어떠한 난관이라두 우리는 뚫고 나아갈 것입니다. 아버지 봄을 기다려 주십시오. 부디 몸 건강하십시오. 이렇게 써라.

△ 봉련 사무실 밖에서 망서리다가 들어온다.

박성옥 : 봉련 언니? 얼굴빛이 좋지 않아요. 작업반 동무들이 언니를 얼마나 생각하구 얼마나 의지하구 있는지 알아?

최봉련 : …… (성옥을 끌어안으며) 걱정 말아.

박성춘 : 성옥아 어서 가봐라.

△ 성옥과 천복 걱정스럽게 돌아보며 밖으로 나간다.

△ 전화벨 울린다.

박성춘 : (전화를 받는다) …… 네 그렇습니다. 네? (밝은 목소리로) 아 그렇습니까, 고맙습니다. …… 네? 트레스트로 지배인께서? …… 네 고맙습니다. 그럼 안심하구 공사를 계속하겠습니다. 사실 □□□□ 도착되지 않으면 곤란합니다. 예, 곧 떠내보내겠다구요? 눈보라가 심해서 …… □□않을까요? 네, 네, 알겠습니다. (수화기를 놓는다) 됐어, 봉련 동무 자재 문제는 해결됐소. 사업소에서 연료를 당장 운반해 주겠다니까 ……

△ 깜박 정전이 된다.

박성춘 : (창밖을 내다보며) 또 정전이로군. (석유등에 불을 켜 놓는다)

최봉련 : 내가 하구 싶은 말을 바루 그 말이에요. 바루 고용칠이 말이에요.

박성춘: (놀라며) …… 고용칠이? 나두 그렇게 짐작은 했소. 지난번 그 손수건은 고용칠의 것이 틀림없었소.

△ 밖에서 고용칠 사무실 안을 살피며 날쌔게 어둠 속으로 몸을 감춘다.

박성춘: 어서 말을 하우.

최봉련: (성춘이에게 가까이 가서 귓속말을 한다)

박성춘: (긴장하며 듣다가) …… 방한 장치에? …… 봉규두!! (벌떡 일어 선다)

최봉련: …… 지금이라두 자수를 한다면 ……

박성춘: …… 빨리 손을 써야겠소. (나가려고 한다)

최봉련: (성춘을 붙들며) 위험해요. 신중히 행동해야겠어요.

박성춘: 걱정 마시오.

△ 강재한 좀 취한 채 들어온다.

강재한: (두 사람을 바라보며 매우 불쾌한 듯) 허 …… 두 분이 옛날 이야길 하시는가, 참 좋군. 추억이란 역시 좋은 것이요. 필요하다면 자리를 양보해 드릴까요?

박성춘: 책임자 동무, 그런 말씀을 하실 때가 아닙니다.

최봉련: 책임자 동무, 미안하지만 자리를 좀 비껴 주실 수 없을가요?

강재한: (비양조로) 허허허 역시 여기는 사무실이요, 동무는 착오하신 것 같소. 련애 장소가 아니란 말요.

최봉련: 네 그래요. 여기는 바로 사무실이에요. 그러나 책임자 동무는 무엇 때문에 거기 앉아 있어요? 고용칠이가 어떤 사람인가요? …… 당신은 그자를 신임하구 있지요. 그리구 우리 오빠두 …… 당신의 눈은 어두웠어요.

강재한 : 무슨 뚱딴지 같은 소리요? 좀 나가 주시오.

△ 최봉규 초초하게 들어온다. 그러나 태연하려고 애쓴다.

최봉규 : 봉련아 좀 나가가, 할 말이 있다.

박성춘 : 무슨 말씀이신지 여기서 하시지요.

최봉규 : 뭐 오누이간에 개인적으로 할 말일세.

최봉련 : (단호하게) 오빠, 지도원 동무는 오빠의 비밀을 지키겠다구 약속을 했어요. (성춘을 바라본다)

박성춘 : 그렇습니다. 나는 약속할 수 있습니다.

최봉규 : …… 아니 그럼 네가?

최봉련 : 어서 사실을 말씀하세요. 잠시 환장을 했었다구요.

최봉규 : 아니다 …… 나는 몹시 나쁜 놈이었지, 너희들이 비밀을 알았다면 이놈이 어떻게 된다는 것쯤은 나두 알구 있다.

박성춘 : 진정하십시오. 어떻게 된 일입니까? 바른대로 말씀만 하신다면 결코 한 사람의 일꾼을 버리지 않을 것입니다.

최봉규 : 자네나 봉련이는 나를 괘씸히 생각했을 걸세, 봉련이는 사실 자네를 얼마나 생각하구 있었는지 모를거네, 그런 것두 내가 고용칠이한테 충동을 받아서 자네들의 사이를 깨뜨려 먹었네. 난 강재한이를 업구 나섰었네.

강재한 : …… 뭣이 어쨌다구

박성춘 : 좋습니다. 그런 게 지금 문제가 아닙니다. 지금 정전이 됐소. 어떤 음모를 했는가? 우리들의 사이를 깨뜨려두 좋습니다. 또 무엇을 깨뜰려구 했습니까?

최봉규 : 여보게 성춘이, 날 정말 살려 줄 수 있겠나? (어떤 공포를 느끼며) 아 잠깐만 기다려 주게. (밖으로 나가려고 한다)

최봉련 : (봉규를 잡는다) 오빠는 정말 우리들의 원쑤가 되고 싶어요? 이렇게까지 오빠를 위해서 말하는데 ……

최봉규 : (어쩔 바를 모른다)

박성춘 : 좋소, 비상조치를 취해야겠소. (수화기를 든다)

최봉규 : (미친 듯 성춘의 손을 잡는다) 성춘이, 정말 이놈을 살려주게! …… (가슴에서 단도를 꺼내 놓며) 이것을 보게, 봉련이가 비밀을 알았다구 나더러 봉련일 죽이라구 이것을 주었네, 비밀을 지켜야 한다구 그리구 만일 그렇지 못한 경우엔 나를 없애겠다구 류종락이가 보낸 놈이 ……

박성춘 : 류종락이가?

최봉규 : 그놈이 글쎄 나를 보구 한몫 끼어서 …… 방한 장치에 불을 지르라구, 새두 한시에.

박성춘 : (자기의 팔목시계를 보며) 아 시간이 없소.

강재한 : (봉규를 무섭게 노려보다가 테불을 치며) …… 봉규.

최봉규 : 성춘이, 날 좀 살려주게 ……

최봉련 : …… 오빠, 가서 자백을 하세요.

최봉규 : 오냐 가자!

박성춘 : 우선 놈들을 붙들어 내야겠습니다.

최봉규 : 옳네, 같이 갑세.

△ 남녀 로동자 다수 급히 등장

맹진호 : 지도원 동무, 계속 온도가 떨어지구 있습니다.

박성춘 : 널리 있는 과재를 주어서래두 연기를 피우시오. 계속해서 …… 탄두 곧 올게요. 맹진호 동무만 남구 어서들 가시오.

△ 로동자들 퇴장.

박성춘 : 봉련 동무. 진호 동무를 안전군관에게 보냅시다.

최봉련 : 오빠! 어서 가세요.

△ 성춘과 봉련, 봉규, 진호 달려 나간다.

강재한 : (실신 상태로 의자에 주저앉는다)

△ 세찬 바람소리. 눈보라 휘몰아친다.

△ 작업장에서 '불야' '불야' 웨치는 소리. 후면에 붉은 화광이 비친다.

요란한 싸이렌 소리, 자동차 엔진 멎는 소리.

△ 강재한 황급히 뛰어 나간다.

△ 달려가는 로동자들.

△ 밖에서 지배인과 강재한 서로 만난다. 그들은 현장 쪽으로 달려간다.

△ 잠시 후 화광이 꺼진다.

△ 소음 속에 사람들의 웨침소리.

△ 이윽고 지배인과 강재한 사무실로 들어온다.

강재한 : 정말 위기일발이었습니다. 로동자들의 경각성이 좀 더 철저했더라면 이런 일도 없었을 거지요.

지배인 : 당신의 책임이 크다는 걸 아쇼. 유감스러운 것은 현장 지도 일꾼들의 사업 작품이요, 신임할 수 없는 분자들을 신임하고 가장 믿을 수 있는 일꾼에 대해서는 반감을 가지고 이래서야 무슨 일이 되겠소. 동무는 파괴 분자들이 안심하구 활동할 수 있는 발판을 만들어 놨단 말요.

강재한 : 저의 책임두 물론 큽니다. 부끄럽습니다. 그러나 지도원에 대해서 말한다면 ……

지배인 : 그만 두시오.

강재한 : ……

△ 맹진오와 최봉규, 고용실을 붙들고 들어와 넘어뜨린다.

지배인 : 강 동무는 이번 기회에 심각히 자기를 반성할 필요가 있다구 보오. 당분간 현장을 떠나서 …… 봉규 동무는 누이에게서 새루 배우구 다시 사람이 되시오.

강재한 : (맥없이 의자에 앉는다. 오랫동안 사이)

최봉규 : (엎으러지며) 지배인 동지! (운다)

지배인 : 저 원쑤놈을 내무 기관에 넘기시오.

맹진호 : 네! (고용칠을 끌고 나간다)

최봉규 : 여보게 진호, □□□□□□

△ 추양선 부상당한 봉련을 안고 들어온다. 정채순, 성옥, 천복, 춘자 등 남녀 로동자들이 들어온다. 봉련을 긴 의자에 눕힌다. 위행 지도원이 응급 처지를 한다. 일동 침통한 분위기.

지배인 : 아니 봉련 동무가?

추양선 : 안전부에 연락을 하러 가다가 놈들에게 맞다들었지요.

지배인 : …… 위생 지도원 동무, (가까이 가며) …… 어떻소?

위생지도원 : (머리를 붕대로 치매며) 의식이 회복되지 않아요. 안정을 시켜야겠어요. (지배인에게 귓속말을 한다)

지배인 : (근심스러이 들여다 보며) …… 봉련 동무 …… 봉련 동무? 좀 안정

시켜서 병원으루 갑시다.

처녀 三 : (안타까이) …… 반장 동무 정신을 차려요. (눈물진다)

최봉련 : …… (말이 없다)

김춘자 : 반장 동무! (눈물이 난다)

박성옥 : …… 봉련 언니 …… 언니는 살아야 해요. 이 봄엔 …… 이 봄엔 물이 내려 갈텐데 …… 봉련 언니 왜 대답이 없어요. 봉련 언니는 살아야 해요.

김춘자 : …… 반장 동무! 나를 용서해요. 너무나 애를 먹였어요. (눈물진다)

지배인 : …… 빨리 병원으로 가야겠소.

△ 비통한 사이.

강재한 : …… 누구든지 가서 성춘 동무를 빨리 데려 오시오.

△ 박성옥 뛰쳐나간다. '오빠' 부르짖으며 어둠 속으로 사라진다.

— 막 —

제五막

막이 오르기 전 우뢰와 같은 박수소리. 관개 건설 제一계단 공사 통수식을 거행중이다. 박수소리 그치며 정중한 그러나 힘찬 목소리 들린다. 종달새 명랑하게 우짖는다.

소리 : 경남 관개 건설 공사에 참가한 전체 로동자 기술자 사무원들에게! 우리나라 농촌 경리 발전에서 거대한 의의를 가지는 대규모적 평남 관개 건설 공사는 착공 후 미제 무력 침범자들이 도발한 전쟁으로 인하여 중단되었으며 이미 시공한 중요 시설물들은 혹심하게 파괴당하였습니다. 그러나 이 공사는 정전 후 당신들의 열렬한 애국주의적 헌신성과 꾸준한 창발적 로력에 의하여 그의 제一계단 공사가 기일 전에 완공되어 금년도에 벌써 수천 정보의 관계 면적을 확장하게 되었습니다. 나는 오늘 본 공사 통수식에 제하여 조선 로동당과 공화국 정부의 이름으로 당신들이 이룬 빛나는 업적을 높이 찬양하면서 열렬한 축하와 감사를 보냅니다. (우뢰와 같은 박수) 나는 당신들이 이미 달성한 성과에 만족함이 없이 자기의 창조적 로력과 애국주의적 결성을 더욱 발휘하며 선전 기술 습득과 창의 창발에 열중하여 남은 제二계단 공사도 성과적으로 완수함으로써 우리나라 농촌 경리 발전과 미곡 증수에 크게 기여하며 조국과 인민의 기대에 보답하리라는 것을 확신하는 바입니다. 조국의 빈주 기지 강화와 평화적 통일 독립을 위한 당신들의 금후 투쟁에서 더욱 빛나는 성과와 □□□□□

조선 민주주의 인민 공화국 내각 수상 김일성

一九五五년 四월 二四일

평양시

△ 다시 우뢰 같은 박수소리와 함께 로동자들 속에서 '우리의 경애하는 수령 김일성 원수 만세'를 고창하자 천지를 뒤흔드는 로동자들의 만세소리, 계속하여 폭포처럼 쏟아져 흐르는 물소리, 새 소리. 장쾌한 씸포니 고조로 계속되다가 점점 멀어지며 사라진다. ― 사이 ―

△ 고요한 가운데 막이 오르면 一막 二장과 같은 무대. 四월 말, 봄 정기가 파릇이 내뱄다. 박성춘의 집 뒤에는 살구꽃이 만발하여 지붕을 덮었다. 무대 우면에는 수로가 가로질러 멀리 아득한 논벌로 굽이쳐 뻗었고 수로 둑에는 화려하게 장식된 아치, 그 우에 三국기를 비롯한 수령의 초상화, 농맹기, 민청기, 순회 우승기, 만국기들이 찬란하게 장식되었고 뚝에는 오색기들이 줄지어 세워졌다. 수로를 건너가는 난간이 달린 목재의 조그마한 교량. 동틀 무렵. 어둡다. 종달새의 명랑한 우짖음.

△ 천복, 수령의 초상화를 장식하고 성옥은 도와 준다.

박성옥 : (물러서서 바라보고는) …… 됐어! 됐어!

△ 리천복 성옥과 같이 들배나무 밑에 와 앉으며 바라본다.

박성옥 : 오늘 트레스트 로동자들을 초대했는데 우리 부락 써클이 그만하면 어때? 창피는 안 당할가?

리천복 : 우리들은 예술 전문가는 아니지만 자기의 로동과 생활 속에서 자체의 문화 예술두 창조하구 있지 않아. 그러니까 생동하구 아름답고 교양적인 내용이 없이는 안 되거든.

박성옥 : 안되구 말구.

리천복 : 그러니까 노력하면 안 될게 없어.

박성옥 : 인제부터는 정말 우리 부락 써클두 정상적으로 발전시켜야겠어.

리천복 : 모든 일이 사실 깜바니야 식으로 돼선 안 되지. 특히 문화 교양 사업을 등한히 하는 경향이 농후하니까.

박성옥 : 우리 오빠두 말했지만 영농 사업을 선진적으로 발전시키기두 힘든 일이거니와 농민들에 대한 교양 사업이 더욱 어려운 일이라구 그러지 않았어? …… 글세 아까두 진수네 아저씨가 우

리들이 아치 만드는걸 보면서하는 말이 ……

리천복: (흉내를 내며) …… "애 성욱아, 오늘은 정말 물이 내려 올 것 같니?"

박성옥: "그럼 내려오던 물이 모루 올라가겠어요."

리천복: "글쎄 도무지 꿈만 같애서 원, 원"

박성옥: 하하하 그 아저씬 공사가 시작돼서 오늘까지 그 말을 한 백번은 되풀이했을 거야. 통수식을 그저께 거행하구 지금 물이 막 내려오는 중이라구 그래두 그저 "글세 글쎄"

리천복: 두구 봐— 이제 당장 내려 올 물을 눈으루 직접 보구서야 우리들의 힘을 믿지 않을 수 없을 테니까.

박성옥: (하늘을 바라보며) …… 아! 저 별들을 좀 봐.

리천복: 참 아름다운데!

박성옥: 앞으로 우리 부락이 얼마나 부유하구 아름다워질까! 이 수로루 물이 막 흘러 내려 올 생각을 하면 가슴이 막 설렁거리거든, 우리 오빠두 오늘 오면 인젠 부락에서 같이 일하자구 졸라야겠어. 아버지두 얼마나 그걸 바래구 있다구.

리천복: 안될 거야.

박성옥: 왜 안 돼?

리천복: 그 형님은 청천강 물을 끌어 온 것만으루선 만족할 사람이 아니니까.

박성옥: 二계단 공사두 끝내구야 온단 말이지?

리천복: 물론이지, 제二의 대동강두 끌어 대구야 올걸.

박성옥: 그래두 이번엔 불잡을 테야. 우리 농사일두 중요하니까. 오빠와 같은 일꾼이 있어얄 게 아냐? 그리구 최봉규 문제두 있구 해서 언니랑 같이 온대두 그래.

리천복: 그랬으면 나두 좋겠어, 성옥 동무는 정말 훌륭한 오빠를 뒀어.

박성옥: 봉련 언니는 얼마나 훌륭하구!

리천복: 인민들에게 행복을 가져다주기 위해서는 자기를 희생하는 사람들……

박성옥: 거기서 자기들의 행복을 느끼는 사람들! 그런 사람들을 공사장에서 우리는 얼마나 많이 봤어? 로력 혁신자들!

리천복: 로동당원들! 성옥 동무, 나는 오늘을 기다렸어…… 벌써 성옥 동무에게 얘기할려 했지만…… 저……

박성옥: 그만 둬 말 안 해두 알만 해. (바라보다가 부끄러운 듯 수로 쪽으로 달아난다)

리천복: (행복감에 젖으며 돌을 주어 멀리 던진다)

박로인: (아치 옆에서 나오며) 사람 다칠라 원.

리천복: 아저씨 퍽 고단하시겠습니다. 밤을 꼬박 새웠으니.

박로인: 오늘이 어떤 날이라구 고단한 걸 알게 됐니, 평생 소원이 이루어지는 날인데, 그래 우리 성춘이가 종시 못 오는가부다.

리천복: 계속해서 二계단 공사루 들어가기 때문에 바빠서 못 올 것 같은데요.

박로인: 어쨌던 이봄부터는 같이 농살 져야겠다. 그런데 봉규가 안전 농사를 짓겠다구 밤중에 식솔을 데리구 찾아 왔으니 너희들은 어떻게 생각하니?

박성옥: 정말 진심으로 자기 개변을 하구 충실한 농민이 되겠다면야 같이 일하면 좋을 거에요. 조합 관리 위원장이랑 리 위원장과 당 위원장까지두 가입 승인은 했다니까요.

박로인: 봉련일 봐서래두 어디 사람 되나 보자꾸나, 나라에서두 자기 죄를 자백한 사람에게는 살길을 열어 주게 돼있다니 말이루다.

△ 농민 三 등장

농민 三: 아이구 형님이 벌써 나오셨나요. 내가 제일 선참 나온 줄 알았더니.

박로인: 벌써 물맞이 올라간 사람들이 얼마나 된다구 그러나, 농악대두 올라갔네.

농민 三: 아니 벌써요?

박로인: 부지하세월이로구만

농민 三: 저 형님, 정말 오늘은 물이 내려 올 것 같소?

박로인: 헛, 사람두 내려오던 물 되올라가겠나, 원.

△ 박성옥과 리천복 다리 우에서 입을 막으며 서로 마주 본다.

농민 三: 글쎄요. 도무지 암만 생각해봐두 꿈만 같애서, 원, 원.

박로인: 이 사람은 지난 겨울에 공사장에서 빵소니치구 돌아 와서는 제 농사 일만 일이라더니 아직두 꿈속에서 자나?

농민 三: 글쎄요, 원. (기웃거리며 퇴장)

박로인: 참 고질뎅이루다. (집으로 퇴장)

△ 맹진호, 김춘자 등장.

김춘자: 이 집이야.

맹진호: 맞았어, 살구꽃이 굉장한 걸 보니!

박성옥: 야! 춘자 언니!

김춘자: 아이! 신부처럼 채렸구나!

리천복: 진호 동무 밤잠두 못 자구 오는군요?

맹진호: 동무네가 초대했는데 밤중이 아□인들 안 오겠나.

박성옥: 우리 오빠랑은 안 왔어요?

맹진호: 헛 왜 안 오겠소.

김춘자 : 봉련 반장이랑 같이 왔어, 그리구 추양선 아바이두 오시구.

리천복 : 야! 참 멋지다!

박성옥 : 자 봐! 내가 온다구 그러지 않았어.

박로인 : (나오며) 지금 어데들 있소?

김춘자 : 오다가 조합 관리 위원장을 만났지요. 곧 올거에요.

박성옥 : 우리 아버지야. 인사해. (박로인에게) 우리가 동원됐던 현장 동무들이에요.

박로인 : 먼 길을 와 줘서 반갑수다.

맹진호 : 아저씨, 얼마나 기쁘시겠습니까, 이 목마른 넓은 벌에 오늘부터 물이 넘실거릴테니! 우리들은 진심으로 축하를 드립니다.

박로인 : 하하하 젊은이들이 고생한 보람이지, 그런데 련대장, 아니 저 당 조직원 어른이랑 지배인 어른들은 안 오셨소?

맹진호 : 여기 물 내려오는 시간을 봐서 자동차루 오시겠다구 말씀하셨다는데 원래 바쁘신 분들이 돼서 봐야 알겠습니다.

박로인 : 그분들이 안 오시면 정말 섭섭한데.

△ 조합 관리 위원장을 비롯한 제대 군인 출신의 조합 일꾼들과 훈장을 단 박성춘, 최봉련, 추양선 들어온다. 남녀 농민들도 모여 든다.

위원장 : 아즈바니, 자 보슈, 성춘 동무와 봉련 동무가 이렇게 나란이 찾아 오지 않았습니까. (박수를 한다)

일동 : (박수한다)

박로인 : 이 사람 누가 안 온댔나. 허허허허

박성춘 : 아버지 안녕하셨습니까, 이 추양선 아저씨를 모시구 왔습니다.

추양선 : 안녕하슈 로형!

박로인 : (손을 잡으며) 어이구 참! 잘 왔수다, 안 오면 가서 업어래두 올려

했수다. 하하하하.

추양선: 하하하, 내가 안 오면 물이 안 내려 올까봐 바쁜 몸에두 왔수다.

일동: 하하하하.

최봉련: (감사하며) …… 아저씨!

박로인: 오냐…… 내 딸아! (손을 잡으며) 네가 살아 왔구나!

△ 최봉규 등장하여 동정을 살피며 듣고 섰다.

박로인: 전번에 그 독사 같은 놈들에게 상했다는 말을 듣구 내 가슴이 얼마나 아팠겠니, 그러면서두 내가 몹시 알아 누웠던 때가 돼서 가볼 수가 없었구나.

최봉련: 아저씨! 고마워요.

박로인: …… 그저 이렇게 살아 있다는 게 정말 귀중하니라. 그러나 우리가 이렇게 잘 사는 걸 배 아파하는 놈들이 있지, 우리 살림을, 바사버릴려는 놈들이 있단 말이야.

최봉련: 아저씨, 우리의 살림을 어느 누가 감히 바사버릴 수 있겠어요. 우리 현장에 기어 들었던 원쑤들은 모조리 뿌릴 뽑았어요.

추양선: 그물 안에 든 고기지, 날아야 파리구.

박로인: 그렇구말구요. 어쨌던 오늘은 우리 열두 삼천릿벌에 물이 내려 오는 날이웨다. 돌아가시면 로동자들에게 꼭 전해주슈, 우리 농민들은 물을 받아가지구 랭상모 륙상모에 물모루 농사를 져서 백옥 같은 기름진 쌀을 흠뻑 보내 줄테라구요.

추양선: 하하하, 생각만해두 배가 부르구 기운이 버쩍 납네다. 인제 二계단 공사에서는 또 대동강 물을 끌어 댈테니 농사나 흐뭇하게 지소.

박로인: 아, 여부 있갔소, 두구 보소.

농민 三 : (다가서며) 여보슈 그래 인제 물이 내려 오긴 옵네가?

추양선 : 이 양반이 자다 깨나온 모양이로군, 우리가 내려 보낸 물을 누가 막아내겠소, 원.

농민 三 : 글쎄요.

일동 : 하하하

추양선 : 자…… 보슈 최고 인민 회의 상임위원회 위원장께서 손수 달아 주셨다우. (성춘과 봉련의 가슴을 가리켰다)

일동 : (박수한다)

박로인 : (추양선의 훈장을 어루만지며) 참 장하시웨다.

추양선 : 나보다두 이 사람들은 정말 훌륭하게 일들 했습네다.

박로인 : 용타! 사람이란 이렇게 떳떳이 살 줄을 알아야 하니라.

△ 최봉규 머리를 숙이고 깊은 생각에 잠긴다.

박로인 : …… 봉련아 오늘 같은 날 이 자리에 네 아버지가 있었드라면 …… (눈물진다)

최봉련 : (슬픔을 떨쳐 버리듯이) 아저씨, 우리는 슬프게 살아서는 안돼요. 아버지를 생각할수록 날과 날마다 즐겁구 보람 있게 살구 싶어요.

박로인 : 네 말이 옳다.

최봉련 : 이 관리 위원장 동지에게두 부탁의 말씀을 드렸지만 우리 오빠를 좀 잘 돌봐 주세요.

박로인 : 오냐, 걱정 말아, 리 위원장의 부탁두 있구 해서 네 형님이랑 조카들두 우리 집에서 같이 살게 했니라.

관리위원장 : 최봉규 동무두 우리들의 새 생활 속에서 새롭게 살아 나갈 것입니다.

최봉련: 고마워요 아저씨!

△ 최봉규 눈물을 닦으며 집으로 들어간다.

박로인: 우리 동네는 참 살만한 동네지, 저 성옥이랑, 천복이랑 심는 과실나무와 꽃나무들이 인제 봄내 여름과 가을 할 것 없이 오색 꽃밭 속에 □□□□□ 이삭들이 물결 칠게구, 온갖 즘생들이 살이 쪄서 제멋대루 날뛸게구……

관리위원장: 참 아름답구두 부유한 부락이 될거요. 인제 우리들은 물을 받아 가지구 오는 가을엔 벼농사에서 정당 八톤을 계획했는데 래년엔 一〇톤은 자신 있습니다. 그런데 물모를 내게 되면 로력이 큰 걱정이지요.

박성춘: 염려 마시우. 우리 노동자나, 인민 군대, 그리구 전체 인민이 떨어날테니까, 그리구 기계화에 대해서 연구합시다.

관리위원장: 그리구 가을에 가서는 우선 구락부와 탁아소를 건설하구 축사와 창고를 건설할 계획이지만 래년 가을에는 조합원들의 주택을 그야말루 문화적으로 건설할 계획이지요.

박로인: 성춘아 봐라, 우리 조합 일이 이렇게 많다. 인제부터는 이러쿵저러쿵 군말 말구 조합에서 봉련이랑 같이 일을 해야겠다.

관리위원장: 아즈바니, 그렇게 될 것 같질 않수다. 하하하하

박로인: 무슨 소린지 원.

농민 四: 아, 인제야 잔치하구 아버지와 같이 살림을 꾸며야지 되겠나. 형님 오늘 돼짓마리나 잡았는데 이렇게 다 모인 김에 성례까지 이루구 맙세다레.

박로인: 쇠뿔은 단김에 빼다구 오늘은 결판을 져야겠다. 그렇지 않니? 봉련아? (봉련 부끄러운 듯 외면한다)

박성옥 : 오빠, 아버지 말씀대로 하셔야 돼요.

추양선 : 핫 그참 성례는 이뤄야지요. 그렇지만 로형이 자기 욕심만 채려선 안되겠수다. 우리 성춘이나 봉련이가 없으면 이제 대동강 물을 어떻게 끌겠소? 성춘인 인젠 우리 현장 책임자 웨다.

박로인 : 아 로형두 엔간한 욕심쟁이가 아니로군. 우리 농사일은 중하지 않은 줄 알우. 농사는 천하지대본이라구 했는데.

일동 : 하하하하

박로인 : 성춘이가 아니면 책임자가 없을라구요. 원 인젠 나두 늙으막에 손자두 좀 봐얄게 아니웨까.

△ 맹진호와 김춘자, 박성옥, 리천복 등 키득키득 웃는다.

박로인 : 왜들 웃노?

박성춘 : …… 아버지, 이 열두 삼천릿벌에 청천강 물만 가지군 부족합니다.

추양선 : 아 그렇구말구.

박로인 : 그걸 누가 모르나.

박성춘 : 인제 대동강 물까지 끌어서 한 뼘의 땅이래두 남김없이 더 많이 적셔야 합니다.

박로인 : …… 애, 저, 봉련아, 어쨌던 오늘은 성례만은 이뤄야겠다.

일동 : 하하하하

△ 멀리서 '물이 내려온다' 웨치는 소리. 련달아 가까운 곳에서도 들려온다. 계속하여 수십 개의 우렁찬 복소리, 징, 꽹과리, 농악소리 멀리 들려온다.

△ 일동 잠시 귀를 기울인다.

농민 三 : (멍해서 듣다가 꿈속에서 깨난 것처럼) …… 아! 정말 물이 내려 오는 가부다! 그렇지 성옥아.

박성옥 : (비양조로) …… 글쎄요 꿈만 같애서 원, 원.

일동 : 하하하 (모두 수로 상류 쪽으로 달려 나간다)

△ 박로인, 추양선 어깨를 걸고 따라 나간다.

△ 박성춘과 최봉련 손을 잡는다

최봉련 : …… 성춘 동무! 동이 터요.

박성춘 : 인제 곧 밝을거요.

최봉련 : 저 살구꽃이 얼마나 이뻐요. (성춘의 손을 이끌고 내려와 들매나무를 다정히 쓰다듬는다) 아버지! 물이 내려와요! 물이!

박성춘 : …… 봉련 동무! (봉련 성춘의 가슴에 얼굴을 묻는다)

△ 감투를 쓴 팔십 대의 백발 로인 새 의복 차림으로 지팽이에 의지하여 어린 손주딸과 같이 나온다.

△ 박성춘과 최봉련 그들을 다리 우로 이끌고 가서 바라본다.

△ 북소리, 꽹과리 소리 점점 가까워진다.

박성옥 : (뛰쳐 오며) 할아버지! 오빠! 저 물을 봐요. 물이 막 밀려 내려와요! 물이 …… (감격에 넘쳐 운다)

백발 로인 : 애 보비야, 물이 내려 오니?

소녀 : 아이 할아버지두! 저것 좀 봐요.

백발 로인 : (바라보며) 옳지! 물이로구나! 물이 내려 온다. 저걸 봐라. 저 물을 못 보나? (눈물을 씻는다)

박성춘 : (네 저희들두 봅니다)

△ 남녀 동민들, 로동자들 춤을 추며 얼싸안으며 들머리를 따라 수없이 지나간다. 박로인과 추양선 어깨를 걷고 물속을 걸어 내려온다. 박로인 두 손으로 물을 움켜들고 수령의 초상화를 바라본다.

박로인 : …… 김일성 원수님! 물이 내려 왔습니다.

백발 로인 : (주먹으로 눈물을 씻으며) 나라에서 땅을 주시더니 이번엔 또 물까지 주시다니!

△ 온 누리에 아침 태양이 세차게 비친다.

△ 최봉규의 얼굴에도 눈물이 맺힌다.

△ 박성춘 봉련의 어깨를 힘차게 그러잡으며 환희에 찬 얼굴로 아득히 먼 열두 삼천릿벌을 바라본다.

량반전
(전三장)

때　　리조 봉건 시대 一八세기 중엽

곳　　강원도 정선 땅

등장인물

량반 생원 리 한곡, 한곡은 그의 호, 四七一八세

윤씨 그의 처 四四一五세

부자 권 춘보 四〇여 세

부자의 처 四〇여 세

참봉 생원의 친구, 운재는 그의 호, 四八一九세, 나이에 비해 늙어 보인다.

군수 四五 세 가량

호장 三七一八 세

서운이 생원의 녀종 一八세 가량

막동 부자의 머슴 二〇여 세

쟁인바치 망건쟁이 四〇 전후

장사치, 농민, 선비 등 증인들

좌수, 별감, 통인 및 기타 관속들

제一장

△ 생원(량반)의 집 사랑채.

한쪽에 사랑방이 있고 그 옆에 작은 두 마루가 붙어 있고 그 앞은 뜨락이다.

뜨락 한편에 안채로 들어가는 중문이 있고 다른 한 편에 밖으로 드나드는 대문이 있다.

집은 작고 고루하기 짝 없으나 기둥에 주련을 써 붙인 품과 황초 듬성한 기와지붕 추녀 밑에 현액을 단 품새와 방안에 보이는 서재 문구들 …… 이 집의 모든 차림과 제도는 선비의 기풍을 풍긴다.

때는 九월.

막이 오르면 생원 혼자 사랑에 앉아 눈을 내리뜨고 점잖이 책을 보고 있다. 그는 책을 보다가 깊은 한숨을 쉬기도 하고 주먹으로 뒤통수를 똑똑 튕기기도 하며 이를 딱딱 맞히게 물기도 한다.

생원 : (혼자 한탄소리로) 맹자 부동심(孟子不動心)이라 하였건만 이 심뇌를 어이할고. 차사 난면(難免)인가? …… 어허 …… 석숭(石崇)이 그립도다. 어허 …… (그의 시음조는 드디어 울음조가 된다. 다음은 손으로 이마를 짚으며 앓음 소리를 낸다. 이 앓음 소리는 요즘 그에게 있어 하나의 새 습성으로 되었다)

△ 서운이 안채에서 나온다.

서운이 : 마님께서 점심 진지 잡수시래요.

생원 : (앓음 소리를 낼 뿐)

서운이 : (좀 큰 소리로) 마님께서 점심 잡수시래요.

생원 : 점심도 아무 것도 먹기 싫다…… 그래 오늘이 며칠이냐?

서운이 : 구월 구일이 와요.

생원 : (초조히 자리에서 일어서며) 벌써 구월 구일이라?…… 이 애 냉큼 건너가서 참봉 오셨건 좀 건너오시래라.

서운이 : 네. (하고 맷돌에 놓인 생원의 신을 신기 쉽게 돌려놓는다)

생원 : (신을 신고 뜰로 내려 허청거리는 걸음거리로 앓음 소리를 내며 안으로 들어간다)

△ 서운이 밖으로 나가려고 할 때 막동이 들어온다.

막동 : 서운아, 생원께선 안 계시냐?

서운이 : 안에.

막동 : 그래 그 일이 어찌 됐니?

서운이 : 아직도 울고 계시단다.

막동 : 량반도 우시니? 쳇.

서운이 : 참 세상도 고르지두 않지. 우리 집 생원은 헌다헌 량반이래두 천 량이 없구 너의 집 주인은 이름난 부자래두 량반 앞에선 오금을 못 펴니 ……

막동 : 그러니까 세상이 우습다지 ……

서운이 : 춘천 갔다 오던 길에 어떤 량반을 만나 볼기를 되게 맞았다니 정말이냐?

막동 : 량반도 나름이지만 그놈의 량반은 참 지독하더라. 글쎄 우리 주인이 발을 다쳐 땅을 디딜 수가 없어 말 한 필을 빌려 타구 잘룩고개를 넘어 비석거리로 오는 길인데, 거기서 웬 량반의 행차를 만났구나, 뭐 다짜고짜로 호령 소리가 쩡 하구 울리는

데 하늘이 핑 돌더구나, 저 놈이 웬 놈이냐 상놈으루 말을 타고 건들거리는 저 놈이 웬 놈이냐구 ……

서운이 : 쉬 가만가만 이야기해 …… 그래서 ……

막동 : 비석거리 그 량반네 집으루 끌려가서 우리 집 주인은 볼기를 맞았지, 그나 그 뿐인 줄 아니?

서운이 : 또 뭐야.

막동 : 엽전 백 량을 고스란히 뺏겼단다.

서운이 : 상놈으루 말을 탄 게 잘못이지.

막동 : 뭐가 잘못이야. 말새끼는 량반들 위해서만 세상에 생겨 났다드냐? 체 ……

서운이 : 그리게 량반이 좋다지.

막동 : 그런데 너의 집 량반은 그래 관가에서 쌀을 얼마나 꾸어다 먹고 그렇게 울고 있니?

서운이 : 천 석이란다.

막동 : (입을 딱 벌리며) 천 석? 많이두 먹었다. (기가 막히다는 듯) 아니 그게 어떤 쌀인데 그렇게 먹어?

서운이 : 환자 쌀이지 뭐야.

막동 : 환자 쌀이면 …… 나라에서 농군들에게 봄에 농량으루 꾸어 주는 쌀인데 …… 농사를 안 짓는 량반이 꾸어 먹는 일도 우습거니와 관가에서 거저 꾸어 주는 일도 우습구나.

서운이 : 그게 한두 해라구, 수십 년을 두고 꾸어다 먹었단다. 한 번 갚지도 않고 좋은 쌀루만 ……

막동 : 좋은 쌀루만, 헛 참.

서운이 : 난 관가에서 거저 주는 쌀인 줄만 알았지 ……

막동 : 관가도 더럽다. 너두 알지, 농군들에겐 얼마나 지독하냐. 봄에 환자를 구어 줄 때는 한 말에 모래 한 되씩은 섞어 주고서 가을

에 받을 때는 변에 리자를 붙여 기름진 알곡으로 말가웃씩 받아 먹으면서 …… 그래 너의 집 량반에겐 좋은 쌀루만 수십 년을? 결국 너의 집 량반은 그냥 앉아서 농군들이 지은 쌀을 도독질해 먹는 셈이다.

서운이 : 말 조심해.

막동 : 흥.

△ 윤씨 안에서 나온다. 그는 손에 장죽을 들었다.

윤씨 : 조런 해망이 없는 년 보겠나, 어른이 심부름을 시켰으면 냉큼 갔다 올 일이지 ……

서운이 : (고개를 푹 숙일 뿐이다)

막동 : (코가 땅에 닿도록 허리를 구부린다)

윤씨 : (서운에게) 량반집 종년이 상놈의 집 머슴과 무슨 수작이냐? 행실을 배우라니 과부집 문걸쇠를 뺀다구 …… 어서 냉큼 다녀오너라.

△ 서운이 퇴장.

막동 : (난처한 태도로 허리를 굽히고 서 있을 뿐이다)

윤씨 : 그래 넌 무슨 일로 왔니?

막동 : 소인네 주인이 량반께서 좀 어떠하신가 보구 오라구 해서와요.

윤씨 : 어떠하시다니?

막동 : 량반께서 요즘 밤낮으로 울고 계시다는 소문이온데 무슨 병환이나 생기지 않으셨는가구요.

윤씨 : (괴롭고 창피한 낯색으로) 울고 계시다구? 어떤 녀석들이 그 따위

소릴 하더냐?

막동 : 벌써 아는 사람이 많던뎁쇼.

윤씨 : (가슴이 탁 막히는 듯) …… 아는 사람이 많다? ……

막동 : 관가에서 꾸어다 잡순 쌀이 천 석이라 하는데 그게 정말이온지요?

윤씨 : (벌컥 화를 내며) 이 녀석! 천 석이구 이천 석이구 량반이 환자 좀 잡쉈기루서니 응? 어쨌단 말이냐?

막동 : (허리를 굽실거리며) 소인은 그저 심부름 왔을 뿐이와요.

윤씨 : 그래 너의 집 주인이 량반의 환자 쌀이나 좀 물어 주겠다고 그러더냐?

막동 : 온 천만의 말씀을 …… 저의 집 주인이 어떤 구두쇠인데 원 천만의 말씀이와요 …… 그야 또 모릅지요, 량반께서 을림장을 놓신다면 쌀 몇 섬쯤은 모릅지오만, 헛, 자그만치 천 석씩이나 ……

윤씨 : (참다 못 해) 이 녀석 그만 썩 물러가거라.

막동 : 마님, 그럼 안녕히 계시와요.

△ 막동 퇴장.

△ 윤씨 깊은 한숨을 지으며 문 밖으로 나간다.

△ 안에서 생원이 나온다. 마당에서 잠시 어쩔 바를 모르고 섰다.

△ 대문 소리에 생원 놀란다. 윤씨가 다시 들어온다.

생원 : 누가 왔소?

윤씨 : 오긴 누가 와요.

생원 : 읍에서 말요.

윤씨 : 에그 겁은 많으시오.

생원 : (입이 써 할 말을 못 하겠다는 듯 앓음 소리를 하며 사랑으로 올라 습관적으로 책을 든다)

윤씨 : (마루에 앉아 담배만 피운다)

생원 : (잠시 태연자약하게 앉았다)

윤씨 : (속에서 불이 치밀어 오름을 참지 못해서) …… 여보 …… 당신이 …… 평생에 책만 읽고 계시지만 거기서 쌀이 쏟아지오 옷이 쏟아지오. …… 남들은 벼슬도 잘 합디다. 군수니 부사니, 감사 병사루, 선조 할아버님처럼 당상직품(當相職品)으로 올라가진 못한다 해두 이왕 글을 배웠으면 문장 소리를 읃거나 …… 아니 그래 평생에 이게 뭐란 말요. 시골구석에서 관가 환자에 매달려 살다가 ……

생원 : 허 무식한 소리 또 하는군 ……

윤씨 : 유식한 말씀 좀 들어 봅시다. 그래 어떡하문 좋단 말이요. 환자 포흠(逋欠－횡령)을 당장 갚지 않으면 당신을 잡아 가두라고 순찰사가 엄명을 내렸다니 …… 허지만 무슨 수로 그 천 석을 갚는단 말요. 땅이 있으니 땅을 팔며 재물이 있으니 재물을 팔겠소. (그만 운다)

생원 : 어허 골이 또 쓰는군 …… (상을 찌푸리며 이마를 짚는다)

윤씨 : 게다가 환자 갚을 길이 없어 당신이 울고 계시단 소문이 자자허다니 이게 또 무슨 수치란 말요.

생원 : 내 도독질 안 했거니 무슨 수치될 일이 있겠소 …… 아무리 순찰사의 명령이라 할지라도 성주는 날 버리지 않을 것이요. 그리고 성주께서 환자 문서를 어떻게 잘만 해 준다면 무사히 될 것도 같소만 ……

윤씨 : 성주께서라구 별수 있겠소? 이미 관찰사 순행 검열에 들킨 일인데 어떻게 문서를 위조 한단 말요.

생원: (스스로 자기를 위로하듯 반발적 언사로) 허 그래도 용수가 있는 법이지. 이 정선 바닥에서 계은(溪隱) 자손인 내가 역적 아닌 담에 감히 어쩌지 못 할 것이요.

윤씨: 고자 처갓집 믿듯 조상의 덕은 무던히 믿으시오.

생원: 그래 우리 가문이 어떤 가문인데 어떤 놈이 업수이여길가? 도임하는 성주마다 도임 첫시로 내게 문안을 오는 것은 뉘 덕이며 그저 내가 달라는 대로 성주들이 내게 꾸어 준 것은 뉘 덕이며 오늘날까지 살아 온 것이 다 뉘 덕인 줄 알았소?

윤씨: 누가 아니라오. 허지만 조상의 덕도 끝이 있단 말요.

생원: 허 이게 또 무슨 소리요. 끝이 있다니? …… 허 참 우리 오(五)대조께선 리조 참판을 지내시고 증조부께선 삼십에 알성급제(謁聖及第)하신 후로 학문과 위인이 일세에 으뜸인지라 령의정에 오르시고 조부께선 선조(宣祖)께서 의주로 파천(播遷)하실 제 종사 위패를 모시고 상감을 따라 그 공이 크게 빛난지라 광천군을 봉하시고 ……

윤씨: 에그 귀에 못이 박히였소. 돌아가신 아주버님께선 동네 상놈들을 잘 따리시는 량반으로 리 참봉 리 몽둥이란 별명으로 이름이 나셨지요.

생원: 별소리 다 하는군. 량반을 몰라보는 상놈들 그냥 둘가?

윤씨: 그런데 당신은 무얼 하시였소? 책만 잡고 앉으시면 집안 일이 다 절로 잘되는 줄 아시였소? 그래 이렇게 살아 온 게 뉘 덕이냐구요? 인제 난 모르오. 당신이 금부 라졸에게 잡혀 가신대두 …… (울며 일어선다)

생원: (당황하며) 여보 …… 어이고 골이 또 쓴다 …… 여보, 내 말 듣소. 부부 일신이라 하였으니 …… 내게 한 계교가 있소, 마지막으로 권서방에게 청을 해 봅시다. 그 집은 부자요, 정선 고을

의 석숭이요, 그러니 한 번 말해 보는 게 어떻겠소, 이 길밖엔 다른 길이 없소.

윤씨 : 되지도 않을 말씀 작작 하시오. 쌀 천 석이 뉘 집 애 이름인 줄 아시오?

생원 : 그래도 권서방은 내 막이라면 박절히 거절한 일이 없지 않소. 그러니 임자가 한 번 직접 권부자 마누라를 찾아 가서 ……

윤씨 : 아니 그래 량반의 부인으로서 상놈의 집엘 지싯지싯 찾아 가란 말씀이요.

생원 : 그렇지, 량반으로서 삼대를 굶은들 상놈의 집엘 갈 수야 없지.

윤씨 : (생각하다가) 허지만 …… 당신 말대루 내 좀 가 말해 볼라우.

생원 : 여보, 그래두 량반의 체면으루 ……

윤씨 : 량반의 체면이구 뭐구 이젠 살기가 지겨웁소. 어이구 내 팔자야.

생원 : 여보 서운일 기다려 보내 봅시다.

△ 윤씨 그대로 퇴장.

△ 생원 앓음 소리를 한 다음 넋이 나간 사람처럼 멍청히 앉아 있다.

△ 쟁인바치 들어온다. 생원 놀란다. 쟁인바치는 손에 관을 싸 들었다.

쟁인바치 : 소인 문안 드리오.

생원 : 게 누구냐?

쟁인바치 : 망건쟁이 송칠이오이다.

생원 : (마음을 다잡고 위신 있는 체모를 차리며) 오 읍에서 왔군.

쟁인바치 : 네, 요전 마치신 관을 가져 왔사온데 맞으시올지.

생원 : 내가 언제 관을 마쳤던가?

쟁인바치 : 아니 지난 팔월 명절에 몸소 읍에 오시여 ……

생원 : 어 참 그랬던가, 내가 정신이 없어서 …… 그래 어디 보자.

쟁인바치 : (보를 풀고 관을 내여 생원에게 올린다)

생원 : (낡은 관을 벗어 놓고 새 관을 써 본다) …… 어떤가?

쟁인바치 : 정말 신선 같으시오이다. 사람이란 첫째 의관이지요. 벗은 거지는 못 먹어두 입은 거지는 먹는다구 ……

생원 : 어 — 그게 무슨 소린가? 어른 앞에서 ……

쟁인바치 : (능수 있는 말로) 헤 …… 그 뭐 의관이 날개란 말씀이지요. 정말 우리 고을에선 생원님을 모두 한결같이 이로지요. 물욕이 없으신 량반이라구요.

생원 : 음 날보구 물욕이 없다구? 거 옳은 말일세. 욕심이 없는 곳에 도적이 없고 도적이 없으면 나라가 태평하느니. 선비나 농사쑨이나 쟁인바치나 장사치나 모두 삼강오륜을 지키여 백성들은 량반들이 하시는 모든 일을 받들고 나랏님께 충성한다면 근심이 없느니.

쟁인바치 : 정말 높으신 말씀입니다.

△ 서운이 들어온다.

서운이 : 참봉께서 오시와요.

생원 : 댁에 계시더냐?

서운이 : 읍에서 막 돌아 오시는 길이였사와요.

생원 : 어서 들어가 술상 차리여라.

서운이 : (매우 딱한 듯이) 저 …… 약주가 없는뎁쇼.

생원 : (좀 거칠은 소리로) 그래 이 동리에 약주가 동이 났단 말이냐?

서운이 : (주저할 뿐이다)

생원 : (은근한 어조로) 내 들은 말이 있다. 쇠돌 아범 질엘 가 봐라.

△ 서운이 밖으로 나간다.

△ 참봉 들어온다. 그는 초조하게 생긴 량반으로 키도 작고 얼굴도 작다. 행동거지가 경망스럽다.

생원 : 운재(雲齋—참봉의 호) 어서 오시요.

참봉 : 아 어제로 온다는 것이 이렇게 늦었소구료.

생원 : 어서 올라 오시교.

참봉 : (마루로 올라 좌정한다)

생원 : 그래 성주를 뵈왔소?

참봉 : 가는 날이 장날이라고 성주께선 기생들 데리고 묘적암으로 놀러 가시고, 그래 매옥이 집엘 찾아 갔더니 고것은 칭병하고 집에 있습디다. 고년이 하는 말이 성주께서도 매우 난처한 심정으로 한곡 말씀을 하더라 합디다. 좌수와 호장도 만났는데 역시 같은 말을 합디다. 벌써 다른 사람 같으면 관찰사 령감의 명령대로 곧 리생원을 잡아 하옥하실 것이로되 오늘까지 이러고 있는걸 보면 아마 흐지부지 성주께서 별일 없도록 선처하실 내심이 아닌가고 ……

생원 : (한편 안도의 감을 가지며) 나도 그렇지나 않을가 생각은 하고 있었소만.

참봉 : 뭐 념려 마시교. 내 짐작이 맞습니다. 또 한곡으로 말하자면 어떤 량반이시오. 환자 좀 먹었기로서니 ……

생원 : (저으기 마음이 풀리는 모양) 하 ……

참봉 : (그제사 한옆에 존재를 멸시 당하고 있던 쟁인바치를 보고) 아니 저 사람은 누구인가요?

생원 : 허 깜박 잊었군, 만건쟁이.

쟁인바치 : 네.

생원: 인제 고만 가두 좋아.

쟁인바치: …… 그 뭐 다른 데서 같으면 몰라와두 그저 말총 값이나 주시면 ……

참봉: 허 이 망건쟁이 량반네를 몰라 보는군 …… 량반은 본시 수무집전(手毋執錢)이요 불문미가(不問米價)라 손에 돈을 잡지 말아야 하며 쌀 값을 묻지 않는 법인지라 물건의 셈속을 모르거니 말총 값이 얼마인지를 어찌 알겠느냐? 또 그 값을 네가 말한다 할지라도 그게 많은지 적은지도 모를 일이며 또 그 값이 적당하다 할지라도 량반께서 돈을 치르실 수 없는 것이니 네 후일에 다시 한 번 오는 게 좋겠다.

쟁인바치: (하도 어이없어 망설이고 있다)

△ 이럴 때 서운이 술을 들고 밖에서 들어와 다시 안으로 들어간다.

생원: 망건쟁이 들었나?

쟁인바치: 너무나 고마운 말씀을 해 주시와 참 감사하옵니다. 그럼 추후에 오겠습니다. (절을 한 다음 불만스럽게 문간으로 나가며) 어참 더럽다.(퇴장)

참봉: 호 ……

생원: 운재의 말씀이 명담이시오.

참봉: 그 요즘 상놈들에겐 호령만 가지군 안 됩니다. 한곡은 매사에 너무 고지식해서 손을 보시지.

생원: 명리를 탐내는 데서 모든 화근이 생기는 법이지요, 허지만 …… (불시에 자기의 울분을 토하듯이) …… 아니꼽소, 로론(老論) 홍씨네만 세도를 허란 법 어디 있소? 우리도 일어 설 때가 있을게요. 관찰사 어른도 로론 그늘인 줄 내 알지만 그 령감이 그

래 계은 자손인 나를 그렇게도 몰라 봐야 옳단 말씀이요?

참봉 : 그 옳으신 말씀이요. 나도 섭섭합디다. 관찰사 령감께서 갑자기 순행을 나오신 것도 뜻밖이며 환자 문부를 검열하시고 종집게로 집어내듯 그 천 석을 꼭 집어 낸 것도 용하지만 쳇, 그럴 수가 없지요.

생원 : (입을 좀 벌리고 이를 딱 딱 물고는 앓음 소리를 낸다)

참봉 : 그 뿐 아니라 "어떤 량반 작자가 이처럼 나라의 군량을 허비했느냐? 당장 그 자를 잡아 가두라"고 분부를 했다니 …… 헛 참.

생원 : 그럴 수 없지요. …… 난 그 말을 듣고 현기가 났었소, 입맛을 잃었소, 지금까지 심중이 떨리오. …… 이크 골이 또 쓰는군, 으흠……

참봉 : 그것 큰일나셨소. 당학질 앓는 데는 천궁백지가 제일이요, 골머리 쓰는 데는 륙화탕(六和湯)이 제일이지요.

생원 : 약 방문이 바꿨소이다.

참봉 : 으라 당학질엔 륙화탕이 제일이지요. 호……

생원 : 그럴 수 없지요.

참봉 : 잘못됐소이다.

생원 : 대체 얼마나 출중해서 그럴 수 있느냐 말씀이요.

참봉 : (어리둥절해진다)

생원 : 관찰사 령감 그 량반은 얼마나 청렴해서 내게 그럴 수 있느냐 말이요.

참봉 : 호 …… 난 또 무슨 말씀이라구 …… 그야 그 량반에겐 그럴 수도 있지요. 순행을 잘하고 문부 검열을 잘했단 말이 상감께 들리게 되면 벼슬이 더 오르게 되고 세도가 더 커질 게고 하니 …… 자고 이래도 남을 음해하거나 물고 뜯어 제 릿속을 채우고 제 세도를 크게 한 량반들이 얼마나 많으외까, 모두 따져

보면 릿속이지요.

생원 : (표연한 태도로) 난 그걸 모르고 살아 왔소.

참봉 : 호…… 원 그런 릿속은 더 잘 아시면서두 호…… 한곡, 뭐 이제 와룡 선생처럼 삼고(三顧)의 때가 올 것이요.

생원 : (만족감을 느끼며) 공부자(孔夫子)는 남자(南子)를 만나 그 뜻을 서로 알고 구담(瞿曇)은 가섭(伽葉)을 만나 그 도를 서로 알았더니 오늘 운재가 내 뜻을 알아주는구료.

△ 서운이 술상을 내온다.

생원 : (좀 의기가 나서) 자 한잔 드십시다.

참봉 : 아니 오늘도 또 웬 술을……

생원 : 농사군 집에서 좀 가져 온 모양인데 그런 대로 듭시다.

참봉 : 허 이럴 줄 알았더면 매옥이 년을 데려 올걸 …… 고년이 참 한곡 말씀을 헙디다.

생원 : 내 말을? 무엇이라?

참봉 : 저를 황진이(黃眞伊)에 비해 말하고 한곡을 화담(花潭) 선생에 비겨 말합디다.

생원 : (손으로 무릎을 치며 쾌히 웃는다. 얼굴에 술 기운이 돌자 그는 아주 파탈한 사람처럼 몸짓 손짓을 갖는다) 화담 선생이야 세상에 드문 어른이지요…… 선생은 항시 남의 것을 취하지 않고 정히 담식(淡食)으로 신선처럼 사신이요, 황해 방백(方伯)이 많은 행자(行資)와 지묵(紙墨)을 바칠 적에도 선생은 한사코 다 받지 않으시고 쌀 닷되만 받으셨다오.

참봉 : 그런데 한곡은 쌀 천 석을 잡쉈구료. 호……

생원 : (펄쩍 뛰며) 운재가 로망을 했소? 그래 내가 먹지 못 할 것을 먹

었단 말씀이요. 우리 선대께서 이 고을에 끼친 은공이 얼마나 큰데 ……

참봉 : 그걸 내 어디 모르고 한 말이외까. 호 …… 우리 강원도 관찰사 령감은 한곡이나 나 같은 선비를 전혀 대접할 줄 모르니 한심하단 말씀이요.

생원 : 한심하다 뿐이겠소? 통탄할 일이외다. 천원지방(天圓地方)이라 하늘은 둥글고 땅은 평평하고 달과 해는 동에서 서으로 굴러가고 그래 이것이 천지의 리치가 아니겠소?

참봉 : 그렇고말고요, 해가 뜨면 낮이요, 해가 지면 밤이지요.

생원 : 그런데 요즘 별소리가 다 들리오. 하늘이 도는 것이 아니라 땅이 돌아가는 것이라느니.

참봉 : 거다 미친 소리외다. 땅이 돌아 간다치면 이 술상은 금시로 엎어질 게요, 거다 요설이외다.

생원 : 그 뿐 아니요. 금목수화토 오행(五行)이 상생(相生)하는 리치를 무시하고 사람들의 귀천이 따로 없다고 말하는 자가 있질 않나, 대의명분을 저버리고 혹은 서족(庶族)들로 하여금 머리를 돌게 하며, 무리 도적을 변경에 끓게 하니 이게 말세가 아니겠소?

참봉 : 말세다 뿐이요. 그저 천도와 인도를 어기는 자들은 천벌을 받는 법이외다. 이게 또 하늘의 리치가 아니웨까? 호 …… 자 그만 상심하시고 술 드시지요.

생원 : 좋은 말씀이외다. 내겐 술이 친구외다.

참봉 : 참 량반이 꿈을 믿는 것도 요사스러운 일이지만 내 간밤 꿈에 한곡 문전엘 와 보니 큰 거울이 깨져 보입디다.

생원 : 허 — 경파하니 기무성(鏡破豈無聲)이라 그게 바로 큰소리를 칠 꿈인데 ……

참봉 : 이건 필시 한곡 가문에 경사 있을 꿈이요. 지금 조정이 인재를

천하에 구한다 하는데 이 강원 일경에서 한곡을 젖혀 놓고 조정에 천거할 만한 량반이 다시 또 어데 있겠소?

생원 : 하…… 운재가 정녕 나를 알아주니 오늘 죽어도 한이 없소. 자 술 드시교.

참봉 : 벼슬은 높을수록 좋습넨다.

생원 : (술 취한 소리로) 내 만일 형조판서 한 자리 한다면 관찰사 령감을 형틀에 모셔 놓고 한 번 쳐 보겠소.

참봉 : (혀 꼬부라진 소리로) 호…… 그것 참 점잖으신 말이외다. 으하……

△ 이렇게 두 량반이 취기 도도 허장성세하여 횡설수설할 때 윤씨 들어온다. 그는 참봉을 내외하여 그냥 안으로 들어가려 한다. 서운이 중문께로 나온다.

생원 : (중문께로 와서 은근히) 가서 말을 해봤소?

윤씨 : (목 메인 소리로) 내가 뭐랍디까? 안 될 일이라구…… 차라리 …… 말을 꺼낸 게 분하오……

생원 : (취기가 죽는다) …… 허지만 성주께선 우리 문벌을 생각해서라도 날 버리지 않을 게요, 설마……

참봉 : 글쎄 그 뭐 념려들 마시래두……

△ 호장 급히 들어온다. 모두 놀란다.

호장 : 생원께 아뢰오.

생원 : (어리둥절해서) 호장…… 웬 일인가?

호장 : 성주의 급한 분부로 왔소이다.

참봉 : 조정께서 무슨 기별이나 있었나?

호장 : 감영에서 사람이 왔소이다.(편지를 생원에게 전한다)

생원 : (편지를 뜯어본다)

참봉 : 아마도 내 꿈이 맞는가 보외다. 어서 좀 크게 읽으시오.

생원 : (편지를 보며 떨기를 시작한다. 얼굴이 사상이 된다)

참봉 : 아니 갑자기 왜 이러시오. 아마도 당학질이 들리신 게외다. (생원이 쥐고 보던 편지를 자기가 들고 본다)

…… 일이 이렇게 되니 나로서는 더 어찌 할 방도가 없으며 …… 감찰사 령감의 엄중하신 명령인지라 내가 의법 시행치 않으면 감영 라졸들에게 잡히여 가시게 될 게으니 이런 난처한 일이 또 어디 있겠소. 그러니 환자를 즉시로 갚지 않으시면 ……

윤씨 : (쓰러지려는 몸을 서운이에게 의지한다)

생원 : (앓음 소리를 크게 한 번 지른 다음) 이게 꿈이요 생시오? 운재?

참봉 : 장자(莊子)의 호접몽(蝴蝶夢)으로 치면 이게 꿈일 수도 있고 생시일 수도 있지요.

호장 : 어서 하회를 주십시오.

생원 : 하회라니?

호장 : 하회를 받아 오라고 하셨습니다. 금일 중으로 갚으시든가 그렇지 않으시면 ……

생원 : (떨리는 목소리로) 그렇지 않으면 어떡허겠단 말인가?

호장 : (망서리다가) 감영 라졸이 기다리고 있소이다.

모두 : (한층 놀란다)

생원 : 호장, 내 형편을 자네도 알겠네마는 지금은 어쩔 도리가 없네, 그러니 ……

윤씨 : (악에 차서) 에그 량반 량반 하시더니 한 푼어치도 못 되는구료. 그래 성주를 믿는 일이 이렇게 됐소. 어이구 …… (운다)

참봉 : 허허 참 이렇게 될 리가 없는데 거 맹랑하군.

생운 : (무슨 결심이나 한듯) 호장, 좌우간 잠시 서원에 가 기다려 주게.

호장 : 그럼 즉시 하회를 주십시오. (거만스럽게 퇴장)

참봉 : (슬슬 꽁무니를 빼기 위해 일어서며 엥이 이젠 량반 노릇도 못 해 먹을 세상이로군. 한곡, 아무래두 그 얼굴빛이 당학질 같은데 내 집에 가서 약을 좀 가져 오겠소. (괴로운 분위기를 빠져 나가 버린다)

△ 잠시 침통한 사이.

윤씨 : 내 항시 뭐라구 그럽디까? 세상엔 공것이란 없다구 그러지 않았소. 환자에만 매달려 살지 말고 조그만 장사를 하든가 농사를 짓든가 자수로 일을 해서 먹고 살자고 하지 않았소.

생원 : 량반이 그런 일을 어찌 헌단 말이요.

윤씨 : 어이고 량반 아닌 권부자는 호의호식하고 잘만 삽디다.

생원 : (당황망조하여) 그런 말 할 때가 아니요, 그런 말을 …… 그래 우리 집안엘 쌀 천석 값어치 나갈 만한 뭐가 없단 말이요?

윤씨 : (눈물을 씻으며) 있구말구요, 너무도 많지요, 량반의 족보도 있구 조상 신주도 있구 당신이 앉았던 자리를 파면 금덩어리가 나올는지도 모르지요.

생원 : 옳소, 부인이 정말 좋은 말을 했소. 량반의 족보가 있지, 그게라도 살 사람이 있으면 ……

윤씨 : 어이구 서운아, 이 일을 어찌 하면 좋단 말이냐, 손에 쟁기 한 번 들어 보지 못한 량반께서 목에 큰 칼을 쓰게 됐으니. (목이 메여 운다)

서운이 : (그도 따라 운다)

생원 : 목에 큰 칼을 …… (목을 움찔한다) …… 옥중에는 상놈들의 원귀가 많을 테지 …… 형장에 죽은 귀신, 칼 맞아 죽은 귀신 그놈의 원귀들이 량반인 나를 보면 …… 아 …… 차라리 으흠 으흠

(앓음 소리를 내면서 허둥지둥 뜰로 내려서며) 어쨌든 내가 권부자를 보고 말을 해 보겠소, 어쨌든 으흠 으흠 …… (그만 댓돌에서 굴러 넘어진다. 그는 큰 신음 소리를 지른다)

△ 이 때 밖에서 권부자 들어온다. 그는 뚱뚱한 몸에 배가 나왔고 희멀끔한 둥근 얼굴에 눈섭이 검고 턱엔 몽당수염이 한 주먹 붙어 있다. 그 뒤로 그의 처와 막동이 따라 들어온다.

권부자 : (땅에 엎드려 절을 하며) 소인 춘보 문안 드리오.

생원 : 아니 그게 누군가? 정녕 귀신 아닌 춘보인가?

권부자 : 그렇소이다.

생원 : (반색을 하며 땅에서 일어선다. 허나 사지가 결려 앓음 소리가 입에서 튀여 나오는 것을 꾹 참고 위신을 차리며) 음, 으흠, 그래 춘보 잘 있었나? 그새?

권부자 : (허리를 굽히며) 네.

부자의 처 : (윤씨를 향하여 절을 하며) 마님 …… 아까 오셨을 제 쇤네에게 간청하시는 길 정말 죄송하와요.

윤씨 : 온 별소리 다 하네. 참 아깐 너무 정신이 없어서 인사두 못 했어, 주인이 볼기를 맞았다더니 좀 어때?

부자의 처 : 웬걸유, 아직두 장독이 나서 ……

윤씨 : 온 저런.

생원 : 허 볼기를 맞다니. 춘보, 사람을 사서 대신 맞히기래두 할 것이지.

권부자 : 그럴 짬이 없었사와우. 아무리 발목을 다쳐 못 쓴다해두 상놈이 말을 탄 게 잘못이구 량반님네 행차를 얼핏 말께서 내리지 못 한 게 모두 소인의 불찰입지요.

생원 : 그 말이 정녕 점잖은 말일세 …… 춘보 반갑네, 날 이렇게 찾아 주니 반갑단 말일세. 내가 지금 하도 답답해서 자네를 찾아 가려던 참일세.

권부자 : 온 점잖으신 으른께서 소인네 집엘 오시다니 ……

생원 : 춘보, 자네는 재물이 많을 뿐 아니라 덕이 많고 지혜가 많고 인정이 많은 사람이 아닌가?

권부자 : 온 천만의 말씀을 다 하시와요.

생원 : 어허 골이 또 쓰는군 …… 춘보 이 무서운 병을 고쳐 줄 수 없겠나?

권부자 : 아니 그게 무슨 병인데 그렇게 무서운 병인뎁쇼?

생원 : 이 병이 환자 천 석으로 생긴 병이라네. 춘보 내 목에서 큰 칼을 좀 벗겨 주게.

권부자 : 그야 돈이나 쌀이 있으며 그만 아닙니까?

생원 : 여부 있는 말인가?

권부자 : 그러지 않아도 그 일로 찾아 왔습지요.

생원 : 그 일로 나를 찾아 왔다? (반색을 한다)

권부자 : 한 이웃에 사는 정리를 생각해서래두 어찌 소인네가 량반 어른네 곤경을 모른 채 할 수 있을갑쇼.

생원 : 그래서 ……

권부자 : 소인네 재산이 뭐 얼마 되진 않사오나 그 환자 천 석을 갚아 드릴 수 있는 일이라구 작정했습니다.

생원 : (펄쩍 뛰다 싶이 기뻐하며) 아니 그게 자네 진심에서 우려나온 진담인가?

권부자 : 소인 비록 농사도 짓고 장사도 해 먹는 놈이지만 평생 거짓말은 모르는 놈이올시다.

생원 : 고맙네, 고마와.

권부자 : 환자는 즉시 관가로 실어 바칠 수 있습니다.

생원 : 아 고맙네 고마와. 내 골머리 쓰던 병이 금시로 거뜬해지는군.

윤씨 : (부자의 처에게) 권서방댁, 정말 고마우이. 이렇게 우릴 살려 주니 이 은혜를 무엇으로 갚으면 좋겠나.

부자의 처 : (웃으며) 원 별말씀을 다 하세유.

생원 : 춘보 자네야말로 내 활인지 은인일세. 허지만 부자란 릿속을 보는 것인데 자네한테 어찌 릿속이 없어서야 되겠나. 무엇이든 말을 하게. 내가 할 수 있는 일이면 무슨 일이든 하겠네.

권부자 : 고마운 말씀입니다. 그저 소인에게 한 가지 소원이 있는뎁쇼.

생원 : 무슨 소원인가, 어서 말해 보게.

권부자 : 량반들은 아무리 가난해도 항상 존귀한데 소인네는 비록 재산이 있어도 항상 비천하와 감히 말을 타지 못하고 량반을 보면 쩔쩔매며 벌벌 기되 마루에 오로지 못하고 뜰 바닥에서 절하고 코를 끄을고 무릎으로 걷게 되오니 이런 치욕이 어데 또 있겠습니까 …… 그리하와 ……

생원 : (울상이 되여 펄썩 주저앉는다)

권부자 : 소인은 그저 량반의 권세와 지체를 갖고 싶었습니다.

생원 : 알겠네, 그만하면 알겠네 …… 허지만 그건 어려운 일일세, 자네 같은 사람들로선 어려운 일이야. 그러니 다시 말하면 나더러 량반을 팔란 말이군? ……

권부자 : 부질없는 말씀을 드려 죄송하와요. 그럼 소인은 이만 ……

생원 : (펄썩 뛰며 떨리는 목소리로) 이 이 사람 …… 가만있게, 그래 자네가 정녕 내 환자를 갚아 준단 말이지?

권부자 : 한 입 가지고 두 말 할갑시오. 소인네 같은 상놈으로서 밑천은 첫째가 신용인뎁쇼.

생원 : (웃음인지 울음인지 모를 소리로 웃으며) 암 신용이 제일이지. 내 목에

칼을 벗겨 준다면 좋네, 그럼 오늘부터 자네가 량반이 되게 …… 환자는 오늘 안으루 갚아야 한다네.

권부자 : 념려 마십시오, 아무 소리 않고 갚겠습니다.

생원 : 이 애 서운아, 서원에 가서 호장 보구 일러라. 이러니저러니 잔소리 할 거 없이 그저 한 마디 환자를 갚겠노라구 그렇게 성주께 전갈을 여쭈라고.

서운이 : (어쩔 바를 모르고 섰다)

윤씨 : (기가 막혀) 여보 ……

생원 : 뭘 하느냐 어서.

△ 서운이 밖으로 달려 나간다.

생원 : (도포와 관을 벗어 들고 부자 앞으로 가서 그걸 주며) 자 이 도포를 입고 이 관을 쓰게.

막동 : (킥킥거리며 웃는다)

생원 : 이놈, 무엇이 우스운고?

윤씨 : (펄쩍 땅바닥에 주저앉아 땅을 치며) 에그 세상에 량반을 파는 일도 있소.

— 암전 —

제二장

전장에서 며칠 후.

무대는 전장과 같다.

막이 오르면 무대에는 아무도 없다. 동네 아이들이 량반을 풍자하는 동요를 부르며 담 밖으로 지나간다. 아이들의 조소적인 웃음소리 멀리 사라진다. 밖에서 량반이 들어온다. 그는 머리에 전립을 쓰고 몸에 돔방옷을 입고 발에 짚신을 신었다. 그는 마당 가운데 우두머니 선다. 안에서 윤씨가 나온다.

윤씨 : (놀라며) 아니 그 꼴을 해 가지고 어델 가실려오?

생원 : 참봉을 찾아 가려다 그만 들어왔소.

윤씨 : 그 댁엔 뭘 하러 가신단 말이요, 인제 우리가 이 꼴이 된 걸 그 량반인들 왜 모르겠소?

생원 : 그렇지, 류류상종이라 량반은 량반으로 벗하고 상놈은 상놈과 친하고 …… 그래도 수십 년 지기지우가 내 비록 이 꼴이 됐다기로 친구의 의리야 끊겠소.

윤씨 : 딱두 하시오. 그 량반이 무슨 릿속이 있어 인제 당신과 친하겠소. 생각두 마시오.

생원 : 그래 내 신세가 아주 그렇게 됐단 말인가? 후! 허지만.

윤씨 : 인제 앞으루 살아 갈 궁리나 좀 하십시다. 어떻게 했으면 좋겠는지요?

생원 : (덤덤히 마루에 앉는다)

윤씨 : 무슨 장사래두 좀 해 보시오.

생원 : (귀찮다는듯) 허 또 그 소리군.

윤씨 : 허다 못해 나무 장사래두.

생원 : 별소리 다 허우.

윤씨 : 그럼 당신은 종이 속은 잘 아실 테니 종이 장사나 좀 해 보시면 ……

생원 : 그만두시오. 그래 날더러 장돌뱅이 노릇을 하란 말요?

윤씨 : 에이그 …… 그럼 농사도 못 하겠소?

생원 : 생각해 보시오. 내가 어떻게 똥거름을 질 수 있겠는가?

윤씨 : 대체 내란 것이 누구시오? 량반이시오? 상사람이시오? 량반 팔기 전엔 량반이라 못하셨지만 그래 지금은 무슨 체면에 걸려서 못 하시오.

생원 : 허 당신도 답답하오 …… 내 량반을 팔았으되 량반 노릇하던 내 체면이야 어데 가겠소.

윤씨 : 어이구 하느님 맙소사 너무도 야속하오.

생원 : 하늘이 사람의 입을 마련한 바엔 다 먹게 마련이요 …… 옛날 범증(范增)은 기이한 계책을 좋아하였는지라 내 범증과 같이 기이한 계책을 하나 생각하고 있소.

윤씨 : 그만두시오, 이번엔 또 무얼 팔아 잡술 계책이시오?

생원 : 허 답답한지고 답답한지고.

윤씨 : 어이고 누가 답답한지 모르겠소이다.

△ 생원 안채로 들어간다.

△ 윤씨 혼자 남아 한숨을 쉰다.

△ 서운이 밖에서 들어온다.

서운이 : 마님, 권부자네 마누라가 오마구 그랬사와요.

윤씨 : 권부자네 마누라가? …… 마누라가! ……

서운이 : 정말 그렇게 변할 수가 있어요? 동네 사람들이 수군거리며 은근히 욕을 해요.

윤씨 : 뭐라고 욕을 해?

서운이 : 저 ……

윤씨 : 어서 발을 해라.

서운이 : 량반을 파는 사람이나 량반을 사는 사람이나 다 …… 미친놈들이라구요.

윤씨 : 이 년 …… 그것두 말이라구 옮기느냐? …… (혼자 개탄하듯) …… 허지만 헐 수 없는 일이다.

서운이 : 그리구 …… 정말 눈꼴이 사나와요. 권부자네 집에서 뭐 말을 산다 안장을 사 들인다 뭐 열 간짜리 사랑 별당을 짓는다, 정말 우스워요.

윤씨 : 우스워도 할 수 없다. 후유 ……

△ 부자의 처 제법 위신을 차리면서 허리를 펴들고 어색스럽게 담뱃대를 뻗치여 물고 들어온다.

서운이 : (윤씨에게) 마님 ……

윤씨 : (눈꼴사납게 부자의 처를 본다. 허나 그는 어쩔 수 없이 그에게 허리를 굽혀 절한다)

서운이 : (그 역시 허리를 굽힌다)

부자의 처 : 생원께선 어디 가셨나유?

윤씨 : 네 …… 몸이 좀 아프다구 안에 들어가 누워 있습지요. 무슨 말씀할 일이 있으면 ……

부자의 처 : 다른 말이 아니라 우리가 쌀 천 석이나 쓰구 보니 우리 집 살림

이 뽕이 빠졌단 말유. 흐 그렇다구 인제 와서 도루 무를 수도 없구 …… 만일 지금이라두 물러 달라면야 ……

윤씨 : (당황하며) 온 천만의 말씀을.

부자의 처 : 호 …… 그러면 말유. 량반 살림을 벌리자니 드는 것두 많구 사람도 더 있어야 하겠구 …… 그래 량반집에서 살아 본 녀종 하나를 구하는데유 마님 ……

윤씨 : 에그 마님이 뭔가유. 리서방 댁에라 부르시든가 여보게라고 불러 주시와요.

부자의 처 : 이거 온 량반 노릇하기두 어렵구먼유 …… 그래서 …… 여보게 ……

윤씨 : 네.

부자의 처 : 이 서운이를 아주 날 줄 수 없겠니?

서운이 : (놀란다)

윤씨 : (매우 딱한 모양으로) …… 글쎄 온.

부자의 처 : 그래 못 주겠단 말인가? 여보게 ……

윤씨 : 그런 게 아니와요. 그래두 바깥 주인허구 의논을 좀 해봐얍지요.

서운이 : (떨리는 목소리로) 쇤네는 싫사와요. 량반 매매에 쇤네가 무슨 아랑곳 있사와요.

윤씨 : 넌 가만있어.

서운이 : 쇤네는 팔려 다니기 싫사와요. (울며 안으로 들어간다)

부자의 처 : 홍 …… 좋도록 합시다유.

윤씨 : 잠간 기다려 주십시오. (안으로 들어간다)

부자의 처 : 마님 …… 마님이라 …… 호 ……

△ 부자의 처 혼자 마당을 오락가락 량반 부인네의 걸음을 걸어 본다.

△ 권부자 들어온다. 머리에 관을 쓰고 몸에 도포를 입고 손에 부채를 들고 배를 더 쑥 내밀고서 팔소매를 휘휘 내저으며 들어온다.

권부자: 여보, 마누라.

부자의 처: 마누라가 뭐유 마님이지.

권부자: 넨장 어떤 량반이 제 마누라 보구 마님이라고 부른담.

부자의 처: 에그 내 정신이 헷갈렸구료, 그건 당신 말이 맞어유.

권부자: 모두 어델 갔소?

부자의 처: 안에들 있어유.

권부자: 그래 말을 해봤오?

부자의 처: 의논을 해 보겠다고 들어갔어유.

권부자: 기다려 봅시다. ……

부자의 처: 여보 날 좀 봐유, 어떤가? 량반의 마님 같은가? 이 쪽진 머리랑 이 치마 입은 거랑.

권부자: 그럴듯하오, 허지만 마누라야 뭐 아무러면 어떻소, 살림하는 녀편네가……

부자의 처: 에그 당신만 량반 노릇 하실라우…… 난 포흔이 졌소. 우리가 그 량반놈들에게 얼마나 천대를 받아 왔나, …… 머리를 하늘로 두고서도 량반 앞에선 머리를 들지 못 하고 발을 땅에 붙였건만 량반 앞에선 맘대로 걷지를 못 하고 잘 해도 쌍놈 못 해도 쌍놈 쩍하면 볼기다 쩍하면 돈을 물어라 쩍하면 쌀을 바쳐라, 이번 비석거리 량반에게 볼기를 맞고 돈 백 량까지 뺏긴 일을 생각하면……

권부자: 인제 그런 소리 할 필요 없소. 내가 량반이 된 바엔 세상의 그 어떤 놈도 나를 업수이 여기지 못 할 게요…… 자 나를 좀 보, 어떤가?

부자의 처: 정말 훌륭해유. 인물루 말하면 우리 고을 원님두 당신만 못해유. 그저 한 가지 험은 그 텁석부리 수염이유.

권부자: 허 참 이 수염이 어떤 수염이라구 대복이 들었다는 수염이야.

부자의 처 : 에그 그렇다면 그냥 둡시다유. 제발 량반들 앞에서 굽신거리지나 마슈. 언제나 허리를 쭉 펴고 걸음걸이도 이 집 량반처럼 여덟팔자루…… 그저 당신은 웬만한 일에두 겅정겅정 뛰는 게 병이라니유.

권부자 : (량반 걸음으로 마당을 거닌다)

부자의 처 : 훌륭해유. 그런데 배를 너무 내미는 게 병이유…… 몸을 너무 흔드는 게 병이유.

권부자 : 넨장 임자말엔 병도 많소. 아직도 볼기 맞은 자리가 아파서 그런 걸 어떡허란 말요. (하고 흰 이가 드러나도록 큰 입을 벌려 이를 두어 번 딱딱 맞히게 물며 눈알을 크게 뜬다)

부자의 처 : (질겁을 하며) 에그 숭업게 그 큰 입은 웨 그렇게 벌리구 잇발을 딱딱거리며 눈알을 부릅뜨시유.

권부자 : 이 집 량반이 매양 그럽디다.

부자의 처 : 에그 부기 싫어유. 그것두 량반의 것인가유.

권부자 : 넨장 임자의 그 말끝마다 붙어 다니는 유—소리는 언제나 없앨 작정이요.

부자의 처 : 그야 내 사투린 걸 헐 수 없지유. 그저 당신이나 잘 하세유.

권부자 : 량반의 짓이란 나 보기엔 거북하고 병신 같은 것들이 많습디다. 그저 그 량반의 신분과 행세가 부러울 뿐이자.

부자의 처 : 인제는 좀 큰소리치며 살아 봅시다유

권부자 : 여부가 있소. 원님이 우리 마을엘 오신다 해도 인젠 나도 땅에 엎드리지 않고 떳떳하게 그 앞에 나설 수 있단 말요.

부자의 처 : 인제 한 좌석에서 술두 함께 잡수실 수 있지유.

권부자 : 술 뿐이겠소. 밥두 함께 먹을 수 있지.

부자의 처 : 난 그저 당신이 망신을 당할 것만 같애 조마조마해유.

권부자 : 별소리 다 하는군.

부자의 처 : 당신의 밥 숟가락이 얼마나 큰 줄 아시유, 원님이 그걸 보시면 기절초풍을 하실 테니.

권부자 : 넨장, 밥술은 클수록 좋은 거여. 골병 든 샌님들처럼 밥알을 세야만 되겠소? 제 온.

부자의 처 : 그리구 량반은 농사두 장사두 하지 말아야 하며 제 손으로 일도 못 한다는데 그게 걱정이유. 잘못하다 있는 것 다 떨어 먹루 이 집 생원 신세가 되면 ……

권부자 : 원 별 걱정을 다 하우. 나는 내 배짱 대루 할 작정이유. (사랑마루에 걸터앉는다)

△ 쟁인바치 들어온다.

쟁인바치 : 생원께 문안드리오. (허리를 굽히며 들어와 절을 한다)

권부자 : (좀 어리둥절해서) 생원이라니? 아 자네 …… 망건쟁이 송칠이가 아닌가?

쟁인바치 : 그렇소이다.

권부자 : 그래 무슨 일로 왔나?

쟁인바치 : 그 뭐 말씀 또 드리기 황송하오나 관 값을 ……

권부자 : 관 값이라니 그게 무슨 말인가?

쟁인바치 : 호 …… 량반께서 뭘 그까짓 걸 가지고 그러십니까? 그저 말총 값으루 석 량만 주시면 ……

권부자 : 허 자네가 날 잘못 알고 허는 말이군.

쟁인바치 : 뭘 자꾸 그러시오니까, 점잖으신 어른께서.

권부자 : 어따 저 사람 생트집하는군. 난 자네한테 관을 마친 일도 없고 사 쓴 일도 없네.

쟁인바치 : (어이없다는 듯) 아니 생원님께서 머리에 쓰신 바로 그 관이 ……

(하며 눈을 들어 똑똑히 권부자를 본다. 그는 놀란다) 아 이게 누구시오? 권서방이 아니시오?

권부자: 허 …… 그렇네 자네가 날 이 댁 량반으로 알았군.

쟁인바치: 아니 언제 이렇게 됐소? 권서방인 농사를 지으며 대장쟁이를 하다 장사를 싥가해서 부자가 되더니 량반의 관을 다 쓰구 야 따 …… 허 …… 아스시오 그런 꼭두각시 노릇은 그만두시오. 허 ……

권부자: (위엄 있게) 이 사람, 량반 앞에서 이 무슨 실없는 소린가……

쟁인바치: 엥이 원 롱담이라도 그런 짓은 아예 마슈.

권부자: 아 이 사람이? ……

△ 안에서 리생원 내외 나온다. 그들은 부자 내외 앞에 어쩔 수 없이 허리를 깊게 구부려 절을 한다.

생원: 권 생원 어서 오십시오.

권부자: (그 역시 뜰로 내려 습관적으로 허리를 굽히면서 절을 하는데 그의 처가 그의 엎구리를 꾹 찔러 위신을 갖게 한다. 권부자는 그제서야 다시 허리를 쭉 펴고 배를 더욱 쑥 내밀고 서서 헛기침을 한다)

쟁인바치: (그 역시 습관적으로 허리를 구부린 채 이 전변된 광경을 신기하게 보고 있다)

권부자: 량반께서 뭐 량반을 팔았다고 그렇게까지 소인에게 대해서 ……

부자의 처: 에그 량반의 말씨가 그게 뭐유.

권부자: 허 잔소리 좀 그만두 …… (생원에게) 그만 허리를 펴시오.

생원: 온 도섭스런 말씀을. 소인은 그저 환자 갚아 주신 것만 황감히 생각는 바입니다. 이제부터는 그저 리서방이라고 불러 줍시오.

권부자: 거 부르기 거북하군. (기침을 켁켁하고) 리서방 ……

생원: 네.

권부자 : 내가 찾아 온 것은 다름이 아니라 …… (목에 가래가 또 걸려 칵칵 소리를 낸다)

부자의 처 : (답답한 듯) 에그 답답두 하시유. 여보 리서방댁 그래 어떻게 의논이 됐나?

윤씨 : 량반께서 종년을 달라시니 어찌 안 드릴 수 있소리까, 데려 가시오.

부자의 처 : (남편과 눈을 맞추며 웃는다)

쟁인바치 : 헤 …… 이거 온 롱담인 줄 알았더니 진짜 량반이 되셨구료. 헤헤 …… 세상에 났다 희한한 구경을 다 합니다. 이거 온 죄송한 말씀이외다. 량반 매매의 증서는 어떻게 쓰셨는갑쇼?

권부자 : 증서라니?

부자의 처 : (그 말을 듣고 놀라며) 정말 증표 하나 없이 이 일을 했구료. 여보, 당신이 정신 나간 사람이지 ……

권부자 : (생각한다)

쟁인바치 : 곡물 거간에도 증서요, 토지 매매에도 증서요, 혼인 잔치의 사주단자 이것도 증서인데 그래 증서 한 장 없이 어떻게 언약으로 서로 신용을 하겠소.

부자의 처 : 여보, 우리가 량반들에게 얼마나 속아 왔소. 지금이라두 증서를 쓰게 합시다유.

권부자 : (생원을 흘끔 보며) 증서는 쓰지 않았다 하더라도 량반의 이 관을 썼으면 그만 아닐까? …… (생각하다가) 리서방 어찌 하면 좋겠소, 증서를 쓰는 게 좋겠소, 그만두는 게 좋겠소? ……

생원 : 증서도 좋지만 사람들의 일이란 신의가 첫째이외다.

권부자 : 신의가 첫째라? ……

쟁이바치 : 거 참 훌륭한 말이요. 신의가 첫째라? …… 유식한 량반이 다르군. 참 리서방 그럼 오늘은 관 값이나 주시오.

생원 : 송칠이 그 관은 환자 쌀 천 석에 팔렸네. 그러니 저 권 생원에게서 받게.

쟁인바치 : (해학적으로) 뭐 관 값이 천 석이라니? 에그 여보 그래 석 량짜리 관을 천 석에 판단 말이요? 릿속을 봐도 분수가 있지. 여보 당장에 열 량 내시오. 말총 값이나 받으려고 했지만, 흥, 나도 밑질 순 없소, 어서 열 량 내시오.

생원 : 뉘 앞이라고 이렇게 떠드느냐?

쟁인바치 : (역정을 벌컥 내며) 뉘 앞이라니? 아따 이젠 너도 상놈이 아니냐? 날과 같은 상놈으로서 ……

생원 : (얼굴이 창백해지며 손을 벌벌 떨며) 저 놈이 허허 저 놈이, 그래 관값을 관 임자에게 받으라는 게 당치 않단 말인고? ……

쟁인바치 : 야 이놈 봐라 …… 관으로 말하면 너한테 팔았지 언제 권부자에게 팔았느냐? 흥 네놈이 량반일 적엔 우리가 헐 말을 못 했다만 …… 내 갓이나 망건이나 관 값을 량반놈들에게서 제대로 받은 적이 없다. 어떤 놈은 남의 물건을 집어 쓰구서두 시침을 떼질 않나, 어떤 놈은 량반의 말을 거역했다구 볼기를 치질 않나, 어떤 놈은 남의 돈과 쌀을 그냥 강탈해 먹질 않나, 어떤 놈은 남의 환자를 횡령해 먹질 않나, 어떤 놈은 남의 계집을 도둑질하구서두 례의니 도덕이니 떠벌리지 않나 ……

권부자 : (한편 그 말에 동정하면서) 량반이라구 다 그럴가? 말 조심하게.

쟁인바치 : 야따 가제는 게 편이라구 이 사람 벌써 량반의 편을 드는군.

권부자 : (큰 소리로) 이놈이 무엇이 어째? 도제 네 눈깔엔 보이는 게 없느냐? 옛날 권서방인 줄 아는가?

쟁인바치 : (어이없이 권부자를 볼 뿐이다)

권부자 : 헛참(다시 점잖게) 관 값은 내가 줄 것이니 내 집으로 오너라.

쟁인바치 : (손을 내저으며) 어 그만두시오. 그놈의 관 값 더러워 안 받겠소,

그만두시오. (하고 힝하니 밖으로 나가 버린다)

권부자 : 넨장 량반의 망신이로군.

생원 : (자기의 분을 못 이겨) 아니 그놈을 그냥 둔단 말이요. 량반 체면이 이게 뭐란 말요. 한개 하천한 상놈으로서 그래 그럴 법 있나이 — 괘씸한 놈.

윤씨 : 여보, 당신이 무슨 량반이요? 왜 이러시오. 주책없이.

부자의 처 : (부자에게) 이건 어느 누가 량반인지 모르겠수. 어서 갑시다유. 여기 더 있단 망신만 당하겠수.

△ 막동 뛰여 들어온다.

막동 : 주인님 저 쪽을 보시와요. 원님 행차가 마을로 들어오는뎁쇼.

모두 : (놀란다)

권부자 : (문 밖을 내다보며) 정말 성주께서 나옵시는군.

부자의 처 : 아니 무슨 일로 나오실가?

권부자 : 가만있소, 내가 마중을 나가야 할 텐데. 어찌 한다? (관을 다시 고쳐 쓰며 도포끈을 풀어 다시 매며 당황해한다) 리서방 원님 영접하는 량반의 법은 어떠하오?

생원 : (괴롭고 난처한 모양으로 허리를 구부리고 선 채) 땅에 엎드리지만 마시오.

△ 이렇게 수선을 부릴 때 밖에서 참봉이 "한곡"을 부르며 들어온다.

참봉 : 한곡 한곡 …… (전변된 광경을 보고) …… 흐흐 …… 아니 이게 무슨 산대놀이 같소구료 흐 …… 한곡 ……

생원 : (처와 함께 허리를 깊게 구부린다)

참봉 : (자못 동정하듯이) 한곡, 이게 웬일이시요. 소문은 들었소만 이럴

수 있소.

권부자: (허리를 굽히며) 참봉 용서합시오.

참봉: 용서라니? 권서방 흐…… (조소하듯 웃다가 다시 아부하듯) 아주 훌륭하외다. 어디루보나 량반 같으외다. 고맙소, 생원의 환자를 갚아 주셨다니, (한곡에게로 다시 가서) 허지만 한곡 이게 무슨 꼴이요? 어서 일어나시오. 성주께서 한곡을 찾아오시는데 이게 무슨 꼴이요?

생원: 면목이 없소이다. 난 성주를 뵈올 체면두 지체두 아무 것도 없소이다.

△ 이 때 밖에서 들리는 소리

일렀가라 물렀가라

저리 만큼 물렀가라

△ 드디어 군수 들어온다.

△ 생원 부처는 땅에 엎드리고 권부자 내외는 한 쪽으로 비껴 서서 허리를 굽힌다.

참봉: 흐…… 어서 올라 가십시교.

군수: (사랑 층계 우로 올라선다) 리생원 어디 가셨소?

참봉: 리생원 한곡으로 말씀하면 바로 저기 엎드린……

생원: (울음 맺힌 목 메인 소리로) 소인…… 성주 전제 문안 말씀 아뢰오이다.

군수: (깜짝 놀라며) 아니 리생원이?…… (급히 뜰로 뛰여 내려가 생원을 붙들어 일으키며) 생원은 어째서 이처럼 자신을 굴욕하시오?

생원: (더욱 땅에 머리를 조아리며) 황공하오이다.

군수: 난 생원께 치하를 하러 왔오. 그 환자 쌀로 해서 나 역시 관찰

사 령감 앞에 머리를 들 수 없었고 골머리를 앓고 있던 참이요. 그런데 그처럼 많은 환자를 즉시로 갚아 주시여 지전으로 고맙단 말이외다.

생원 : 황공하오이다.

군수 : 그런데 어이된 연유로 이렇게 자신을 굴욕하시오?

생원 : 여쭈옵기 황송하오나 소인이 감히 자신을 낮춤은 례의가 아니오라 환자를 갚기 위해 할 수 없이 이웃 부자인 권 춘보 권서방에게 량반을 팔았소이다. 그리하와 지금은 권서방이 량반이옵고 소인은 상놈으로 떨어졌사외다. 일이 이렇게 된 뒤에야 소인이 어찌 감히 옛날처럼 량반의 칭호를 그대로 가지고 스스로 높은 체 하오리까?

군수 : (놀라며) 아니 그 말이 거짓은 아니겠지?

참봉 : 아무래두 이게 진실다운 일인 것 같소이다.

군수 : (격해서) 생원 이게 무슨 소리요, 량반을 팔다니? 량반을? (뒤이어 생원을 위로하는 은근한 말로) 허나 생원 그 환자를 갚았으니 그 일로 말하면 잘 한 일이요. 어서 일어나시오. 량반을 팔았기로니 량반이 뼈야 어델 가겠소.

생원 : (망극한 심정으로) 성주, 망극한 말씀이오외다. 지금도 이 한곡의 뼈속에 계은 자손의 피가 흐르고 있소이다.

군수 : 어서 일어나시오.

생원 : (일어 나 허리를 굽히고 선다)

군수 : …… 그래 권서방은 어데 있소?

참봉 : 바로 이쪽에 선 량반이 권서방이외다.

군수 : (좀 놀라며) 권서방이? 허 …… 난 어떤 량반인가 했군. 권서방 ……

권부자 : 예이. (하며 그만 땅에 엎드려 절을 한다)

군수 : 그대가 량반을 과연 샀는가?

권부자 : 예이 그렇습니다. 만일 량반을 산 게 외람한 일이라 하시면 당장이라두 이 관과 도포를 벗구 량반을 무르겠습니다.

군수 : 허허 과연 권부자야말로 군자답네, 량반답네, 그렇지 않소? 참봉 허 ……

참봉 : 과연 덕이 높은 어진 량반답소외다. 흐 ……

군수 : 내 말이 그 말이요! 허, 부자로 살면서 린색지 않은 것은 의(義)며 남의 곤난을 제 일처럼 생각해 건져 주는 것은 인(仁)이며 상놈을 싫어하고 량반이 되고저 하는 것이 지(智)이니 이는 진짜 량반이요.

참봉 : 진짜 명예와 권세를 함께 가질 만한 량반이외다.

군수 : 량반은 그렇게 땅바닥에 함부루 엎드리는 법이 아니요. 보기 숭업소, 어서 일어나시오.

권부자 : (일어 나 엉거주춤하고 선다)

참봉 : 흐 …… 인제 량반의 제도를 배워얍지요. 흐 ……

군수 : 그러면 매매 문서를 봅시다.

생원 : 황공하오나 문서는 쓰지 않았소이다.

군수 : 그래 아무런 증표 한 장도 없단 말인가?

권부자 : 아직 없소이다.

군수 : (펄쩍 뛰며 역정스럽게) 허 이게 무슨 소리요, 문서가 없다니, 량반이란 어떤 것인 줄 알구 …… 함부로 이런 짓을 한단 말인가?

참봉 : 그건 안 될 일이외다. 량반을 판 사람이 다시 량반 행세를 해도 안 될 일이며 량반을 산 사람이 다시 상놈의 행세를 해도 안 될 일이외다.

군수 : 그렇소. 다음 날 물의가 일고 소송을 일으킬 장본이 되오. 그러니 두 사람의 매매 언약에 고을 사람들을 증인으로 세우고 문서를 만들어 성주인 내가 수결을 하여야 하오.

참봉: 흐…… 진실로 성주의 말씀은 언제나 현철하고도 명철하신 흐……

군수: 그럼 참봉께서 아주 이번 일에 수고를 좀 해 주시오. 증인도 서실 겸 래일 두 사람을 데리고 관가로 오시오.

참봉: 그저 분부대로 하겠소이다. 흐…… 권서방 어떻겠소?

권부자: 아뢰옵기 황송하오나 그 증서 내용은 어떻게 쓰는갑쇼?

군수: 그 증서 내용에 관해선 걱정 말게, 그럼 래일 관가에서 봅시다.

△ 군수 위풍을 보이며 밖으로 나간다. 참봉 쫄랑거리며 따라 나간다.

△ 권부자 내외 매우 만족해서 그들을 따라 나간다.

△ 서운이 안에서 달려 나와 이 광경을 보고 놀란다.

막동: (생원 부처를 가리키며) 서운아 하하하 …… 서운아 하하하 …… (폭소를 터뜨리며 퇴장)

— 암전 —

제三장

이튿날.

무대는 관아 종헌. 륙방 관속이 늘어섰고 뜰에는 증인으로 온 군내 농민, 쟁인바치, 장사치들이 모였으며 대상에는 군수가 좌정하고 그 옆에 참봉이 앉았고 한

옆에 좌수 별감이 앉았으며 그 아래 호장이 엎드려 문서를 다루고 있다.

군수와 참봉이 문서를 보며 웃는다.

군수: 호장, 다 됐느냐?

호장: 예이.

군수: 그럼 곧 당자들을 불러라.

통인: 급창.

급창: 예이.

통인: 량반 매매의 당자들을 부르랍신다.

급창: 예이 사령.

사령들의 소리: 예이.

급창: 량반 매매의 당자들을 부르랍신다.

사령들의 소리: 예이.

△ 량반과 부자 등장한다. 그들은 공형 아래 선다. 문간 쪽에는 부자의 처와 막동이 들어와 엿본다.

군수: 량반은 (향소 우편을 가리키며) 이리 올라오시오.

권부자: (대상을 보며 어리둥절한다)

참봉: 흐…… 촌닭이 관청에 온 모양으로 왜 그러시오 권 생원!

권부자: 예.

참봉: 어서 성주 말씀대로 올라오시오.

권부자: (그제사 향소 우편에 올라앉는다. 허나 바늘방석에 앉은 모양으로 거북하다)

생원: (그냥 공형 아래 자리에 읍하고 서 있다)

군수: (선포하듯) 듣거라…… 리생원은 권문 거족이요, 개국 공신의 자손으로서 그 문벌과 지체가 대단하신 량반이시다. 그런데

리생원은 그 량반의 명예와 권세를 상민 정선 부자 권춘보에게 팔았는바 이제 이 고을 선비와 농민과 쟁인바치와 장사치들의 공정한 증인들 앞에서 량반 매매 문서를 읽고 좌수 별감이 증표하고 성주인 내가 수결하여 이를 공증코자 하니 그리 알라.

모두 : (허리를 구부려 례로써 답한다)

농민 : 늙은 농사꾼이 외람되오나 한 마디 여쭙겠소웨다. 옛날로부터 량반을 팔고 샀다는 말은 듣지 못 했사온데 그럴 수 있는 일이온지, 또 어데 딴 데서도 이런 일이 있었는지요?

참봉 : 그럴 수 있는 일이기에 이렇게 하는 게 아닌가? 저 경기 어데서는 량반을 사지도 않은 녀석이 량반 노릇하다가 곤장에 맞아 죽었소. 그런 일이 없도록 이렇게 하는 거니라 흐……

군수 : 이제 알았는고?

농민 : (허리를 굽힐 뿐이다)

군수 : 그럼 어서 문서를 읽어라.

호장 : (문서를 들고 읽는다) "건륭(乾隆) 一〇년 九월 모일 이 명문 딴은 생원 경주 리씨 한곡이 량반을 팔아 환자를 갚으니 그 값이 천 석이라, 량반은 명칭이 많으니 ……"

권부자 : …… 가만 계십시오. 아뢰옵기 황송하오나 그 천 석은 분명 량반을 산 값으로도 되는갑쇼?

참봉 : 들러치나 매치나 한 가지가 아닌가?

권부자 : 옳으신 말씀이오나 회계를 바로 하옵자면 그 중에 노비 하나를 껴서 주기로 됐는데와요.

군수 : 노비란 원래 량반을 따라 다니는 것인데 따로 밝힐 일이 없단 말이요, 안 그렇소이까? 참봉.

참봉 : 그렇소이다.

군수: 호장, 어서 읽게.

호장: (처음부터 다시 읽기 계속한다) "…… 량반은 명칭이 많으니 글 읽으면 선비라 하며 벼슬하면 대부라 하며 덕이 있으면 군자라 하며 문반은 서계(西階)에 서고 무반은 동계(東階)에 서니 이를 량반이라 하는데 이들 중에서 어느 것이든지 마음대로 고를 것이니라."

군수: 어느 것이든지 그대 마음대로 고를 것이니라.

권부자: (어리둥절해서) 소인은 잘 모르겠소이다. 어느 것이 더 좋은 것인지 ……

군수: 흐 …… 그럴 테지, 학문이 없는 사람으로. 허지만 잘 생각해 보시오.

권부자: (얼른 대답을 못 하고 도포자락으로 이마의 진땀을 씻는다)

참봉: 그런 거야 뭐 나중에 고르면 태수이니까. 그 네 가지가 다 량반이요, 량반이면 다 좋고 존귀한 것인데 ……

권부자: (반색을 하며) 소인에겐 그저 량반이면 그저 다 좋습니다.

군수: 그 말이 또 그럴듯한 말이요, 하 …… 호장, 어서 그 다음을 읽어라.

호장: (한층 소리를 높여) "연이나 량반 노릇하는 데는 엄정히 지켜야 할 몇 가지 종목이 있노라. 비천한 사람들이 하는 일은 추호도 하지 말며 옛량반을 모범하며 뜻은 항시 높아야 하느니라. 항시 첫새벽에 일어나 류황불로 기름등잔의 불을 켜놓고 눈은 코끝을 내려다보며 반드시 꿇어앉아서 동래박의(東萊博議)를 외우되 얼음 우에 박 밀듯 외워여 하느니라 ……"

권부자: 가만 계십시오, 동래박의란 대체 어떻게 생긴 박인갑쇼?

참봉: (딱한 듯이) 그건 박이 아니라 송나라 려조겸(呂祖謙)이란 사람이 지은 책 이름이요.

권부자 : (기가 찬 듯이) 책? …… 매일 새벽 에 책을 외운다? ……

증인들 : (서로 눈을 맞추어 보며 빙긋빙긋 웃는다)

호장 : (계속해 읽는다) "량반은 배고파도 고프단 말을 말아야 하며 추워도 춥다는 말을 말아야 하며 더구나 가난에 관한 말은 입밖에 내서는 안 되느니라. 량반은 아래 웃이를 딱딱 마주치게 물며 머리 뒤통수를 주먹으로 똑똑 튕기는 법이니라."

증인들 : (킥킥 소리가 들리도록 웃으며 중얼거린다)

호장 : "량반은 …… 갓모자를 옷소매로 쓸어 먼지를 털고 얼른거리는 무늬를 내게 하며 종년을 부르되 소리를 길게 빼여 부르지 말며 량반이 출입할 때는 손에 부채나 담뱃대를 제하고는 어떠한 물건도 들고 다니지 말며 봇짐이 있으면 반드시 종에게 들리거나 지워야 하느니라. 량반의 걸음걸이는 량반다와야 하느니 길을 가다 소낙비를 만나거나 벼락이 치더라도 결코 뛰지 말며 천천히 걷되 신은 슬슬 끄는 법이니라."

권부자 : (그리 반갑지 않은 표정) 신을 ……

쟁인바치 : (옆에 섰는 농민을 향하여) 아니 매양 신발을 그렇게 끌고 다닌다면 한 달에도 신발 켤레나 좋이 신어야 하겠소.

참봉 : (그 말을 듣고) 별걱정 다 한다. 헌다헌 량반님네들이야 어디 발을 땅에 대고 다니시더냐. 삼정승은 평교자(平轎子)를 타시고 륙판서는 초헌(軺軒)을 타시고 각 읍 수령은 독교(獨轎)를 타시고 웬만한 량반네들은 모두 말을 타거늘 ……

군수 : 참봉은 참 입심도 좋으시오. 하 ……

호장 : (목을 가다듬어 계속해 읽는다) "량반은 『고문진보(古文眞寶)』와 『당시품휘(唐詩品彙)』를 한 줄에 백 자씩 깨알 같이 잘게 쓴다."

권부자 : (입을 벌리고 이마의 진땀을 또 씻는다) 한 줄에 백 자씩 깨알처럼 쓴다? ……

호장: "손에 돈을 가지지 말아야 하며 쌀값을 묻지 않는다. 더워도 버선을 벗지 말며 상투 바람으로 밥상을 대하지 말라. 국은 밥보다 먼저 떠먹되 밥숟가락이 크지 않아야 하며 밥을 먹을 적엔 이야기 말며 음식 맛이 있느니 없느니 말하지 말며 생파를 먹지 말라."

권부자: (흥분된 숨소리를 참지 못 하여 씩씩거리다가) 호장, 잠간만 …… 생파는 꼭 먹지 말아야 하는 갑쇼? 소인은 된장에 생파 찍어 먹는 것을 제일 좋아하는데요. 그건 또 참을 수 있사오나 사람이 돈을 가지지 못 하고 쌀값을 모르고야 어떻게 삽니까?

군수: 허 량반으로서 그 만일 못 하구야 어찌 량반이라 하겠소.

참봉: 흐…… 량반 행실이란 결코 쉬운 일이 아닙지요. 흐……

군수: 호장, 어서 마자 읽어라.

호장: (문서 랑독이 번번이 중단됨을 불쾌히 여기여 위압적인 어조로) "술 마시고는 수염을 빨지 말며 담배 피울 적에는 량쪽 볼이 움쑥 들어가도록 빨지 말라. 분이 나도 안해를 때리지 않는 게 좋고 성이 나도 그릇을 차지 않는 게 좋으나 량반을 거역하는 상놈들은 용서 없이 치고 때리되 종을 시켜 때리라. 병들어도 무당 불러 굿하지 않으며, 제사에도 중을 시켜 재 올리지 않느니라." (목이 갈려 기침을 컥컥한다)

쟁인바치: (옆에 섰는 농민에게 속삭이듯이) 흥, 량반네 집안에서 그런 짓들은 더 잘하면서 ……

농민: 쉿.

호장: "량반은 얼어 죽어도 겻불에 손을 쬐지 않으며 량반은 팔과 다리를 걷어 올리고 제 손으로 밭을 갈지 말아야 하느니라. 온갖 행실이 규범에 어긋남이 있으면 이 문서를 가지고 본관 성주께 가서 분변하여 바로잡을 일이니라."

참봉 : 흐…… 성주께서 어서 수결을 하십시오.

군수 : 어떠한가?

권부자 : (말없이 매우 실망하여 있다가) 아니 그 문서에 씌인 대로 꼭 해야만 되오니까?

군수 : 량반이 만일 이만한 행실을 갖지 못 한다면 백성들 우에 설 수도 없으며 나라를 다스릴 수도 없고 방자한 상놈들을 호령할 수도 없는 것이요.

참봉 : 그 사람 지래 근심을 해서 그렇지요. 흐……

△ 군수는 문서에 수결을 한다. 그 다음 좌수와 별감이 증표를 하고 그 다음 통인이 인궤에서 군수 인장을 내여 가지고 문서에다가 호기 있게 여기저기에 도장을 친다. 그 소리는 북 소리와 같이 쾅쾅 울린다. 그 소리를 따라 권부자는 가슴이 무너지는 듯 몸을 들먹이고 증인들은 어깨를 들먹이며 속으로들 웃는다. 리생원은 목석같이 서 있을 뿐이다.

권부자 : (참다 못하여 용기를 내어) 량반은 다만 그것뿐입니까? 량반 노릇하기가 그렇게 거북하고 까다롭기만 하며 사람으루 기를 펴지 못 하겠고 취미가 없고 할 맛이 없어서야 어떤 누가 량반 노릇을 하겠습니까? 소인에게 리로움이 있도록 문서를 고쳐 써 주심이 좋겠습니다.

군수 : 문서를 고쳐 써 달라?……

△ 증인들 중에는 고개를 끄덕거리는 사람도 있고 입을 비쭉거리는 사람도 있고 서로 웅성거린다.

군수 : (참봉에게 귓속말을 한다)

참봉: 흐…… 참 가당하신 말씀이외다. 필경에 릿속이 있어야 하겠단 말이외다.

군수: 그러면 권부자로서 만족할 만한 량반 문서를 고쳐 만듭시다.

권부자: 황송하옵니다.

군수: 호장은 내 부르는 대로 써라.

호장: 네.

군수: 참봉께서도 좋은 소견이 있으신 대로 말씀 좀 해 주시오.

참봉: 그저 세상에 드문 명문장이 되도록만 부르십시오.

군수: 으흠…… 하늘이 백성을 내매 사농공상 사민(四民)이 있다. 사민 중에 가장 귀한 것이 선비인데 이를 량반이라고 부르므로 그 리익은 막대하니라……

호장: (받아쓴다)

참봉: 참 훌륭한 글이외다.

군수: 량반은 농사도 아니 하고 장사도 아니 하고…… 글줄이나 적으며 책권이나 읽는 다음에는 잘하면 문과(文科)의 벼슬하고……

참봉: 못 해도 진사(進仕)는 할 수 있지요.

군수: 있구 말구요. 호장 그렇게 써라.

호장: (받아쓴다)

군수: 문과 홍패(紅牌)는 두 자 길이에 불과한 것이나 온갖 물건이 그 가운데 구비되여 돈주머니라고 한다.

참봉: 흐…… 홍패란 이렇게 좋은 게요. 말겠소? 춘보.

권부자: (허나 그리 반가운 안색이 아니다)

군수: 다 썼는가?

호장: (아직 꾸물꾸물 쓰고 있다)

군수: 뭘 그리 꾸물거리느냐.

호장: (허겁져서) 예 다 썼소이다.

군수 : 량반은 서른 살에 진사하여 첫 벼슬(初仕)에 오르면 오히려 저명한 음관(蔭官)이 되고 …… 그렇지 …… 일을 잘하면 큼직한 남행(南行) 벼슬을 할 수 있다. 참봉, 그렇지 않소?

참봉 : 선사웅남(善事雄南)이라 량반이 아니면 이렇게 좋을 수 없사외다.

군수 : 량반의 리익이 그 뿐만 아니지요. (호장에게) 또 써라 …… 이백산풍(耳白傘風)이요, 복파령락(腹皤鈴諾)이니라.

참봉 : 량반의 귀는 일산바람에 휘여지고.

군수 : 량반의 배는 줄방울 긴 대답 소리에 살이 찐다.

참동 : 별실에는 어여쁜 기생을 꾸며 두고.

군수 : 뜰안에는 우는 학을 기른다.

부자의 처 : (당돌하게도 사람들 앞에 나서며 말한다) 아니 그게 무슨 말씀이에유? 기생첩을 두다니 량반을 사서 본처 배반하라고 시키시는 말씀인가유. 쉰네는 그런 량반 싫사와유.

군수 : 허 저게 누군고.

권부자 : 아니 예가 어디라구 임자가 나서는 거요, 썩 물러가오.

농민 : 그게 옳은 말이외다. 한집안 남정에게 딴 계집이 있어 가지고는 그 집안이 화목할 수 없습지요.

호장 : 안전께 아뢰오, 잡소리가 많아 문서 만들기 어렵사오.

군수 : 여봐라, 잡소리를 금하고 상민 증인들은 보구 듣게만 해라.

통인 : 급창. 잡소리를 금하고 상민 증인들은 보구 듣게만 하랍신다.

급창 : 예이, 사령 잡소리를 금하고 상민 증인들은 보구 듣게만 하랍신다.

사령들의 소리 : 예이.

△ 사령들 몇 좌우에 등장하여 버티고 섰다.

△ 거북스러운 침묵이 잠시 흐른다.

참봉 : 그만 진정하시고 어서 부르십시오.

군수 : 량반은 말이다, 량반은 …… 그렇지 …… 호장, 이렇게 또 써라 …… 량반은 아무리 궁한 선비라 해도 자기 시골에서는 마음대로 세도를 부릴 수 있는 것이니 이웃집 농사꾼의 소로써 량반의 밭을 먼저 갈게 하며 ……

참봉 : 흐 ……

군수 : 마을 상놈들을 시켜 김을 매게 하더라도 어떤 자가 감히 시비하리요.

참봉 : 그렇습지요, 과연.

군수 : 만일 그런 자가 있다면 그놈의 콧구멍에 재를 퍼 넣으며 그놈의 상투를 잡아 휘두르고.

참봉 : 그놈의 귀쌈을 때려 부신들 어떤 자가 감히 원망하겠는가.

군수 : 허 ……

참봉 : 이 대목이야말로 명문 중에도 명문이오이다.

증인들 : (어처구니가 없어 서로 얼굴들을 본다)

군수 : 춘보, 이만하면 흡족하겠지.

권부자 : 황송하오나 소인에겐 그 뜻을 잘 모르겠는뎁쇼.

군수 : 모르다니? …… 증인들도 모르겠는가? ……

농민 : 소인들은 너무도 잘 아는 일일 뿐더러 매양 당하는 일입지요. 소인은 비석거리에 사옵는데 소인에게도 소가 한 마리 있었습지요. 이웃집 량반께서 매양 갖다 밭을 갈게 하셨지요. 그런데 한 달포 전에 그 량반댁에 잔치가 있어 그 소를 잡아 바치라고 하시여 바쳤습지요. 그래서 또 래년 봄엔 그 량반댁을 위해서 소인이 소를 또 장만해야 하겠는데 지금 그 일이 난감하옵니다.

군수 : 하 …… 정녕 훌륭한 농사꾼이로다.

참봉: 흐 …… 춘보, 량반이 되면 이런 리익이 있단 말이네. 이제도 그 뜻을 모르겠나.

군수: 그래 그 동리에서 그 량반이 하시는 일에 원망을 하는 자가 있던가?

농민: 설사 마음 속에 그런 생각이 있더래도 감히 입 밖에 내지 못 하옵지요.

군수: 만일 원망하는 자가 있다면 량반은 그놈을 잡아 불기를 쳐도 무방하다. 만일 상놈들의 원망을 듣고도 그놈들을 그대로 내버려 두는 량반이 또 있다면 그때는 그놈을 관가에서 처단할 것이다.

참봉: 다른 중인들에겐 무슨 그럴 사 한 이야기가 없는가?

장사치: 소인네들에겐 그 누가 량반을 팔거나 사거나 아무런 릿속이 없는 일이옵니다. 그런데 소인네들은 단지 량반네들의 리익을 위해 살고 있는 형편입니다. 그 뿐입니다.

참봉: 허 …… 그 중인 좋은 말을 하는군. 그래 춘보, 이제도 문서의 뜻을 모르겠나?

권부자: (말없이 앉아 있을 뿐이다)

군수: 호장은 한 번 더 그 대목을 알아듣도록 읽어라.

호장: (입맛을 쩍 다신 후에) 귀담아 들으시오. "량반은 장사거간을 안 한다 할지라도 세도를 부려 상놈들의 재물이며 우마 가축을 제 것처럼 쓸 수 있고 상놈들의 귀쌈을 치며 불기를 치며 ……"

권부자: (그만 손을 내 휘두르며) 그만두시오. 소인은 량반 사지 않겠사오.

모두: (놀란다)

증인들: (알겠다는 표정으로 수선거린다)

권부자: (뜰로 내려선다)

생원: (벼락을 만난 것처럼 허둥거리며) 이게 무슨 말씀이요. 한 입으로 두

말 않기로 하지 않았소?

권부자 : 나는 량반이 이런 줄을 몰랐소이다.

군수 : 량반의 리익이 부족하단 말인가?

권부자 : (관을 벗고 도포를 벗는다)

생원 : (권부자 앞에 다가 와서 허리를 구부리며) 이게 무슨 일이시오? 환자 천 석으로 나를 구해 주고 성주의 곤경을 펴게 하지 않으셨소?

권부자 : 제발 이 몸을 살려 주시오.

군수 : 허 저 사람 문서에 무슨 불만이 있으면 말을 하게나, 말을 해.

권부자 : 그만두십쇼. 맹랑한 일입니다. 파두 못 먹구 결국에 장사도 못 한다, 농사도 못 한다, 말씀인데 …… 사지가 핑핑한 놈이 일두 하지 않고 앉아서만 먹되 상놈의 것을 그냥 막 강탈해 먹으란 말씀이니 ……

참봉 : 허 저 사람 딴 소리 또 허는군.

권부자 : 그만두십쇼. 량반 노릇 하란 것이 필경은 도적놈이 되란 말씀이니 정말 이놈은 량반 노릇 못 하겠사오. (관과 도포를 생원 앞에 던지고 슬금슬금 도망치듯 나가 버린다)

군중 一 : 잘 생각했지.

군중 二 : 그저 제 힘으로 일해서 먹고 사는 게 제일 좋은 일이지.

군중 三 : 옳은 말이외다.

△ 모든 사람들은 잠시 아연해서 말이 없다.

△ 부자의 처 그를 쫓아 달려 나간다.

△ 증인들 통쾌한 웃음을 씹어 삼키느라고 어깨를 들먹거리며 손으로 입을 막는다.

군수 : (화가 치바쳐서 손끝을 벌벌 떨며) 지금 그놈이 무엇이라 말했소?

참봉 : (말을 얼버무리며) 민(民)도 눈이 어두워서 잘 듣지 못했소이다. 아참 귀가 어두워서 …… 하여튼 그놈이 군자인 줄 알았더니 역시 상놈이외다. 상놈이 분명하외다.

군수 : 한곡 리생원, 량반 망신을 이렇게 시킬 수 있소?

생원 : 성주.

군수 : 그놈이 지금 무엇이라 했느냐 말요?

생원 : (헐떡거리며) 들었소이다. …… 력력히 들었소이다 …… 량반은 도적놈이라고 …… (그만 크게 앓음 소리를 지르고 부자가 땅바닥에 도로 던지고 가 버린 관과 도포 위에 쓰러진다)

증인들 : (생원이 한 말을 다시 한 번 반복해서 말한다) 량반은 도적놈 ……

△ 군수, 참봉 아연실색하여 펄썩 대상에 주저앉는다.

△ 증인들 손을 입에다 대고 흐 …… 하 ……

— 막 —

선화공주

가극(전五막)

등장인물

선화공주

서동(薯童, 맛둥방이라 부름)

왕(眞平王)

왕비(마야 부인(摩耶夫人))

덕만공주(德曼, 왕의 맏딸)

수을부(首乙夫, 상대등(上大等))

후직(后稷, 伊湌兵部令)

흑룡(사정부 대감, 수을부의 아들)

아월(선화의 시녀)

향월(선화의 시녀)

쇠돌치(서동의 친구)

날치(서동의 친구)

수리치(서동의 친구)

박사(博士, 선화의 스승)

전옥

마리현 현령(馬利縣 縣令)

마리현 소감(馬利縣 少監)

궁신들, 궁녀들, 궁졸들, 향등들 다수

때 신라 진평왕 시대

곳 신라의 서울(동경—지금 경주), 천령(天嶺)의 산중.

서동요(薯童謠)

선화 공주님은

남 그즛이 얼어 두고[1]

맛둥방을
밤에 몰[2] 안고 가다
(善化孔主主隱 他密只嫁良置古 薯童房乙 夜矣卯乙抱遣去如)[3]

두견화는 피여 있고
감로정 가는 길에
피리 소리 사무치네
다로리 디로 날라리로
서라불 봄철은 좋기도 하네

피리 임자 누구인가
산감자 캐는 총각이요
피리 부는 그 마음은
두견이 산새도 모른다네
다로리 디로 날라리로
서라불 봄철은 좋기도 하네

간다 간다 약수로 간다
약수만 존 줄 알았더니
설설이 굽는 산감자여
꽃 본 나비로 반갑고나
다로리 디로 날라리로
서라불 봄철은 좋기도 하네.

---

1 정을 두고
2 몰래
3 원문에 72쪽이 누락되어 있어, 이 작품의 제1막 첫부분이 빠져 있음.

서동 : 자 너희들 하나씩 먹어라
설설이 굽는 산감자여.

항동들 : 이 감자는 무슨 감자
어드메 산감자요?

서동 : 어화 서라불 산이여 오악(五岳)이여
동에는 토함산 남에는 지리산
서에는 계룡산 북에는 태백산
가운데 문악이라 산 높이 솟았는데
이 산 저 산 다 버리고
선화궁 뒷산 숲에
공주님이 그리워라 알알이 맺힌 감자
밤이슬 맞아 가며 이 감자 맺히였다.

항동들 : 삼국 일색 선화 공주
산감자도 그리워서
알알이로 맺혔고나
아하하 우스워라 아하하……

△ 이럴 때 쇠돌치, 수리치, 날치 등 함께 웃으며 등장.

쇠돌치, 날치, 수리치 : 삼국 일색 공주님의
그 배필이 누구일가
너희들 알겠느냐?

항동들 : 고구려 활 잘 쏘는 대가(大加)의 아들이요?
백제 왕궁 어라하(임금)의 호강 좋은 왕자이요?
신라 서울 진골집의 세도 높은 화랑이요?

쇠돌치, 날치, 수리치 : 이도 저도 아니란다

흙을 파 농사짓고 산감자 캐여 먹고
노루 사냥, 꿩 사냥의 지체 없는 맛둥방이
피리 부는 재주 좋고 인물 좋은 맛둥방이
(맛둥방의 어깨를 탁 치며)
바로 이 드메 총각이
공주님의 신랑이란다 하……

항동들 : (박장대소, 맛둥방을 에워 싸고 빙빙 돌며)
방이 방이 맛둥방이
백제 왕자 부럽잖네
공주 공주 선화 공주
어드메서 만나 봤나?

서동 : 어―허, 그 모두 실없는 소리다
공주님의 맛둥방은 따로 있단다
자 너희들 내 노래 하나 가르쳐 줄 것이니 배워 봐라

선화 공주님은
남 그즛이 얼어 두고
맛둥방을
밤에 몰 안고 가다

△ 향동들 "으아" 손벽을 치고 신이 나서 따라 부른다.

△ 이 때 약물터로 가는 사람들 등장.

약물터로 가는 사람들 : 간다 간다 약수로 간다
남산이라 감로정
땅 갈아 이랑마다

씨를 골라 씨 뿌리고
물 좋은 시냇가에
질삼베 바래우고
유리 같이 맑은 날에
님도 함께 짝을 지어
간다 간다 약수로 간다
남산이라 감로정

향동들 : 간다 간다 선화 공주
밤에 몰 안고 간다
선화 공주님은
남 그즛이 얼어 두고
맛둥방을 밤에 몰 안고 간다

△ 약수로 가는 사람들, 향동들 함께 퇴장.

쇠돌치 : 자 우리는 사냥이나 가세.

서동 : 자네들이나 가게. (다시금 피리를 집어 든다)

쇠돌치, 날치, 수리치 : 어허 큰일났네
맛둥방이 병들었고나
절벽 우에 피인 꽃을
네가 어이 꺾을소냐
우리들은 천한 백성
벼슬도 못 하는 몸
맛둥방이 구곡 간장
네 아무리 태운대도
진골 귀족 아니어든

네 소원을 이룰소냐
부질없는 공주 생각
아이 당초 걷어치우게

서동 : (격정적으로)
구곡 간장 타는 마음
나도 어이 못 하겠네
지난 해 아막성(阿莫城)에
진달래 피는 산에
꿩 사냥 오신 공주
우연히 만난 후로
이 가슴에 아로새겨
잊지 못 할 그 모습
산을 넘어 며칠이며
물을 건너 며칠이며
선화궁 뒷산 숲에
피리 불어 몇 밤인가
아 원쑤로다
선화궁의 저 높은 성벽
무심한 저 성문이여.

△ 이렇게 노래할 때 쇠돌치 등 할 수 없다는 듯 퇴장.

△ 작은 성문이 열리며 순성장이 나온다.

순성장 : 웬 놈이냐 저리 썩 물러가거라.

서동 : (좀체로 움직이지 않는다)

순성장 : 저리 썩 물러가지 못 할가?

서동 : (떡 버티고 서서)
순성장 '으른' 너무 그리 마시오
삼국 일색 선화 공주 그 모습
한 번 보러 왔소.

순성장 : (하도 어이없다는 듯) 허 ……
…… 엉뚱한 놈이로군 허 ……
(다시금 위엄 있게)
그런 소리 두 번 다시 하였다간
네 몸이 위태롭다 썩 물러가거라
(이번엔 무슨 인심이나 쓰는 듯)
저만치 물러가 있다가 먼발치서 보아라
인제 행차가 있을 듯 허니

△ 서동 큰 호기심을 가지고 숲 속으로 사라진다.

△ 박사와 흑룡 등장. 박사 열려진 뒷문을 보고 ……

박사 : 아니 웬 일인고?

순성장 : 공주님의 분부시오. 약수로 가신다 하와 ……

박사 : 천만에 안 될 말씀 ……
존귀하신 공주님이
백성들의 놀이터로
어데라고 다니실고
…… 성문 단속 잘 하여라

흑룡 : (간교하게)
박사님 허오나 ……
탐화봉접의 봄빛이 좋은 오늘

공주님 흉중에 지니온 뜻
선화궁 꽃 속에 잠긴 향기
넌지시 엿볼가 하온데
함께 약수로 행함이 어떠하오리까

박사 : 젊으신 화랑이여
그대 엄친은 이 나라의 상대등
그대의 직품은 아찬 사정부 대감
그대 아니고 어느 화랑이
공주님의 배필 될 이 있으리오
허 ……

△ 흑룡 따라 웃으며 박사와 더불어 약수 쪽으로 간다.

△ 순성장 성문 안으로 들어간다.

잠시 사이.

△ 다시 작은 성문이 열리며 선화와 아월이 나온다. 순성장이 뒤를 따른다.

선화 : (자연 풍치에 기쁨을 느끼는 듯)
아름다와라
산이여 숲이여
절벽 우에 붉은 꽃이여
산새도 꽃이 좋아 우짖는가
나비는 여기저기
봄 꿈을 실어 나르네
(서동의 피리 소리 들려온다)
아 저 피리 소리
오늘도 하소연 끝이 없네

피리 임자 그 누구런가?
서라불의 노래여 아름다와라
잣나무 높은 가지에
바람은 일고
이 마음 거문고에
봄 꿈이 울리네.

순성장 저 피리 임자 어떤 사람이요?

순성장 : 산감자 캐는 천민 총각이요
선화 : 천민?
순성장 : 공주의 화용월색 다시 보기 원한다 하옵디다.
선화 : (놀라는 기색, 잠시 생각에 잠긴다)
아월 : 봄밤이 지새도록
연연이 사무치여
공주님의 옅은 잠
설레우던 그 피리
선화궁 뒷산 숲에
이름 모를 그 임자
공주님을 다시 보잔
그 사연 …… 심상치 않네
선화 : 아월아 저기 저
벼랑을 오르는 총각
순성장 : 저 총각이 바로
피리의 임자오이다.

△ 선화, 아월, 순성장의 동시 三중창.

선화 : 아니 저 벼랑을 용감히 오르는
저 사람, 무삼 일인가?
저 꽃, 저 붉은 꽃,
아 …… 탐스러운
두견화 꺾어 안고
다시금 벼랑을 내리네

아월 : 아니 저 석벽을 서슴없이 오르는
저 총각 무삼 일인가?
저기 저, 아차 하면
목숨도 없으련만 아 ……
저 꽃을 꺾어 안고
벼랑을 잡고 내리네

순성장 : 아니 저 절벽을 비호처럼 오르는
저 젊은 녀석 겁두 없는가?
저러다 아차 하면
어허허 …… 미쳤군
저 꽃을 꺾자고서
저런 짓 한단 말인가

△ 세 사람 긴장해서 벼랑 쪽을 바라본다. 잠시 사이.

△ 맛둥방 탐스러운 꽃을 안고 등장.

그는 황홀히 선화를 본다. 선화도 신기한 사나이를 보는 듯 유심히 그를 본다.

서동 : 공주님

선화 : 아 어데선가 본 일 있는……

서동 : 눈부신 무지개 타고 오신가
금란에 내리신 선녀이신가
지난 해 아막성 진달래 피는 산에
꿩 사냥 오시온 공주님이여

선화 : (자기도 반기며)
지난 해 아막성에
산감자 나를 주던 그 총각인가?

서동 : 천리를 머다 않고
한 번 더 보오리라
산을 넘어 며칠인가
들을 건너 며칠인가
선화궁 바라보며
속절없이 지새는 밤
소원 어린 피리 불며
그 몇 밤을 새웠던가
궁장(宮墻)은 높고 높아
넘을 길이 바이 없고
약수로 가는 길에
약이라 원했더니
아 오늘에 다시 보는
꽃님의 모습이여
절벽의 꽃을 꺾어
이 마음을 드리오리다

선화 : (어쩔 바를 모르다 꽃을 받는다)
슬기롭노라 그대
절벽의 두견화
절벽의 꽃 꺾어 이 몸에 선물하니
고맙노라 그대 복이 있으라 그대
그대의 피리 소리
두견의 울음인 듯
그대의 피리 소리
세상을 말하는 듯
사람의 희로애락
절절이 자아내는
그대의 피리를
나도 한 번 보려 했노라

△ 서동 피리를 공주에게 준다.

공주는 신기롭게 피리를 받아 본다.

△ 이럴 때 한편에 쇠돌치 등 등장, 다른 한편에 박사와 흑룡과 몇 궁졸들이 등장.

박사 : (이런 광경을 보고 펄쩍 놀라며)
공주마마 그 피리를 버리시오.

선화 : 박사님

박사 : 공주마마 안 되오이다
궁중의 존귀하신 공주께옵서
비천한 사람들과 수작하심은
이는 바로 마르한의 분부이오니
어서 그 피리를 버리사이다

선화 : 이 피리는 백성들의 아름다운 향악이오이다

흑룡 : (서동이 가졌던 물건을 그 사람과 더불어 타기해 버리려는 듯)
향악에도 천민들의 비속한 피리
어찌 그를 당악에 비하오리까
어서 그 루추한 것 만지지도 마시오

서동 : (멸시에 대한 분격으로)
비천한 사람이면 어드메가 루추하오
조상들이 불어오던 향피리가 루추하오
참으로 벼슬아치 그 말씀이 루추하오 ……

쇠돌치 등 : 참으로 귀인님네
그 말씀이 루추하오.

박사 : 이놈들이 어디라구 ……

흑룡 : 여봐라 저 놈들 당장에 잡아 가두어라

△ 하졸들이 먼저 서동을 잡으려 한다.

선화 : (단호히)
못 하오!
어찌 이 아름다운 피리
루추하다 말할 수 있으리까

흑룡 : 공주 ……

선화 : 대감은 서라불의 화랑으로서
어이 그리 옹졸하시오.

흑룡 : 공주 ……

△ 선화는 노기를 띤 채 고개를 돌려 외면해 버린다. 흑룡은 열적은 태도로 머

뭇거리다 분연히 퇴장한다. 하졸들도 그를 따라 퇴장.

박사 : 공주마마 이만 환궁을……

△ 공주 서동에게 피리를 돌려 준 다음 작은 성문으로 다시 들어간다. 아월과 순성장, 그의 뒤를 따라 들어간다.

△ 서동은 성문 앞으로 달려간다. 그 앞에서 성문은 철벽과 같이 닫겨진다.

쇠돌치 등 : 아으 맛둥방이
소원 풀었네
절벽의 꽃을 꺾어
그립던 공주를 만났네.

△ 쇠돌치 등 서동을 둘러싸고 돌아가며 춤을 춘다. 키가 작은 날치는 탈을 쓰고 우습게 돌아가며 춤을 추고 향동들도 함께 어울려 춤을 춘다.

합창 : 에라 만수 에라 좋아
우리네 만수 불러 보세
절벽 우의 꽃을 꺾어
선화궁을 보았다네
향피리를 잘 불어서 선화궁을 보았다네

에라 만수 에라 좋아
맛둥방이 멋이 있다
천리 장성 장 대석도
비바람에 부서진다

선화궁의 성문인들
열릴 날이 없을소냐

△ 이럴 때 작은 성문이 열리며 선화와 아월이 다시 나와 즐거운 '춤과 노래'를 본다. 선화의 얼굴엔 희색이 가득 찬다. 가무는 계속된다.

에라 만수 에라 좋아
맛둥방이 에라 만수
동고리(東古里, 큰 행길 이름)
서적수(西諸樹, 큰 행길 이름)로
피리, 젓대, 북 울리며
연등놀이 불 밝히고
탈놀이의 춤도 추자.

△ 총각들 서동을 무둥으로 태워 춤추며 돌아간다. 선화는 끝없는 흥취로 백성들의 가무를 본다. 서동 선화를 발견하고 무둥에서 뛰여 내려 선화 앞으로 달려간다. 선화는 성문 안으로 들어가고 서동 앞에는 다시금 성문이 덜컥 닫기여진다.

—막—

제二막

월성의 궁정(宮庭)

꽃밭, 련못이 아름답고 여기저기 석탑(石塔), 석등(石燈)이 서있으며 단청 눈부신 전각(殿閣)이 한편에 있다.

오늘은 왕의 생일, 수연을 맞이하여 궁정엔 각색 등들이 걸려 있어 휘황한 연등(燃燈)의 밤을 이루었다.

막이 오르면

궁녀들의 등춤이 흐른다.

궁녀들 속으로 공주가 아월과 함께 등장.

공주는 기쁘지 않다. 그는 수심에 잠기였다.

선화 : 북두칠성 걸린 등아
이 내 마음 밝혀 다오
로함산에 비낀 달아
이 내 마음 밝혀 다오
천금을 주어도 내사 싫소
칠보를 주어도 내사 싫소
구슬에도 검은 구슬 내사 싫소

아월 : 공주마마 아직은 모르는 일

선화 : 안다 안다 내가 안다
아바마마의 그 뜻을 내가 안다

△ 선화와 아월은 다시금 흐르는 등불 속에 사라진다.

△ 왕비와 덕만 등장.

왕비 : 선화를 찾아라
박사는 안다더냐
오늘 같이 기쁜 날에
이 소식이 웬 일이냐

덕만 : 맛둥방이 그 노래는
세상이 다 아는 일
서라불의 거리거리
모르는 일 없다 하오

△ 왕비 한숨을 지며 허둥지둥 덕만과 퇴장한다.

△ 왕의 등장을 아뢰는 음악.

왕이 등장한다. 수을부 상대등 이하 신하들과 궁녀들이 등장한다. 왕은 매우 흡족한 태도이다. 왕비와 덕만도 다시 등장한다.

△ 궁녀들의 련꽃을 들어 올리는 무악이 벌러진다.

합창 : 붉은 옥으로 련꽃을 사기오이다
붉은 옥으로 련꽃을 사기오이다
그 꽃이 삼동에 피거들랑
유덕하신 님 여히 아와지이다
천수를 누리소서 만수를 누리소서

푸른 무쇠로 황소를 만드오이다

푸른 무쇠로 황소를 만드오이다
그 소가 풀 뜯어 먹거들랑
유덕하신 님 여히 아와지이다
천수를 누리소서 만수를 누리소서

천금을 바치오이다
만금을 바치오이다
서라불 일월이 다함없이 밝오은데
명사십리 해당화 어여쁘게 피오이다
모래처럼 많은 세월
꽃잎처럼 좋은 세월
유덕하신 님 만수무강하시오이다

△ 춤은 끝난다.

수을부 : 어라하 태평성대
성안 일천삼백륙십 방(防)
서른다섯 대가(大家)집의
노비들이 많사옵고
동고리, 서저수, 달밝이골
노래 소리 주야로 넘치오니
이 모두 성상의
성덕인 줄 아오이다

왕 : (더욱 흡족하여)
신라 성대(盛大) 소성대(昭聖代)
일월 성진이 밝은 아래

혁거세(赫居世) 큰 어른
얼천(閼川)에 이르사
륙부족장(六部族長)을 모으시고
신라 성대를 열었노라

흑룡: 오늘 성상의
천장지절(天長之節)을 맞이하와
산천 초목도 우줄우줄
성은에 춤추오이다

왕: 이 또한 경들의 덕이노라
수을부 상대등!

수을부: 예이

왕: (흑룡을 가리키며)
경의 저 총명한 수재를
짐의 세째 사위로 줄 수 없겠는가?

수을부: 망극한 은혜를 주시오니
불초 소신은 황감 무지로소이다

왕: 박사는 택일하라

박사: (곧 대답을 못 하고 당황한다)

△ 모두 박사를 주시한다.

왕: 어찌 대답이 없는고?

박사: 충신은 직언이라
옛부터 있는 말씀
백발 소신이
어찌 일호 감추리까

선화궁의 공주별이
흑운에 덮이였고
불길한 향가 한 수
월궁을 침범하여
오늘의 백년 가약
택일하기 어렵내다

왕 : (놀라며) 이 무슨 소린고?

박사 : 선화 공주님은
남다르신 뜻을 가져
천민들의 놀이터로
넌지시 다니시며
춤과 노래 즐기시고
탈놀이도 보시더니
이런 동요가 퍼졌소이다.
(서동요를 올린다)

왕 : (받아 본다)
선화 공주님은
남그즛이 얼어 두고
맛둥방을
밤에 몰 안고 가다

△ 왕의 얼굴엔 말할 수 없는 분격의 빛이 타오른다. 무거운 침묵이 흐른다. 멀리서 그것은 환상의 육박과도 같이 사람들이 부르는 서동요가 물결쳐 사라진다.

왕 : 이게 정녕한 일인고?

△ 아무도 부정하는 사람이 없다. 왕비는 기가 막혀 소리 없이 운다.

왕 : 이게 대체 어찌 된 일이냐?

수을부 : 이는 필시 천민들의 조작인 줄로 아뢰오

릉수 : 이는 단지 실없은 아이들의 동요인 줄로만 아뢰오

흑룡 : 그렇게만 볼 수 없사외다

룡수 : 그러면 그를 실지로 믿는단 말씀인가?

흑룡 : 여하튼 ……
이제 천민 거러치들
왕실 존엄 더럽힘이
이렇듯 극악하니
이는 용서 못 할 일이오이다

후직 : (강직하게 말한다)
병부령 후직 아뢰오
변경은 불안하고
민심은 소요한데
음란한 향가 한 수
이 어찌 통탄할 일 아니리까
무엄한 백성들을
응징함은 첫째오나
왕실 기강 더럽히온
선화궁을 응징함도 ……

왕 : (노기 폭발하여)
선화를 부르라
사정부는 즉시
맛둥방을 잡아들이라

△ 궁신, 궁녀들 허리를 굽혀 절하고 물러간다.

왕은 분연히 앉았던 자리를 일어 서 내린다.

이 때 선화가 들어온다. 왕은 그를 보고 허리에 찬 장검을 빼든다.

왕 : 네 이 년
오늘도 맛둥방을 만났는고? ……
만백성의 주인인 부왕의 이름을
이렇듯 더럽힐 수 있을고?
(칼을 들어 선화를 치려 한다)

왕비 : (왕의 칼을 막으며)
대왕마마
잠시 참으사이다
아이들의 노래 하나
항간에 퍼졌기로
어찌 그를 믿으리까
선화의 높은 지조
이 몸이 아옵노니
…… 만일에 ……
선화에게
그런 일 있다 하면
이 어미 탓이오니
차라리 이 몸을
한칼로 버혀 주소서

덕만 : 부왕 마마
오늘은 수연의 날
잠시 참으사이다

△ 왕 할 수 없이 통분함을 참으며 들었던 칼을 거두고 퇴장한다.

△ 덕만이 왕을 부축하고 나간다.

△ 선화 그만 울음을 터뜨린다.

왕비 : 선화야
세상에 은근하긴
어미의 정이란다
이 어미 앞에서야
그 무엇을 말 못 하랴
너의 속만 네가 한 일
숨김없이 말하여라

선화 : 어마마마
소녀는 모르는 일
하늘의 밝은 해 깨여지고
금란의 동해를 말렸다 하와도
선화의 이 몸엔 변함이 없사오
이 몸은 일호 숨기는 일 없사오

왕비 : 없으면 오죽 좋랴
허지만 아니 땐 굴뚝에 연기 나랴

△ 흑룡이 등장한다.

△ 선화 울며 달려 나간다.

제三막

십여 일 후

왕궁의 어전

룡상에 왕이 앉았고 그 옆에 왕비, 덕만이 시립하고 그 아래 궁신, 궁녀들 늘어섰다.

막이 오르면

선화 죄인과도 같이 등장하여 덕만의 옆에 선다.

소리 : 맛둥방을 끌어 올리랍신다.

△ 흑룡이 앞서 들어오고 맛둥방이 잡혀 들어온다.

체구 름름한 그는 룡상을 향해 허리를 굽힌 다음 황황 불ㅅ길이 이는 듯한 눈을 들어 둘러본다.

△ 선화는 그를 보고 놀라서 기절할 듯 비슬거린다.

덕만이 안아 준다. 맛둥방은 황홀히 선화를 본다.

수을부 : 네 이놈 바른 대로 아뢰렸다
선화궁을 어데서 만났는고?

형리들 : 일호 속임 하나 없이
이 자리에 아뢰렸다

서동 : …… 만났사오
지난 해 공주께서 아막성에 오셨을 때

진달래 피는 산에 꿈결 같이 만났사오
지난 봄 어느 날은 약수 길에 만났사오
산감자 구워서 공주께 바치온 일
맛둥방이 일생에 못 잊을 뿐이요

흑룡: 네 이놈 그 뿐인고?
온 장안에 퍼져 있는
향가 동요 말하렸다

서동: 하 …… 참 우습소
그 노래 잘 아오

흑룡: 그 노래 알면 네 죄를 모를가?

서동: 죄라 하니 무삼 죄요
삼국 일색 선화 공주 사모함이 죄오니까

흑룡: 네 이놈 분명 백제 천민으로
신라의 공주님을 어이 감히 사모할가?

서동: 백제 사람이면 ……
고구려 사람이면 ……
신라 공주 사모하여
노래조차 못 하겠소
신라성 오십오 리
봄바람과 이리저리
선화궁 바라보며
날아가는 이 마음
꽃 아침 달 저녁에
못 이루는 그 원한을
피리로 하소하여
노래로 불렀노니

이것이 죄라 하면
너무나 억울하오

왕 : 이놈 그래도
네 죄를 모를가?

형리들 : 바른 대로 아뢰렸다
일호 속임 두었다간
너의 목이 없으리라

서동 : 죄라 하니, 무슨, 죄요
천민이라 천대 마오
이 궁궐이 화려함도
백성들의 부역이며
국고마다 쌓인 곡식
천민들의 피땀이요
동햇가의 왜적들은
뉘 힘으로 막았으며
신라 서울 화려함은
그 누구의 덕이니까
민심이 천심이라
백성들을 괄세하고
나라 일이 잘 되리까

수을부 : 허허 이놈 어디라구 지껄일가?

흑룡 : 사정부는 아뢰오
아막성 맛둥방은
백체 천민으로
선화궁을 더럽히고
어전 앞에 행악하고

무엄한 향가로써
대역죄를 범한지라
이놈의 목을 잘라
대정문(大井門) 밖에 높이 걸고
천하에 공포하여
무엄한 백성들을
단속함이 좋을가 하오이다.

왕 : 좋노라
지존한 국법으로
삼 일 후에 처참하라(룡상을 내린다)

선화 : (왕 앞에 엎드리며)
부왕 마마 한 말씀 소원 있사오
불초 소녀 공주 몸이 궁실 기강 더럽힘은
백 번을 죽고 죽어 지당한 바이오나
무고한 백성들을 국법이라 죽이시며
죄 없는 맛둥방이 소녀로 해 죽는다면
생초목에 불이 붙는 원혼이 되오리니
백성의 한 목숨 소중히 하옵소서

왕 : 이 무삼 주제넘은 소린고
너도 물러가 대죄하라

△ 왕은 추상같은 호령을 남기고 퇴장한다. 서동은 슬픔과 감격으로 공주를 바라본다. 형리들은 서동을 잡아끈다.

서동 : 선화 공주여
날 위해 하신 말 죽어서 잊으리까

법이란 무엇이며
사람이란 무엇이요
천지가 생길 적에
이런 법 생기였소
아 원통하여라
공주여 만복을 누리시라
아 원통하여라

△ 맛둥방 형리들에게 끌려 나간다. 그의 부르짖는 소리만 들린다.
△ 선화는 정신 나간 사람처럼 서서 서동의 소리를 듣는다.

제四막

며칠 후.
선화궁 공주의 처소 한쪽에 아담한 집. 뜰에는 벌써 가을 화초가 소슬하다.

막이 오르면
고요한 가을 밤, 달빛이 흐르고 풀벌레 소리 사람의 애를 끊는 듯 들린다. 공주 혼자 뜰에서 달빛을 보며 혹은 벌레 소리를 들으며 고민에 잠겨 있다. 그의 모습은 그 사이 수척한 감을 준다.

선화 : 추야장 긴긴 밤을
풀벌레 울건마는

성 넘어 들려오던
피리 소린 어델 갔나
봄날은 어제 같고
금풍은 소슬한데
이 마음 타는 마음
둘 데가 바이 없네
세상이 그러한가
어이 이리 괴로운가
기다리는 님도 없이
가는 밤이 안타깝네
"맛둥방이?! ……
맛둥방이 그 사람을 내 어이 원망하리 ……
백제 사람이면
천민이라 일컬으면? ……"

사람의 죽고 삶이
쉬운 일 아니오니
날로 인해 가는 사람
그 아니 원통하리
억울한 법에 얽혀
래일은 가는 사람
가는 곳 어드멘가
가면 다시 못 온다네.

아월 : (등장)
공주마마
옥에 갇힌 맛둥방이

변함없이 있더이다.

선화 : 그래서?

아월 : 공주님의 위로 말씀
은근히 전했더니
앉아 듣던 맛둥방이
옥창살을 부여잡고
원쑤 같은 세상이라
불을 뿜듯 말한 후에
마지막 소원으로
조용히 하는 말이
"공주님의 화용월태
한 번 더 보고지고
공주님의 검은 머리
한 줌 끊어 주시오면
황천에 갈지라도
눈을 감겠다" 하더이다

선화 : 내 머리 한 줌을?……
(괴로워한다) …… 허지만
…… 허지만 한 줌의 검은 머리
무엇이 아까울고?
절벽의 꽃을 꺾어
나를 주던 젊은이여 ……
(잠시 괴롭게 생각한다)

선화 : 아월아. (그에게 귀속말을 한다)

아월 : (놀란다) 그 일은 어렵사오.

선화 : 된다 될 법이 있다.

△ 선화는 대청에 놓인 서안(書案) 앞에 가서 얼른 한자 글월을 적어 보화 꾸러미와 함께 아월을 준다.

선화 : 그 무던한 전옥을 갖다 주어라

△ 아월은 분부를 듣고 종종걸음으로 달려 나간다.

△ 선화는 잠시 서안 앞에 앉아 있다. 두견의 울음이 사무친다.

선화는 서안에서 백지 한 장을 꺼내 놓고 장도를 꺼내 그 백지 우에 놓는다. 선화는 천천히 검은 머리를 풀어 내린다.

선화 : 긴 머리 풀어 놓니
만단 사연 풀어 논 듯
이 머리 지닌 뜻을
뉘라서 안다 하리
사랑이 무삼 죄로
형장의 이슬 될가

두견아 거문고야
너는 알려니
이 머리 지닌 뜻을
끊어 보내서
옥중에 계신 이를
위로한들 어떠랴
(장도를 집어 든다)

향월 : (등장, 공주를 보고 놀란다)

공주마마

선화 : 조용해라 …… 향월아
이 검은 머리 한 줌 끊어라

향월 : (당황 주저한다)

선화 : 어서

△ 향월 차마 거역지 못해 공주의 머리 한 줌을 끊는다. 선화를 그를 백지에 싼다. 향월은 소리 없이 운다. 선화는 풀어 헤친 머리를 다시금 걷어 올린다.

△ 왕비와 덕만이 등장한다.

왕비 : 삼경이 다 늦도록
너는 어이 안 자느냐

선화 : 어마마마 …… 어마마마 ……

왕비 : 선화야 어여쁜 내 딸아
네 얼굴 무삼 일로 아직도 수심이냐
억울한 너의 루명 그만하면 벗었거니
어이해 봄꽃처럼 웃지를 못 하느냐
이제는 일시 풍파 씻은 듯 잊어 두고
상감마마 분부대로
성례를 어서 하자

△ 선화 대답을 안 한다.

덕만 : 선화야 무엇을 생각느냐
네 만일 부왕 마마 분부를 거역하고
천령 산중으로 귀양을 가도 좋으냐

네 깊이 생각하여 대답하여라

선화 : (단호히)

천령 아니오라

제주섬 백사지로 귀양을 간다 해도

소녀에겐 정녕 싫사오

소녀를 더 괴롭히지 마사이다

왕비 : (역정을 내며) 아니 네 미쳤느냐

이 에미 죽는 꼴을 네 정말 보자느냐

덕만 : 어마마마 진정하시오

이만 돌아가십시다.

…… 선화야

래일 아침까지 대답을 하여라

선화 : (대답 대신에 읍을 한다)

△ 덕만은 왕비를 진정시키며 데리고 퇴장한다.

△ 선화 괴로움을 못 참아 잠시 흐느낀다. 고요한 밤이 깊어 간다.

아월 : (등장) 공주마마 …… 왔소이다.

△ 선화는 긴장하여 아월을 본다. 아월은 전옥을 인도한다. 선화는 항월에게 중전으로 가는 쪽을 살피라고 손짓한다. 항월은 그쪽으로 나간다.

전옥 : 공주마마

선화 : 전옥은 수고하오

전옥 : 공주님이 주신 분부

세상에 어려운 일

맛둥방이 대역죄인
순성장의 옷을 입혀
공주님의 분부대로
데려 오긴 했사오나
래일이면 대정문에
목을 달아 죽일 죄인
이 일이 탈로되면
소인 목은 없사오니
오경이 박두하여
순찰이 돌기 전에
고스란히 돌려주사이다

선화 : 념려 마오 참으로 고맙노라
이 은혜 잊지 않겠노라

△ 선화 금지환을 벗어 전옥에게 또 준다. 전옥은 황급히 받아 넣고 퇴장한다. 잠시 후 아월이 맛둥방을 데리고 등장. 맛둥방과 선화는 잠시 바라본다.

서동 : (선화궁을 살펴 본다)
꿈속에 그리던 곳 선화궁이여
칠보로 꾸린 수렌 어데 있는가
나래도 수레도 없는 이 몸이
아하 선화궁 깊은 곳 어이 왔는가
명색 없는 맛둥방이 못 올 이 곳을
대역이란 죄인으로 끌려 왔고나
가을의 깊은 밤이 나를 부르니
원한이여 기쁨이여 가릴 길 없네

선화 : 세상이 이러한 줄 나도 몰라라
그대는 어이하여 나를 울리나
래일은 대정문 밖 형장에 이슬
그대여 어이하리 생사의 이 길

서동 : 나도 일개 대장부요
이 가슴에 칼이 있소
이 칼을 높이 들어
쓰지 못 한 한이 깊소
공주여 …… 나의 노래
원망치 말아 주오

선화 : (끝없는 안타까움으로)
아으 이제 어이
그대를 원망하리
그대 얼굴 그대 이름
그대의 마지막 소원
언제나 이 품에 있으리
세월이 가도 스러짐 없을
산이여 별이여 그대여
나의 이 검은 머리
간직하시라

△ 선화 그것을 준다.

서동은 황홀히 공주의 검은 머리를 받아 본다.

땅 우에 무릎을 꿇으며 그 머리를 가슴에 안기도 하고 얼굴에 대 보기도 한다.
그의 정열이 터져 오는 듯……

서동 : 아하 공주여!
이 머리 정녕 그대의 마음인가
천금에 비하리
산호 진주에 비하리
온 누리여
밝으나 밝은 세월이여
내 품에 안기였구나
아으 살어리 살어리 살어리여
어둠도 슬픔도 없이 살어리여
살아서도 천 년을
아름다이 살어리여

△ 서동과 선화 동시 二중창.

선화 : 아으 어이하리
어이나 어이하리
이리도 저리도
이 밤 새기도 어려운
아으 맛둥님을
어이나 어이하리
서동 : 아으 살어리
살어리 살어리여
눈물도 학대도
만나면 리별이 없이
아으 살어리여
살어리 살어리여

△ 두 사람 젊은 꿈속에 자기들도 모르게 끌려드는 듯 가까이 다가든다. 서동은 덥석 선화를 안는다. 선화는 쓰러질듯 그의 품에 있을 뿐이다.

△ 이 때 아월 등장하여 이 광경을 발견하고 비명에 가까운 소리를 낸다.

아월 : 공주마마 …… 전옥이 재촉을 하오이다

서동 : 그러면 공주여 안녕히 ……

서동, 선화 : 인제는 다시 볼 날 없네
쇠털 같이 많은 날에
다시 만날 그 날은 없네
아으 정녕 그 날이 없단 말가?

서동 : 공주님! (번개처럼 공주의 손을 잡고 속삭이듯 허나 불을 토하듯 말한다) 북문이 어드메요?

선화 : (놀라 주저하며) 북문이?

아월 : 소녀가 아오 …… 저 쪽이요

△ 이 때 五경 바루 소리 울린다. 전옥이 허둥지둥 들어온다.

△ 서동 선화에게 마지막 인사를 하고 아월이 가리킨 북문 쪽으로 비호처럼 몸을 솟구쳐 달려 나간다.

△ 아월이 서동을 쫓아 나간다. 전옥은 벼락 맞은 사람처럼 어리둥절하다 그제야 서동이 도방친 줄을 알고 쫓아 나가려 한다. 선화 전옥의 앞을 막아선다. 전옥은 죄인을 돌려 달라는 듯 선화에게 애걸한다.

— 막 —

제五막

겨울

천령 마리현(馬利縣) 산중

선화가 귀양을 온 곳. 흰눈이 쌓인 산들이 병풍처럼 둘러 있고 한편에 스산한 초막이 있다. 뜰에는 로송 한 그루.

막이 오르면

눈송이가 듬성듬성 내린다.

아월이 부엌에서 물동이를 들고 나와 샘물길로 향한다.

아월 : 천령은 깊은 산 인적은 고요한데
흰눈은 오늘도 부실부실 내리네
선화궁 바라보면 산 첩첩 아득한데
구름만 오며 가며 눈만 내리네
흰눈아 오지 말아 쌓이지를 말아라
귀양살이 샘물길 눈에 묻혀지며는
그리운 님 오시는 길 그 길도 묻힌다
흰눈아 오지 말아 쌓이지를 말아라

△ 아월 퇴장.

선화 초막 방문을 열고 나온다. 홍도 같던 그의 얼굴은 지금 흰 배꽃처럼 매우 해쓱해졌다.

선화 : 천령을 넘는 구름 찬바람 실어

밤새워 내린 눈도 무심하여라
차라리 이 가슴에 타는 불ㅅ길을
꺼나 주지 못 할 바엔 오지도 말아
아소 아소 아소 님아
어이 그리 무심한가
천령에 귀양살이 떠나 온 이 몸
날이 가고 갈수록 그 님 그립네
사랑은 무엇인고 나는 몰라라
모르며 애태움이 사랑이런가
아소 아소 아소 님아
어이 그리 무심한가

△ 아월 물을 길어 이고 등장한다.

아월 : 공주마마 맛둥님을
또 생각하시오니까?

선화 : 가슴 아프다……
한 목숨을 살렸다는 그 일로 하여
조정이 들끓어서 귀양 보낸 이 몸을
이제는 그 누구도 잊어 버린가
맛둥방이 조차도 날 잊었는가

찬 서리 가을날도 어느덧 가고
눈 오는 한겨울이 깊었건마는
기다리는 님조차 소식 없으니
귀양살이 중에도 귀양살이네

△ 말굽 소리 들린다. 두 사람 놀란다.

선화 : 저게 누구냐?

아월 : 마리현 벼슬아치요

△ 선화는 실망하여 다시 방으로 든다.

마리현 소감(所感)이 몇 하졸을 데리고 등장하여 주위를 감찰한다.

아월 : 소감께서 웬 일이시오?

소감 : 맛둥방이 안 왔더냐?

아월 : 정말 한 번이라도 왔으면 좋겠소.

소감 : 흥!

△ 소감 하졸들과 다시 퇴장.

아월 부엌으로 들어간다.

잠시 눈바람이 친다.

△ 쇠돌치가 돌각담 옆으로 쑥 들어선다. 방 앞으로 다가든다.

쇠돌치 : 아무도 없소?

아월 : (부엌에서 나와 놀란다) 뉘시오?

쇠돌치 : 맛둥방이 친구요.

선화 : (방문을 열고) 누가 왔소?

쇠돌치 : (공주를 보고) 아 공주님,

맛둥방의 친구인 쇠돌치요

선화 : 아으 반가와라 맛둥방이 친구이면

죽었는가 살았는가 맛둥방이 어데 있소?

쇠돌치 : 맛둥방은 백제 사람 이놈은 신라 사람
허지만 우리들은 친구로서 의를 맺어
아막성 산중에서 무예를 공부하다
동햇가의 왜적들을 나아가 물리쳤소

공주님의 귀양살이 우리 어이 모르리까
맛둥방이 올 때만을 기다려 주시오.

선화 : 장하오 드대들 결의 친구로
왜적을 물리쳐 공을 세우니
아월 : 허지만 조정에선 눈이 어두워
맛둥방을 잡으란 어명이라오
쇠돌치 : 허지만 공주님 념려 마시고
맛둥방의 피리 소리 잊지만 마오

△ 이 때 멀리서 말굽 소리 들린다. 쇠돌치 눈발 속으로 사라진다.

잠시 말굽 소리는 끊어지고 바람 소리만 들린다.

선화와 아월은 형언키 어려운 희비의 감정에 휩싸여 서로 얼싸안고 산 밖을 내다본다.

아월 : (반색을 하며) 아 공주마마
저기 서울 사람이 오오이다
선화 : 서울에서?
무슨 일로?
귀양살이 풀어 주실
어마마마의 전령인가?

△ 말굽 소리 가까이 사무쳐 다가든다. 이웃고 현령, 고삼이 하졸들을 데리고 위엄을 갖추어 등장한다.

현령 : 공주마마 좌정하시오
상감마마의 어명이 내리었소

△ "어명"이란 소리 사무친다.

선화는 공주관을 쓰고 좌정한다.

△ 사정부 대감 흑룡이 홍보의 함을 들고 등장한다.

흑룡 : 공주마마
사정부 흑룡은 아뢰오
서라불의 일월 성진
명명한 뜻을 받고
만조 백관의
하나같은 뜻을 모아
대왕마마의 어명으로
이 함을 나리오

선화 : (일희일비하여)
황감하신 아바마마의 어명이여 ……
천령으로 귀양살이 이 몸을 보내신 후
미워도 자식인가 가엾이 여기신가
부모님 사랑으로 선화를 생각하사
천령 먼먼 길에 이 소식을 주시온다

△ 선화 한 줄기 희망을 가지고 함을 연다. 글월을 들어 읽는다.

선화 : “선화는 듣거라
네 고귀한 공주의 처신으로
불미한 행실을 가졌으며
국법을 거역하여 하루 밤에
대역죄인 맛둥방을 살려 보낸지라
천령 산중으로 너를 귀양 보냈더니
네 죄인의 가책을 모를 뿐 아니라
끝끝내 백제 천민인 맛둥방과
외람되이 내통을 갖는다 하니
네 또한 대역죄인이 아닐소냐
부왕을 배반한 너 이미 공주도 아니며
역도를 도웁난 너 이미
내 백성도 아닌지라
이에 …… 사약을 ……
나리노라 ……”
(함에서 약든 병과 사발을 꺼내 놓는다. 그만 흐느껴 운다)

아월 : …… 공주마마 (통곡한다)
억울하오 너무도 억울하오

흑룡 : 공주관을 벗으시오

선화 : 공주관을? …… (극도의 슬픔과 흑룡에 대한 극도의 증오로 공주관을 벗어 흑룡 앞에 내던진다)

내 무삼 맛둥방과 역죄를 지었는가
맛둥방은 신라 위해 왜적을 쳤다거늘
누구의 말을 믿고 사약을 나리신가
천령에 솟는 구름 나의 한을 품어다가

반월성 궁궐 안에 피 눈물을 뿜어 다오.

흑룡 : 어명이요 어서 사약을……

선화 : 이 몸을 낳으신 어마마마여
이 몸을 길러 주신 아바마마여
이 약을 먹이자고 낳아 주신가
이 약을 먹이자고 길러 주신가
이 약을 먹으라고 어명하시니
이 약은 먹어야만 하옵나이까……
공주로 태인 것이 원한이여라
나를 살릴 부모님도 나에겐 없네
차라리 이 몸 죽어 백성으로 태어서
한 백 년 살고지고 맛둥방과 살고지고……

△ 공주는 약을 사발에 따른다. 피할 길 없는 운명과도 같이 공주는 약사발을 든다.

아월 : 공주마마 그 약엔 필시
사정부의 흉계가 있는 듯하오

흑룡 : (칼을 빼들며)
저 년을 묶어라

△ 하졸들 달려들어 아월을 묶는다.

흑룡 : 공주는 어서 사약을 들라

△ 공주에겐 이미 그의 운명이 죽음에 든지라 어찌 할 도리가 없다. 유연히 약

을 들어 마시려 한다. 허나 그는 약그릇을 든 채로 그만 쓰러져 버린다.

아월 : (소리친다) 공주마마 피리 소리요
피리 소리가 들리오

△ 피리 소리가 사무쳐 들려온다.

흑룡 도배는 "무슨 일인가?" 하여 위구를 느끼며 창황망조한다. 화살이 날아온다. 하졸이 넘어진다. 맛둥방과 쇠돌치, 날치, 수리치 등 젊은 사람들 한 패가 함성을 지르며 달려든다. 허우적거리며 도망치는 흑룡 도배들, 드디어 흑룡은 맛둥방의 복수에 찬 칼에 꺼꾸러진다.

아월과 공주는 구원된다.

아월이 공주를 안아 일으킨다.

아월 : 마마 맛둥님이 오셨사오
선화 : (정신을 차리며) 맛둥님이 ……
서동 : (선화의 손을 잡으며) 공주마마!
선화 : 공주도 싫소 마마도 싫소
선화라고 불러 주오
서동 : 선화여 아름다와라 그대 마음
그대를 만나니 지난 일 꿈같소
누굴 위한 서라불이여
누굴 위한 어라하 법이여
우리의 두 마음이 한데 합하면
세상엔 두려울 게 없으오이다
선화 : 어이해 인제 왔소 인제사 왔소
주야로 잊지 못 한 그대의 모습

우리의 두 마음이 한데 합치면
슬픔도 괴로움도 없어지오리

서동 : 갑시다 선화님 우리의 세상
산감자 캐던 곳에 황금이 나오

서동, 선화 : 갑시다 어데라도 우리의 세상
바람 비 헤치고 꽃피는 누리

합창 : 어라 만수 아으 만수
꽃잎 같이 좋은 세월 두리두둥실
모래같이 많은 복 누리며 사세

어라 만수 아으 만수

혜(慧) 별도 물러가라 삼재 팔난도
사랑에는 리별도 없이 사자세

어라 만수 아으 만수
서동요에 맺은 인연 천 년을 가도
아름다운 노래로 불려지리라

어라 만수 아으 만수
어라 어라 아으 만수

— 막 —

리순신 장군

(전九장)

— 집필자의 말 —

우리의 경애하는 수령 김일성 동지는 一九五四년에 연극 〈리순신 장군〉을 보시고 몇 가지 귀중한 교시를 주시였다.

고 김태진은 자기의 희곡에서 리순신 장군을 형상함에 있어 선구자적 역할을 훌륭히 수행하였다.

그의 희곡을 골간으로 리갑기, 황철을 비롯한 우리 작가 예술인들은 수상 동지 교시 실천을 위하여 오래 동안 창조적 노력을 기울여 왔다.

이 작품은 이러한 노력에 기초하여 김태진 희곡의 우수한 점들을 이었으며 나의 새로운 책임 집필로서 이루어진 하나의 시고(試稿)임을 여기에 밝히는 바이다. 그러므로 우리는 수상 동지 교시 실천을 위하여 앞으로 계속 보충 수정하여야 할 것이다.

등장인물

리순신(李舜臣, 전라좌도 수군 절도사 시기로부터 삼도 수군 통제사 시기. 四七세—五三세)

송희립(宋希立, 순신의 군관)

리완(李莞, 순신의 비장, 그의 조카)

리억기(李億祺, 전라우도 수군 절도사)

리면(李葂, 순신의 막내아들)

리순신의 어머니(卞氏)

남이신(南以信, 사성, 어사)

리원익(李元翼, 도체찰사)

정탁(鄭琢, 지중추부사 원로)

원균(元均, 경상 우수사, 나중에 삼도 수군 통제사)

경상 우병사

리순신 수하 장수들

　우후 리몽구

광양 현감 어영담

글포 만호 리영남

거제 현령 안위

미 조항 첨사 김응함

록도 만호 정운

박로인

봉녀(박로인의 손녀)

김룡길(봉녀의 애인)

옥지(조선공)

리필종(제총수)

소서행장(小西行長, 왜장)

마다시(馬多時, 왜군의 수군장)

요시라(要時羅, 소서의 수하 반간)

기타 인물 다수

백성들, 장인들, 농군들, 수군들, 왜군 장졸들, 금부 도사, 라장 라졸들, 옥사정들, 선전관, 전령, 탐후장 등 다수.

장면

제一장 어느 성문.

제二장 전라 우수영 조선장.

제三장 전라 우수영 동헌―출진장.

제四장 평양성 왜진중.

제五장 한산도 운주당.

제六장 거제도 왜진중.

제七장 한양 옥중—백의종군의 길.

제八장 회령포 선창가.

제九장 리순신 장군의 선실.

△ 랑송자가 중간 막 앞에 등장한다.

랑송자 : 임진왜란은 일었다
임진 조국 전쟁은 일었다

벽해를 건너, 도적의 무리
이 나라 아름다운 강산을 불의에 침범하니
날짐승 바다를 덮어 날으고
살벌한 호통 취각의 소리.
원쑤의 화포는 이 나라 성채를 부시고
야수의 무리 이 나라 인민을 살륙하니
아 어찌 눈으로 차마 볼 수 있으며 귀로 차마 들을 수 있으랴.
고을과 마을에 피비린 바람이 일고
원한의 소리 산천초목에 사무친다.
백두산하
삼천리 강토를 삼키고
나아가 명나라를 치자는
일본 관백 풍신수길 —
二○만 대군의 왜적 선봉은
마치 무인지경 달리듯

세 길로
이 나라 가슴 깊이 침노하련다

이 나라 수천 년 애국의 붉은 핏결
어찌 산마다 강물 기슭마다
인민들 가슴마다 끓어 넘치지 않으랴
보라, 여기 맥맥히 흐른 그 전통
슬기론 애국 선렬의 영웅 전기를!
단 하나 조국과 인민을 위하여
붉은 충성을 다한 사람들의 이야기
그 인민과 더불어
이 나라 바다의 명맥을 지켜
도탄과 시련의 불ㅅ길로부터
조국의 영광을 지켜 이긴 그 이
아—바다의 령장, 리순신 장군의 영웅 전기를.

제一장

때　一五九二년 임진 四월 하순. (선조 二五년)
곳　려수, 전라 좌수영으로 가는 어느 성문.
성문 측면의 성루로 오르는 언덕과 층계.
성 뒤에서 군중의 웅성거리는 소리. (왕래하는 사람들은 객석에서 보이지 않는다)

말발굽 소리 다급히 들려온다.

말발굽 소리 멎는다.

한 사람의 전령이 등장한다. 그는 층계 우에 올라 서서 좌우 산하를 둘러 보며 묻는다.

전령 : 수문장, 수문장!

파수 一, 二 : (문루에서 내려 온다)

전령 : 전라 좌수영을 어데로 가느냐?

파수 一 : 리순신 사도 계신 곳 말씀이요?

전령 : 그렇다.

파수 一 : 어데서 오시오.

전령 : 전라 감영에서 온다.

파수 一 : 바로 저 남쪽으로 뚫린 훤한 길로 가시오.

전령 : 고맙다. (나가려 한다)

파수 二 : 말 좀 물읍시다. 시방 왜적의 형세가 어떠하오?

전령 : 동래 울산이 무너졌다. 도적은 상주와 문경 새재로 치달아 오르고 있다.

파수 一 : 문경 새재로?!

△ 전령 급히 퇴장한다.

다시금 말발굽 소리 다급히 재우치며 멀리 사라진다.

파수 一 : 죽일 놈들 대체 왜놈들은 우리나라와 무슨 원쑤가 있어 침범해 든단 말이냐.

파수 二 : 먹자는 거지요. 우리나라 재물을 빼앗고 백성들을 노비로 삼자는 거지요.

파수 一: 누가 멕힌다더냐, 천만의 말씀이다.

파수 二: 허지만 경상도를 벌써 먹어든다니 …… 정말 머저리들이요. 경상도 감사니 수병사들은 왜적이 부산진을 함몰시켰다는 소문만 듣고 삼십륙계를 불렀다니 그럴 수 있나요.

파수 一: 통분한 일이다. 이제 도적들은 바다를 끼고 전라도를 넘을 것이다.

파수 二: 오라지요. 난 명색 없는 하졸뱅이지만 한 번 싸워 볼라오. 한 번 ……

파수 一: 말은 쉽고 하기는 어려운 법이다.

파수 二: 어려울 게 없지요. 목숨을 내걸고 싸우는데, 두구 보슈.

파수 一: 두구 보면? 그래, 왜적들이 예까지 기여 들두룩 내버려 둘 줄 아니, 천만에 …… 조정에서 순변사니, 방어사니, 조방장이니 하는 장수들을 내려 보냈다니 아뭏든 무슨 방책이 있을게다.

파수 二: 저것 보슈. 오늘도 경상도 쪽에서 저렇게 사람들이 구름처럼 몰려오고 있소.

파수 一: 왜놈들에게 값없는 죽음을 당하지 않을 양으로 오는 게다.

파수 二: 허지만 로인들이나 부녀자들은 몰라도 눈깔이 시퍼런 젊은 놈들이 제 집 제 고향을 지키지 않고 저게 뭐란 말이요.

파수 一: 너무 큰소리 말아. 다 사정이 있는 게다.

들리는 소리 (룡길) : 여보시오, 좌수영이 예서 얼마나 되오?

파수 二: (큰 소리로) 야, 넌 봐허니 눈깔이 시퍼렇게 젊었구나, 그래 경상도를 왜놈들 아가리에 처넣고 문문히 뒤로 물러서 온단 말이냐?

들리는 소리 : 야 희떠운 소리 그만둬라.

파수 二: 뭣이? 네 눈엔 보이는 것이 없느냐?

들리는 소리 : 보인다, 똑똑히 보인다. 너 게 좀 있거라, 말 좀 해 보자.

파수 二: 아니 저 놈이, 오라, 맛을 좀 볼랴느냐?

△ 사람들의 웅성거리는 소리 들린다.

△ 건장한 젊은이(김룡길)가 급히 등장한다. 그 뒤에 봉녀와 할아버지(박로인)가 따르고 다른 사람들이 그야말로 구름처럼 웅기중기 모여 등장한다.

김룡길 : (격한 태도로 파수를 본다)

파수 二 : (그의 건장하고 거리낌 없고 남아답게 생긴 기상과 태도에 우선 눈이 끌린다)

김룡길 : 수문장, 너도 봐허니 시퍼렇게 젊었구나, 자, 나를 잡아 봐라. 나는 제 살던 고향 땅을 문문히 왜적들에게 내준 놈이다.

파수 二 : 소문만 들어도 분통이 터져 나도 한 말이다.

김룡길 : (격한 감정을 참지 못하며) 그래 소문만 듣고서 그렇다면 실지 이 눈으로 보고 겪은 사람들의 심정은 어떻겠는가. 그래 우리가 수문장만 못해서 제 고향 제 집을 버리고 오는 줄 아는가? 여기 봐라. 여기 왜적들에게 제 집을 태우고 부모를 죽이고 형제들과 자식들을 잃은 사람들이 있다.

봉녀 : 그만두라구 …… 그만둬. (불현듯 흐느낀다)

김룡길 : 이제는 세상이 다 안다. 짐승 같은 왜놈들에게 젊은 며느리와 딸들을 빼앗긴 사람들이 얼마나 되는가, 이 분통이 터지면 태산도 무너지고, 눈물을 흘리자면 강물도 넘칠 것이다.

중년 부인 : 우리가 당한 일을 생각하면 왜놈들의 간을 씹어도 시원치 않쇠다.

김룡길 : 나는 도끼를 들고 싸웠다. 왜놈들을 몇 놈 쳐서 꺼꾸러뜨리기도 했다. 허나 왜적들은 화포와 조총을 쏘아 대며 벌떼처럼 달려들었다. 그래 어떻게 싸우란 말이냐? 무엇을 가지고 …… (분함을 못 참아 주먹으로 땅을 친다)

박로인 : 룡길이, 그만 진정하게. 수문장도 봐허니 너무 분해서 그렇게 한 말이요, 자네도 그만 울화를 못 참아 수문장에게 마구잡이

로 말한 것 아니겠나.

파수 二: (자기 반성적인 심각한 태도를 갖는다)

박로인: 우리가 살기 위해서만 좌수영으로 가는 건 아닐세. 제 고향 제 집을 찾기 위해서 왜적을 쳐 물리치기 위해서 무슨 일이든 하자고 가는 사람일세.

한 젊은이: 그렇소외다. 우리 같이 젊은 놈들은 의병을 모아 싸우구요.

△ 한옆에서 젊은 사람들 수군거린다.

김룡길: 경상도 합천과 의넝 땅에선 벌써 의병들이 일어났다고 한다. …… 가만있자, 어데서 들었던가?

봉녀: 장군바위 고개서 ……

김룡길: 오라, 장군바위 고개서 ……

한 젊은이: 어떤가? 우리도 의병대장을 찾아 가서 군기를 쥐고 한 번 싸움판에 나가는 것이 어떤가 말일세.

김룡길: 좋은 말이다. 사내 자식으루 …… 목숨은 뒀다 뭣에 쓰겠나.

파수 二: (룡길에게 가까이 가서 부드럽게) 자네 이름이 룡길이라구, 내가 자네를 몰라 봤네. (룡길의 손을 잡는다)

김룡길: 나 역시 수문장에게 온손치 못 했네. (그들은 허심히 웃는다)

파수 一: 그러기에 내가 뭐라든가. 큰소리 말라고 하지 않던가 하…… (모두 웃는다) 의병 말이 났으니 말이지 전라도에서도 의병들이 일어났단 말을 들었네. 허나 내가 여러분에게 전하고 싶은 건 이왕 좌수영에 찾아 온 바에는 리순신 장군을 찾아뵈면 좋은 방책을 가르쳐 주실 거요. 누구나 리순신 장군을 만나 보시면 알게요. 그분이 얼마나 백성들의 심정을 잘 알아주시고 백성들과 나라를 위한 충성심이 얼마나 대단한 분인가……

박로인 : 우리도 잘 알고 왔쇠다. 리순신 장군은 인망이 높고 백성들을 끔찍이 여겨 주신다니 나 같은 미천하고 늙은 사람도 만나 주실 게고, 그분은 우리네 생각에 맺힌 매듭들을 풀어 주실 것만 같아서 ……. 룡길이 자넨 더 잘 알 게 아닌가.

김룡길 : 알구말구요. 그래서 할아버지를 모시구 온 게지요. 우리 삼촌은 좌수영 조선장에서 일을 하고 계시는데 거북선이랑, 아주 신기한 배를 만든다는 소식도 들었습니다.

박로인 : 맞았네. 바로 그 거북선 말일세, 삼도 수군 중에서도 이 곳 좌수영의 수군 방비가 으뜸이라구 하며 그 거북선이 그렇게 신기하다니 대체 어떻게 생긴 것인지?

파수 二 : 인제 좌수영엘 가시면 보게 될 것이요. 그 거북선이 바다로 나가는 날에는 왜적들을 모두 바다 속에 처넣게 될 것이요.

한 젊은이 : 말만 들어도 가슴이 시원하구나.

중년 부인 : 허지만 지금 같애서는 눈앞이 캄캄하외다. 왜놈의 군사들은 자꾸 들어만 오구 우리 군사는 싸워서 이겼단 소식은 없고, 에그 우리 집 주인은 어데 가구 시집갈 나이의 딸아이는 어데로 갔는지. (운다)

봉녀 : 아주머니 울지 말아요, 울어서 소용없어요.

중년 부인 : 글쎄 마음을 단단히 먹는다 먹는다 하면서도, 샘물처럼 솟아나는 걸 어쩌겠나, 생각하면 무섭고 치가 떨리구 …… 만일 내 딸아이가 왜놈들에게 끌려갔다면 …… (운다)

봉녀 : 아주머니 그런 생각 말고 그만 일어 나 가십시다.

중년 부인 : 자꾸 가기만 하면 어데로 간단 말인가, 하루 가면 그만치 고향에서 멀어지구 이틀 가면 그만치 고향에서 멀어지는 길을 ……

김룡길 : 아주머니 여기 보시오. 숫한 사람들이 한두 가지씩은 다 슬프고 원통한 사정들을 가지고 있소. 허지만 우리 조선 백성들은

그 어떤 란리도 싸워서 이겼다 하오. 할아버지 안 그렇습니까?

박로인: 맞았네, 우리나라 옛날 사적이 모두 그랬네.

△ 이 때 말발굽 소리들 들린다.

△ 파수들 돌연히 더욱 긴장한다.

파수 一: 아니 저게 웬 일인가, 사도께서 전배사령도 없이 후배사령도 없이.

파수 二: 군관 한 사람이 따랐소.

△ 모든 사람들이 이외의 일에 놀라며 길 쪽을 내려다본다.

△ 말발굽 소리 가까이 와서 멈춘다.

파수 一: (웨친다) 전라 좌수영 수군 절도사 리순신 장군 행차 납시오.

△ 모든 사람들 자기들 위치에서 허리를 굽힌다.

△ 리순신 장군 등장한다. 군관 송희립이 따랐다.

리순신: (파수를 향하여) 이 분들이 모두 경상도 쪽에서 오는 이들이냐?

파수 一: 그렇소이다. 적지 않은 이들이 좌수영을 찾아오는 길이며, 사도 뵈옵자고 오는 길이라 하오이다.

리순신: 좌수영을 찾아? (군중을 향해) 좋소외다. 로인장, 아낙네들, 젊은 이들, 자, 잠시라도 편히들 쉬시오. 로인장, 이리 앉으시고, 애기 어머니도…… 정말 여러분의 겪은 고생은 짐작할 수 있소. 나는 경상도 불ㅅ길 속에서, 왜적의 환난 속에서 오는 여러분들의 정형을 좀 알고자 나왔소. 그런데 마침 이 곳에 당도하니

여러분들이 한 곳에 모여 있기에 잠시 머물렀소외다. 그래 로인의 식솔은……

박로인: 장군님 황송하오이다, 너무나 뜻밖에도 장군님을 이런 데서 뵙게 되니 원 어떻게 말씀을 드려야 좋을지 모르겠소이다.

리순신: 어서 말씀하시오.

박로인: 말을 하자면 먼저 가슴부터 떨립니다. 소인은 고성 봉화골 바닷가에 사옵는데 시방 남은 식솔이란 저 손주딸 하나뿐입니다. 저것의 어미는 왜놈들 총에 죽었삽고, 젊은 며느리 하나는 끌려갔소이다. 도대체 우리 조선이 왜놈들에게 무슨 빚을 졌으며 무슨 원쑤가 있길래 이런 환난을 당해야 하오니까?

리순신: 바로 그 말이외다. (한쪽을 돌아보며) 애기 어머니는 어데서 오시오?

애기 어머니: 김해로소이다. 남정과 시부모를 다 잃었소이다. 남정은 동래성으로 수자리번을 돌러 갔사온데 동래성이 무너졌다오니…… (목이 매여 말을 더 못 한다)

리순신: (통분한 심정을 억누르며) 알겠소이다. 왜적이 침노한 곳에는 불이 일고, 인민이 죽고, 가산을 빼앗기고 산천이 초토가 되었소. 우리는 일찌기 바다를 건너가 왜놈의 나라를 먹자고 친 일도 없고 일본 사람들을 죽이거나 강탈해 온 일도 없소. 그런데 일본 관백 풍신수길은 조선을 먹고 나아가선 중국 천지를 먹자는 도적의 심산으로 불의에 우리 조선을 침범해 왔소외다. 우리 수군이나 륙군은 전쟁할 방비를 채 갖추지 못 한 탓으로 시방 왜적들은 우리나라 깊이 들어오고 있소. 허지만 여러분, 부산진의 군사와 백성들과 정발(鄭撥) 사도는 용맹스럽게 성을 지켜 싸웠으며, 동래성의 군사와 백성들과 송상현 사도 역시 왜적을 막아 천추에 빛날 이 나라 슬기를 떨쳤다 하니 이 아니 장한 일인가.

박로인: 소인네들이 생각는 바도 바로 그것이오이다. 사도께 찾아 가뵙고 선렬들의 본을 받아 나라를 위하는 일에 몸을 바치자구들 …… 또 이 젊은것들은 의병으로 싸우러 나가자고 예서 막 이야기하던 중이오이다.

김룡길: 소인은 그저 군기를 들고 나가 싸우게만 가르쳐 주시면 몸이 가루가 되더라도 원쑤를 갚고야 말겠소이다.

리순신: 훌륭한 젊은이로다.

박로인: 이 사람은 아주 의로운 머슴이온데 보시다 싶이 장골이며 왜놈을 두 놈이나 도끼로 까눕힌 젊은 호랑이오이다. 아주 장군께 말씀 드립니다마는, 저 봉녀와 장차 짝을 짓기로 작정했사오며 또 저희들끼리도 의사가 맞는 모양입니다.

봉녀: (수줍어한다)

김룡길: 온 할아버지두 지금이 어느 때라구 그런 소릴 꺼내시요.

리순신: 하 ……

박로인: 아이구 이거 죄송하옵니다.

리순신: 죄송할 게 있소. 경사스런 일인데.

박로인: 그리구 이 사람의 삼촌이 좌수영 조선장에서 일을 하고 있답니다.

리순신: 조선장에서? …… 성명을 누구라 하는가?

김룡길: 이름을 옥지라 하오이다.

리순신: (반기며) 옥지! 유명한 조선공이요. 충성심이 있는 사람이요. 반가운 일이로군.

한 젊은이: 소인은 사냥꾼이오이다. 활과 찬을 쓸 줄 아오이다. 물에서 싸울 수도 있고 들에서 싸울 수도 있소이다.

다른 한 젊은이: 소인은 목수 일도 할 수 있고 농사도 질 수 있삽는바 둔전이나 조선소에 일을 주시면 충성껏 감당해 보겠소이다. 보습

을 칼로, 대패를 날로 원쑤를 치겠소이다.

리순신 : 훌륭하다. 모두들 충성이 지극한 마음들이다. 우리나라 백성들의 충성이 이렇듯 크고 뜻이 견고하거니, 이 충성과 이 뜻이 하나로 단합한다면 무슨 일을 못 하겠는가. 이 힘을 가지면 태산도 밀어 내며 바다도 끓을 것이며 왜군 二〇만 대적쯤은 몰아내고도 남을 것이다. 허지만 한 가지 명심할 것은 오늘의 이 고초와 오늘의 피가 래일의 승전이 되고 래일의 안락한 세상이 된다는 것을 알 것이로다.

모두 : 알겠소이다.

리순신 : 군관!

송희립 : 얘.

리순신 : 군관은 여러분의 뜻대로 이루게 하되, 우선 성내로 인도하여 사처를 정하게 하고 식사를 마련하며 뜻을 따라 명부를 만들라.

송희립 : 예이.

리순신 : 그럼 여러분, 난 먼저 가겠노라.

박로인 : 장군님 황송하오이다.

△ 리순신 퇴장한다.

송희립 : 여러분, 나를 따르시오. 로인장, 함께 가십시다.

△ 송희립 박로인을 데리고 나간다. 그 뒤로 모든 사람들이 웅성거리며 따라 나간다.

△ 리순신 장군의 말발굽 소리 멀리 사라져 간다.

△ 봉녀와 룡길은 언덕 우에 서서 멀리 사라져 가는 장군을 바라본다.

김룡길 : 리순신 장군!

봉녀 : 정말 어버이 같은 분이야……

김룡길 : 봉녀, 이제 우리들 앞에 어떤 고생이 있어도 참으며 이겨 나가자구.

봉녀 : 내 걱정은 말어 …… 어서 가자구, 남들이 숭봐.

△ 봉녀는 짐을 든다. 룡길 얼른 그의 짐을 들어 머리에 얹어 준다. 두 사람 급히 나간다.

— 암전 —

제二장

때 一五九二년 임진 五월 초순.

곳 전라 좌수영. (려수)

거북선 건조장.

한편으로 바다가 훤히 보이고, 바닷가 공사장에 시방 준공 정리의 최종 시각을 다그치는 거북선이 장관스럽게 서 있다. 배 우엔 '龜'자 기가 바람에 흔들리고 각기(角旗)들이 나붓긴다. 우편으로 야장간 목수터와 선창으로 통하는 길과 원편으로 객사 동헌으로 통하는 행로가 열려 있다.

막이 오르면

△ 동틀 무렵 파도 소리.

△ 비장 리완이 배 앞에 서 있고 수군과 조선장 일꾼(백성)들이 마지막 준공 정리를 다그치기 위하여 민첩하게 전투적으로 작업을 하고 있다. 한편 전투 준비를 하기 위하여 군기와 식량들을 배 안에 실어 나른다. 짐 나르는 사람들 속에는 박로인, 룡길, 그들과 함께 온 젊은이들의 얼굴도 보인다. 조선공 옥지(玉只)는 배 우에서 리완의 지시를 받고 있다.

리완 : 거북선의 길이와 폭이 어떠한가?

옥지 : 길이 일백열 석 자, 넓이 열넉 자 다섯 치 도본대로 됐소이다.

리완 : 신방(信防) 언방(偃防)에 부실함이 없는가?

옥지 : 없소이다.

리완 : 거북이 등 철갑판에 송곳과 칼들두 모두 단단히 꽂혔는가?

옥지 : 날날이 서슬이 푸르게 꽂혔소이다.

리완 : 좋다. 좌우 량패(兩牌)에 각각 스물두 개의 총통 구멍과 열두 개 문들은 어떠한가?

옥지 : 이번 조선공들의 분투 로력으로 아주 잘 됐음을 아뢰오.

리완 : 좋다! 내 생각엔 뱃머리 룡의 대가리도 잘 된 것 같다. 류황 염초는 다 실었는가?

옥지 : 다 실었소이다.

리완 : (일하는 사람들을 향하여) 모두들 바삐 일을 끝내도록 하자.

짐 져 나르는 사람 중에서 : 이번이 마지막 번이오이다.

수군 一 : (리완에게 보고한다) 비장, 총통 장비와 군기 운반은 다 끝났소이다.

리완 : 좋다, 수고했다.

△ 리완은 수군 一과 더불어 거북선으로 올라 가 배 안으로 들어간다.

△ 우후 리몽구와 록도 만호 정운 등장.

리몽구: 아니 그게 확정한 소문일는지?

정운: 바로 수일 전 충청도를 떠나 온 믿을 만한 아전의 말이외다. 상주가 무너지고 충청도 청주가 떨어졌다 하외다.

리몽구: 그럼 문경 새재는 지키지 않았단 말인가?

정운: 그러니 기가 막히오. 어서 장군께 말씀 드려야 하겠는데.

리몽구: 여기도 안 계시오 …… 가만있자, 어델 가셨을가?

정운: 정녕 장군의 분투력과 강의한 정신은 어디 비할 바를 모르겠소.

리몽구: 정말 옆에 있는 우리들이 장군을 따라 가기가 바쁘외다. 요즘은 거의 밤을 밝히다 싶이 하시니까.

정운: 이 거북선을 보시오. 그야말로 우수영 리억기 사도의 말씀마따나 천추에 빛날 위업이요, 만대에 떨칠 창업이요. 이 거북선이 바다로 나가는 날에는 결단코 승산이 있을 것이외다.

리몽구: 글쎄 원 왜적의 기세가 너무나 강성하니까 안심할 수 없소외다 …… 아차 이 정신 보겠나, 장군께서 선창에 가신다는 말씀을 듣구서두.

정운: 어서 가십시다.

△ 정운, 우후 리몽구 퇴장.

△ 이럴 때 정리 작업과 짐 나르는 일이 모두 끝난다. 옥지와 룡길과 일꾼들이 배 우에서 내려온다. 할아버지와 봉녀도 나갔던 쪽에서 들어온다.

옥지: 어떠냐? 너두 이런 일은 처음일 게다.

김룡길: 정말 싸움에서 이긴다는 게 창이나 칼만으로는 안 된다는 걸 알았어요.

옥지: 너두 이왕 이리 온 바에는 다른 데 갈 생각 말구 예서 이 작은 애비하고 일을 하자.

김룡길: 저는 장군님을 따라 싸우러 나갈래요.

옥지: (박로인을 향하여) 할아버지두 고집이 대단하십니다. 젊은이들처럼 일을 하시겠다니.

박로인: 진짜 여기 와 보니 나이 먹은 게 원통할세.

옥지: 어떻습니까. (거북선을 바라본다)

박로인: 도무지 어떻다고 형언할 수 없어. 내게는 그저 신기하게만 생각되네.

옥지: 하…… 신기한 것이구말구요. 세상엔 이런 것이 없으니까요, 허지만 나가 싸워 봐야 알 일입니다. 아직도 부족한 데가 많다고 생각됩니다.

조선공 一: 그래두 이번 거북선이 극상일세.

조선공 二: 구배판의 철판이랑 이번에는 감쪽같이 들어맞았어!

조선공 三: 아뭏든 한 번 싸워 볼 판일세. 좌충우돌, 나가고 들어가며 …… 왜놈들 이층 다락배란 게 다 뭔가. 이 거북선 한 놈이 왜놈의 전선 二〇척은 념려 없이 바수어 버릴 걸세.

△ 리완과 수군 一 배 안에서 나온다.

리완: 자루 긴 낫과 네 발 줄갈구리를 더 많이 신도록 해라.

수군 一: 알겠소이다.

△ 리완은 수군 一과 배에서 내려 와 옥지 곁으로 간다.

리완: 수고했소, 모두들 수고했소.

옥지: 비장께서 정말 밤낮을 가리지 않으시구 애를 쓰셨지요.

리완: 정말 생각하면 풍파가 많았소. 바로 임진년 전에 왜적의 침노

가 장차 있을 것을 알고 수군 방비 지책을 세워 전선을 장만하며 거북선을 새로 만들며 모든 준비를 갖출 때 순천 호군(護軍)으로 있던 신립(申砬)은 수군 방비가 소용없으며 오직 륙군 방비만 하면 된다고 했으니 ……

옥지 : 그래서 한때 이 거북선 공사는 중단되고 비장과 저희들은, 너무나 안타까운 숨죽은 사람처럼 누워 있는 거북선을 어루만지며 울기까지 했습지요.

리완 : 만일 장군께서 강직하게 상소를 하시고 조정이 또한 윤허하시지 않았더라면 오늘 어찌 됐겠소, 정말 우리는 짧은 시일에 많은 배를 만들어 냈소.

△ 리순신, 리몽구, 정운 등장

리순신 : 비장.

리완 : 네.

리순신 : 준공 정비가 다 됐느냐?

리완 : 지금 막 끝났소이다.

리순신 : 좋다, 수고했노라. 내 어제 나와 자세히 본 바에 의하면 우리가 생각한 대로 거북선이 잘 됐다고 본다. 옥지.

옥지 : 예.

리순신 : 구배판의 철갑판이나 이물의 철갑이 그만하면 훌륭하다고 나는 생각한다.

옥지 : 지금도 그 이야길 했소이다.

리순신 : 구배판에 무엇을 덮었느냐?

옥지 : 아무 것도 안 얹었소이다.

리순신 : 송곳과 칼끝들이 보이지 않도록 새풀을 덮도록 하자. 왜적들

이 모르고 기여 오르게스리.

옥지 : 소인네들이 채 생각지 못 했소이다.

조선공 一 : 정말 훌륭한 계책이오이다. 왜적들이 아무 것도 없는 줄 알고 기여 오르다가는 새풀 속에 숨어 있는 송곳과 칼끝에 찔려 산적이 될 것이오이다.

조선공 二 : 낚시에 물린 붕어 새끼가 될 걸세. (모두 웃는다)

리순신 : 이와 같은 훌륭한 거북선을 만들어 내게 된 것은 첫째 백성들의 힘이로다. 야장간, 목공소의 일꾼들, 모든 군기를 만드는 일꾼들, 쇠를 구하고 벌목을 해 오고, 옷을 짓고 밥을 짓는 모든 일꾼들에게 이르기까지 한마음 한뜻으로 성심을 다한 백성들과 그대들의 힘이로다. 둘째로는 조선공 옥지의 연구심과 도편수답게 일한 열성에 있노라.

옥지 : 황감하오나 이 위업은 첫째로 장군께서 궁리하시고 또 설계하신 보람인 줄로 믿소이다.

리순신 : 허나 이 거북선을 몰고 나가 남해의 왜적을 쳐 없애기 전에는 위업도 보람도 크게 말하기 어렵노라.

옥지 : 외람되게 한 말씀 묻자옴은 시방, 왜적의 형세 어떠하오며 이 거북선은 어느 때 왜적을 치러 나가옵니까?

리순신 : 적을 치러 나가고 물러섬은 다 때가 있는 법이니라. 지금 우후와 독도 만호에게서도 들은 바이나 왜적이 충청도 충주를 뚫고 올라갔다고 한다.

모두 : (놀라며 웅성거린다) 충주를 ……

리순신 : 내 이미 어제 온 감사도 관문(關文)으로 알았노라. 아직 발표하지 않은 바이나 이제 내 그 것을 말하겠노라. 부산 동래를 함몰한 왜적들은 세 길로 나누어 군사를 몰아 가운데 길로는 대구, 상주, 문경 새재를 넘어 충주로 빠지고, 동쪽 길로는 경주,

영천을 거쳐 문경 새재에서 가운데 길로 합치고 서쪽 길로는 김해, 성주, 금산, 추풍령을 넘어 청주로 빠졌다. 순변사 리 일은 상주에서 뒤로 물러섰으며 서울서 뒤미처 내려 온 도순변사 신립은, 일부당천(一夫當千)의 문경 새재를 버리고 평원 광야로 물러서, 충주 탄금대 앞에서, 배수의 진을 치고 싸우다가 드디여 무너졌다고 한다.

모두 : (놀란다)

정운 : 동서고금에 그러한 방략 전술이 있다 함은 들은 적 없소이다. 통분하오이다.

리몽구 : 문경 새재를 지키지 못 했으면 경기로 치달아 오르긴 무인지경, 진실로 국운이 경각에 있는 듯하오이다.

리순신 : 과시 륙지의 정황은, 강성한 왜적의 세력이 충청 경기로 뻗치고 있으며 우리의 군사는 뒤로 물러서며 그 힘을 모으고 있는 중이다. 허나 기호의 넓은 땅이 튼튼히 여기 있으며 남해 바다에서 왜적의 수군은 아직 세력을 뻗치지 못 하고 있노라. 내 그대들에게 각별히 부탁하는 바는, 형세가 오늘 달라지고 래일 또 달라진다 하여 결코 흔들리지 말며 설사 도적이 코앞에 닥쳐온다 할지라도 겁을 먹지 말며 산과 같은 의지와 바다와 같은 지혜로써 적을 쳐 물리칠 방책을 생각하며 용맹지심을 가질 것이로다.

모두 : 알겠소이다.

△ 송희립 급히 등장.

송희립 : 아뢰오. 군관 송희립 경상도 남해를 돌아보고 오는 길이오이다.

리순신 : 경상 우수영 수군은 어떻게 싸우고 있느냐?

송희립 : 경상 우수사 원균 사도는 왜적이 거제로 쳐 온다는 소식을 듣고, 싸워 보기도 전에 백여 척이나 되는 함선에, 자기로 불을 질러 없애고 륙지로 피했으며, 이제는 우수영마저 왜적의 손에 들었다 하오이다.

모두 : (놀란다)

리순신 : (극히 놀라며) 우수영이 …… 백여 척이나 되는 함선을 없애다니 …… 백성들의 피땀으로 이룩한 배들을 …… 아깝도다. 애석하도다.

리완 : 원균 사도의 처사는 바로 군법으로써 허용 못 할 일인 줄 아오이다.

모두 : 옳소이다, 옳소이다.

리순신 : 그런 말은 소홀히 할 게 아니다. 그래 왜적 수군의 형세는?

송희립 : 시방 거제에 머물러 있습니다. 왜적 수군 장수들의 이름은 마다시(馬多時)니, 등당고호(藤堂高虎)니 합니다. 이제 당포와 로량으로 달려들 것이오니 실로 남해 바다가 위급한 지경이오이다. 앉아서 오는 적을 막을 것인가 나아가 원쑤를 칠 것인가?

리순신 : (심각히 생각하며) …… 앉아서 오는 적을 막을 것인가? 나아가 원쑤를 칠 것인가 …… (결연히) 우후.

리몽구 : 예.

리순신 : 한 시각 후에 동헌에 모두 모이도록 하라.

리몽구 : 분부대로 시행하오리다.

리순신 : 물러들 가라!

△ 모두 물러간다.

△ 리완 나가려다가 발을 멈춘다.

리순신 : (심사숙고하면서 동남천을 바라본다)

△ 바다의 물결 소리 유난히 크게 들려오는 듯하다.

△ 리완 근심스러운 듯 조용히 장군 가까이 간다.

리순신 : (바다를 향한 채) 누구냐?

리완 : 완이로소이다. 너무 피로하시면 앞으로 큰 싸움에 ……

리순신 : 나는 지금 네 조모님을 생각한다. …… 그 높은 년세에 안녕하신지? 나라에 도적이 들고 자손들이 전장에 있으므로 얼마나 또 뜬눈으로 밤을 새우시는지? …… 완아, 조모님께 편지를 써라, 이렇게 써라.

동남 해상에 검은 구름이 가리웠고
아침 햇빛이 점은 것과 싸우고 있소이다.
구름은 햇빛을 덮으려 하고
햇빛은 구름을 부시고자 합니다.
어찌 이 어두움 더 참을 수 있으리까
여기 큰 바람이 일면
구름은 무너져 창해에 묻히고
햇빛은 드높게 온 바다를 비치오리다.

△ 파도 소리 세차게 들려온다.

— 막 —

제三장

때　　전장에서 한 시각 후.

곳　　좌수영 수군 절도사 군정을 보는 동헌(東軒).

그리 크지 않은 동헌 대청이 상수 중심에 앉고, 그 앞과 하수로 넓은 뜰. 대청 벽에는 슬기 있는 서화 몇 폭과 더불어 거북선 화폭이 걸려 있고 대청 한 옆에는 서적이 많이 쌓인 서가(書架)가 놓여 있다. 대청 전면에는 책상이 놓여 있고 그 우엔 작전 지도들이 놓여 있다.

뜰에서 하수 저 편에는 바다가 보인다. 침통한 구름이 멀리 가리웠다.

무대 밝아지면

대청에 리순신 좌정하고, 그 아래 가까이 리완, 송희립, 리몽구가 있고 록도 만호 정운, 광양 현감 어영담을 비롯한 각 읍 수령 진장들과 군관들이 모이였다. 모두 긴장되고 비분과 적개심에 찬 분위기다.

잠시 침묵이 흐른다.

리순신 : (조용히 말을 계속한다) …… 송희립 군관의 말이 옳도다. 륙지에서나 바다에서나 왜적을 막아 내지 못하고 있는 지금 형편, 이 어찌 위급한 국운이 아니겠느냐.

정운 : 륙군에 관하여 말씀하면 문경 새재는 경상도에서 서울로 오르는 가장 큰 관문이온바 이 험준한 골짝과 준령을, 천하에 으뜸가는 이 요새를 지키지 않고, 충주, 평원 광야로 물러가 진을 쳤으니 어찌 정비되지 못 한 우리 륙군으로써 적의 대군을 막을 수 있으오리까.

두순변사 : 신립이야말로 어리석은 죽음을 하였소이다.

리몽구 : 원래 우리나라 륙군이나 수군이나 국방을 위하여 진작부터 나라의 힘을 기울이지 못 한 까닭이오이다.

송희립 : 뿐만 아니라 『제승방략(制勝方略)』의 방어 제도가 왜적의 불의 침공을 막아 낼 수 없게 된고로 오늘과 같은 참패를 가져 왔다 생각하오이다. 경상도만 하더라도 적이 침습해 오자 각 고을 군사들은 『제승방략』에 지목된 곳을 각각 찾아 가 서울서 지휘 장수가 올 때를 기다리며 어물거리고 있었사오니 …… 이러구야 어찌 적을 격퇴할 수 있으리까.

리순신 : 옳은 말이다. 첫째로 국방을 진작부터 잘하지 못 한 것이며 특히 수군 방비를 허술히 하여 물에서 싸워 적을 막지 못하고 적을 제멋대로 륙지에 오르게 한 것, 둘째로 군사와 백성들의 애국 충성은 불탐에도 불구하고 수령 방백들의 지휘 장수들이 적지 않게 무능하고 진술 방략을 옳게 쓰지 못 한 것, 세째로 진관 제도(鎭管制度)의 좋은 점을 버리고 『제승방략(制勝方略)』의 방어 제도를 씀으로써 적을 제때에 반격할 수 없었으며 네째로 적은 새로운 군기 조총 등을 쓰고 있는데 우리의 군기는 낡은 것, 지금 적의 형세를 걷잡을 수 없이 만든 원인을 이렇게 말할 수 있노라. 허나 지금은 이것을 론하고 탓하고만 있을 때가 아니다. 우리는 이 나라 수군의 중책을 지고 전라 좌수영의 수군으로서 지금 륙지의 형세와 더불어 왜적 수군의 침공을 앞에 놓고 우리가 어떻게 싸워야 할 것인가, 이것이 긴요하다.

모두 : (심각히 생각할 뿐이다)

△ 라졸 등장.

라졸 : 전라 감영에서 전령이 왔소이다.

△ 전령 등장.

전령 : 전라 감영 감사도의 관문을 올리오.

리순신 : (서한을 받아 본다) …… 흉측하고 추악한 무리가 이미 충청도를 쓸고 경기에 박도하게 되었으며 경상 우수영 수군이 곤경에 처하여 청원을 구하여 왔으니 이 어찌 나라의 비운이 아닐손가 ……

리몽구 : 어 놀랍소이다. 경기가 무너지면 조정은 어디로 가오니까.

리완 : 평양으로, 그 다음은 의주로.

리몽구 : 그 다음을 생각해 보시오. 압록강을 건너 …… 어, 팔도강산이 왜놈의 것으로 …… 어 (황겁한 비성을 올린다)

리순신 : (크게 꾸짖는 소리로) 이 무슨 소린고, 이 나라 조정이 의주로 가는 한이 있달지라도 팔도강산이 왜적의 것으로 될 줄 아는가? 이 나라 백성들과 의로운 인재들이 죽었소 하고 있을 줄 아는가 …… 본 도만 하여도 장흥의 고경명(高敬命), 광주의 김천일(金千鎰), 승병으로 처영(處英) 등이 창의군(倡義軍)을 일으켰다 하며 전라 군사를 거느리고 경기의 적을 쳐 경사를 지키고자 출진하신다니 이 어찌 장한 일이 아닌가. 이러한 애국 충성이 있는 이 나라 어찌 왜적을 쳐서 몰아 내지 못 할 것인가.

어영담 : 소관은 광양 두치(豆恥)의 의병들을 만나고 오는바 그 충성이 불같음에 놀랐소이다.

△ 라졸 등장.

라졸 : 아뢰오, 경상 우수영에서 률포(栗浦) 만호가 왔사오.

△ 리영남 등장.

리영남 : 아뢰오, 원균 사도의 서한을 전하오.

리순신 : 오, 그대는 리영남 만호, 수고하노라. 그래 어디서 오는 길인가?

리영남 : 한산도에서 오오이다. 시방 우수영 수군은 백여 척 함선을 다 없애고 우수영마저 함몰 당하고 원균 사도는 한 척의 뱃머리에서 이 글월을 보내신 거외다.

리순신 : 내 이미 알고 있노라, 잠시 나가 기다리라.

리영남 : 예. (퇴장)

리순신 : (공함을 본다) …… 적은 날로 그 형세 사나와지며 …… 수만의 일본 수군이 대함선을 거느리고 새로이 바다를 건너온다는 급보! …… 즉시 원병을 …… 즉시 원병을 청하는 바니 당포 앞바다로 달려 와 주기 바라노라.

리완 : 한심한 일이오이다. 원균 사도 술과 계집을 너무 좋아한다더니 ……

리순신 : 어서 소견들을 말하라. 어떠한 계책으로 왜적을 칠 것인가.

리몽구 : 우후는 아뢰오. 우리 수군은 자기 본분을 지켜 멀리 당포나 당항포로 나갈 것이 아니라 가까이 로량 물목을 지켰다가 왜적을 이 물목에서 함몰시킴이 상책일가 하오이다.

리순신 : 로량 물목에서 ……

리완 : 패전지장 원균 사도의 처사를 생각하면 (울컥 혀끝까지 나오는 말을 도로 삼킨다) …… 하오나 도적이 부산에 웅거해 있으면서 거제 바다에 침입해 오고 또한 왜적 수군이 수만 명 바다를 건너온다 하거늘 어찌 앉아서 적을 기다리오리까. 원균 사도의 청

원을 들어 당포로 나감이 좋을가 하오이다.

사도첨사 : 그렇게 멀리 나갔다가 이 전라도 바다가 불의의 변을 당하면 오히려 대세를 그르칠 념려 있사온바 본분을 지킴이 좋을 듯 하오이다.

송희립 : 우리가 당포로 나가 싸운다 하여 그리 먼 곳이 아니며 또한 이 곳 본영과 다섯 관포를 허술히 하고 나갈 바도 아닌지라 그런 념려는 없을 줄 믿사오이다. 앉아서 방어전을 할 것이 아니라 적들이 기여드는 곳으로 나아가 치며 드디여는 적들의 소굴을 쳐서 소탕하도록 함이 옳은 줄 아오이다.

정운 : 송희립 군관의 방책이 옳은 줄 믿소이다. 왜적은 반드시 수륙병진의 계책으로 수군은 이 남해를 뚫고 서해로 돌아 한강으로 치올라 가서 경기로 올라 간 륙군과 합세하여 서울을 치고 수륙으로 조선의 북쪽을 치자는 음흉한 심보를 가지고……

리순신 : 바로 그것이요, 우리가 왜적의 음흉한 계책을 알아야 하오.

리완 : 그러므로 소관은 나가 왜적 수군을 쳐서 승전할 것을 맹세하며 싸우다 전사할지라도 오히려 광영으로 생각하겠소이다.

정운 : 나라와 백성을 위하여 이런 때 목숨을 바치지 않고 어느 때 바치오리까. 죽기를 한하고 싸운다면 어찌 원쑤를 쳐 이기지 못하오리까. 즉시 출진함이 가한 줄 믿소이다.

리순신 : (크게 기뻐하여 큰 소리로) 옳도다. 비장과 록도의 결의 훌륭하도다. 일본 도적의 형세가 강성하여 나라와 백성이 도탄에 든 이 때, 어찌 자기 좁은 테두리만을 지켜 본분이라 하겠는가. 내가 여러 장수들에게 듣고자 함은 싸움에 대처할 훌륭한 방책일 뿐 오늘 일은 마땅히 나가 싸우는 일이니 원균 사도를 도와 힘을 합쳐 원쑤를 칠 것이니라. 이제 싸움의 길에서 뒤로 물러서는 자는 엄한 군법으로써 목을 벨 것이니 그리 알라.

모두 : (엄숙한 태도로 허리를 굽힌다)

리순신 : (호령) 출진이다! 어서 출진 차비 하여라!

모두 : 예이.

리순신 : 비장, 우수영 장수를 들게 하라. 그리고 경상도에서 온 젊은 장정들을 의병으로 뽑아 보낼 것이니 모두 군기를 주고 그 중에서 룡길이를 이리 들게 하라.

리완 : 예이.

△ 모두 출진 차비로 퇴장.

△ 리순신 급히 공함 글월을 쓴다.

△ 밖에서 출진 차비를 다그치는 호통 취각의 소리 울린다.

△ 리영남 등장.

리영남 : 률포 만호 등대하였소이다.

리순신 : 률포! (편지를 주며) 원균 사도께 안부 말씀 전하고 순신이 즉시 군사와 함선을 거느리고 당포로 떠난다고 여쭙게, 그리고 전라 우수영에도 통문을 낸지라 이제 곧 리억기 사도께서 당도하시면 전라 좌우도의 수군이 힘을 합쳐 당포로 나갈 것일세.

리영남 : (너무나 감탄하여 목메인 소리로) 알겠소이다. 장군!

리순신 : 그리고 한산, 거제의 물결이 험하고 순한 곳을 상세히 아는 인도선을 즉시 미조항(彌助項)으로 보내도록 ……

리영남 : 분부대로 하오리다. 장군의 말씀 장군의 출진은 우리 수군의 사기를 백 배로 돋구어 주며 백성들을 기쁨의 눈물로 적시게 할 줄 믿소이다, 그럼.

△ 리영남 허리 굽혀 인사하고 달려 나간다.

△ 룡길이 무장을 갖추고 들어온다.

김룡길: 김룡길 대령하였소.

리순신: 어, 그대는 지금 곧 젊고 날랜 장정들을 데리고 당포 뒷산으로 달려가라.

김룡길: 예, 싸움이오이니까?

리순신: 싸움이다. 이제 바다 싸움에서 왜적들이 패하여 배를 버리고 뭍으로 기여오르거든 산에서 기다렸다가 일거에 무찌르도록 하라!

김룡길: 알겠소이다.

리순신: 즉시 차비하라.

김룡길: 예이.

△ 리순신 안으로 든다.

△ 이럴 때 봉녀 동헌 뜰 저 편 길에 들어와 룡길을 기다린다. 룡길 나가다가 그를 만난다.

봉녀: 무슨 말씀을 들었어?

김룡길: 난 인제 장군님의 의병이 됐단 말이야.

봉녀: 의병! 그래 차비는 다 됐어?

김룡길: 차비랄 게 뭐 있나? (패검을 뽑아 보이며) 이것만 가지면 훌륭하지. 두구 보라구. 난 원쑤를 갚고야 말 것이니까. 봉녀, 우리가 원쑤를 무찌르고 고향으로 돌아가서 어머님 산소에 갈 때는 이 칼을 들고 가서 "어머니, 원쑤를 갚았습니다" 하고 인사를 드리자구.

봉녀: 그만, 그런 말 그만두라구, 난 어머니 생각을 하면 눈물이 자

꾸 쏟아질려구 해서 못 견디겠어. (눈물을 씻는다)

김룡길 : (봉녀를 위로하는 심사로) 이제 고향엘 가면 집을 한 채 큼직하게 짓자구, 한 열두어 간짜리.

봉녀 : 싸우려 가는 사람이 별소릴 다 해, 난 여기서 할아버지와 함께 조선소 일을 하며 화살을 깎을 테야. 부디 잘 싸우라구.

김룡길 : 그럼 다녀 올 동안 잘 있어.

봉녀 : 몸조심해.

김룡길 : 몸을 애끼구야 싸움이 되나.

△ 두 사람 퇴장한다.

△ 갑옷을 입은 리순신 안에서 등장. 그 뒤에 리면(李葂) 따라 등장. 그는 슬기로운 소년이다.

리순신 : 그 먼 길에 어려이 왔다, 조모님께서도 안녕하시며 너의 모친도, 집안이 다 무고하다니 다행한 일이다. 다행한 일이다.

리면 : 조모님께서는 손수 지으신 전복을 저에게 주시면서 아버님 갖다 드리라고 하셨소이다. (전복을 보인다)

리순신 : 아 어머님께서 (어머니의 뜨거운 애정을 못 이기는 듯 전복을 어루만져 본다)

리면 : 이것은 조모님의 편지오이다. (편지를 내놓는다)

리순신 : (매우 반기며 편지를 뜯어본다)

△ 환상적으로 어머니의 음성이 들린다.

어머니 : 순신아…… 이 일이 웬 일이냐, 우리나라가 천고의 흉악한 왜적의 침노를 입어 나라는 큰 고통에 싸이고 사람들이 억울히

죽으며 원한과 흉흉한 마음으로 모두 잠 못 이루는 배라, 이러한 때에 나라의 신자가 되여 원쑤를 물리치는 전장에 나서지 않으며 싸우지 않으며 어찌 목숨을 아낄 것이랴, 이 늙은 어미 너에게 부탁함은 바다 싸움에 나가 죽기를 겁내지 말지니라 …… 나라와 백성을 위하여 승전한 북소리가 멀리 들려오기 바라며 네 전사하였다 할지라도 이 늙은 어미 눈물 흘리며 너의 승전을 더욱 기뻐하리라 …… 너의 승전을 더욱 기뻐하리라.

리순신 : (어머니 앞에 다지는 맹세로) 어머님, 명심하오리다, 맹세하오이다.

△ 들리는 소리.
— 전라 우수사 리억기 사도 듭시오.
△ 리순신 다시금 반가운 소리에 자리에서 벌떡 일어난다.
△ 면은 옷을 들고 상방으로 들어간다.
△ 리억기 등장.

리순신 : (쫓아내려가 그를 맞이하며) 령감! 기다렸소외다.
리억기 : 늦었소이다. 보내신 통문도 받았고 감사도의 관문도 받았소외다. 함께 나가십시다.
리순신 : 나가십시다.
리억기 : 령감, 왜적의 세력이 이렇게까지 극성할 줄은 몰랐소외다. 경기가 위태롭다니.
리순신 : 허나 방책이 있소외다. 왜놈들이 서울이 아니라 평양까지 간다 해도 ……
리억기 : 나도 생각한 바가 있소외다.
리순신 : 자 이 지도를 보십시다. 흉악한 도적들은 조선만이 아니라 명

나라까지 치겠다는 심보인즉, 륙지로는 이렇게 서울과 평양을 지나 의주에서 이 압록강을 건너 명나라로 들어 갈 계책이며 바다로는 이렇게 울돌목을 지나 서해 바다로 들어 서 이렇게 올라가서 한강으로 올라 륙군과 합세하며 또 이렇게 황해도 바다를 지나 대동강으로 밀고 올라 가 평양까지 온 륙군과 합세하여 다시금 수륙 병진으로 의주로 올라 갈 것입니다.

리억기: 그렇소외다. 일본 수군은 압록강으로 올라가서 조선과 명나라의 길을 막고자 할 것이외다. 그러면 우리 조정은 명나라에 원군을 청할 수도 없고 또 그 원군이 올 수도 없고 뿐만 아니라 적들은 이 서해 바다를 제 맘대로 다니면서 ……

리순신: 바로 그 점이외다. 적은 이 바다길을 통해서 군기와 군량을 보급하려 할 것이외다. 만일 우리 수군이 이 남쪽에서 논들의 물길을 끊어 이 서해 바다로 일 보도 들어서지 못 하게 한다면 군사와 물자 보급의 길이 끊어질 것이외다.

리억기: 그럴 때에는 놈들은 그것을 륙지로 할 것이 아니외까.

리순신: 그것도 쉽지는 않을 것이외다. 륙지에선 우리 륙군과 의병이 그것을 위협할 것이니까 ……

리억기: 과시 명철하시외다.

리순신: 뿐만 아니라 놈들이 가령 평양성을 차지한달지라도 이 물길이 끊어지면 후방이 든든치 못한지라 감히 앞으로 더 나가기 힘들 것이며 또 설사 의주까지 간다 할지라도 우리 수군이 남해의 이 물목을 지키며 더 나아가 왜적의 소굴인 부산을 찔러서 부산과 일본 사이에 놓인 놈들의 이 명맥을 위협한다면 평양에 있는 적이든 의주에 있는 적이든 오래 배겨 내지 못 할 것이며 결국 범의 꼬리를 잡은 궁지에 빠질 것이외다.

리억기: 호미난방이라, 하 ……

리순신 : 허지만 바다를 지킨다는 건 결코 쉬운 일이 아니외다. 우리 수군은 시방 나와 억기공이 거느린 두 수군이 남아 있을 뿐 적의 군사와 배들은 훨씬 많고 우리는 적으며 적들에겐 조총이 있는 것, 이것은 우리의 불리한 점들이외다.

리억기 : 그런 점도 있소외다. 허나 확고히 나는 믿소이다. 용맹한 우리 군사들과 우리 군사를 도와주는 충성스러운 백성들의 힘과 그리고 순신공의 탁월한 지략과 공의 지혜로 창안된 거북선의 위력을 믿소외다.

리순신 : 고마운 말씀이외다. 그러나 이 사람 자신은 용렬한 사람이외다. 오직 죽기로써 싸우겠다는 생각 하나 뿐!

리억기 : 나 역시 공의 뒤를 따라 싸우겠소이다. 나라와 백성의 부탁을 위하여.

리순신 : 우리의 뼈로써 바다를 막기로 합시다.

리억기 : 순신공! (서로 손을 뜨겁게 잡는다)

△ 나팔 소리 크게 울린다.

리억기 : 그럼 당포에서 뵈옵시다.

리순신 : 기다리겠소외다.

△ 리억기 급히 퇴장.

△ 리몽구 등장.

리몽구 : 출진 차비가 다 됐소이다.

리순신 : 알겠노라, 우후경은 류진장(留鎭將)으로 본영을 튼튼히 지키며 그리고 …… 우도 접경지대인 두치강탄 구례의 도탄 등지는

요충지지라, 그곳 륙지를 지키도록 의병들을 도와주라.

△ 리완 등장.

리완 : 경상도에서 찾아 온 젊은 장정들에게 모두 군기를 나누어 주었는바 지금 그들의 사기 대단합니다.

리순신 : 좋다, 가자!

△ 리순신 앞으로 걸어 간다.
그 뒤에 장수들이 따른다.
(무대 회전)

출진장(出陳場)

부두에 거북선이 서 있고 그 저 쪽으로 전선들이 서 있고 기치 검극(旗幟劍戟)들이 찬연하다. 거북선 우에 독전기 날리고 선상과 부두 광장에 수군 장수들과 군사들이 서 있고 한 옆에 의병 지원의 젊은 장정들과 그 한 옆에 조선소, 농막 일꾼들이 참예하여 서 있다. 룡길, 박로인, 봉녀도 보인다.

△ 호롱 취각의 소리 산하를 울린다. 리순신 장군 장대(將台)에 오른다.
엄숙한 순간.

리순신 : (우렁찬 소리로) 선봉장, 중위장 등대하였느냐?
— 예이.

리순신 : 좌우 전후 부장들 등대하였느냐?
— 예이.

리순신 : 좌우 척후장들 등대하였느냐?

— 예이.

리순신 : 한퇴장 참퇴장 등대하였느냐?

— 예이.

리순신 : 돌격장, 유격장, 그리고 구선장 등대하였느냐?

— 예이.

리순신 : 출진 차비로 전선에 판옥선 협판선 포작전 차비 다 되었느냐?

— 예이.

리순신 : 거북선에 대맹, 중맹, 소맹선 도합 二〇척 차비 다 되였느냐?

— 예이.

리순신 : 거북선에 류황 염초, 자루 긴 낫과 네발 가진 줄갈구리 검찰에 소홀함이 없는가?

— 없는 줄 아뢰오.

리순신 : 모든 전함들에 천, 지, 현, 황, 승, 각 총통들 차비 다 되였으며 장군전, 령전, 화전, 기편전 각종 화살 모든 군기에 소홀함이 없는가?

— 없는 줄 아뢰오.

리순신 : 들거라! 우후 리몽구는 류진장으로 본영을 지키고 날래고 담대한 다섯 가장(假將)들은 다섯 관포를 물샐틈없이 지키고, 선발된 모든 장수들은 수하 수군을 거느리고 이제 싸움터로 나아갈 것이니 우리나라 삼천리 조국을 지키는 이 싸움에 결단코 허영된 공을 다투지 말고 각기 제 맡은 직분에서 충성을 다할 것.

— 예이.

리순신 : 륙지로, 의병으로 나아가 싸울 젊은 장정들도 이 말을 명심할 것이다.

— 예이.

리순신 : 결단코 적병의 머리만 애써 베여 공을 나타내려 하지 말고 모두 힘을 합쳐 원쑤들을 모조리 섬멸하기에 힘쓸 것.

— 예이.

리순신 : (더욱 엄격한 소리로) 누구나 군령에 복종하며, 장수와 병사가 한몸 한덩어리로 뭉쳐 싸울 것이되 만일 돌격의 명을 받고도 후퇴하는 자 있다면 당장에 머리를 베일 것이다.

— 예이.

리순신 : 참퇴장은 일호 용서를 두지 말라.

— 예이.

리순신 : 병서에 말하길, 죽기로써 싸우면 살고 살기로써 싸우면 죽는다 하였다. 만일 이번 싸움에 이기지 못 하면 삼천리 조선이 륙지와 바다로 왜적의 소굴이 될 것인즉 수천 년 맥맥히 흘러온 애국 충성을 다하여 나라의 명맥과 백성들의 복락을 위하여 죽기로써 싸울 것이다! 명심하라!

모두 : 예이.

리순신 : 나아가자!

모두 : (기치 창검을 높이 들고) 나아가자!

△ 호롱 취각의 소리 진동한다.

△ 화포 총통의 불이 바다를 향하여 터져 나간다. 그 소리 천지를 진동한다.

△ 군악이 계속 울린다.

— 막 —

제四장

때　　一五九三년 一월.

곳　　평양

대동강이 마라보이는 청허관(淸虛館).

왜장 소서행장(小西行長)이 거처하는 넓은 방이다. 건물은 조선 건물이로되 내부 설비는 왜식으로 꾸미여 있다. 화려한 장막을 둘러 치고, 또한 금빛이 번쩍거리는 병풍을 치고 방 중앙에 평상을 놓고 평상 머리엔 검대(劍台) 우에 큰 칼을 올려 놓았다. 또한 방(房) 여기저기 장막 곁에는 조선에서 략탈한 귀물(貴物)들을 쟁여 놓았다.

무대 밝아지면

소서의 아장(亞將) 등 五~六 명 부하들이 엎드려 코가 땅에 닿도록 얼굴을 굽히고 있고 경상 우에 앉은 소서는 노기등등한 태도이다. 그의 위엄은 충천할 듯하다.

소서 :　어찌 된 일이냐?

모두 :　(대답이 없다)

소서 :　어찌 된 일인지 말을 하라.

아장 :　아직 탐보장이 오지 못 했사외다.

소서 :　오늘까지 여섯 달 동안을 기다렸다. 삼륙 십 팔 일백 팔십 일 매일 같이 기다렸다.

아장 :　그 일에 대해서는 탐보장이나 이 곳 평양에 진을 친 우리 군사의 책임은 아닐 줄 아외다.

소서 :　아장은 속에서 불이 일지 않는가? 일백 팔십 일 동안 초조한

일에 대해서 ……

이장 : 분하오이다. 만약 우리 수군의 마다시가 이 자리에 있다며는 그 목이 열 번 아니 백 번은 달아났을 것이외다. 진실로 조선 경륜과 중국 경륜을 망친 사실에 대하여 분개하지 않을 수 없소외다.

소서 : 오늘은 어째 소식이 없는가?

△ 밖에서 소리친다.

— 남포항 탐보장이요.

△ 탐보장이 등장하여 역시 코가 땅에 닿도록 엎드린다.

탐보장 : 탐보장은 삼가 소서 대장께 남포 바다와 서해 바다의 정형들 보고하옵는 바 오늘도, 역시 오늘도 서해 바다엔 갈매기만 날아 다닐 뿐, 우리 일본 수군의 배는 한 척도 보이지 않사온 바 아마도 이제는 전혀 가망이 없는 줄 아오며 실로 지칠 대로 지쳤소외다.

소서 : 무슨 군소리가 그리 많으냐?

탐보장 : 일본 수군은 그 세력이 크고 전선과 무기들의 장비가 륙군에 비하여 결코 떨어지지 않으므로 저는 륙군보다 더 빨리 조선의 남쪽 바다와 서쪽 바다를 휩쓸면서 대동강으로 올라올 줄 천만 믿었사외다. 허나 이제는 지쳤소외다. 어리석고 우둔한 짓을 했소외다.

소서 : (스스로 자기 반발적 발악으로) 무엇이 어리석단 말이냐?

탐보장 : 소장은 아무 것도 모르는 사람이오나 여섯 달 동안 기다린 것이 어리석은 일로 된 것이라, 그렇게밖에는 ……

소서 : 이놈, 그래 결국은 이 소서행장이 어리석단 말이냐?

탐보장: (당황하며) 그런 뜻으로 말씀한 건 아닙니다. 결국 기다린 보람이 어리석고 우둔한 작전으로 되었단 말씀.

소서: 이놈 무엇이 우둔한 작전인가? 이놈은 대장을 비방하고 작전을 시비하는 놈이다. 애들아, 당장 이놈의 목을 베라!

탐보장: (비명을 올리며) 아, 대장 고니시사마!

△ 병졸들 달려들어 탐보장을 끌어 내간다.

△ 밖에서 탐보장의 비명 들린다.

△ 방안에도 살기가 돈다.

소서: 그래 이 소서가 어리석었단 말이냐.

아장: 우리 일본군의 수륙 병진 전술은 현명하였으며 옳았소외다. 四월 一三일 부산진 상륙 이후 불과 두 달 동안에 우리는 조선 七 도를 점령하였으며 조선 왕은 의주로 도망쳤소외다. 일본 륙군의 위력은 특히 소서사마께서 대장으로 거느린 우리 중로 진격 군대의 위력은 천하에 떨쳤소이다.

소서: (저으기 만족한 표정을 보이기 시작한다) 그러하다. 일본의 여덟 대장이 조선의 八 도를 각각 담당하고 진격하였다. 나는 나의 온 지혜와 용맹을 다 쏟아 싸웠으며 내가 뜻하는 데로 왔다. 이 평안도를 나의 천지로 만들기 위하여. 실로 평양은 훌륭한 도읍지다. 이 산천을 나의 것으로 만들며 조선의 모든 물자와 금은보화를 무역하며 조선의 남녀들을 노비로 부리면서 우리의 재산을 풍부히 할 수 있고 우리의 세력을 크게 할 수 있다. 나는 평안도의 여러 고을들을 나누어 너희들에게 줄 것이다.

모두: 황감하외다.

소서: 남녀 로소 할 것 없이 사람들도 노비로 나누어 줄 것이다.

모두 : 황감하외다.

소서 : 그 노비들은 너희들 마음대로 죽일 수도 있고 살릴 수도 있다. 어떠한 고역에도 부릴 수 있다. 이곳은 왕릉이 많은 곳, 세상에 드문 보물들이 묻혀 있다고 한다. 허나 이것은 나의 명령 없인 누구도 손을 대지 못 할 것이다.

아장 : 허나 우리의 세력을 어찌 이 적은 땅덩이로써 만족할 수 있으리까, 결코……

소서 : 그러하다, 우리는 만족할 수 없다. 우리는 도―도 다까도라(藤堂高虎), 마다시(馬多時), 와끼사까 야스하루(脇坂安治) 등 장수들로 하여금 수군 수만을 거느리고 서해를 돌아 이 대동강으로 오게 하였다. 우리는 여기서 다시 작전하여 우리 수군이 먼저 바다로 압록강을 진격하여 중국으로 가는 길을 막고 우리 륙군이 의주를 포위 공격한다면 우리는 조선 왕을 잡을 수 있고 조선 조정의 대신들을 잡을 수 있고 그 길로 우리 군사는 명나라에로 진격할 수 있는 것이다. 이 원대한 희망이 일백 륙십일 동안 지연되였다. 이게 어리석단 말인가?

아장 : 우리 수만 수군이 대거해 온다면 이제라도 늦지 않은 줄……

부하 三 : 일본 사무라이의 기세! 한 번 안주를 치고 북으로 진격함이 어떠하외까?

소서 : (큰소리로) 내가 너희들만 못해서 그걸 생각지 못 하는 줄 아느냐…… 대체 요시라(要時蘿)는 죽었느냐? 살았느냐?

아장 : 벌써 서울서 온다는 소리, 곧 당도할 것이외다.

△ 밖에서 떠드는 소리.

―안 된다 못 한다.

―안 될 것이 무엇이냐, 대장을 만나 보겠다는데.

△ 한 왜병이 뛰여 들어온다.

아장 : 웬 놈이냐?

왜병 : 칠성문 방어군에서 왔소. 군량이 없소. 먹을 것이 없소.

소서 : 군량이 없다니, 조선 백성들의 집을 털면 쌀이 있고 곡식이 있고 고을마다 쌀 창고들이 있거니 네놈들은 앉아서 갖다 줄 때를 기다리느냐?

왜병 : 백성들을 죽이고 또 죽인대도 이제는 먹을 게 더 나오지 않으며 설혹 먹을 게 있는 데라 할지라도 조선 의병들 때문에 마음 놓고 왕래할 수 없으며 간밤에도 우리 군사들이 서진(西鎭) 쪽으로 나갔다가 림중량(林中樑)이 의병들에게 한 놈도 살아오지 못 하였소.

부하 一 : 실로 제가 거느린 군사만 하여도 중화(中和), 상원(祥源)으로 식량을 구하러 갔다가 그놈의 의병들로 해서 수백 명이 살아오지 못 했소외다.

소서 : 그게 누구의 탓인가?

부하 一 : 대장도노, 우리 군사 일만 오천 명의 군기 식량은 실로 걱정되는 바이외다.

△ 소서 방장을 제낀다.

창 밖에는 얼음 강산에 흰 눈이 펑펑 쏟아진다.

부하 二 : 본국에서 실어 온 군기 군량이 부산에 있다지 않느냐?

부하 一 : 뱃길이 끊어졌다. 바다길이 끊어졌다. 아아!

부하 三 : 보통문(普通門) 방어군에도 화약과 철환이 부족됩니다.

소서 : 아아, 우는 소리 그만 하라……

△ 잠시 침묵이 흐른다.

소서 : 속전속결! 이것이 나의 전술이였다. …… 우리의 정세는 점점 좋지 않다. 여섯 달 동안, 조선의 관군과 의병이 점점 기세를 올리기 시작했다. 우리가 점령한 륙지의 많은 성들과 요새들을 우리는 도루 빼앗기고 …… 가등청정이 함경도에서 밀리기 시작하였다. 흑전장정(黑田長政)은 황해도 연안성에서 패하였고 경상도 우리 륙군은 전라도로 진격하는 길에 진주성에서 패하였다. 오히려 전라도의 조선 군사가 대거하여 한성을 향하여 진격하여 왔다. 이 모든 사실이 무엇을 말하는가? 만일 우리 수군이 바다길로 군사와 군기 물자를 실어 온다면 남으로 우리 점령군을 도울 수 있고 북으로 진격할 수 있고 ……

아장 : 이제라도 오기만 한다면 …… 이제라도 늦지는 않았소외다.

△ 이 때 밖에서 사람들의 아우성 소리 들린다.

소서 : 이게 무슨 소동이냐?

△ 왜병이 달려들어 온다.

왜병 : 소동이 일어 났소외다.

소서 : 무슨 소동인가?

왜병 : 대장도노, 북쪽에서 바로 안주에서 조선 군사와 명나라 군사가 一○만 대군으로 쳐들어온다는 소문을 듣고 ……

△ 왜장들 모두 당황한다.

부하 一: 조 명 량군이!

부하 二: 수십만 대군으로!

아장: 대장도노 어찌 하오리까?

소서: 소동을 일으키는 놈들을 향하여 화포를 쏴라!

△ 아장 달려 나간다.

△ 화포 소리와 조총 소리가 일어난다.

소서: 여봐라.

부하들: 하.

소서: 남으로 함구문(含毬門)을 지키고 서북으로 보통문(普通門), 칠성문(七星門)을 지키도록 군사들을 단단히 배치하라.

부하들: 하.

△ 부하들 급히 퇴장.

△ 다시금 밖의 소음은 잠잠해진다.

△ 아장 등장.

소서: 어찌 됐는가?

아장: 안주에 집결한 조 명 량군이 진격을 시작했소이다. 확실하외다.

소서: 의주에서 안주로, 안주에서 평양으로 …… 조 명 량군은 이제 이 평양성을 포위할 것이다.

아장: 조선 의병 대군이 모란봉을 치고자 진격해 오고 있다 하외다.

소서: 지키라! 모란봉을 사수하도록 하라.

아장: 핫, 포로들을 어찌 하리까.

소서: (창 밖을 내다보며) 저 눈 속에 묻어 없애란 말야. 귀만 하나씩 잘

라 본국으로 보낼 것. 어서 바삐 서둘라.

아장 : 핫.

△ 아장 퇴장.

△ 곧 요시라 등장. 그는 조선 옷을 입었다.

요시라 : 소서사마.

소서 : 누구냐?

요시라 : 요시라올시다.

소서 : (다시 보고 놀라며) 아니 조선 옷을 그렇게 입으니 몰라보겠군.

요시라 : 흐 …… 이게 다 요시라의 본직이 아닙니까?

소서 : 자 이리 앉으라, 어째 이리 늦었는가?

요시라 : 오다가 의병들로 해서 여러 번 죽을 번했소이다. 그래서 차라리 이 조선복을 입었습지요.

소서 : 어서 말을 하라. 오늘도 우리 수군은 소식이 ……

요시라 : 일본 수군이 서해 바다로 오리라곤 아예 단념하시는 게 좋습니다.

소서 : (입이 써서 대답을 안 한다)

요시라 : (품에서 수첩을 꺼낸다) 자 보십시오. 경상우도의 바다는 모두 우리 수중에 있습니다. 거제도로 우리 수군의 첫 진격은 경상 우주사 원균이 거느린 전선 五〇〇척을 부시고 큰 승리를 거두었습니다. 그러나 지난해 五월 초순, 전라 좌우도의 련합 수군을 리순신이 거느리고 대거 출동해서 거제 방면으로 진공해 나왔는바 우리 수군은 한 번도 이겨 보지 못했고 서해 바다는 고사하고 남해 바다 앞으로도 들어 가 보지 못 했습니다. 옥포(玉浦) 싸움에서 도–도 다까도라 자신이 겨우 생명을 건졌으

며, 당포해전(唐浦海戰)에서 시나노가미 구루시마 미찌유끼(信濃守來島通之)는 목을 잘리여 죽었으며 한산도 해전(閑山島海戰)에서 와끼사까 야스하루(脇坂安治)는 산으로 도망을 쳐서 거의 굶어 죽다가 살았는바 이 싸움에서 우리 일본 수군은 전몰되다 싶이, 九천 명이나 죽었으며 안골포(安骨浦) 싸움에서 마다시사마는 거의 죽다 살고 …… 그 뭐 일일이 말할 수 없을 정도로 일본 수군은 거의 팔다리가 끊어진 사람 모양으로 되었습니다.

소서 : (분노를 이기지 못하며) 왜 그리 패하기만 했단 말이냐?

요시라 : 그것은 첫째로 조선 사람들, 백성과 군사와 장수들이 한덩어리가 되여 무서운 투지로 싸운다는 것, 둘째로 거북선이란 신출귀몰한 철갑선으로 돌격을 한다는 것과 세째로 지금 삼도수군통제사(三道水軍統制使)로 된 리순신의 탁월한 전략 전술입니다.

소서 : 리순신?!

요시라 : 이 암초를 없애지 않고서는 우리 수군이 서해 바다로 들어 설 수 없습니다. 그러나 여기에 한 계책이 있습지요.

소서 : 우리 일본의 최후 승리를 위하여 하나의 계책일 것이다.

요시라 : 그렇소이다. 열 가지 방책 가운데 확실히 하나로 될 것입니다. 신출귀몰한 거북선을 만든 사람도 리순신입니다. 그런데 이 리순신을 미워하는 조선 사람이 있습니다. 사람이란 서로 세력을 다투고 지위를 다투어 시기하고 질투하고 음해하는 일들이 있지 않습니까. 실상 조선 정벌 일본군의 실권은 소서사마의 것이며 또 그렇게 되여야 할 것 아닙니까? 그러므로 대장께서 이 모든 일을 하셔야 합니다.

소서 : 그래 누구냐?

요시라 : 원균이란 사람이요, 수군 장수로선 리순신보다 선배입지요.

그러나 싸운 공로에 의하여 리순신은 삼도 수군 통제사가 되고, 원균은 그의 통제를 받게 되였습니다. 그래 원균은 여기로부터 ……

소서 : 알겠다, 가등청정이 만일 내 웃자리로 올라간다면 나 역시 가만있지 않을 것이다.

요시라 : 그래 조선 조정에선 원균을 충청 병사로 돌려 놨습지요. 여기서부터 원균은 더욱 불만을 가지게 된바, 소서도노, 바로 여기다 불을 지른다면 ……

소서 : 좋다. 요시라 그대의 훌륭한 계교를 믿는다, 이 소서가 모든 장수들을 지배할 날이 올 것이다. 가등청정도 리순신도.

요시라 : 그를 위해선 조선과 명나라 정벌의 대공으로서 실권을 잡으셔야 합지요, 대장도노.

소서 : 그렇다, 암초를 부시며 앞으로 나갈 것이다. 수단을 가리지 말라, 리순신을 잡도록 하라.

△ 이 때 멀리서 화포 소리 은은히 들린다.

△ 소서는 미친 듯 보석함을 열고 보석 꾸러미를 한 줌 집어 든다.

△ 화포 소리 계속 가까이 들려온다.

요시라 : 대장도노 저 소리가? (당황한다)

△ 아장이 달려 들어온다.

아장 : 대장, 북쪽에서 총공격이 시작됐소이다.

소서 : 모란봉을 사수하라. 성문들을 사수하라.

아장 : 핫.

△ 아장 허둥지둥 달려 나간다.

소서 : 분하다, 분하다, 이 평양성을 도로 내주긴 분하다.

요시라 : 아니 대장도노 그 그처럼 정세가 뒤엎어졌소이까?

소서 : 여섯 달 동안 밑천이 드러났다. 허나 결코 정벌의 칼은 버리지 않을 것이다. 가자, 남쪽 길이 막히기 전에 …… 그렇다, 이제 남쪽 길이 막힐 것이다 …… 최후의 경우 남쪽에서 다시금 일어 날 계책을 위해서.

요시라 : 바다의 길을 뚫러야 하외다.

소서 : 리순신을 잡도록 하라. 리순신을 ……

△ 화포 소리 진동한다.

△ 창밖은 어느덧 어두워졌다.

△ 소서는 요시라와 함께 퇴장한다.

△ 호통 취각의 소리.

화포 소리 천지를 진동한다.

△ 무대 일각에 랑송자 등장.

랑송자 : 진격이다, 공격이다
이 나라 가슴 깊이 침노해 들어 온 바다 건너 원쑤를 몰아내는
저 화포 소리! 들으라!
조선 인민의 슬기로운 피의 싸움은
관군! 의병!
리순신 장군이 거느린
저 남쪽 바다 조선 수군들의 위훈이 한산 해전의 드높은 승전고가

오늘 대동강반의 왜적을
남으로 몰아 낼 줄, 그 어찌
소서행장인들 알았으라

한양에 몰킨 왜적 수만은
행주산성(幸州山城)의 참패를 겪은 후
정전 '화의(和議)'의 안개를 치면서 죽음의 구렁 한양을 벗어나
경상도 바닷가로 도망쳐 내려 왔다.

허나, 간악한 왜적은
정벌의 야욕 버리지 않고
정전 화의니 군사 철퇴니
옥신각신, 사(四) 년의 세월 ……
전쟁을 다시금 마련했나니
한 가지 길로는 수십만 무력을 갖추고
한 가지 길로는 흉악한 모략
리순신 장군을 없애리라
소서와 요시라 흉도를 꾸미며
드디여 一五九七년 다시금
정유재란(丁酉再亂)의 불ㅅ길을 일으켰다.

— 암전 —

제五장

때 一五九七년(丁酉) 二월 二六일.

곳 한산도(閑山島) 삼도 수군 통제영이다.

이 한산도는 거제 서남쪽 三〇리 밖에 있어 산이 바다를 싸고 굽었는데 그 안에는 배를 감추어 두기 좋고 밖에서는 안을 들여다 볼 수 없으며, 왜적이 전라도를 돌아 서해로 가려면 반드시 이 곳을 지나야 할 중요한 관문이며 절호의 군항(軍港)이다. 리순신은 一五九三년 (계사) 七월 一五일에 려수에서 이 한산도로 수영(水營)을 옮겨 왔고 그는 이 해 八월에 전라 좌수사를 겸임한 삼도 (경상, 전라, 충청) 수군 통제사로 임명되였다. 이 때로부터 그의 한산도 시기가 시작된다.

무대 우편에 운주당(運籌堂)이 있고 그 앞과 그 좌편은 마당이며 이 마당 저 쪽으로 통로가 열렸고 그쪽 저 편으로 산들로 둘러싸인 푸른 바다가 보인다.

바다는 그 산들과 더불어 무한히 수려한 풍경을 이루었다.

운주당은 보통 동헌보다는 규모가 작으나 화려하지 않고 검소한 건축으로 고상한 기풍을 보여 준다. 관청의 위압적이며 폐쇄적인 인상은 전혀 없다. 이 건물에는 바로 '運籌堂'이라고 쓴 현액이 붙어 있다.

막이 오르면

해포(海浦) 우에 초저녁 달빛이 흐른다. 리순신 운주당에 앉아 글을 쓰고 있다. 어데선가 호가(胡笳) 소리 들린다. 그는 잠시 그 소리 들으며 조용히 시조를 읊는다.

한산섬 달 밝은 밤에 수루에 혼자 앉아
큰 칼 옆에 차고 깊은 시름 하는 차에
어데서 일성호가는 남의 애를 끊는고.

△ 순신은 다시금 붓을 들어 글을 쓴다.

△ 리완 등장.

리완: (조용히) 대감, 농목장들에서 군량미를 싣고 지금 또 선창에 닿았소이다.

리순신: …… (붓을 든 채 생각에 잠긴다)

리완: 거제에 보낸 의병 척후 룡길에게선 아무런 기별이 없삽고, 천성 가덕에선 그곳 왜적들이 우리 수군의 빈틈을 탐탐히 노리고 있을 뿐이라는 첩보가 왔소이다.

리순신: 알겠다. 원균 사도 오셨다더니 시방 무엇을 하고 계시냐?

리완: 우후 령감께서 술대접을 하고 계시다 하오.

리순신: ………

리완: 그리고 참 우수영 사도께서 곧 오시겠다는 전갈이 왔소이다.

리순신: 억기 사도께서 …… (자리에서 일어 나 운주당을 내려서며) 완아.

리완: 네.

리순신: 내 좀 나가 거닐다 오겠으니 군량미는 그 곡종과 수량을 밝히여 받도록 하고 농목장에서 온 사람들은 일이 끝나는 대로 나를 좀 만나게 하라. 그리고 조총 만드는 것이 다 됐거든 가져오게 하라.

리완: 네.

△ 리순신 밖으로 나간다.

△ 리완 운주당에 올라 장군이 쓰다가 놓은 진중 일기를 본다.

△ 송희립 등장.

송희립 : 비장은 무엇을 그리 골똘히 보시오?

리완 : 장군님의 진중일기(陣中日記)외다. 농장에 곡식 종자를 구해 보낸 일까지 쓰셨소이다. 그렇게 바쁘신 중에도 매일 일기를 쓰시고 또 때로는 이렇게 시문을 쓰시고 …… 이건 장군께서 쓰신 한 수의 시조외다.(시조를 읊는다)

한산섬 달 밝은 밤에 수루에 혼자 앉아
큰 칼 옆에 차고 깊은 시름 하는 차에
어데서 일성호가는 남의 애를 끊는고.

송희립 : 정말 격조가 높소외다. 나라를 걱정하시는 그 마음 얼마나 깊으시오. 한다하는 풍류(風流) 시객(詩客)들이 꽃아침이니 달저녁이니 값싼 취흥으로 읊어 내는 그런 문장과는 바꿀 수 없는 글이외다.

리완 : 나는 장군님의 문장, 그 글자 하나하나에서 아주 또 뜨거운 것을 느낍니다. 장군님의 장계들 …… 그리고 임진년에 전사한 록도 정운 만호를 위해 쓰신 추모 제문은 어떠하였소이까.

송희립 : 잊히지 않소외다. "그대의 충성과 의리는 고금을 통하여 드문지라, 나라를 위하여 그대는 몸을 바쳐 죽었노라. 허나 그대는 길이 살아 있는 거와 같도다."

리완 : 참으로 우리는 잘 싸웠고, 싸움이 멎은 후엔 먹을 게 없고 입을 게 없고 전염병으로 사람들이 턱턱 쓰러지는 형편에서 부강한 수군을 꾸리기에 얼마나 또 분투했소외까.

송희립 : 임진, 계사 이후 삼 년! 오늘의 이 한산 거진은 실로 보는 사람마다 감탄을 금치 못하게 되였소.

리완 : 그런데 어떤 사람들은 불평과 불만으로써 비방하고 중상을 일삼으니 한심한 일이외다.

송희립 : 도대체 원균 사도는 무슨 일로 이곳에 와서 사흘씩이나 묵고 있으니 모를 일이요.

리완 : 무슨 렴치로 이 한산도엘 오겠소. 원균 사도는 장군의 지시를 항시 제대로 받지 않았소. (흥분하여) 무엇 때문인가? 지위! 세도! 왜적을 앞에 두고 어찌 그럴 수 있소외까. 장군께서는 오히려 조정에 간청하기를 원균 사도와 지위를 바꾸어 달라고까지 하시였소.

송희립 : 그런데 충청 병영으로부터는 괴상한 말이 들려오고 있지 않소외까. 마치 장군께서 원균 사도를 깎아 좌천이나 시킨 듯이 ……

리완 : 그만둡시다.

송희립 : 이러한 때에 장군께서 바다로 가등을 잡으러 나가시지 않은 일에 대하여 …… 난 아무리 생각해도 근심되오.

리완 : …… (불안을 느끼며 허나 자기를 설복하듯이) 장군께선 조정의 명을 받으신 날 밤잠을 주무시지 않고 깊이 생각하시였소. 허나 장군께선 바다로 나가시지 않으시고 그 사유를 조정에 장계로 말씀해 올리셨소. 모르긴 하거니와 조정에서도 장군님의 뜻을 알아 주실 거외다.

송희립 : 참 군량미가 들어 왔다는데 장군께선 ……

리완 : 알고 계시오. 선창으로 나가십시다.

△ 원균과 우후 거나하게 취해 등장.

△ 리완과 송희립은 원균을 대하여 허리 굽혀 례한다.

원균 : (거만스럽게) 아, 다들 평안하오? 통제사 대감 계신가?

리완 : 잠시 밖에 납시였소.

원균 : 아 그래, 얼마나들 바쁘오. 응 하…… 원 여기 와 보니 장수와 군졸들이 누구 하나 놀고 있는 것을 볼 수 없으니……

송희립 : 이만 나가 보겠소외다.

△ 리완, 송희립 퇴장.

원균 : (선창 쪽을 바라보며) 우후 령감, 웬 군량미가 저렇게 선창이 메지도록 매일 같이 들어오나?

리몽구 : 우리 수군이 부강한 탓이외다. 임진 계사 이후 오늘 만큼 부강한 수군을 꾸리기엔 장군 이하 어려운 고비를 여러 번 넘겼소외다.

원균 : 하…… 우후 령감도 그 동안 통제사 그늘에서 많이 달라졌구려.

리몽구 : 글쎄 온 나도 모르겠소외다. 사실 말은 바른 대로, 통제사 대감을 모신 이후론 죽을 지경이외다. 술을 마음대로 먹을 수 있나, 계집을 또 마음대로 하……

원균 : 과시 옹졸한 사람들이로다. 술도 계집도 남아 호걸엔 다 따를 수 있는 것이어늘, 특히, 이 원균에게만은 시비가 더 많았으니.

리몽구 : 그야 령감께서는 싸움판에서까지 배 밑창에다 계집을 싣고 다니시니까……

원균 : 어 싸움판이기로 계집 하나나 둘쯤 싣고 다니기로니, 어 옹졸한지고, 옹졸한지고…… (운주당과 해포를 다시금 돌아보며) 아 한산도! 강산은 예나 지금이나 변함이 없는지고…… 모를 일이로다. 거만의 군기 군량을 마련해 놓고 어째서 왜적을 치러 나가지 않았을가?…… 우후, 내 그녁을 믿으니 하는 말이지만 내

본시 물에서 놀던 사람인데 누가 나를 충청도 두메산골로 쫓았느냐 말요? 이럴 법이 있소? 내가 무슨 큰 죄가 있기로.

리몽구: 그야 통제사 대감의 령을 잘 받으시지 않는다고 하여 조정에서 ……

원균: 천만에 …… 그런 게 모두 날 헐뜯는 말이요. 임진년 첫 싸움에 내가 배에 불을 지르고 뒤로 물러서기는 했지만 그때는 어떤 천하 명장이라도 그밖에는 도리가 없었을 것이요. 자, 리일 순변사는 상주에서 나보다 더 패하였고 김명원 도원수도 림진강에서 패했지만 그래 지금 그분들의 자리가 떨어졌소? 올라갔소? 내 자리를 탐내서 하는 말이 아니요. 옥포, 당포, 한산대첩, 이 모든 싸움에서 나두 목숨을 내걸고 싸웠소. 왜적의 목을 자른 수급의 수효만 하더라도 결단코 내 뒤보다 손색이 없을 것이요. 그런데 누가 나를 공이 없는 사람으로 만들어 두메산골로 쫓았느냐 말요. 그래도 우후 령감은 알 게 아니요.

리몽구: 알다 뿐이외까 …… 그런데 아까 말씀하신 그 요시라란 사람은 정녕 믿을 만하오니까?

원균: 경상 우병사 령감의 말씀이요. 나라에서도 벌써 첨지 벼슬까지 준 사람인데 어찌 믿을 수 없겠소.

리몽구: 그래 조선 사람이란 게 적실하오니까?

원균: 적실하오. 적실한 조선 사람이요. 원래 대마도에서 살다가, 일본 말을 잘하는 고로 소서에게 끌려 와 통변 노릇을 하고 있을망정, 그에겐 충성심이 있었단 말이요. 그래서 가등청정이 수십만 대군을 끌고 바다를 건너온다는 기밀, 그 날자와 그놈이 탄 배의 표식까지를 직접 경상 우병사에게 와서 밀고해 주었단 말이요.

리몽구: 요시라는 그 기밀을 또 용케 얻어 냈소외다.

원균: 거기엔 소서의 소원이 또 있단 말이요. 원래 소서와 가등은 서로 세력을 시기하여 으르렁 거리는 터인지라 소서는 기회만 있으면 가등을 죽이자는 것이요. 그래 소서는 그 기밀을 요시라에게 준 것이요. 이건 요시라의 말이요. 가등을 잡아 없애는 일은 조선의 원쑤를 갚는 일이며, 소서에게도 상쾌한 일이라고……

리몽구: 알 만하외다.

원균: 그래서, 우병사 령감은 그 기밀을 조정에 올린 것이며 조정은 통제사 대감에게 교지를 내린 것이요.

리몽구: "가등청정을 나가 잡으라!" 그런데 대감은 나가지 않으셨소.

원균: 그게 분하단 말이요. 천재일우의 기회를 놓쳤단 말이요. 이 일에 대하여 나는 조정에도 장계를 올리고 의금부 윤근수 대감께도 글월을 보냈소.

리몽구: 가등이 하나만 없앤다면, 소서는 원래 화의를 주장하는지라 싸움이 또 일어날 리도 없지 않소외까?

원균: 내 말이 그 말이요. 아 아지 못게라, 통제사 대감의 흉금을 모르겠노라. 그 만치 영특한 분이 왕명을 거역하다니.

리몽구: (새삼스러이 어떤 위구를 느끼며) 그렇다면 미구에 무슨 변이 있을 것 아니외까?

원균: 왕명을 거역했거늘 어찌 무사하겠소.

리몽구: 흐…… 알겠소외다. 그럼 장차 삼도 수군 통제사는?

원균: 두구 봅시다. 하……

리몽구: 하…… 이녁두 십 리 하방에 눈치만 남은 사람이외다. 사실 년조로 보나 인재로 보나 령감을 젖혀 놓고 어디 통제사 재목이 있사오리까.

원균: 원 별소리를, 좌우간 령감이 내 심정을 알아주니 이런 밤엔 한

말 술이라도 단숨에 마실 듯하외다.

리몽구: 저기 누가 오나보이다. 이왕 나오신 길에 대감을 만나시는 게……

원균: 그만두겠소. 겨우 가라앉은 마음을 다시금 흐릴 까닭이 없소. 자 가서 술이나 또 듭시다.

△ 원균 퇴장.

△ 리순신, 리억기 등장.

리몽구: 아 사도께서, 안녕하셨소니까?

리억기: 얼마나 수고를 하시외까?

리순신: 원균 사도께서는 혼자 계시오?

리몽구: 조금 전에 대감 뵈옵자 오셨다가 안 계신지라 다시 사처로 가셨소이다.

리순신: 아뿔싸, 내 나중에 가서 뵙도록 하겠소.

리몽구: 그렇게 전갈하겠소이다. (퇴장)

리억기: 원균 사도 무슨 일로 이 한산도엘 왔소외까?

리순신: 바다가 그리워서 지나던 길에 잠시 들렀다 하오이다. 령감 오늘 마침 잘 오셨소이다.

리억기: 풍운이 또 몰려드는지라 달려 왔소이다.

리순신: 허지만 한산도의 달빛은 저렇게 교교하외다. 하……

리억기: 왜놈들이 화의 운운하면서 四 년 동안이나 우리나라 남녘 바닷가 一六 둔에 둥지를 틀고 있으면서 마지막 화의 조목으로 내놓은 것 뭣이오니까. 경상, 전라, 충청, 경기, 우리의 네 도를 분할해 달라고 했으니 참으로 족제비 낯짝만도 렴치가 없는 놈들이외다.

리순신: 나는 애초부터 화의를 믿지 않았소. 그저 계사년에 놈들을 비

로 쓸듯이 싹 쓸어 내지 못한 게 잘못이외다.

리억기 : 허지만 임진년에 우리가 생각했던 바는 옳았으며 또 왜적을 이겼소이다.

리순신 : 소서로 하여금 평양성을 내놓고 남으로 쫓겨 오게 만들었으니, 하……

리억기 : 하……

리순신 : 우리 수군의 큰 승리는 우리나라 뿐 아니라 우리와 한 이웃에 사는 명나라 백성들을 전란의 불ㅅ길로부터 미연에 구했다고 말할 수 있소외다.

리억기 : 옳소이다. 그러므로 명나라 군사가 우리를 돕고 조 명 량군이 함께 왜적을 치는 것은, 두 나라의 화평한 세월과 두 나라 백성들을 보위하는 위업으로 될 것이오이다.

리순신 : 지금 형세는 이 바닷가에 남아 있던 왜적들과 새로 바다를 건너온 一五만 대군이 세력을 합쳐 크게 공세를 취할 양으로 탐탐히 기회를 노리고 있는 것이요. 놈들은 임진년의 참패를 되풀이 안 할 양으로 기어코 어떤 희생, 어떤 죽음을 무릅쓰고라도 이 남녘 바다를 뚫고 서해로 기여오르려 할 것이외다.

리억기 : 허나 이 한산도 관문은 놈들의 어떠한 발악으로도 부시지 못할 것이외다.

리순신 : 가등이 바다를 건너온 지 벌써 달포가 넘었음에도 불구하고 옴짝달싹 안 하고 엿보고만 있는 것은 바로 이 관문 때문이외다.

리억기 : 그렇소이다. 놈들은 또한 륙지로, 전라도를 결사코 먹어 들자 할 것이외다.

리순신 : 싸울 때가 또 왔소. 령감, 또 나아갑시다. 천성 가덕으로!

리억기 : 나아갑시다. 생사를 같이 합시다. 나는 대감의 지휘하에 대감과 더불어 다시 싸움 마당으로 나아감을 끝없는 광영으로 생

각하외다.

리순신 : 또 무슨 말씀을……

리억기 : ……이런 말은 대감께 하지 않을 양으로 했으나, 이런 때를 당하여 대감 신변이 근심되기에……

리순신 : ……무슨 말을 들으셨소외까?

리억기 : 대감께서 가등을 잡으려 나가지 않으신 일에 대해서……물의가 생겼다 하외다.

리순신 : 물의라니?

리억기 : 조정에서 물의가 일었다 하며, 원균 사도와 현풍의 구관(玄風舊官) 박성(朴惺)이란 자는 '실기가참(失機可斬)'이라고까지 상소를 하였다 하니……

리순신 : (선뜻 고개를 들어 놀라며) 실기가참이라……기회를 잃은 죄로……목을 멜 것이다……

리억기 : (분개하여) 도원수부에서 온 소식이외다. 이럴 법이 있소외까. 수군에 대한 일을 대감에게 한 번 상론도 해 보지도 않고, 요시라의 말만을 믿고 이렇다 지렇다 물의를 일으킬 수 있소외까. 또 그 뿐 아니라 한산도에는 왕명도 거역하는 별천지를 꾸며 놓았다는 등, 걸고 드는 사람도 있다니, 어 참으로 놀랍소외다. 놀랍소외다.

리순신 : (괴로운 심경으로 심중히 생각한다. 허나 그는 곧 밝은 낯과 태연한 음성으로 오히려 억기를 위로하듯) 령감! 그 일로 너무 근심 마시고. 들리는 말들에 너무 개의치 맙시다. ……요시라의 말은 믿지 않을 수 없을 만큼 교묘하외다. 소서가 가등을 없애려 한다. 순신으로 하여금 가등을 잡게 하라. 두 가지 기밀을 보내 왔소외다. 나는 여기에 무서운 함정이 있음을 간파했소외다. 이 리순신 한 사람의 목숨은 아까울 것이 없사오. 오직 생각는 바는 나라와

백성의 운명이오이다. 만일 우리 수군이 한 번 잘못되는 날이면 나라도 백성도 구하기 힘들 것이외다. 조정의 한 장 교지를 잘못 받들어 천만 년 후손들에게 물리여 줄 이 나라 국운을 그칠 수는 없사오. 결단코 없사오. 그러므로 그 즉시로, 조정에 그 사유를 말씀해 올렸사오.

리억기 : 정녕 옳으신 말씀이요.

리순신 : 너무 걱정 마시고 바다로 나갈 차비를 하십시다.

리억기 : 그럼 장선에 나가 기다리겠소이다.

△ 리억기 역시 근심이 풀리지 않으나 무부(武夫)답게 나간다.

△ 리순신 혼자 생각에 잠기여 운주당 앞 뜰을 거닌다.

리순신 : …… 실기가참이라? …… 만일 순천에 계신 어머님께서 이 일을 아신다면? …… 어버이 심정으로 얼마나 또 근심하실가? 아산에 계시면 멀어서 못 간다 하지만 가까이 순천에 모셔 오구서도 자주 가 뵙지 못 하니 얼마나 또 궁금하시고 섭섭히 여기실가? …… (일기를 쓰기 시작한다)

△ 리완이 제총수 리필종(李必從)과 공인들과 함께 등장.

리완 : 제총수 리필종이 총을 다 만들었소이다.

리순신 : (매우 반기며) 아 어디 보자.

제총수 : (총을 바치며) 이번엔 장군께서 말씀하신 대로 몸을 더 길게 하여 구멍을 더 깊게 하였소이다.

리순신 : (총을 자세히 살펴 보며) 몸대가 길구 방아쇠랑 아주 잘 됐다.

제총수 : 우리나라 승자쌍구녕배기(勝字双穴)보다 훨씬 멀리 가고 위력

이 배나 됩니다.

리순신 : 음, 이만하면 쇠두 좋다. 한 번 쏘아 봐라.

리완 : (총을 받아 겨냥을 한다)

△ 이럴 때 송희립이 농목장에서 온 농민들을 데리고 들어온다. 그 뒤에 옥지, 박로인, 봉녀를 비롯한 조선소 일군들도 따라 들어온다.

리완 : (총을 쏜다. 그 소리가 굉장하다)

△ 공인들, 농민들 모두 감탄하여 웅성거린다.

리순신 : (리완에게) 어떠냐? 왜놈들이 조총 하나 가지고 큰소리 했지만 이제는 큰소리 못 하게 됐다. 하……

모두 : (웃는다)

리완 : 오히려 왜놈의 총보다 훨씬 좋은 것 같습니다.

박로인 : 그러니 이제는 조총 만드는 법도 우리들한테서 배워 가라고 하는 게 좋겠소외다.

공인 一 : 누가 가르쳐 주겠다고는 합디까요?

모두 : (홍그럽게 웃는다)

옥지 : 조총은 몰라두 거북선 만드는 법만은 결단코 가르쳐 줄 수도 없으며 가르쳐 주지도 않겠쇠다.

농민 一 : 그건 청개와 장사 심보일세.

옥지 : 옳쇠다. 이런 데는 청개와 장사루 놀아야 하외다.

모두 : (홍그럽게 웃는다)

리순신 : 좋소외다. 이렇게 우리 손으로 만든다는 건 장한 일이외다. 비장!

리완 : 예.

리순신: 각 수영 관포들에서 이대로 만들도록 할 것이며 극상 좋은 것으로 골라 조정에 올려서 륙군들에서도 이런 총을 많이 만들어 쓰도록 할 일이다.

리완: 알겠소이다.

송희립: 농목장들에서 장군님 뵈옵자 찾아들 왔소이다.

리순신: (반기며) 아 만나보고 싶었노라. 순천 돌산도(突山島)에서도 왔는가?

농군 一: 왔소이다.

농군 二: 멀리 남해 황원곶(黃原串)에서도 왔습니다.

송희립: 도양장(道陽場)에서 화이도(花爾島)에서 모두 왔소이다.

리순신: 먼 길에 수고를 했노라. 그래 농장들에서 살기가 어떠한지?

농군 一: 이제는 아주 자리가 잡혔소이다. 임진년 전란을 만나 집을 잃고 땅을 잃고 고향을 잃을 소인네들이 장군님 은덕으로 이전 군색 없이 살고 있습니다.

리순신: 그렇게 말해 주니 고맙노라. 그래 금년 파종에 종자 마련은 넉넉하겠지?

농군 二: 넉넉하다 뿐입니까? 농사꾼이야 굶어 죽어두 종자벼는 베고 죽는다 하옵는데.

리순신: 하 …… 그리고 농사는 첫째 거름 마련이 소중하니 아이들 기를 때 먹을 것 마련하듯이 거름 마련을 넉넉히 할 일이다.

농군 一: 장군께서 말씀하신 대루 개바닥도 긁고 풀도 베여 두엄 마련을 넉넉히 했습니다.

리순신: 잘 했노라. 그래 농사의 반타작이 너무 힘에 겨웁지 않은가.

농군 二: 소인들이 하는 모든 일이 수군 방비의 군량과 밑천을 위하는 일임을 생각할 때 어찌 반타작을 과하다 하오리까.

리순신: 고맙노라. 만일 전쟁과 군사 방비가 아니라면 내 그대들의 부

담을 크게 덜어 주고 싶노라. 실로 그대들은 모든 고초를 이겨 왔으며 그대들의 힘이 있으므로 우리 군사들이 먹고 입고, 이런 총과 거북선도 만들 수 있다는 것을 생각할 때 어찌 고맙지 않겠는가?

농군 三 : 정녕 고마우신 말씀입네다.

리순신 : 지금 왜적들이 다시금 우리의 바다를 노리여 덤비고자 하노라. 허나 우리 군사들은 결사코 한 발작도 이 한산도에서 뒤으로 물러서지 않을 것이니 념려 말고 금년 농사도 풍작을 이루도록 해라.

농군 一 : 하겠소이다. 한 평의 땅이라도 더 개간하여 소출을 더 많이 내기로 작정이온바 그저 왜적들만 멀리 바다 밖으로 물리쳐 주시옵길 ……

리순신 : 맹세하노라. 나라와 그대들 앞에 맹세 안 하고 누구에게 하겠는가. 그러면 오늘은 편히들 쉬도록 하라. 송 군관, 오늘은 농목장에서 온 이들과 공인들에게 술을 좀 내도록 하라.

송희립 : 예.

모두 : (기뻐한다)

△ 송 군관 퇴장.

△ 리영남 등장.

리영남 : 대감, 시방 부두에 대부인께서 오십니다.

리순신 : (극히 놀라며) 어머님께서 …… 어머님께서 ……

△ 리순신 급히 퇴장.

△ 리완, 리영남 함께 퇴장.

부인 一: 아니 장군님의 어머니시면 지금 년세가 얼마나 되시는가?

봉녀: 구십 로인이시래요.

모두: (놀란다)

박로인: 그래두 아직 쇳소리가 나게 정정하시다네.

옥지: 정말 부러운 일입니다. 부모님을 오래 모신다는 건 복이니까요.

농민 一: 암 복이구말구, 큰 복이지.

공인 一: 난 어머니 없이 살아오는 게 포원이 졌쇠다.

박로인: 여보게들, 자, 우리 오래간만에 이렇게들 만났고, 달두 밝고, 장군님께서 술을 또 주시겠다고까지 하셨는데 춤 한 번 추는 게 어떻겠나?

농민 一: 그거 참 좋은 말씀이외다. 입장단 무릎장단으로 한 번 춥시다. 장단은 내가 칠 테니.

박로인: 춤은 옥지가 추게.

공인 一: (옥지를 끌어 내며) 자 거북선 나갑니다!

△ 옥지가 사람들 속에 선다.

"떵, 떵, 떵더쿵" 하면서 입장단 무릎장단이 흥겹게 시작된다.

옥지 춤을 춘다. 흥겹고 사람들을 웃기는 아주 파탈한 춤이 고조된다. 흥겨운 환성을 올리기도 한다.

△ 젊은 조선공 뛰어 들어온다.

젊은 조선공: 이것 보라구요 …… 할아버지, 옥지 아저씨.

△ 모두 춤을 멈추고 그를 주목한다.

젊은 조선공: 이것 보라구요. 글쎄, (은근한 소리로) 서울서 어사도가 내려온

답니다.

박로인 : 어사라니? 그래 좋은 일인가? 나쁜 일인가?

젊은 조선공 : 장군께서 바다로 가등을 잡으러 나가시지 않은 일에 대해서 무슨 일이 있을 게라구요.

모두 : (서로 수군거린다)

박로인 : 그래 누가 그러던가?

젊은 조선공 : 충청도에서 온 관속인데 장군님이 가등청정을 잡으러 바다로 나가지 않은 일은 수상한 일이다. 무슨 일이 있을 게라구요.

옥지 : 수상타니? 뭐가 수상해? 그럼 …… 어 놀라운 말이다.

박로인 : 아니 이 대명천지 밝은 날에, 뭐가 어째? 야 이 사람아, 그래 그 따우 헛수작 하는 놈들을 그냥 뒀단 말인가, 당장 목다실 분질러 놓지 못 하고 ……

옥지 : 그런 놈이 왜적의 압잡일는지도 모른다.

제총수 : 옳소. 그런 놈은 당장 죽여야 한다. 가자, 그놈이 어디 있는가? (젊은 조선공을 앞세우고 달려 나간다)

△ 모두 흥분해서 웅성거리며 나간다.

△ 잠시 사이. 물결 소리만 들린다.

△ 리순신과 리완이 순신의 모 변씨(卞氏)를 모시고 등장.

리순신 : 어머님께서 이렇게 졸지에 오실 줄은 …… 사람이라도 먼저 띄우시지 ……

어머니 : 너무두 궁금해서 불시루 찾아 왔다.

리순신 : 군무가 한가치 않아 자주 가 뵈옵지 못 하오니 자식된 도리가 아니오이다.

어머니 : 그런 념려는 아예 말아. 내가 네 일을 돌보아 주지는 못 할망

정 통제사의 중책을 진 장군으로 어찌 이 한 어미로 해서 한 시각이라도 군사 일을 소홀히 할 수 있겠느냐. 아예 그런 말은 말아. (운주당을 돌아 본다) 예가 운주당이로구나.

리순신 : 그렇소이다. 어머님, 잠시 방으로……

어머니 : 이 시원한 마당에 앉아 저 바다를 보는 게 좋겠다.

△ 리완 의자를 갖다 마당 높은 데 놓는다.

△ 순신 어머니를 부축해서 의자에 앉힌다.

어머니 : 한산섬이 좋다구들 하더니 정말 이렇게 와서 보니, 훌륭하다. 섬들이 많구 산세가 묘하구 수정 같이 맑은 바다물이 아늑하게 들어 앉았구.

리순신 : 저 산줄기가 이 바다 굽이를 에워싸서 이 안 바다에는 많은 배들을 감추어 둘 수 있습니다. 그리고 저 산 밖의 큰 바다에선 이 안을 들여다 볼 수 없는고로 이 지형을 보고 누구나 감탄하며 군사 진을 치기 참으로 좋은 곳입니다.

어머니 : 명나라 장수들도 와 보구 감탄을 하더라지.

리순신 : 천하에 이런 거진은 둘도 없다고 했습니다.

어머니 : 좋은 일이다. 네가 하는 일이 베면하겠느냐, 삼도 수군을 잘 거느리고 운주당에서 정사를 잘하고 백성들의 사정을 잘 돌보아 준다는 그런 좋은 소리를 들을 때 어미 마음 어찌 기쁘지 않겠느냐.

리순신 : 하오나 어머님의 마음을 괴롭히고 걱정과 근심을 사드린 일이 얼마나 많습니까. 어머님 년세가 금년에 九〇. 제 나이가 벌써 쉰셋입니다. 쉰 셋 해 동안 어머니께 근심을 드리였고, 아니 六〇여 년을 자손들로 해서 마음을 태우셨습니다.

어머니 : 어미가 자식들로 해 근심하는 것 당연한 일이다. 허지만 너는 어느 형제보다 내 마음을 편히 해 주었고 어미께 대한 마음도 지극한 줄 안다.

리순신 : 어머님 밤 바람이 아직도 찹니다. 감기나 드시면 …… 완아, 어서 별당을 치우도록 해라.

리완 : (상수로 퇴장)

어머니 : 아니다. 오늘은 어찌 가슴이 답답하구나. 예서 좀 이야길 하자. (돌아보고) 내 너한테 물어 볼 말이 있어 실상은 이렇게 찾아 온 게다.

리순신 : (엄숙해진다)

어머니 : 바다를 건너오는 가등청정을 나가 잡으라는 조정의 명령이 계셨다는데 그게 적실하냐?

리순신 : 적실합니다.

어머니 : 그런데 너는 왜 잡으러 나가지 않았느냐?

리순신 : (매우 괴롭고 난처한 태도를 가지며) 어머님! 그 일에 대해서는 한 마디로 말씀 드리기 힘듭니다. 나라에 충성을 다 하자는 한가지 마음, 왜적의 간계에 빠져 대사를 망치지 않겠다는 한가지 일로 저는 나가지 않았습니다.

어머니 : 이 늙은 어미가 네 충성을 몰라서 하는 말이 아니다. 누구보다 결백하고, 옳다고 생각하는 일은 누구에게도 굽히지 않는 네 성품을 몰라서 하는 말이 아니로다. 내가 그걸 누구보다 잘 알기 때문에 더욱 근심이 되는구나. 아무리 네 소견이 옳다기로니 조정의 명을 거역할 수 있단 말이냐, 무서운 일이다 …… 무서운 일이다.

리순신 : 어머님 …… 안심하시교. 자기만 결백하고 옳은 담에야 무엇을 겁내오리까.

어머니 : 네가 조산 만호(造山萬戶)로 있을 때 억울한 죄를 입어 죽을 번 하지 않았느냐. 나는 그때 생각이 자꾸 난다. 네 부친은 세상을 떠나신 지 오래구 이 어미는 이렇게 늙었구 …… 네 만일 …… (눈물을 씻는다)

리순신 : 어머님, 그때도 저에게 잘못이 없었다는 게 밝혀졌습니다. 모든 게 밝혀지고 또 밝혀질 것입니다. 이번 일에 대해서도 조정에 장계를 올렸으니까 조정에서도 저의 처사가 옳았음을 인정해 주실 겝니다.

어머니 : 나는 너를 믿는다, 누구의 말을 믿겠니 …… 어서 도적들이 물러가고 사람들이 안심하고 살 때가 와야겠다.

리순신 : 어머님 이제 화평한 세월은 올 것입니다. 반드시 오도록 해야겠습니다. 어머님, 그만 방으로 드십시다.

어머니 : (일어나며) 에구 그래도 이렇게 너를 만나 너의 말을 들으니 마음이 놓이는 것도 같다. 요즘 아산에 있는 아이들은 잘들 있는지?

리순신 : 면이에게서 편지가 왔소이다. 모두 무고히 지낸다 하오이다.

△ 순신 어머니를 모시고 퇴장.

△ 파도 소리 더 높아지고 어느덧 하늘엔 구름이 일기 시작하여 달빛이 때때로 가리워지군한다.

△ 바람이 멀리서 일기 시작한다.

△ 우후와 군관들(송희립, 리영남) 등장.

리영남 : 조정에서 어사도가 내려 왔소.

송희립 : 필경 그 일일 것이요.

리몽구 : 내 이런 일이 있을 줄 알았소. 장군께서 너무 ……

송희립 : 허나 사실(査實)차라 하면 ……

리영남 : 오히려 좋은 기회가 아닐가?

송희립 : 좋은 기회요. 지금 막 거제에서 김룡길의 첩보가 왔소. (첩보를 펼친다) 확실히 리순신 장군을 잡자는 함정이였소. 자, 보시오. (첩보를 읽는다) 소서 진의 왜장들은 리순신을 잡자 — 한산도를 함몰하고 전라도로 들어가자 — 이렇게 떠들고 있으며, 가등의 수하들은 해도에 머물러 있으면서 장군님이 바다로 나올 때를 기다렸으나 결국 허탕을 친고로 모두 분하다고들 떠들고 있습니다.

리영남 : 장군의 생각하심이 옳았소.

송희립 : 만일 바다로 전군을 몰고 나갔더라면 놈들의 함정에 빠졌을 것이요.

△ 이 때 밖에서 웨침 소리 들린다.

소리 : 사성 남이신 어사도 듭시오.

△ 남이신 등장. 그 뒤에 원균 등장.

△ 우후와 군관들은 허리를 굽힌다.

남이신 : 잠시 이 자리를 피해 달라.

△ 우후, 군관들 퇴장.

△ 남이신은 운주당을 유심히 돌아본다.

남이신 : 과연 좋은 곳이요. 한산도는 천하 거진이라 말할 만하오. 허나 듣던 바와는 다르지 않은가? "한산도는 별천지다!" "한산도엔

궁궐을 꾸며 놨다!" 하더니 이 운주당은 아주 검박하오. 한산도엔 궁궐 같은 데가 없소.

원균: 허나 …… 이 운주당에서 왕명을 거역한 사실, 그리고 이 한산 진영에 부합지 않을 정도의 군량과 군기를 축적하고, 군사와 백성과 의병들을 널리 모아 조련시키고 있는 것, 이런 사실들은 또 별천지란 말을 들을 수도 있지 않소외까.

남이신: 아뭏든 리순신은 교만해졌소.

원균: 옳소외다.

남이신: 안하무인으로 되였단 말이요.

원균: 옳소외다.

남이신: 가등을 잡을 천재일우의 그 기회를 놓쳤으니 분하단 말이요.

원균: 옳소외다. 가등을 잡으러 나가지 않은 그 점이 수상합니다. 오늘에 와서 누가 그의 충성을 믿겠소외까.

남이신: 좌우간 만나 말을 들어 보겠소.

원균: 그럼 이번 귀결은 어찌 되오니까?

남이신: 그야 뻔한 일이요. 령감이 …… 충청 병사로 오래 계신 것은 잘된 일이 아니였소.

원균: 아 하늘이 밝아지외다. 물에서 놀던 고기를 륙지에 갖다 놓으니 견딜 수 있겠느냐 말씀이요. 그런데 이것을 말하면 불평이라 하고 …… 실로 이 몇 해 동안 괴로운 세월을 보냈소이다.

남이신: 이제는 더 괴로워하실 것 없소외다. 이제 곧 선전관이 올 것이니 잠시 객사에 나가 기다려 주시오.

원균: (객사로 나가며) 아 오래간만일다. 한산도!

△ 원균 퇴장.

남이신: 여봐라—

△ 우후, 군관들, 제장들 등장.

남이신: 리순신 사도 듭시래라.

△ 리순신 등장.

리순신: 원로에 얼마나 피로하시오니까? 상감마마의 문후 아뢰오.

남이신: 대감, 나는 어명을 받고 왔소. 시방 상감마마께서는 진노하여 계시오. 무슨 일로 가등청정을 잡으러 나가지 않으셨소?

리순신: (잠시 침묵을 지킨다)

남이신: 어서 그 사유를 말하시오.

리순신: 그 자세한 사유는 이미 장계로 올렸사오.

남이신: 대감의 장계는 오히려 상감마마의 진노를 크게 하였소. 첫째로 어찌 조정의 명을 거역하였느냐 말씀이요.

리순신: 이 나라의 국록지신(國祿之臣)으로 조정의 명을 거역코자 한 바는 결코 아니외다. 오직 나라와 백성과 수군의 명맥과 아울러 싸움의 대국을 보아 부득이 나가지 않은 것이외다.

남이신: 그 부득이한 사유란 무엇이요?

리순신: 첫째로 가등청정이 십 오만 대군을 몰고 바다를 건너옴에 있어 그 함선만 하여도 천 척이 넘을 게고, 임진년과 달라 울산, 부산, 거제 등에 적의 소굴이 또한 있는지라, 우리 수군이 가벼이 나갔다간 앞뒤로 적을 만나 크게 패할 념려 있는 것, 둘째로 우리 수군이 이제껏 련전련승을 한 것은 바다의 지리와 조수를 잘 리용한 데 있었는바 이를 헤아리지 않고 망망한 바

다로 쫓아 나아감은 싸움의 방략상 어리석은 것, 세째로 요시라는 원래 적장 소서의 반간인지라, 그가 어떠한 충성을 맹세한달지라도 반간의 말은 믿을 수 없는 것, 또한 반간의 그렇게 감언리설로 유인할 때에는 반드시 무슨 흉계가 있는 것, 이러한 사유로써 결단코 나갈 수 없었소외다.

남이신 : 그렇게 요시라의 말을 믿을 수 없다면 경상 우병사나 도원수 대감은 모두 등신이란 말이요?

리순신 : (단호히) 적의 술책에 속은 게 분명하오. 속았소외다, 도원수 대감까지.

남이신 : (큰 소리로) 이 무슨 말씀이요? 속다니? 소서와 가등이 서로 원쑤지간임은 세상이 다 아는 일, 어떠한 수단도 가리지 않고 가등을 없애자는 소서의 계책을 그래 우리가 리용할 수 없단 말이요? 가등청정이 바다를 건너오다 해도 암초에 걸려 七일 간이나 머물러 있었다 하는데 ……

리순신 : (구태여 더 말하려 하지 않는다)

송희립 : 외람되이 한 말씀 아뢰오. 소서는 가등을 죽이고자 한 게 아니라 실상은 리순신 장군을 없애고자 한 것이외다.

남이신 : 리순신 장군을?

송희립 : 거제 소서 진에 보낸 의병 척후 김룡길의 첩보가 왔소외다. (첩보를 올린다)

남이신 : (받아 읽고) 모를 소리다. 어찌 이 첩보를 정확타 믿을 수 있겠는가?

리완 : 만일 이 첩보를 믿지 못 하신다면 긴요한 것은 왜적 소서의 흉계를 알메 있는지라 반간 요시라를 잡아 문초해 주시기 바라오이다.

남이신 : 모든 의견은 들어 두겠노라. (자리를 일어나며) 허나 조정의 명을 거역한 사실, 천재일우의 기회를 놓친 이 두 가지 사실만은 무

엇으로 감출 테요? 대감!

리순신 : ………

남이신 : 지금 리순신의 실기가참(失機可斬)으로 대간(台諫)은 물론, 박성 같은 선비들이 상소해왔소. 이래도 대감의 죄를 가릴수 있겠소.

리순신 : (단호히) 리순신 한 사람의 목은 아까울 것이 없소마는 흉악한 왜적의 간계에 빠져 삼도수군을 망치며 나라의 운명을 위태롭게 할 수는 없는 때문이외다. 이것만은 가릴 수 없소외다.

남이신 : 어 놀랍소외다. 과시 한산도는 별천지요. (홀쩍 퇴장)

소리 : 선전관 드오.

△ 선전관 등장.

△ 리순신 의례로써 그를 맞이한다.

선전관 : (큰 소리로) 전갈이요. 삼도 수군 통제사 리순신은 파직이며, 충청 병사 원균 사도, 삼도 수군 통제사로 봉하랍신 전갈이요.

△ 선전관 퇴장.

△ 모두 아연실색한다.

△ 무거운 침묵이 흐른다.

리순신 : (태연한 음성으로) 우후는 직인과 병부를 내놓으라.

△ 우후는 직인과 병부를 운주당 대청에 상에 받쳐 내놓는다.

△ 조선공, 제총수, 공인들, 농군들 한옆에 등장.

△ 우편에서 장군의 어머니 등장한다. 리완이 달려 가 부축한다.

밖에서 큰 소리 금부도사(禁府都事)요.

△ 금부도사와 서리(書吏), 라장, 라졸들이 우르르 등장.

도사 : 어명이요. 대역 죄인 리순신 잡아 올리라는 어명이요.

어머니 : (너무도 놀라와) 순신아!

리순신 : (목석처럼 선 채로) 어머님!

박로인 : 오 이게 웬 일이오니까, 조정의 처사가 이럴 수 있소외까. 못 하외다. 우리 장군님 무슨 죄가 있어 잡아 올리외까, 못 하외다, 못 하외다.

라장 : (오라를 잡고 주저한다)

도사 : (라장과 라졸들에게 소리친다) 뭣들 하느냐?

△ 그제사 라장은 오라를 던지고 라졸들은 순신을 묶는다.

리순신 : 아아 어둡도다, 어둡도다, 왜적을 앞에 두고, 싸움을 앞에 두고, 아아 어둡도다.

송희립 : 아무리 어둡기로니 설마 이럴 수 있단 말이요.

박로인 : 안 되오이다. 안 될 말이외다. 우리 백성들이 모두 보증하외다. 까마귀가 갈매기 된다 해도 장군님의 충성은…… 우리 장군님 잡아 올려서 춤출 놈들은 왜적들이외다. 왜놈들뿐이외다.

백성들 : 옳소외다. 옳소외다. 왜적들에게 좋은 일이외다.

리완 : 장군님 안 계시면 삼도 수군을 어이하며 이 한산 거진을 어이 하리까.

리순신 : (크게 꾸짖듯) 이 무슨 소린고. 삼도 수군이 어느 한 장수의 힘으로 있는 것이며, 이 한산 거진이 한두 사람의 힘으로 이루어진 것인가, 나를 너무 생각지 말라. 한 사람 순신을 너무 생각지 말라.

△ 모두 정숙해지며 적지 않은 사람들이 흐느낌을 금치 못한다.

△ 리억기 등장.

리억기 : (놀라며) 아니 대감! …… 대감의 충성이 하늘에 사무치거니 …… 이 일이 웬 일이요.

리순신 : 령감! 임진 계사 이후 더욱 철옹성으로 이룩해 놓은 삼도 수군! 보다 억세고 부유한 수군으로 지켜 주시기 바라외다. 그리고 이 한산도에서 일 보도 뒤으로 물러서지 않도록 ……

리억기 : 명심하겠소.

리순신 : 우후는 우선 진중에 있는 군량미 십만 석, 화약 사(四)천 근, 그리고 모든 전함들과 거북선 一〇〇척 그리고 모든 총포들, 모든 군기와 기물들과 오늘 적지 않게 부강해진 삼도 수군의 모든 재산을 빠짐없이 원 통제사에게 전장(傳掌)하도록 하라.

우후 : 예.

리순신 : (군중을 향하여) 삼도 수군 장병들, 의병들, 조선소 군기창의 모든 일꾼들, 농목장과 염전의 모든 일꾼들, 고기 잡고 질그릇 굽는 백성들, 임진년의 모든 승전이 그대들의 힘이요. 오늘 우리 수군의 위력한 것이 모두 그대들의 피와 땀이였노라. 이제 국난을 당하여 왜적을 몰아 내는 싸움에 한층 힘을 바치며, 자기의 직책을 지켜 목숨과 로력을 아끼지 않음이 그대들의 충성이로다. 다시금 부탁하노니 그대들의 장한 충성으로 한산을 지키고 왜적을 상대 선조들로부터 물려 받은 승승장구의 슬기를 한층 떨치기 바라노라.

모두 : 명심하오리다.

리순신 : (마지막 어머니를 향해 인사를 드린다) 어머님!

어머니 : (순신의 앞으로 걸어간다. 애통한 마음을 이길 수 없다 하여 결코 허겁지겁하

지 않으며 ……)

리순신 : 어머님! 안녕히, 안녕히 계십시오 …… 모처럼 한산섬으로 저를 보러 오셨는데 이렇게 먼 데로 떠나게 되니 발길이 더 무겁소이다. 마음이 더 무겁소이다.

어머니 : …… 나는 이게 꿈이라고 생각한다. 꿈이 아니고야 이런 일이 있겠느냐. 나는 네가 장군으로 떳떳이 갔다가 떳떳이 돌아 올 줄 믿는다. …… 한 가지 섭섭한 것은 한 가지 애통한 것은 내 손수 전복을 입혀 싸움 마당으로 보내지 못 하는 게 …… 가슴 아프다 …… (강강한 목소리, 허나 목에 멘다)

리순신 : 어머님, 바람이 붑니다. 어서 들어가십시오. 어서 들어가십시오.

△ 바람과 파도 소리 크게 들린다.

△ 리순신은 그야말로 떳떳한 자세로 사람들 사이를 걸어 나간다. (무대 천천히 회전한다) 부두 광장에 수군들이 창검을 들고 섰고, 백성들이 횃불을 들고 섰다. 어떤 사람들은 비분에 찬 기상이며 어떤 사람들은 눈물을 씻기도 한다. 그 사이를 리순신 장군은 수군의 기둥과 같이, 투지의 상징과 같이, 천천히 천천히 걸어간다. 모든 불의(不義)를 쓸어 엎으려는 듯 바람과 파도 소리가 휩쓴다. 횃불 속으로 리순신 장군은 나아간다.

— 막 —

제六장

때　　전장에서 얼마 후 三월 초순.

곳　　거제도(巨濟島) 왜적의 강점 주둔지.

무대　바닷가, 경상 우수영의 어느 한 루각이 있는 곳. 상수에 루각의 일부가 보이고, 층계 아래 평평한 마당. 마당 하수에 나무들이 서 있고 그 저 편에 성곽이 보인다.

루각과 마당 일부에는 왜식의 포장들이 쳐 있고 또 기치들이 서 있어 건물과 어울리지 않는 기이하고 살벌한 풍경을 이루고 있다. 루각의 일부는 넓은 편이나 그 보다 더 큰 루 마루가 보이지 않는 상수에 있다.

막이 오르면

초저녁 무렵. 으스름달빛에 바다가 훤히 내다보인다. 지금 상수 루각 보이지 않는 곳에 주연을 차리기 위해 노비 둘이 술과 안주를 들고 루각으로 올라간다.

일본 초병이 하수 쪽에서 들어 왔다 나갔다 하며 보초를 보고 있다. 왜병 몇이 수군거리며 지나간다. 하수 굽은 길로 강제 부역에 동원된 거제 백성들이 짐을 지고 지나간다. 왜병이 "빨리 하라", "빨리 빨리 하라" 소리를 꽥꽥 지른다. 노비 둘이 루각에서 다시 내려온다.

△ 루각 뒷길 쪽에서 왜장들의 웃음소리가 들려온다.

△ 두 노비들 급히 퇴장.

△ 소서(少西), 마다시(馬多時), 등당(藤堂), 협판(脇坂) 등 왜장과 오시라와, 소서의 아장(亞將)이 기고만장해서 등장한다. 소서는 다리를 절룩거린다.

소서 : 소서의 술책이 어떠냐? 이 소서의 술책이 어떤가 말야.

마다시 : 훌륭하외다. 정녕 한신(韓信)이외다.

등당 : 아니요. 제갈량(諸葛亮)에 못지않소.

소서 : 리순신을 잡았다! 하……

왜장들 : 하……

소서 : 이번 일엔 요시라의 공이 크다. 첨지 요시라, 하……

요시라 : 과연 두 개의 화살 중엔 한 놈이 들어맞았습니다. 나는 경상 우병사를 가까이 할 수 있었으며 경상 병영에서 원균이도 알게 되였으며 그들은 모두 나의 말을 믿었습니다. 나의 술책이 맞아 떨어졌습니다.

소서 : 정녕 두 개의 화살이였다. 어느 놈이든 맞도록 고심초사하였다. 평양성으로부터 四 년 동안…… 지금도 생각하면 분하다. (표독한 태도로 루각 우에 올라 바다를 바라본다) 바로 이 바닷길이다. 나는 평양에서 일백 팔십 일 동안을 기다렸다. 그런데 당신들 마다시, 도—도 다까도라, 와끼사까 당신들은 무엇을 했는가?

마다시 : (불만이 있으나 말을 못 한다)

등당, 협판 : (역시 말을 못 한다)

소서 : 수륙병진의 계책은 한 장의 휴지로 되였다. 아니 휴지가 아니라 당신들 해군의 몰패는 나에게 무서운 치욕과 고통을 주었다. 아장, 말해 보라, 요시라, 말해 보라. 우리는 그 날 밤 평양 대동강을 어떻게 건넜는가?

아장 : 대동강 얼음 구멍에 대장도노 자신이 하마트면 아주 들어 갈 번 했소이다.

소서 : 씻을 수 없는 치명상을 입었다. 四 년이 넘도록 결국 이렇다. 나의 치명상이다. (절룩거리며 오락가락한다)

요시라 : 행주산성에 일본군의 참패는 어떠하였소이까. 실로 아비규환

의 주검의 구렁이였소이다.

소서: 대체 이게 누구 때문인가? 만일 일본 수군이 ……

마다시: (참다못해) 그것은, 리순신이 거느린 조선 수군이 만만치 않으며 거북선이란 놈이 무서운 불ㅅ길을 뿜으며 달려드는 때문이였소.

등당: 실로 거북선이란 이건 총알도 먹지 않고 화살도 먹지 않고 불로 태울 수도 없고 뱃전을 잡고 기여 오를 수도 없고 ……

소서: 용렬한 소리 그만두라, 한산도 앞바다에서 당신들은 어찌 되였는가? 九천 명의 붉은 피가 바다에 흐르지 않았는가?

마다시: 아 울화병이 생기고 말았소외다.

협판: 허지만 한 번 실수는 병가 상사라 하였으니 지금도 늦지 않은 줄 아외다.

마다시: 옳쇠다. 지금이라도 나의 울화병은 고칠 수 있다고 생각하외다.

소서: 만일 당신들이 제때에 대동강으로 올라 왔다면 우리는 지금쯤 벌써 만리장성을 넘어 연경에 앉아서 축배를 들고 있을 것이다. 그런데 우리는 아직도 이 바다 문어귀에서 어물거리고 있으니 ……

마다시: 지금이라도 늦은 것은 아니외다.

등당: 나는 리순신이 가등을 잡으려 큰 바다 가운데로 나올 줄 믿었쇠다.

협판: 나도 믿었쇠다.

요시라: 허나 리순신은 누구의 말도 믿지 않았습니다.

등당: 만일 리순신이 나왔더라면 우리는 부산서, 웅천에서, 거제에서, 대마도에서 四방으로 달려 나가 리순신을 바다 가운데서 포위하고 조선 수군을 몰패시키고 리순신을 잡았을 것이요.

요시라: 리순신은 시방 한양 의금부 옥중에 갇혀 있으며 이제 리순신

은 죽는 길밖에 다른 길이 없습니다.

소서 : 그러하다. 이것이 바로 나의 둘째 화살이다. 적들로 하여금 적을 잡게 한 묘책!

요시라 : 전라도 의병장으로 유명한 김덕령이 죽었습니다. 이는 아주 우리 일본 륙군에게 있어 유리한 것입니다.

소서 : 원균이란 위인은 어찌 됐느냐?

요시라 : 은밀히 사람을 놓아 알아 본 바에 의하면 원균은 한산도에서 벌써 술과 계집에 파묻혀 리순신이 개미 금탑처럼 쌓아 놓은 거만의 군사 밑천을 탕진하기 시작했으며, 군사와 백성들을 마구잡이로 형벌하며 군기가 문란하여 사람들의 원성이 자자하다 하외다.

소서 : 하 …… 들어 보라. 한산도의 관문은 안으로부터 열려진다. 리순신! 암초 하나는 부서졌다. 자 술을 마시자.

△ 소서 루각 상수로 들어간다. 모두 떠들며 그를 따라 들어간다.

△ 두 노비가 술과 안주를 가지고 등장하여 루각으로 올라간다.

△ 하수 저 편으로 강제 부역에 끌려 나온 사람들이 지나간다.

△ 한 로인이 짐을 지고 가다 하수 나무 그늘에 와 쓰러진다.

△ 루각에서 웃음소리 다시 들린다.

△ 초병이 로인 앞으로 달려온다.

초병 : 누구냐?

로인 : 아, 부역에 나온 이 곳 백성인데 기운이 지쳐 좀 쉬는 중이외다.

초병 : 증패(證牌)를 보자!

로인 : (증패를 꺼내 보인다)

초병 : (증패를 보면서) 이것은 가짜가 아니냐, 가짜다.

로인 : 아니요, 그 인장을 보시오.

△ 이럴 때 루각에서 내려오던 두 노비 이 광경을 보고 수군거린다.

초병 : (노비에게 손짓하며) 한잔 없어?

노비 二 : (웃으며 오라고 손짓한다)

초병 : (노인에게 증패를 밀어 주며) 예서 어물거리지 말고 어서 가거라.

로인 : (가려고 일어난다)

△ 노비 상수로 나간다. 초병은 노비의 뒤를 따라 나간다.

△ 김룡길 나무 그늘로 등장. 로인 옆으로 와서 그를 돕는다.

김룡길 : 할아버지 여기는 위험합니다.

로인 : 저 놈들 술 처먹고 웃는 소리를 들어 보게. 이가 안 갈리나.

김룡길 : 원쑤를 갚아야 합니다. 우리가 지금 나르는 것이 군기와 군량입니다. (은근한 소리로) 불을 지릅시다.

로인 : (놀라며) 불을?

김룡길 : 창고에 갖다 쌓은 다음 한꺼번에 불을 지르잔 말씀이요.

로인 : 알겠네. 그렇다면야 꾸물거릴 게 아니라 빨리 가야겠군. 어서 가세.

김룡길 : 먼저 가십시오.

△ 왜장들의 웃음소리 들린다.

△ 로인 먼저 나간다.

△ 룡길은 루각 뒤 그늘로 숨는다.

△ 잠시 사이.

루각에서 소서와 요시라 나온다.

소서: 요시라, 승산이 있는가?

요시라: 리순신을 잡은 이 요시라의 지혜를 믿지 못 하겠소이까?

소서: 믿는다. 그대의 훌륭한 술책을 믿는다.

요시라: 소서도노, 그럼 이번엔 한양에서 주연을 베풉시다.

소서: 좋다, 명심할 것은 리순신 다시금 살아 나오지 못 하도록, 그리고 조 명 량군의 전술이 무엇인가를.

요시라: 념려 마십시오.

소서: 그럼 또 천금의 소식을 기다린다. 몸조심하라.

△ 소서 루각 안으로 들어간다.

△ 요시라 천천히 방갓을 쓰고 루각 뒷길로 들어선다.

어두운 그늘에서 룡길이 나타난다. 그의 손엔 장도가 번쩍한다. 그는 요시라를 불의에 습격한다. 어둠 속에서 요시라의 약간의 비명이 들린다.

△ 루각 안에서 마다시 소리를 꽥꽥 지르며 나온다.

마다시: 계집이다, 야들아, 계집들을 데려 오너라.

△ 초병이 뛰여 나와 "핫" 하고 다시 뛰여 들어 노비들을 데리고 나온다.

△ 전령병(傳令兵)이 뛰여 들어온다.

전령병: 마다시도노, 부산진에서 소식이 왔소이다.

마다시: 무엇이냐?

전령병: 부산진 병기 창고에 불이 붙어 수 많은 군기가 재가 됐다 하오.

마다시: 무엇? 재가 됐어?

△ 루각에서 소서 등 모두 나온다.

소서 : 무슨 일인가?

마다시 : 부산에서 병기 창고가 다 탔다외다.

소서 : 뭣이? 부산의 병기 창고면 이제 무엇을 가지고 싸운단 말이야, 그래 어떻게 불이 났느냐? 모두 허제비들만 지켰단 말이냐?

전령병 : 조선 의병과 그곳 백성들이 한 것이라 합니다.

마다시 : 모두 죽여야 한다. 의병과 백성들과 …… 군사들 …… 리순신은 하나가 아니라는 걸 알아야 한다.

소서 : 이제는 더 기다릴 것 없이 칠 것이로다.

△ 이럴 때 두 노비 슬며시 피해 나간다.

마다시 : 당장 한산도를 칩시다.

소서 : 우리의 작전은 …… 이미 가등과 합의한 것, (소서를 중심으로 모인다) 나도 이번엔 바다로 해서 갈 것이다. 첫째 목표 전라도, 둘째 목표 서울, 우리는 한산도를 치고 남해 쪽에서 나는 륙지로 올라 진주와 남원을 쳐 올라 갈 것이고 당신들 수군은 전라도 우수영을 부시고 서해로 진격할 것이며 가등은 대구 밀양을 치고 전라도 전주로 진격할 것인바 우리는 모두 전라도를 점령하고 한양으로 총 진군할 것이다. 어떤가? 마다시, 이번만은 어김 없이 한강에서 만나야 할 것.

마다시 : (곰처럼 식식거리며) 한강이 아니라 대동강, 압록강에 먼저 올라가 기다릴 것이요. 결단코 이번만은, 이번만은 ……

△ 이 때 가까운 곳에서 화광이 일며 화약 터지는 폭음이 울린다. 사람들의 함

성 들린다.

마다시 : 이 무슨 소리냐?

왜병 一 : (달려 들어온다) 대장도노, 우리 군기고에 어떤 놈이 불을 놨소이다. 아 대단합니다, 대단합니다.

소서 : (노기가 치바쳐) 야 이놈들 여기도 허제비만 있느냐? 어서 불을 꺼라.

△ 왜병 二 달려 들어온다.

왜병 二 : 아뢰오. 요시라사마 어떤 놈에게 죽었습니다.

소서 : 뭣이? (미친 듯 소리친다) 어서 잡아라. 살인자를 잡아라.

△ 왜장들 칼을 빼들고 달려 나간다.

△ 폭음은 더 크게 울리고 화광은 더 충천한다.

제七장

때 동년 四월 초순.

곳 한양, 의금부(義禁府)의 옥중(獄中).

무대 상수 편에 옥사(獄舍)가 있고 그 왼편에 황폐한 뜰이 있고, 그 정면 안쪽에 담장이 둘려 있고, 그 담에 문이 열려 있다. 이 문을 통하여 외부로 드나들며 그 상수로 의금부 전옥서(典獄署) 등으로 통한다. 옥사에서 하수 담 밑으로 언덕이 있는바 이리 올라 사형장(死刑場)으로 가게 된다. 옥 뜰에는 잡초가 스산하다.

막이 열리면

옥중에 리순신 칼을 쓰고 자는 듯 앉았고 옥 뜰 한옆에 옥사정이 서성거리며 옥사를 지키고 있다.

△ 잠시 고요한 시간이 흐른다.

△ 전옥(典獄) 등장.

전옥 : (옥창 안을 들여다 본 다음 조용히 옥사정 옆으로 온다) …… 애석한 일이다.

옥사정 : 아니 그럼 기어이? ……

전옥 : 한 시간 후에 처형하라는 분부가 내렸다. 잠이 깨시거든 목의 칼이나 벗겨 드려라. 잠시나마 편히 계시다 가시게.

옥사정 : …… 예. (흐린 목소리다)

△ 전옥 퇴장.

△ 잠시 후 리완, 송희립 등장, 그들은 평복을 입었다.

리완 : (옥사정에게) 좀 어떠시냐?

옥사정 : 아직도 식사를 잘 안 하시오.

리완 : (송희립을 보고) 국문을 당하신 후에 수척하신 듯하오.

송희립 : 눕지도 못 하시고, 누워서 주무시지도 못 하시니 …… 한산서 한양까지 람거(濫車)에 끌려오시고 또 혹독한 문초를 당하신지라 벌써 다른 이 같으면 기진하셨을 것이요.

△ 두 사람 옥창 앞으로 소리 없이 다가서서 안을 본다.

순신은 여전히 부동의 자세로 머리를 약간 숙인 채 눈을 감고 앉아 있다. 자는 듯 무엇을 깊이 생각하는 듯. 두 사람은 다시 옥창으로부터 소리 없이 물러선다.

송희립 : 아아, 정녕 장군님의 저 모습 차마 볼 수 없소. 한산도에 계실 때 얼마나 바쁘셨소. 운주당에 계신가 하면 조선소에 계시고 조선소에 계신가 하면 선창에 나가시고 …… 지금 저렇게 앉아 계시니 얼마나 속에서 불이 나시겠소.

리완 : 결국 왜놈들에게 좋은 일이외다. 장군님이 잡히였다는 소식을 듣고 왜놈들은 잔치를 베풀고 술을 마시며 춤을 추었다니 …… 기가 막히외다.

송희립 : …… 장군께서 잡히여 올라오실 때 삼남 백성들은 길목마다 몰려들어 수레채를 거머잡고 …… "사도님 어델 가시오 …… 왜적은 어찌 하고, 삼도 수군은 어찌 하고 장군님, 어델 가시오" 하면서 우는 사람들이 많았다오.

리완 : 헌데 조정에서는 남이신 어사의 사실 장계만 믿는 모양이니 ……

송희립 : 정녕 이러구만 있을 수 없소. 류성룡(柳成龍) 대감을 좀 만나 뵙는 게 어떻겠소?

리완 : 류 대감은 우리 장군님을 탁발 천거한 분이라 이번 일에 들어서 간참하시기 거북하실 것이요.

송희립 : 그러면?

리완 : 지중추부사(知中樞府事) 정탁(鄭琢) 대감이 가장 원로이며 강직한 분인지라 그분이 나서주신다면 모르되 뿐만 아니라 우정 찾아 가 뵙는 것이 장군의 뜻과 다른지라 ……

송희립 : 무슨 말씀이요. 장군의 생사가 달린 이 마당에 …….

리순신 : (잠꼬대로 웨친다) …… 서풍이 분다. 물때가 좋다. 적선이다. 대장군 살을 쏴라. 천자총통(天字銃筒)을 쏴라!

△ 옥사정, 옥문을 열고 들어가 순신의 목에서 칼을 떼여 놓는다.

리순신 : 옥사정!

옥사정 : 예.

리순신 : 쇠보다 더 무거운 것이 무엇인지 아느냐?

옥사정 : 글쎄올시다.

리순신 : 나무로 만든 그 칼일세, 허 …… 날이 갈수록 더 무거워만 지는군. (어깨를 두드린다)

옥사정 : (조용히 옥사 밖으로 나간다)

△ 송희립, 리완 옥창 앞으로 달려간다.
참을 수 없는 감정이다.

송희립 : …… 장군님!

리순신 : (고개를 들어 눈을 떠 살핀다) 누구냐?

송희립 : 비장과 군관 송희립이올시다.

리순신 : 오, 왜 또 왔는고?

송희립 : 비변사(備邊使)에 공무가 끝난지라 곧 우수영으로 떠나고자 하와 ……

리순신 : 한시가 바쁘노라. 어서 진중으로 달려 가 바다를 지키라. 내 념려는 말고 나아가 싸우라. 완이도 함께 떠나겠지.

리완 : 예.

송희립 : …… 원 통제사 저희들 군관 장수들을 파직시킨 탓으로 한 때

는 어찌 할 바를 몰랐사오나, 장군님의 말씀 지키여, 장병들이 나 백성들이 모두 직책을 찾아 충성을 다하고 있사오이다.

리순신 : 고맙노라, 고마운 일이노라, 시방 왜적의 형세 어떠하냐.

리완 : 시방 왜적은 수륙 병진의 큰 기세로 한산 거진을 함몰코자 덤비고 있으며 놈들의 륙군은 경주, 밀양, 대구를 향하여 침공을 시작했소이다. 놈들의 공세에 대처하여 우리 조 명 량군은 서울서 남진하고 있으며 온 나라 사람들이 적개심에 들끓고 있습니다.

송희립 : 하오나 한산도의 원균 사도는 왜적 방비의 전술 방략이 서지 못 하고 모든 처사가 옳지 못하므로 수군들의 마음이 불안한 중에 있습니다.

리순신 : 리억기 사도께 내 말을 꼭 전하게. 내 떠나 올 때 한 말을 다시 한 번 부탁하노라고, 들었는가?

송희립 : 들었소이다. 마지막 떠나는 길에 류성룡 대감과 정탁 대감을 뵈옵자 합니다.

리순신 : 무슨 일로.

송희립 : (얼른 대답을 못 한다)

리순신 : 옥중에 있는 나를 위해서 우정 대감들에게 청을 넣잔 말인가?

송희립 : ………

리순신 : (거칠은 소리로) 내 성질을 알면서 어찌 그런 생각을 하는가? 그렇게까지 비루하게 건져야 할 이 순신의 목숨이란 말인가?

리완 : 저희들의 용렬한 소견임을 뉘우치오이다.

리순신 : (잠시 조용히 앉았다가 매우 부드럽게) 젊은 그대들에게 말하노니 내 이 옥중에 들어와 많은 것을 생각하고 또 많은 것을 깨달았노라. 이 험한 방바닥이며 퇴락한 벽이며 음산한 옥창이며 창밖으로 보이는 황폐한 뜰의 잡초이며 이런 것들을 보면서 사람

이 산다는 것과 죽는다는 것을 생각했노라. 어떻게 사는 것이 부끄러운 일이며 어떻게 죽는 것이 보람 있는 일인가 …… 바로 이 방에서 부끄럽게 살기를 원한 사람도 있었을 것이며 보람 있게 죽기를 생각한 사람도 많았을 것이다. 담양(潭陽)에서 일어 난 의병 대장 김덕령(金德齡)은 얼마나 용맹스럽고 애국심이 열렬한 장군이였던가?

송희립 : 삼남 사람들이 그를 신장(神將)이라 하였고 왜적들이 겁을 먹은 장수오이다.

리순신 : 바로 그 훌륭한 의병장이 바로 이 옥에서 죽었노라. 사람들의 모함을 받아 불과 몇 달 전에 죽었노라. 그는 왜적들을 쳐 나라를 평정치 못 하고 죽음을 한탄하였다 한다. 익호(翼虎)! 날개 돋친 범이란 두 글자가 이 벽 우에 씌여져 있다. 이 두 글자의 깃발을 날리며 그는 싸웠으나 진정 날개를 펴 보지 못 하고 그는 세상을 떠나고 말았노라. 애석한 일이다. …… 나라와 백성들에게 해와 독을 끼치는 자들, 애국지사를 모함하는 자들, 그런 자들을 이 옥중에 가둬야 할 것이며, 남의 나라를 침범해 들어온 가등, 소서, 마다시와 같은 놈들을 잡아 만국 사람들 앞에서 처벌할 것이어늘 ……

리완 : 반드시 그러할 때가 올 줄 믿소이다.

리순신 : 싸워야 한다. 이겨야 한다. 만일 률곡께서 말씀하신 바와 같이 진작 一○만 양병(養兵)이라도 하여 우리나라를 부강케 하고 국방을 튼튼히 하였다면 왜적들이 감히 덤비지도 않았을 것이다. …… 이것 봐라, 이리들 가까이 …… (창살을 내다본다) 아 …… 거기서라두 자세히 듣게, 나는 여기 들어와 수군 방비책을 생각하고 거북선에 대하여 궁리해 보았네.

리완, 송희립 : (장군의 말에 더욱 귀를 기울인다)

리순신 : 지금도 철갑을 많이 쓰고는 있지만, 거북선의 몸뚱아리를 왼통 철갑으로 산다면 얼마나 더 든든하겠는가?

리완 : 철갑선?! ……

리순신 : 명실공히 철갑 구선을 만들 수 있다고 생각했다.

송희립 : 그러면 그 중량을 어찌 하옵니까?

리순신 : 중량! 그건 걱정 없네. 몸집이 크고 중량이 무거운 놈일지라도 바다 속을 화살처럼 달리는 큰 고기들이 있음을 생각해 보게.

리완 : 바다에는 큰 고래가 있고 하늘에는 크고 빠른 새로 솔개가 있습니다.

리순신 : 그렇다. 요는 중량이 무거운 무쇠라 할지라도 철을 붓고 다룸에 있어 새 방법을 찾아낸다면 지금 쓰는 철보다 더 강하며 질기고 깨지지 않으며 나무에 못지않게 가벼운 철갑을 만들 수 있지 않겠는가?

리완 : 새로운 야철술(冶鐵術)입니다.

리순신 : 그렇다. 옥지와 조선소 공인들과 더불어 궁리해 보라 …… 그대들이 이 창업을 계승하여 완공하기 부탁하노라.

리완 : 완공하오리다. ……

리순신 : 나도 이 옥중에서 목숨이 지탱하는 날까지 생각하겠노라.

송희립 : 장군님! 몸을 돌보시와 진지를 드셔야 하오이다. …… 진작 백척 간두에 진일보(百尺竿頭에 進一步)라 하시지 않으셨소이까.

리순신 : 백 자이 되는 대 끝에서 한 발작을 더 나아간다! 옳다. 어찌 한 발작 뿐이겠는가?

△ 이 때 밖에서 떠드는 소리 —

— 조선 수군이 무너졌다.

— 삼도 수군이 무너졌다.

△ 옥사정이 뛰여 들어온다.

옥사정 : 조선 수군이 무너졌다 하오.

모두 : (놀란다)

리순신 : 이 무슨 소린고?

△ 리완, 송희립 달려 나간다.

리순신 : 꿈이라 하여지라……

△ 박로인 옥사정에게 인도되여 급히 들어온다. 옥창 앞으로 간다.

박로인 : 장군님!

리순신 : 누군고?

박로인 : 문안드립니다.

리순신 : (아주 반기며) 오, 박로인!

박로인 : (눈물을 머금으며) 옥중 기체 어떠하시오니까? …… 장군님 ……

리순신 : 그래 무슨 일로 왔소? 그 먼 길에.

박로인 : 거북선에 쓸 석류황(石硫黃)을 한 二○○근 구하러 온 참이올시다. 그 뿐만 아니라 장군님 뵈옵자…… 시방 옥문 밖에서는 사람들이 모여 야단들입니다. 우리 장군님 처형하지 못 한다……

리순신 : 그래 조선소, 군기창, 그리고 농목장에서 일하는 사람들 다 잘 있는가?

박로인 : 네, 모두 잘 있습니다.

리순신 : 봉녀와 룡길이도 잘 있고?

박로인 : 네, 그리고 참 여기 리억기 사도의 글월을 가져 왔소이다.

리순신 : (반기며) 억기공의 글월을? 어디 …… ?

박로인 : 그런데 억기 사도께서는 …… (목이 멘다)

리순신 : (박로인을 본다)

박로인 : 바다로 나가신 후 칠천도(柒川島) 싸움에서 그만 전사하셨소이다.

리순신 : 뭣이? 그 소리가 참인고?

박로인 : 소인에게 그 글월을 주신 지 며칠 후입니다.

리순신 : (편지를 펼쳐 읽는다) 운산 천 리요 창해 만 리라 진중에 매인 몸 뜻대로 뛰여 가 뵈옵지 못 하고 억울히 갇힌 여해의 정상 눈 앞에 그리매 오호통재라, 월명하 기러기 소리조차 애를 끊고 피눈물 구곡 간장을 적시여라 광음이 덧없이 여해 가신 지도 어언간 수순! 그 동안 원 통제사 공사를 젖혀 놓고 우후 리몽구와 더불어 주색잡기와 후렴질로 일삼으니 수하 장졸이 흩어지고 발령이 서지 않고 군률이 해이할 새 이는 즘즛 적의 노리는 배라 천하절관 거북선과 수백 전선이 적에게 부서지고 삽시에 삼도 수군이 그 형해만 남으니 망극하여라. 이제 창생은 어이 왜적의 어육을 면할 것인가. 뜻 있는 장병과 의병들이 고군분투하며 부르느니 리 통제사! 어서 오시라 반드시 돌아오시도록 이 억기 거듭 장계를 올렸사오매 한산에 다시 뵈올 날 바라오며, 왜적 또 해로에 오만한지라 각필 해전으로 나가노라.

박로인 : …… 그 글월을 주신 후 칠천량 싸움에선 수많은 장병들이 전사하였고 억기 사도께선 마지막까지 고군분전하시다가 적들에게 포위되여 그냥 배 우에서 마지막 자결하셨소이다.

리순신 : 어어 이 무슨 청천벽력인고. 우리 수군이 …… 억기 사도가 …… 이제 어떤 장수 있어 우리 수군을 수습하고 로량을 지키며 울돌목을 지킬 것인가? 나라와 백성들의 복락을 위해 생사

를 같이 하자 맹세한 공이 나를 앞서 전사하시고 삼도 수군이 무너지다니 …… 어 망극하도다. 애석하도다.

박로인 : 장군님 그만 기체 돌보시와 고정하소서.

△ 송희립 등장.

송희립 : 장군님, 적실하오이다. 원균 통제사 칠천량에서 무너졌다 하오이다.

리순신 : 알았노라. 그대들 급히 내려 가 바다를 지키도록 하라.

송희립 : 예.

△ 리완이 리면을 데리고 등장.

리완 : 이 일을 또 어찌면 좋단 말이냐? (조용히) 말씀 드리지 않는 게 좋겠다.

송희립 : 아 도령님.

리순신 : 게 누가 왔느냐?

리완 : 면이 왔소이다.

리순신 : 면이?!

리면 : (옥창으로 가까이 가서) 아버님! 옥중 기체 안녕하시오니까 …… 아버님! (그만 운다)

리순신 : 네 어데서 오느냐?

리면 : 아산 집에서 오는 길이오이다.

리순신 : 할머님 기체 안녕하시고 네 어머님도 평안하시냐.

리면 : 네 안녕하시오이다. (운다)

리순신 : 네 무슨 일로 그렇게 슬퍼하느냐?

리면 : …… 아버님 정상 뵈오니 너무나 분하고 억울하와 ……

리순신 : (예리한 직감으로) 네 어찌 아비를 속이려 하느냐? …… 아비도 속이는 법이 있느냐?

리면 : (그만 숨길 수 없는 감정을 터뜨려) 아버님 망극하오이다 ……

리순신 : 어서 말을 해라.

리면 : 아버님 올라오신 후로 조모님께선 식음을 전폐하시고 몸져누우시고 마셨소이다. 제가 순천에서 아산으로 배로 모시는데 아버님 고향 땅이 보이는 바닷가에 이르러 해돋이 무렵 잔잔한 물 우에서 그만 세상을 떠나셨소이다. 조모님은 마지막 시각까지 옥중에 계신 아버님 생각으로 통분해하셨으며 아버님 나오시기 전엔 결코 전하지 말라고까지 유언하셨소이다.

리순신 : 고만두라. 내 불효한 자식이 되고 말았도다. 나라에 충성을 다하고자 하였으나 옥중의 몸이 되고 늙은 어버이를 편안히 모시려 하였으나 어버이 또한 세상을 떠나시니 애통한 일이로다. 애통한 일이다. (발을 구른다)

△ 잠시 리완도, 리면도 말을 못 한다.

크게 들리는 소리 : 리순신 처참이다. 즉시 형장으로 끌어내라. (다시 복창된다)

△ 서슬이 시퍼런 부월(斧鉞)을 치켜 든 형리(刑吏)들과 라졸들이 등장.

△ 옥사정이 옥문을 연다.

△ 순신 태연히 옥문 밖으로 나온다.

△ 송희립, 리완, 리면, 박로인 너무 기막히여 "장군님" "아버님" 하며 땅에 엎드린다.

리순신 : 그대들 잘 있으라. 그대들 내 뜻을 이어 비겁하게 살지 말며 비루하게 살지 말며 언제나 떳떳이 살라. 나라의 부강과 백성의 복락을 위하여 믿음직한 방패들이 되라. 백절불굴의 뜻을 가지고 화살이 되여 철환이 되여 나라와 백성의 원쑤들을 치라. 내 죽은 넋이라도 그대들과 함께 나아가리라.

△ 리순신 형장으로 나간다.

△ 모두 순신을 따른다.

△ 모두 장군을 부르며 쫓아 나간다.

△ 잠시 사이.

△ 전옥(典獄)이 달려 들어온다.

전옥 : (소리친다) 어명이다. 리순신 버이지 말고 백방하랍신다. (저 편에서 복창된다)

△ 전옥 형장 쪽으로 달려 나간다.

△ 정탁과 리원익 급히 등장한다. 그들은 형장 쪽을 바라보고 안도의 표정을 갖는다.

리원익 : 다행한 일이오이다. 정녕 나라의 큰 기둥 하나를 잃을 번했소이다.

정탁 : 내 목숨과 바꾸면 바꿨지, 그래 리순신 같은 령장을 죽일 수 있단 말씀이요?

리원익 : 나는 처음부터 도원수에게 말했던 것이외다. 물에서 싸우는 일은 리순신 장군과 의논을 하라구, 그런데 일들을 이렇게 만들어 놨소외다.

정탁 : 그래 순신 장군의 말은 믿지 않고 사정 남이신 어사나, 원균의 말만을 믿어야 한단 말이요. 도무지 어둡단 말이요. 의금부의 윤근수 대감도 ……

리원익 : 삼도 수군 통제사로 원균을 끝내 고집을 한 이가 또 누구오니까?

정탁 : 그러니 어둡단 말씀이요.

리원익 : 그 강대하고 부유한 삼도 수군을 원균이 들어 하루아침에 망쳐 놨으니 …… 참으로 남녘 바다가 위급하오이다.

정탁 : 이제 무너진 수군을 수습할 장수는 오직 순신공이요.

리원익 : 그러나 옥중 고초에 시달린 몸이니 부탁하기도 어려운 처지오이다.

정탁 : 더구나 복직을 하는 것도 아니고 백의종군으로 나가는 것이니 ……

리원익 : 난처한 일이오이다.

정탁 : 허나 순신공은 충성이 지극한 분인지라 말씀해 봅시다.

리원익 : 참 이번 일에 들어선 정탁 대감의 공이 크신 줄 아오이다.

정탁 : 아니요. 그건 누구의 공도 아니요. 오직 순신공은 죽이지 못한다는 백성들의 목소리가 큰 탓이외다.

△ 리순신 다시 들어온다. 그 뒤에 그쪽으로 나갔던 사람들 따라 등장.

△ 정탁과 리원익은 매우 반갑게 순신을 맞이하고 순신은 그들을 정중히 대한다.

정탁 : 순신 장군!

리원익 : 대감!

리순신 : 아 대감들께서 이렇게 …… (정중히 인사한다)

정탁 : 일들이 모두 잘못됐소외다. 순신공, 백의종군 하랍신 분부시외다.

리순신 : 백의종군!

리원익 : 너무 괴롭게 생각지 마시고.

리순신 : 그렇게까지 말씀해 주시니 황감하오이다. …… 이만 가겠소이다. (천천히 걸어 간다)

정탁 : 순신공! 그럼 어데로?

리순신 : 싸우러 가겠소이다. 나라가 위급한 이 때 어찌 직위를 가리오리까. 방자한 왜적들을 쳐부시러 나가오리다. (리완과 송희립에게) 어서들 가자.

△ 리순신 먼저 퇴장. 리완, 송희립 그를 따라 퇴장.

리원익 : 훌륭한 말씀이요.

정탁 : 장하시외다.

백의종군의 길

△ 랑송자가 등장한다.

랑송자 : 백의종군(白衣從軍)! 이는 죄인의 이름으로, 한개 병사로 군사의 대오따라 나아감을
말한다. 오늘, 삼도 수군의 탁월한 장군은 한개 병사로 나아간다.
남녘 땅으로!
국난의 흑운이 휘몰아 날리는
남녘 바다로!

△ 무대 우엔 흑운이 날리고 빗발이 설렌다. 그 속을 힘 있게 때로는 생각에 잠

겨 앞으로 앞으로 리순신은 걸어간다. (무대 천천히 회전)

랑송자 : 보라! 五월의 빗발은 융의(戎衣)를 적시고,
육(六)월의 우뢰는 심금을 흔든다.
화포의 소리를 바다에 들으며
불우한 세월에 가신 어머니
빈소(殯所)를 찾아 슬픔을 남기고,
원쑤를 갚고자 남녘땅으로
백의 병사는 앞으로 간다.

임실(任實), 남원(南原)의 산천은 반기는 듯
운봉(雲峰), 구례(求禮)를 지나
순천(順天) 두치(豆恥)의 낯익은 땅이여
초계(草溪) 진중에 화살을 깎고
군마를 어루만지며 나라 일 근심할 제
듣느니 바다의 비분한 소식!
아아 어찌 참을 수 있는가?
단성(丹城) 진주(晋州)로 말을 달리고
전라 바다에 발을 멈추니
노한 파도는 몸부림치며
무너진 수군의 흔적을 말한다.
거북선 판옥선 그 많던 배들은
어느 관포에 남아 있는가?

△ 무대 우엔 몇 명의 군관과 더불어 로량(露梁) 바다를 바라보는 리순신.

△ 세찬 물소리와 바람 소리 들린다.

랑송자 : 남해 륙지에 왜적이 오르고
로랑 바다의 바람은 사납고
해안 성들은 황량해졌으나
이 나라 병사와 백성들 굴함이 없었노라
조국 강토를 지키며 싸우고 있었노라
회령포(會寧浦), 어란포(於蘭浦),
벽파진(碧波津), 울돌목(鳴梁)이여
너 말하라
얼마나 이 수군 령장을 기다려 물결쳤던가.

제八장

때 一五九七년 八월 하순.

곳 전라우도(지금 전라남도) 남쪽 해안 회령포(會◯浦) 거북선 수리장.

무대 선창가. 상수에 파손된 거북선의 뱃머리가 보이고 하수 좀 언덕진 곳에 바다 정자(海亭)가 있다. 이 정자에서 나지막한 언덕길이 하구로 뻗었으며, 이 길을 계선으로 하여 무대 전면 쪽은 평평하고도 아늑한 지면을 이루었고 이 길의 계선을 넘어서 저 편 선창으로 내려가게 되였다. 무대 속 쪽으로 바다가 보이고 그 상수에 점점한 섬들이 보인다. 무대 전면 낮고 평평하고 아늑한 지면에는 두어 군데 우등불이 있고 그 옆에 기직자리랑 깔아 사람들이 쉬게 되여 있다. 우등불 옆에는 목공 철공들의 제구들이 놓여 있다.

막이 열리면 어둠 속에서

화포, 총통 터져 나가는 소리.

조총 소리, 고각 소리 요란스럽고 사람들의 함성이 들린다.

— 왜적선이 달려들었다!

— 화포 총통을 쏴라!

— 화살을 쏴라!

— 물러서지 말고 앞으로 나아가자!

— 각지기(角指旗)다. 각자기를 따라 앞으로! 왜적을 쫓아라!

△ 무대는 점점 새벽 빛으로 훤히 밝기 시작한다.

병사와 백성들이 하수로 달려 나간다.

△ 화포 총통 소리, 총 소리 계속 들린다.

그 소리는 드디여 점점 멀어진다, 남녘 바다의 날이 샌다.

△ 사람들이 옥지를 데리고 들어온다. 옥지는 한 팔에 부상을 입었다.

△ 봉녀 달려 들어온다.

봉녀 : 아 작은아버지!

옥지 : 일없다 일없어.

수군 : 너무 걱정할 건 없소. (옥지의 팔에 천을 감으며) 상처는 그리 크지 않으니까, 자 이걸 좀 잘 매도록 하오.

봉녀 : (달려들어 옥지 팔에 천을 감아 맨다)

△ 수군은 다시 달려 나간다.

옥지 : 봉녀야 바다가 조용하구나.

봉녀: 왜적들은 물러갔어요. 안심하세요.

옥지: 아니다. 왜적들은 또 올 게다.

봉녀: 정말 어려운 싸움이예요.

옥지: 어서 장군님이 오셔야겠다. 한산도가 무너지고 삼도 수군이 외로워졌으니 장차 무얼 가지고 싸운단 말이냐. 시방 흩어진 군사를 모으고 전술 방략을 세워 왜놈들을 크게 쳐부실 만한 지휘 장수가 없구나…… 룡길이 배는 어찌 됐느냐?

봉녀: 이제 곧 들어 올 거예요.

옥지: 사람의 목숨이란 어느 때는 물방울 같기도 하고 어느 때는 무쇠 덩어리 같기도 하고……

봉녀: 정말 꿈같이 살아 왔어요. 무쇠 덩어리 같이.

△ 룡길 젊은 장정들과 떠들썩하니 등장.

김룡길: 작은아버지, 반가운 소식이 왔습니다.

옥지: 반가운 소식?

김룡길: 장군님이 오신답니다.

공인 一: 그러니 말이지요. 도무지 믿을 수 없단 말입니다.

옥지: 나 역시 믿어지지 않네. 장군님 소식은 하도 이러니 저러니 구구하니까 이제 난 내 눈으로 보구서야 믿을란다.

수군 一: 옳소외다. 나 역시 믿을 수 없소. 허나 이쨌든 난 믿소. 장군께서 꼭 오실 줄 믿소.

수군 二: 자네 말이 콩인지 팥인지 모르겠네. 믿으면 믿고 아니면 아니지 자네처럼 동네 처녈 믿다간 장가는 고사하고 남의 색시 시집두 못 가겠네.

모두: (웃는다)

수군 一: 자네가 그렇게 내 심정을 알아주니 고맙네, 고마와 …… 아 한산도가 그립다!

장정 一: 정말 그립소. 한산도 시절이 그립소.

농군 一: 그런 소리해야 울화만 터질 뿐이요.

공인 一: 그런데 전라 우수사 배 설 사도는 어데로 갔소?

수군 一: 우리도 모르오.

김룡길: 시방 우리 수군에는 거제 성주 안위(安衛) 령감, 소비포 만호 리 영감, 그리고 미조항(彌助項) 첨사, 이런 이들이 자기 전선 한 척씩을 가지고 고군분투할 뿐이요.

공인 二: 우후 리몽구 령감도 보이지 않으니 모두 겁을 먹고 도망을 친 모양이요.

수군 二: 그러니 걱정이란 말요.

수군 三: 생각하면 눈앞이 어둡네.

수군 一: 뭐가 그리 어두운가? 인제 장군께서 오시면 다 일들이 제대로 풀릴 텐데.

수군 三: 원 장군님이 오신다고 ……. 그래 시방 당장 무얼 가지고 싸우며 왜적의 큰 군사를 막는단 말인가?

수군 一: 그러니 장군께서 오시나마나 별수가 없단 말이지?

수군 三: 자네, 말이문 다 하는 줄 아는가? 그래 한산도 부강한 시절이 하루아침에 이루어졌단 말인가? 생각해보라구. 지금, 우리에게 무엇이 있는가? 이 회령포에 전선이란 게 모두 몇 척이나 되는가. 바다의 날씨는 벌써 으스스 차지는데 입을 게 있나 먹을 게 있나. 보라구, 거북선이란 저렇게 깨진 것 하나 뿐일세 ……

모두: (심각해진다)

김룡길: 모두 옳은 말이요, 이게 모두 누구 때문인가요 …… 난 거제도에서 내 눈으로 보았습니다. 리순신 장군을 잡았노라 술을 마

시며 너털웃음을 치는 왜장들, 난 소서와 마다시를 한칼에 모두 죽이지 못 한 게 한이외다. 시방 거제도 백성들은 무서운 고역에 시달리고 있습니다. 우리는 이 원쑤를 갚아야 합니다.

옥지 : 옳은 말이다. 자, 우리가 이러구 있을 게 아니라 거북선도 마자 고쳐 놓고 군기도 자꾸 만들어 냅시다.

공인 一 : 자, 일들을 시작합시다.

공인 二 : 화포 철환을 만들자니 쇠가 없소.

옥지 : 그건 만호께 말씀했으니 조치가 있을 것이요. 잠시 …… 내 한마디 하겠소. 우리에게 지금 아무 것도 없다는 것은 다 아는 일이요. 그러니 이제라도 구하고 만들고 장만합시다. 농장에서 온 이들과 선인들이 우선 모두 발 벗고 나서서 구하잔 말씀이요. 이제 리순신 장군께서 오시면 우리가 무슨 얼굴로 뵈옵겠소. 우리는 수군을 도와서 나중엔 바다 물을 베고 죽는 한이 있을지라도 바다를 지킵시다.

공인 二 : 합시다. 해서 안 되는 일 없으니.

농민 二 : 자 그럼 우리는 저 백성들의 배들을 찾아 가서 식량과 옷들을 구해 봅시다.

농민 三 : 그것 참 좋은 말씀이요.

옥지 : 어서들 갑시다 ……

△ 모두 퇴장.

△ 언덕길로 거제 현령 안위와 소비포 만호 리영남과 미조항 첨사 김응함이 등장하여 정자에 오른다.

리영남 : 장군께서 오신다니 이제는 우리 수군이 살았단 말요.

첨사 : 그래도 우리가 악전고투한 보람이 있소.

안위: 우리가 만일 바다를 버리고 뭍으로 피했더라면 무슨 면목으로 장군님을 대할 수 있었겠소.

리영남: 난 가슴이 울렁거립니다. 이제 장군께서 우리 수군의 형편을 보신다면 얼마나 비분한 감을 가지시겠소. 이 회령포에 있는 전선이란 모두 일곱 척이요.

안위: 이제 강진, 구미에서 다섯 척의 전선이 떠났다 하오.

리영남: 그러면 모두 열두 척!

안위: 장군께 우리의 형편을 세세히 말씀 드리는 수밖에 없소.

△ 우후 리몽구 등장한다. 그는 풀이 없다.

리영남: 아 우후께선 어델 가셨다 이제 오십니까?

리몽구: 난 우수영 사도를 찾아 다녔소. 그런데 어찌들 하실려오? 장군께서 오시면 그래도 바다에서 싸울 것인가?

리영남: (칼날 같이) 무슨 말씀이요? 바다에서 싸우지 않으면 수군이 륙지에서 낮잠이나 자잔 말씀이요?

리몽구: (울컥 어성을 높이며) 아니 어떻게 하는 말이요? 시방 진주 남원이 적들의 수중에 있어 전라우도의 륙지가 위급한 이 때 배도 없이 바다에서 공연한 희생이 될 게 아니라 차라리 륙지에 올라 륙군과 합력하여 적을 치자는 것인데 그래 어느 편이 현명한 방략일 것인가?

리영남: 그래서 우후경은 진작 한산도에 불을 지르고 뭍으로 도망을 쳤는가 말이요?

리몽구: 그럼 거만 재산을 왜놈들에게 그냥 줘야 하겠소?

안위: 좋소외다. 그러면 어찌하여 전라 좌수영의 군기 군량은 왜놈들 수중에 들지 않도록 옮겨 놓지 않았느냐 말씀이요?

리몽구 : (말이 막히는지라) 좌우간 두고 봅시다. 지금 바다에서 싸운다는 건 무모한 일이외다. 조정에서도 그런 교지가 내렸단 소식을 난 듣고 있소외다. 무모한 희생을 할 까닭이 없단 말씀이요. 이란격석(以卵擊石)이외다. (자기로 분연히 퇴장)

리영남 : 닭알로 바위를 치는 격이라 ……

첨사 : 만호의 말씀이 좀 지나치셨나보외다.

리영남 : (딱 잘라서) 아니외다. 우후의 비겁한 행동을 조정이 아신다면 당장 금부도사를 보낼 것이외다.

△ 이 때 하수 편에서 사람들의 떠드는 소리 들린다.

—야 전선이 들어온다.
—다섯 척이다.
—장군님이 오신다.
—리순신 장군께서 오신다.

△ 사람들이 상수에서 하수로, 몰려 지나간다.

△ 안위, 만호, 첨사도 급히 퇴장한다.

△ 봉녀와 중년 부인이 상수에서 정자 우로 들어와 하수를 바라본다.

봉녀 : 아주머니, 봐요. 저기 전선이 들어와요. 정말 장군께서 ……

중년 부인 : 꿈같소. 장군께서 잡혀 가시던 날을 생각하면 ……

△ 부인네들이 쌀자루며 곡식 바구니를 이고 들어와 상수 선창가에 놓고 정자로 올라 와 바라본다.

부인 一 : 정말 장군께서 오시나요?

봉녀 : 저것 보세요.

부인 二 : 우리는 장군께서 오신다는 소문을 듣고 찾아 왔어요.

중년 부인 : 먼데서 오셨나요?

부인 三 : 원근이 없지요. (상수를 가리키며) 저것 보시오. 수백 명이 저렇게 쌀을 이고 곡식 자루를 이고 몰려오고 있다오. 우리 수군과 장군께 드리자고……

봉녀 : 정말 고마와요. 고마운 일이예요.

△ 박로인의 목소리 들린다.

— 봉녀야, 봉녀야.

봉녀 : 아 할아버지!

△ 봉녀 박로인의 목소리 들리는 쪽으로 달려간다. 선창 언덕길로 박로인 들어온다. 봉녀는 박로인의 손을 잡는다.

봉녀 : 할아버지!

박로인 : 봉녀야 장군께서 오신다. 삼도 수군 통제사로 복직되여 오신다. (선창 저 편을 가리키며) 봐라, 저 장선에서 시방 내려 오신다. 보이느냐?

봉녀 : 눈물이 자꾸 나서 잘 보이지 않아요.

박로인 : 자세 봐라 이리루 오신다.

봉녀 : 보여요, 정말 장군님의 모습……

△ 저 쪽에서 호롱 취각의 소리 울린다. 사람들의 환호 소리 오른다.

△ 봉녀 할아버지의 손을 잡고 하수로 달려 나간다.

△ 사람들이 하수로 선창길로 몰려 나간다.

△ 환호의 소리 계속.

△ 사람들이 다시금 밀물처럼 밀려 들어온다.

△ 수군들이 거북선 앞으로 들어와 정렬한다.

수군 一 : (소리쳐 말한다) 장군께서 이리로 오신다. 여기서들 기다리라.

△ 옥지를 비롯한 공인들과 농군들, 선인들이 등장하고 룡길을 비롯한 장정들과 여러 사람들이 등장하여 장군을 기다린다. 모두 흥분해서 웅성거린다.

△ 장군 거북선 앞으로 등장한다. 그 뒤에 군관 장수들이 따랐다.

리순신 : 옥지, 옥지 있는가?

옥지 : 여기 있소이다. 장군님!

리순신 : 거북선 수리가 얼마나 됐는가?

옥지 : 다른 건 다 고쳤사오나, 류황 염초의 불바람개비가 떨어져 나간지라 쇠붙이를 구하는 중이오이다.

리순신 : 송 군관, 배에 싣고 온 쇠붙이들을 부리였는가?

송희립 : 아직 부리지 않았소이다.

리순신 : 지금 곧 수리에 쓸 만큼 거북선에 부리도록 하라.

송희립 : 네. (퇴장)

리순신 : 옥지는 거북선 수리를 다그치되 오늘 밤으로 바다를 달리도록 하라.

옥지 : 예, 하겠소이다.

리순신 : 률포 만호!

리영남 : 예.

리순신 : 만호는 각 포구 어촌마다 방을 써 붙이게 하라. 삼도 수군 통제사의 명의로 하되 통제사는 바다를 지켜 백성들을 보호할지니 백성들은 모두 안심하고 제 맡은 생업에 힘쓰되 만일 백성들의 재물을 로략질하며 강기를 문란케 하는 자는 누구를 막론하고 목을 벨 것이라고 크게 써 붙이도록 하라.

리영남 : 예. (퇴장)

리순신 : 거제.

안위 : 예.

리순신 : 그대는 지금 곧 남은 열두 척 전선의 장비와 군기의 정황을 낱낱이 사실하여 바치게 하라.

안위 : 예. (퇴장)

리순신 : (분부를 마친 다음, 그제야 군중들을 돌아 본다. 감개무량한 어조로) 여러분이 이처럼 나를 맞이해 주니 고맙노라, 진정 고맙노라, 군사들, 공인들, 농장의 일꾼들, 낯익은 아낙네들 ……

봉녀 : 장군님 먼 길에 안녕하셨나이까? (목이 멘다)

리순신 : 아, 반갑노라. 이렇게 또 만나게 되니 …… 그리고 저 장정은 룡길이가 아닌가?

김룡길 : 거제 척후로 갔던 의병 척후 룡길이오이다. 장군님 문안 …… (그역 목이 멘다)

리순신 : 반갑노라, 모두 싸움 속에서 살아 이긴 사람들, 고초인들 얼마나 많았겠는가?

박로인 : 소인들은 그저 장군님 오실 때를 자나깨나 기다렸소이다. 세월이 너무나 긴 듯하고 야속도 하엿사외다.

부인 一 : 한 말씀 드리옵니다. 저희들은 장흥(長興) 고을에 사옵는데 장군님 오신다는 소식을 듣고 여러 동네 사람들과 함께 이렇게 찾아 왔습니다.

봉녀: 이 분들은 모두 우리 수군과 장군님께 드리겠노라 쌀과 곡식 자루를 이고 수백 병이 왔다 하오이다.

리순신: 진정 고맙노라. 내가 보성에서 이곳에 오는 길에 수많은 어버이들, 아낙네들을 만났노라. 나의 손목을 잡고 말하기를 바다의 왜적을 하루바삐 물리쳐 달라 한결같이 부탁하였노라.

선인 一: 소인네들은 바닷가에 사는 백성들로서 왜적들에게 향토를 빼앗기고 남은 가산과 가솔을 배에 싣고 장군님과 수군을 찾아온 길이오이다.

리순신: 그래 모두 몇 척이나 되는가?

선인 二: 모두 二○○여 척 되오이다.

리순신: 二○○여 척! 고향과 집을 잃고 물 우에 살게 되니 그 또한 얼마나 고생인고? 우리 수군은 그대들을 보호할 것이니 우리 수군에 앞서 우수영으로 떠나도록 하라.

선인 一: 아니오이다. 저희들만 어찌 편한 자리를 찾으오리까. 지금 우리 수군은 군량이 없고 겨울 의복이 없다는 사정을 알고 있사온바, 어찌 저희들이 가만있소리까. 저희들 배 二○○에서 쌀과 보리를 걷고 솜옷을 걷어 바치기로 작정하였소이다.

리순신: (감격하여) 고맙노라.

선인 一: 저희들 소원은 오직 바다를 버리지 마시고 왜적을 무찔러 주시기만……

리순신: 념려 말라.

선인 二: 하오나 수군의 형세가 외로운지라 바다를 버리고 뭍에 올라 싸우게 하라는 조정의 말씀이 있었다고도 하여 말들이 많사외다.

리순신: (거친 목소리로) 누가 그런 말을 하던가?

안위: 리몽구 우후경이 그런 말을 했나보이다.

리순신 : 우후가?

리영남 : 우후는 방금까지도 바다의 항전을 그만두자는 주장이였소이다.

리순신 : 우후의 비겁함은 내 이미 알고 왔노라. 그는 군사의 중책을 지고 군기 군량을 돌보지 않고 제 한 목숨만 위하여 도망을 친 그 죄 적지 않다. 당장 잡아 치죄할 것이다.

모두 : (엄숙해진다)

리순신 : (다시 부드러운 말로) 우리 어찌 모든 어버이들과 아낙네들과 백성들의 간곡한 부탁을 저버릴 것인가? 리순신은 몸이 가루가 될지라도 바다를 지키겠노라.

모두 : (기뻐한다)

리순신 : 허나 어떻게 지킬 것인가? 이를 생각할지로다.

첨사 : 방책을 세워 주시면 소장들은 목숨을 바치오리다.

공인 一 : 어떠한 어려운 일이든 감당하오리다.

농군 一 : 무삼 일이든 하오리다.

룡길 : 어떠한 죽을 땅이라도 겁내지 않고 싸우겠소이다.

리순신 : 모두 훌륭한 결심이로다. 우리 군사와 백성들의 마음이 모두 이 같을진대 무엇이 두려울 것인가? 오늘 이 란리가 하루 이틀에 끝날 배 아니므로 공인들은 배와 군기를 만들도록 차비할 것이며, 농군들 백성들은 농사짓고, 고기 잡고, 소금 굽고 모든 생업을 그치지 아니 하여 우리 수군을 다시 부강케 하며 백성들을 안정케 할 것이로다. 잠시 물러가 쉬도록 하라.

△ 탐후장(探候將) 급히 등장.

탐후장 : 탐후장 아뢰오. 三〇리 밖에 적선 五〇여 척이 올라오고 있소외다.

리순신 : 알겠다.

△ 모두 퇴장한다. 비장 리완이 남아 근심스러이 섰다.

리완 : 장군, 아무리 생각해도 우리 수군의 형세 너무나 부실하외다.

리순신 : (생각할 뿐)

리완 : 미구에 또 왜적은 큰 세력으로 달려들 것이오이다.

리순신 : 생각지 말라. 어려운 것만을 생각지 말라. 파도는 크고 바위는 적다. 허나 그 바위 뿌리 깊을 제 아무리 큰 파도라 해도 그 바위는 부실 수 없고 넘어뜨릴 수도 없는 법이다.

리완 : 허오나 시방 우리의 전선은 도합 열두 척 뿐이오이다.

리순신 : 그렇다. 열두 척 뿐이다. 아, 이럴 때 억기공이 살아 계셨더라면 …… (문득 승산의 고리를 잡은 듯) 울돌목이다. 울돌목!

리완 : 울돌목?! ……

리순신 : 울돌목은 전라우도의 륙지와 진도 사이에 뚫린 좁고도 험한 여울목이다.

리완 : 남해에서 서해로 빠지는 단 하나의 첩경, 여울진 바닷길이 아니오이까?

리순신 : 그렇다. 억기 사도와 함께 전술 방략을 상론하면서 지목한 곳이다.

△ 송희립, 리영남, 안위 등 장수들 등장.

송희립 : 분부대로 조처하였소이다.

안위 : 전선 열두 척은 모두 쓸 만하오며 열두 척에 실은 군기도 엔간히 쓸 만하오이다.

리영남 : 장군! 어떻게 싸워야 이길 것인가? 지금 형편 저희들에겐 생각이 들지 않소이다 정녕 닭알을 가지고 바위를 치는 격이라 말할 수 있겠는가?

리순신 : 과시 어려운 형편이로다. 조정에서도 이 형편을 아시고 정녕 바다를 지킬 형세 어렵다면 륙지에 올라 싸우라고 나에게 선전관을 보내 오셨다. 허나 우리가 물을 지키는 수군으로서 물을 버릴 수 있겠는가. (격하고 과단성 있는 소리로) 생각해 보라. 우리에게 무엇이 없는가? 또 있는 것은 무엇인가?

리완 : 굴할 줄 모르는 군사와 백성들의 힘이 있소이다.

리순신 : 그렇다. 비록 그 수효 적을망정 열두 척의 전선이 있다. 약간의 군기도 있노라. 목숨 바쳐 싸우잔 백성들의 큰 기세가 있노라, 비장!

리완 : 예.

리순신 : 민선이 二〇〇척이라 하였지.

리완 : 그렇소이다.

리순신 : 송 군관.

송희립 : 예.

리순신 : 민선 二〇〇척을 전선 二〇〇척으로 쓰세나.

모두 : (반색을 한다)

리순신 : 二〇〇척 민선에 각색 군령기들을 꽂아 휘날리게 하고 창검들을 세워 번쩍이게 하고, 배를 전선처럼 가장하여 우수영 앞바다에 즉 장사진을 치도록 하라. 알겠는가?

송희립 : 알겠소이다. 그럼 울돌목으로 가서 싸우잔 말씀이오니까?

리순신 : 울돌목이다.

모두 : (웅성거린다)

리순신 : 우리가 왜적들을 울돌목으로 유인해 들인 다음 물때를 보아

칠 것이다. 이 때 우수영 앞바다에 장사진을 쳐 놓은 민선 二○○척에서 산천이 떠나 갈 듯 북을 울리며 함성을 울리며 화포 소리도 터뜨리며 금시 금시 달려 나와 왜적선들을 단숨에 집어 삼킬 듯 크게 기세를 올린다면 왜놈들은 혼비백산할 것인즉 이러할 때에 우리는 왜적선들에 불벼락을 퍼불 것이다.

송희립 : 알겠소이다.

△ 탐후장(探候將) 급히 등장.

탐후장 : 탐후장 아뢰오. 五○리 밖에 전선이 밀려오고 있소이다.

리순신 : 그래 모두 몇 척이나 되는고?

탐후장 : 줄잡아도 三○○척은 되오이다.

리순신 : 알겠다.

△ 탐후장 퇴장.

모두 : (위급한 심정으로 순신을 본다)

리순신 : (힘있게) 전선이 三○○척이건 五백 척이건 겁낼 것이 없노라. 싸움의 승패는 수효의 많고 적음에 있는 게 아니라 방략 전술에 있고, 나라와 백성을 위한 충성심과 적개심에 있노라. 이제부터 즉시 진을 울돌목으로 옮김다. 의병 룡길이.

김룡길 : 예.

리순신 : 창의별장 복수군들이 이 곳 해안 륙지를 지키기로 되였는바 그대는 이 곳에 남아 한 놈의 왜적도 륙지에 오르지 못 하도록 하라.

김룡길 : 알겠소이다.

리순신 : 듣거라. 二〇〇척 민선은 즉시 우수영으로 떠날 것이며 조선소와 농장에서 온 일꾼들도 우수영으로 떠날 것이며 수군 장병들은 모두 전선과 거북선에 분승하여 나의 장선을 따르도록 하라.

장수들 : 분부 대로 하오리다.

리순신 : 이제 우리 앞길에는 천하에 다시 없는 요충들이 있노라. 일기당천의 요충들이 있노라. 병법에 이르기를 한 지아비가 용맹스러우면 일천 사람을 두렵게 한다 하였으니 과시 오늘 우리를 두고 한 말이로다. 모든 백성들은 충심으로 군사를 도와 힘바치며 모든 장병들은 일호라도 군령을 어기지 말지니 이 말을 명심하여 바다를 지킴에 목숨을 바칠지로다.

장수들 : 목숨을 바치오리다.

리순신 : 승산이 있다. 모두 배에 오르라.

△ 장수들 달려 나간다.

△ 호통 취각의 소리 울린다.

△ 리순신 천천히 퇴장.

— 막 —

제九장

무대 밝아지면

리순신 장선의 뱃머리.

뱃머리에 리순신 장군 믿음직하게 서 있고 그 뒤에 장수들이 서 있고 배에는 장선기, 독전기, 령기들이 날린다. 장선은 전진한다.

△ 무대 일각에 랑송자 등장,

랑송자 : 아아 울돌목!
배 열두 척으로
적선 三〇〇여 척을 무찌른 곳
적군의 진격은 부서지고
적장 마다시 또한 그 목숨 물 우에 떨어지니
장하도다 놀랍도다.
어찌 청사에 빛나지 않으랴
이 승전을 일러
명량 대첩이라 하노라.
그 후 일 년이 지났노라.

백성들의 불굴의 충성, 힘입어
위력한 장비 갖추며 련전련승!
왜적은 감히 서해를 엿볼 수 없었나니
대세는 기울어,
다시금, 남쪽 바다로 쫓긴 왜적들
패주의 길 찾아 발버둥치고 있을 때

장군은, 로량의 길목을 막고
왜장 소서 등 도적을
순천 예다리(順川倭橋)에 쳤노라.

△ 랑송자 퇴장.

리순신 : 배를 멈추라! 저게 무엇인고?

모두 : (바다를 굽어본다)

송희립 : 왜적선이 흰 깃발을 달고, 가까이 오고 있소외다.

리순신 : 가만두라.

송희립 : 아마도 왜적의 화친사(和親使) 같소이다.

리순신 : 배에 오르도록 하라.

송희립 : 예. (퇴장)

리순신 : 지금 소서를 비롯한 왜장들은 저 순천 예다리에 몰켜 있으나 달아 날 구멍이 없다. 륙지에선 조 명 대부대와 의병들이 포위 공격을 하고 있고 바다에선 우리 수군이 이 로량의 물길을 지키고 있으니 ……

리완 : 과연 독 안에 든 쥐라 하겠소이다.

리순신 : 이제도 조선 四도를 달라 하겠는가? 하 ……

모두 : (웃는다)

리순신 : 허나 우리 조국과 백성들이 입은 환난과 희생과 고통과 슬픔을 생각하면 소서나 가등의 목을 천으로 버인대도 비길 수 없노라. (다시금 분노의 빛이 그의 눈에 번뜩인다)

△ 송희립이 소서의 아장과 두 왜병을 데리고 들어온다. 두 왜병은 각각 선물을 들고 들어온다.

소서의 아장 : 조선 수군 리순신 장군께 일본군 대장 소서행장도노의 화친서와 총검(銃劍)과 보화(寶貨)의 선물을 드리오이다.

△ 아장은 화친서를 들고 절하고 두 왜병은 선물을 장군 앞에 놓고 절한다.

△ 송희립은 화친서를 받아 장군에게 준다.

리순신 : (화친서를 받아 본다) …… 일본 장병은 이제 싸움할 생각이 없으며 화친코자하니 …… 우리 일본 군사로 하여금 돌아 갈 길을 열어 주기 간곡히 바라며 …… 소서의 뜻인 선물 총검과 보화 한 상자를 받아 주시기 바라노라 ……

소서의 아장 : (무슨 반가운 말을 기다리는 듯 순신의 얼굴을 우러러본다)

리순신 : (엄한 소리로 크게 질책하여 말한다) 이 무슨 어리석은 소린고? 싸움을 하고 싶으면 하고, 말고 싶으면 말고, 그래 왜놈들 맘대로 하잔 말이냐? 七년 동안 우리나라에 참혹한 전란을 일으킨 그 무엇으로도 갚을 수 없는 죄악은 덮어 두잔 말인가? …… 괘씸하도다. 방자하도다. …… 돌아 갈 길을 열어 달라? …… 물어 보라, 우리나라 수천만 백성들이 그것을 허락할 것인가? 우리나라 산천초목이 그것을 허락할 것인가, 우리나라 이 피어린 남쪽 바다가 그것을 허락할 것인가, 이러한 총검은 임진년 이후 너희들에게서 빼앗은 것으로 쓰고도 남음이 있다. 이러한 보화는 우리에게 있어 한 푼의 소용이 없다. 우리가 얻고자 하는 것은 왜장 가등청정의 머리요, 왜장들의 머리요, 바로 소서행장의 머리라고 그렇게 전하여라.

소서의 아장 : 핫. (하고 전전긍긍하며 절한다)

리순신 : 썩 물러가라.

△ 소서의 아장은 혼비백산하여 나간다. 두 왜병도 허둥지둥 총검과 보화 상자를 다시 들고 도망치듯 나가 버린다.

리순신 : (제장들에게) 모두 모이도록 하라.

리완 : 예이. (퇴장)

△ 나팔이 울린다.

△ 탐후장 급히 등장.

탐후장 : 아뢰오. 고성(固城) 사천(泗川)의 왜적선 六〇〇여 척이 소서 등 왜적을 구원코자 지금 로량을 향하여 진격하고 있소이다.

리순신 : 알았다. 보라, 원쑤들은 결코 순순히 물러가지 않고 항복코자 아니 한다.

△ 리완을 비롯한 군관 제장들 등장. 룡길을 비롯한 의병 장정들 등장하여 배우에 늘어선다.

리순신 : 듣거라. 마지막 원쑤를 몰아내는 성스런 싸움으로 나아갈지로다.

우리나라 강토를 유린하고,

우리나라 창생의 피와 재보를 로략질하는 자들, 한 놈의 원쑤라도 남김없이 몰아낼지로다. 천만년으로 누릴 이 나라 복지를 위하여,

조상들의 슬기를 떨쳐

영웅답게

바다 밖으로

도적의 무리들을 물리치러 나아가자.

진고의 북을 울려라.

△ 리완이 북을 울린다.

△ 모두 창검을 높이 든다.

△ 구름과 파도를 헤치며 장선은 전진한다.

—막—

조영출 희곡 해제

박명진

〈순애계도〉

방송극 〈순애계도〉는 金茶人의 각색 작품이다. 이 작품집은 1943년(昭和 18년 8월 20일) 태평레코-드사에서 제작한 것으로, 경성부 중구 황금정 3정목 175번지에 소재한 大日本蓄音機株式會社 朝鮮營業所에서 발행하였다. 작품집에 기재된 레코드 번호는 5070~5073, 세입(稅込) 공정가격(公定價格)은 8원 96전이다.

제목 〈순애계도〉 앞에는 '비극(悲劇)'이 적혀 있어 이 작품이 장르상 비극에 속하고 있음을 알려주고 있다. 기생이었던 '양금'은 젊은 과학자 '복수'와 살림을 차리게 되지만, '복수'의 후견인으로 그를 도와주고 있던 '최박사'의 강권으로 인해 '양금'은 '복수'로부터 버림받는다. 기생과 젊은 학생 사이의 비극적인 연애담은 이 시기 대중극에서, 특히 신파극으로 분류되던 작품군에서는 친숙한 모티브라 할 수 있다. 그러나 극의 마지막에서 헤어졌던 '양금'과 '복수'가 행복한 재회를 함으로써 해피엔딩으로 끝을 맺는다.

이 작품의 각색자인 金茶人이 박영호인지 조영출인지에 대한 논란은 아직까지 지속되고 있다. 최창호와 서영희는 김다인이 박영호의 예명이라고 주장하고 있고,[1] 장유정은 김다인이 조영출의 필명이었을 가능성이 매우 높다고 주장한 바 있다.[2] 이 글에서는 김다인이 조영출의 필명이었다는 주장에 손을 들어주고 싶다. 그 근거로 조영출이 1945년 초에 발표한 국민연극 〈현해탄〉을 들 수 있다. 〈순애계도〉와 〈현해탄〉은 모두 젊은 과학자와 그를 위해 헌신적으로 희생하는 여인의 고난사를 주요 모티브로 활용하고 있다. 〈순애계도〉가 주인공 복수가 조선 제일의 세균학 박사로 성공하는 이야기라면, 〈현해탄〉은 주인공 '석원'이 '광숙'의 무조건적인 희생정신에 힘입어 전쟁에서 결정적인 역할을 할 수 있는 전파무기를 개발하는데 성공한다는 이야기이다. 두 작품 모두 주인공들의 과학을 통해 전쟁에서의 승리를 꿈꾸고 있다. 〈순애계도〉와 〈현해탄〉은 "과학자인 남자 주인공을 위하여 여자 주인공이 '아내 / 약혼녀'로서 극한적인 인내와 희생을 보여준다는 공통점"[3]을 지닌다. 또한 이 작품들은 "여인들의 절대적인 희생을 통해 남자 주인공들이 성공"[4]한다는 이야기 구조도 공유하고 있다.

이보다 더 결정적인 근거는 1947년 잡지에 '김다인'이라는 필명으로 게재된 글이다. 이재명과 최창호의 조사에 의하면, 박영호는 1946년 월북하여 북조선 연극동맹의 초대 위원장을 지냈으며,[5] 1947년 말부터는 일제 치하

---

1 최창호, 『민족수난기의 대중가요사』, 일월서각, 2000, 168쪽; 서영희, 「일제강점기 박영호의 대중가요 가사 작품 연구」, 『민족문화논총』 제33집, 영남대 민족문화연구소, 2006, 229~230쪽.

2 장유정, 『오빠는 풍각쟁이야』, 민음in, 2006, 67쪽.
'문화콘텐츠닷컴'의 인물정보에, 조영출은 "조명암 이외에 김다인(金茶人), 김운탄(金雲灘), 김호(金湖), 남려성(南麗星), 부평초(浮萍草), 산호암(珊瑚岩), 양훈(楊薰), 이가실(李嘉實), 함경진(咸璟進) 등 다양한 필명을 사용했다. 그 가운데 김다인은 극작가 겸 작사가인 박영호(朴英鎬)와 공동으로 사용한 것"으로 설명되어 있다.

3 박명진, 「김다인 각색의 〈순애계도〉에 대하여」, 근대서지학회, 『근대서지』 제3호, 소명출판, 2011, 271쪽.

4 위의 글.

5 1946년에는 대표적인 좌익 극단 혁명극장에 참여하여, 〈북위 38선〉과 〈님〉을 발표하였다. 그 중에서 〈님〉은 3·1 기념연극대회 출품작이었는데, 이 작품은 주인공 심영이 공연 내용에 불

에서부터의 결핵이 재발하여 원산에서 치료를 하면서 원산 오월극장 창설에 힘을 썼다.[6] 박영호는 1947년에 〈비룡리 사람들〉이라는 희곡을 발표하기도 했다. 그런데『映畵時代』1947년 11월호에 김다인(金茶人)이라는 필명의 글「朝鮮樂劇界의 回顧-四七年을 보내면서」가 게재되었다. 1947년은 박영호가 월북한 이후이고, 원산에서 결핵 치료를 받으면서 희곡 〈비룡리 사람들〉을 창작할 시기이다. 한편 '제2회 3·1기념 연극대회'에서 제2부 작품으로 조영출의 〈위대한 사랑〉이 3월 7일부터 3월 13일까지 공연되었다. 또한 1947년 6월 말부터 8월 초까지 조선연극동맹의 산하 조직인 문화공작대가 〈위대한 사랑〉과 〈미스터 방〉을 전국 순회 공연하였다. "곧 이어 1947년 8월 17일부터 8월 30일까지 중앙극장에서 조영출의 〈조선의 어머니〉가 공연될 예정이었지만 동맹원이 검거되는 바람에 취소되었다. 이는 좌익에 대한 미군정의 탄압이 거세지기 시작했다는 사실을 의미한다. 함세덕이 월북하고 곧 이어 안영일, 나웅, 주영섭 등이 월북한 것도 이러한 정세 변화의 결과로 볼 수 있다. 조영출은 안영일 등이 월북한 시기 즈음인 1948년 6월에 월북한"[7] 것으로 보인다. 이러한 몇 가지 사실들을 놓고 보았을 때, '金茶人'이라는 필명은 박영호의 것이기보다는 조영출의 것일 가능성이 더 높다.

〈인정〉

〈인정〉은 조영출의 방송극으로 1944년『방송지우(放送之友)』3월호에 발표된 원고지 50매 정도 분량의 라디오 단막극이다. 이 작품은 작은 오해

만을 품은 김두한의 저격을 받은 일로 유명해지기도 했다. 이후 그는 〈겨레〉(『신세대』, 1946. 3·5·7)를 발표한 이후, 1946년 11월경 1차 월북파로 북행을 하였다. 이재명,「박영호 작 〈산돼지〉 연구」,『한국극예술연구』제16집, 2002, 402쪽.

6 최창호,『민족수난기의 대중가요사』, 일월서각, 2000, 167쪽.

7 박명진,「해방기 조영출의 공연 희곡 연구」,『한국극예술연구』, 한국극예술학회, 2010, 227~228쪽.

때문에 두 집안 사이가 악화되었다가 그 오해가 풀리면서 다시 화해한다는 줄거리를 지니고 있다.

정어리배의 어부인 강서방은 농부 김첨지와 친하게 지내던 사이다. 3년 전에 김첨지가 강서방에게 송아지 한 마리를 선사하고 그 대신 강서방의 논을 빌려 농사를 지을 정도로 격의 없이 지내고 있다. 그러던 어느 날 갑자기 강서방이 김첨지에게 자기 논을 돌려달라고 억지를 쓰면서 갈등이 발생한다.

강서방에겐 아들 '상돌'이 있고 김첨지에게는 딸 '분순'이 있었는데, 양가에서는 이미 이 두 젊은이를 혼인시킬 마음을 지니고 있던 터였다. 강서방이 김첨지에게 심술을 부리는 이유는, 김첨지 집에서 분순을 윤부사네 집으로 시집보낸다는 소문을 들었기 때문이다. 실제로 분순의 어머니는 삼봉이네 할머니를 통해 윤부사네 집과의 혼인을 계획하고 있었다. 그러나 윤부사네 집으로 분순을 시집보낼 생각이 없다는 김첨지의 말을 듣고 강서방의 노기가 풀린다. 김첨지와 강서방은 다시 화해하게 되고 상돌과 분순의 혼인이 재확인되면서 막이 내린다.

> 이 작품은 김첨지와 분순 모(母)의 욕망이 바람직하지 않음을 증명하면서 어부의 아들인 상돌과 농부의 딸인 분순의 혼례를 자연스러운 것으로 표현하고 있다. 여기에서 우리는 "돈이냐, 사랑이냐"의 선택의 기로에 서 있는 남녀의 갈등을 재연하고 있는 것을 볼 수 있다. 이 작품 역시 '돈'보다는 '사랑'이 우선적임을 역설하고 있다. 그런 면에서 이 작품이 기대고 있는 세계는 매우 주정적(主情的)인 세계라고 할 수 있다.[8]

이처럼 남녀 관계에 있어서 '주정적'인 분위기를 띠는 것은 그의 다른

8 박명진, 「조명암의 방송극 〈인정〉 작품 해제」, 근대서지학회, 『근대서지』 제4호, 소명출판, 2011, 307쪽.

작품 〈현해탄〉이나 〈위대한 사랑〉에서도 재발견되는 특징이라 할 수 있다. 물론 〈현해탄〉이 일제의 전쟁 승리를 기원하기 위한 국민연극이었고, 〈위대한 사랑〉이 해방 직후 계급의식에 기반하고 있는 좌익연극이었음에 비해 〈인정〉의 이데올로기는 그리 선동적이거나 명확하게 드러나지는 않는다. 그럼에도 불구하고 〈인정〉의 정치적 경향은 시대적 요구에서 그리 크게 벗어난 작품이라 보기 어렵다. 이 작품이 게재된 『방송지우』가 그 발간 목표를 '총후국민의 정신을 함양시키는 것에 있었다는 점을 감안하지 않더라도,[9] 〈인정〉의 이데올로기는 일제 말기의 지배적 이데올로기로부터 자유로운 것만은 아니었다. 왜냐하면 〈인정〉이 내세우고 있는 청년상을 볼 때, 남성은 후방의 노동 현장에서 제 임무를 수행해야만 하고, 여성은 그러한 남성을 보필하거나 또는 자기 자신도 노동에 투신해야만 하기 때문이다. 이는 일제 말기 식민지 조선인들에게 강요되었던 '총후국민'의 당위성에 대한 작가적 답변이라 할 만하다.[10]

〈현해탄〉

〈현해탄〉은 1945년 2월에 개최되었던 '제3회 국민연극 경연대회'에 참가한 친일극이다.[11] 이 작품의 발표 배경에는 '조선연극문화협회'의 결성이라는 사실이 놓여 있다. 1942년 7월 26일에 결성된 이 단체는 통속적이고 대중적인 상업 극단의 위상을 높이는 동기가 되었다. 이 단체는 '조선

9 『방송지우』의 이데올로기적 성격에 대해서는 다음의 글 참조할 것. 서재길, 「『방송지우』와 일제 말기 방송소설」, 『민족문학사연구』 제22집, 민족문학사학회, 2003.

10 박명진, 「조명암의 방송극 〈인정〉 작품 해제」, 근대서지학회, 『근대서지』 제4호, 소명출판, 2011, 310쪽.

11 〈현해탄〉은 이미원과 이재명에 의해 텍스트가 소개된 바 있다(趙鳴岩, 〈玄海灘〉, 이미원 편, 『국민연극』 4, 월인, 2003; 조명암, 〈玄海灘〉, 이재명 외편, 『해방전(1940~1945) 공연희곡집』 5, 평민사, 2004). 이 글에서는 이재명이 번역, 소개한 것을 분석 텍스트로 활용한다.

연예협회'의 발전적 해체에 따른 연극계 통합의 결과로 결성된 것인데, 조영출은 '조선연극문화협회'의 결성과 함께 본격적으로 연극 활동을 펼치게 된다. 그가 연극 무대에서 정력적인 움직임을 보여주게 된 데에는 '조선문화협회'에 회장으로 추대된 OK레코드사 대표였던 이철(李哲)과 조영출의 친분 관계도 그 원인이 있다. 조영출은 OK레코드사의 중심적인 대중가요 작사가로 활약한 바 있었다. 그가 악극(樂劇)들을 창작하거나 연출했던 '조선악극단'은 OK레코드사의 'OK그랜드쇼단'의 후속 단체였고, 〈현해탄〉을 제3회 연극경연대회에 출품한 '신생극단'은 '조선악극단'의 자매극단이었다.[12]

조영출의 창작극 〈현해탄〉은 1945년 2월 17일부터 동양극장에서 공연되었는데 연출은 나웅, 무대 장치는 김정환이 맡았다. 조영출은 이 작품 이외에도 일제 말기의 국민연극, 또는 친일극 창작에 나서게 되는데, 1944년 10월의 〈怒りの亞細亞〉, 1944년 12월의 〈東洋의 薔薇〉, 〈勝利への道〉 등의 작품들이 그것이다. 〈怒りの亞細亞〉는 연극인 총궐기 예능제에서 공연된 작품으로서 조영출은 송영, 유치진, 김태진, 임선규, 박영호 등과 합작에 참여했다. 〈東洋의 薔薇〉는 헌익예능대회(獻翼藝能大會)의 참가작이고, 〈勝利への道〉는 이동연극예능대회 참가작이었다.[13]

〈현해탄〉은 일제가 일으킨 세계대전에서의 승리를 기원하는 목적으로 창작된 작품으로 긴박한 결전 하에서 긴급하게 요청되는 신병기(新兵器) 개발에 투신하는 젊은 과학자의 투쟁을 다루고 있다. 이 작품의 제목이기도 한 '현해탄'은 매우 이데올로기적인 공간이라고 할 수 있다.

大學生 一 : (바다쪽으로 담뱃 연기를 뿜는다) 바다, 玄海灘.

大學生 二 : 또 感傷的인가.

12 김호연, 『한국 근대 악극 연구』, 민속원, 2009, 132~133쪽.
13 이재명, 『일제 말기 친일 목적극의 형성과 전개』, 소명출판, 2011, 139・331쪽.

大學生 一 : 하 …… 자넨 내 말이라면 모두 感傷的으로 생각허나? 感傷的이라기보다 感嘆일세. 一年에 한 번 혹은 두 번식 五年 동안 이 玄海灘을 오고 가는 동안에 나는 아주 바다를 사랑하는 사람이 되고 말앗네.

大學生 二 : 바다의 그 무엇을 사랑허나.

大學生 一 : 바다의 歷史을 사랑허네.

大學生 二 : 歷史를? 참 이 玄海灘엔 尹心德이의 歷史가 잇지. 死의 讚美를 불으며 짤막한 生涯을 이 파도 속에 집던진 …….

大學生 一 : 그것은 新小說이야. 歷史는 안이야. (젊은 男女 大學生을 본다) 만일 尹心德이란 女子가 이 바닷속에 몸을 던지고 그것이 生과 세상을 등지는 死의 讚美로서의 行動이엇다면 나는 그 女子가 東京에 가서 무엇을 배우고 공부햇나 하는 것을 의심하고 십네. 東洋에서 가장 現實的이요 모든 文化을 生 우에 再建設한 나라가 어덴가.

大學生 二 : 日本이지.

大學生 一 : 그러타면 ……. 그 女子가 東京에서 배웃 것이 音樂뿐이요. 精神的인 所得은 하나도 업다고 보네. 그러기에 난 그 女子가 伊太利로 갓다는 風說을 밋고 십허.

大學生 二 : 그러나 이 欄干만 넘어스면 바다 안인가. 보게 저 물결이 사람의 生命을 노리구 잇지 안나. 때로는 사람의 生命을 유혹허네.

— 〈현해탄〉

'현해탄'은 윤심덕이 자살한 공간임과 동시에, '관부연락선'의 조선 대학생들이 학도병에 지원하여 전쟁터로 나갈 결심을 내리는 공간이기도 하다. 윤심덕의 죽음이 '픽션'의 세계에 속할 수 있는 것이라면, 적어도 대학생들의 결심은 '역사'에 포함되는 행위인 것이다.[14]

14 박명진, 「조령출 희곡 연구—창작희곡 4편을 중심으로」, 『우리문학연구』 제33집, 우리문학회, 2011, 326쪽.

그런데 '현해탄'이라는 바다 이미지는 〈인정〉 바로 앞 페이지에 소개된, 조영출 작사의 〈바다〉 악보와 겹쳐진다. 즉 〈바다〉의 가사 중 "正義의 붉은 피 파도 우에 뿌리며", "歷史가 흘러가는 푸른 바다", "太陽을 우러러 황금빛 화살을 물결마다 꽂으며" 등과 같은 부분은 〈현해탄〉이 내포하고 있는 이데올로기적 자장과 매우 흡사하다.[15] '정의, 역사, 태양'의 키워드들은 〈현해탄〉의 등장인물들이 추구하는 절대적인 가치들을 함축하고 있다. 그런 의미에서 〈인정〉과 〈현해탄〉의 거리는 그리 멀지 않다.

〈위대한 사랑〉

〈위대한 사랑〉은 1947년 3월 5일부터 3월 11일까지 발표된 공연 대본이다. 이 작품은 조선연극동맹의 '제2회 3·1기념 연극대회' 제2부에서 공연되었는데, 제1부는 함세덕의 〈태백산맥〉이었다. 조선연극동맹은 1945년 12월 25일에 '조선연극건설본부(연건)'와 '조선프롤레타리아연극동맹(프로연맹)'이 합쳐져서 결성된 단체이다. 조선연극동맹은 1946년 2월 26일부터 '제1회 3.1기념 연극대회'를 개최하고 그 이듬해에 '제2회 3·1기념 연극대회'를 열었다. 이 연극대회는 외부 압력 때문에 원래의 공연 일자로부터 연기(延期)되어 공연되었다. 그럼에도 불구하고 〈위대한 사랑〉은 24,667명의 관객수를 기록하며 큰 인기를 끌었다. 함세덕의 〈태백산맥〉의 관객수가 20,151명이었다는 점까지 감안한다면 제2회 연극대회는 관객 동원수에 있어 성황리에 전개되었음을 알 수 있다.

〈위대한 사랑〉은 〈춘향전〉의 줄거리를 토대로 하여 동학농민전쟁을 표현한 희곡이다. 이 작품이 〈춘향전〉의 플롯을 가져왔다는 사실과 감상

15 위의 글, 327쪽.

주의가 과잉되어 있다는 점은 당대 평론가들로부터 혹평을 받게 되는 원인이 되었다.[16] 그러나 이 두 가지의 단점은 오히려 다시 관객들로부터 호응을 받는 힘으로 작용했을 가능성이 높다. 왜냐하면 〈춘향전〉은 조선 민중이라면 거의 모두가 알고 있는 친숙한 소재의 작품이었고, 감상주의 역시 식민지 시기부터 신파극을 포함한 각종의 대중연극으로부터 학습된 바 있었기 때문에 부담감 없이 다가설 수 있는 여건을 마련하고 있었다고 볼 수 있기 때문이다.

> '연건', '프로연맹', '조선연극동맹' 등의 맹원(盟員)으로 활동했던 조영출의 희곡이 멜로드라마적인 감상주의와 통속성에서 벗어나지 못한 사실은 모순된 것처럼 보일 수 있다. 그러나 해방 직후 진보적 연극 운동이 인민 대중을 적극적으로 포섭하는 것이 당면한 목표였다는 점, 그리고 그 목표를 이루기 위해 '연극 대중화'를 실천해야 한다는 데 합의하고 있었다는 점에서 〈위대한 사랑〉의 대중성이 이해될 필요가 있다.[17]

> 우리나라에서 처음으로 실시된 토지개혁을 비롯한 제반 민주개혁과 부강한 새 조선을 건설하기 위한 근로대중의 애국적이며 헌신적인 투쟁을 제때에 민감하게 반영하는 것은 이 시기 희곡문학의 가장 중요한 사상주제적 과업이었다.[18]

> 鶴仙 : 도령님. 인제는 꽃이 필 것이오. 동지들이 피를 뿜은 땅 우에 도령님이 점점히 흘리신 피ㅅ방울마다 꽃이 필 것이오. 아. 도령님. 오늘이 첫날밤이오. 輔國宏民 旗幟 이래 첫날밤이 돌아왔소. 쌍초ㅅ불 타고

16 이문형과 박노아의 비평이 그 예라고 할 수 있다. 이문형, 「朝鮮演劇의 今後展望 - 三一祭 〈偉大한 사랑〉을 보고」, 『중외신보』, 1946.3.12; 朴露兒, 「三 · 一 演劇祭 總評」, 『新星』, 1947.4, 29쪽.

17 박명진, 「해방기 조영출의 공연 희곡 연구 - 〈위대한 사랑〉을 중심으로」, 『한국극예술연구』, 한국극예술학회, 2010, 234쪽.

18 사회과학원 문학연구소, 『조선문학사 4(1945~1958)』, 평양 : 과학백과사전출판사, 1978, 114쪽.

타는 화촉의 밤도 나는 싫소. 全羅 監營 대청에서 관디베낌하여주소. 도령님. 어서 갑시다. 도령님. 주무시오. 깊은 잠 드시었소. 도령님 주무시면 나더런 왜 가잔 말 안 하시오. 거룩하오. 거룩하오. 도령님이 거룩하오. 피를 흘려 내 게 주신 도령님의 이 사랑 크고도 거룩하오. 갑시다. 가십시다. 旗幟를 앞세우고 도령님은 여기 싫여 고동 불고 나발 불고 戰勝歌 높이 불러 山川을 울리면서 靑山도 지나가고 綠水도 건너가고 百里를 十里 같이 全羅 監營으로 …… 도령님. (운다)

朴첨지 : 여러분. 鄭道令 都 狀頭의 遺言을 받어 앞으로 앞으로 힘차게 나아갑시다. 우리들이 나아가는 땅은 우리들의 땅이오. 우리들의 땅을 짓밟고 더럽힌 우리들 백성의 원수를 치러 갑시다.

群衆들 : 갑시다.

朴첨지 : 빛나는 피를 흘린 동지들과 거룩한 피를 뿜은 都 狀頭를 모시고 다 함께 갑시다.

— 〈위대한 사랑〉

위의 대사에서 알 수 있듯이 〈위대한 사랑〉은 동학농민전쟁이라는 서사를 통해 해방 직후 농지 개혁 및 계급투쟁에 대한 진보주의적 담론을 펼쳐 보이고 있다. 그러나 그 담론을 전개하는 방식은 다분히 격정적이고 인위적이며 선동적이어서 작품의 완성도를 방해하고 있는 것도 사실이다. 이 작품은 당대 비평가들로부터 비판과 호평을 동시에 받았는데, 비판의 요지는 이 작품이 〈춘향전〉을 모방했다는 점, 러브라인과 극중 배경인 동학농민전쟁이 유기적으로 결합되지 못했다는 점, 상투적인 멜로드라마 양식을 허용했다는 것 등이다. 그럼에도 불구하고 이 작품은 당대의 관객들에게 친숙한 고전소설 〈춘향전〉의 줄거리를 원용함으로써 친숙감을 높여주었고 인민 대중의 혁명 정신을 고취했다는 점에서 좋은 평가를 받기도 했다.

〈미스터 방〉

조영출의 〈미스터 방〉은, 1946년 『대조』 잡지 6월호에 게재된 채만식의 소설을 각색한 희곡이다.[19] 이 희곡은 "방삼복 그의 처 백주사 이외의 인물들은 소설 가운데 없는 인물로서 편극상 등장시킨 인물들이다. 이야기도 많이 달라"[20]진 작품이다. 채만식의 소설 「미스터 방」은 "해방 직후 미군정의 통역정치의 부조리한 실상"[21]을 풍자하고, "사회의 최하층민조차 몇 마디 할 줄 안다는 이유로 벼락출세를 하게 만드는 '영어'를 매개로 이루어진 새로운 지배 세력의 형성"[22]을 풍자한 작품이다. 그렇다면 희곡 〈미스터 방〉에서는 원작 소설에는 없는 인물들의 의미가 특별해질 수밖에 없다. 왜냐하면 이들은 방삼복의 위선과 속물근성을 비판하고자 하는 극작가의 페르소나에 속할 것이기 때문이다.

> 방 : 그 신문을 좋아하는 분자는 우리 집 식구가 아닐뿐더러 삼팔선을 넘어 북조선에 가서 살 사람들이야. 응 알겠어. 자네두 우리 대한국민의 젊은 사람이 될려면 그따위 빨갱이 신문배달 집어치구 대한신문을 배달하거나 그렇잖으면 대한청년단에 들어서 정치운동을 허란 말야. 도대체 어른을 몰라보구 모리배를 숙청하느니 친일파가 어떠니 삼상결정을 총체적으로 지지하느니 하구 입만 까서 떠드는 빨갱이들이 난 싫어. 자 이건 약소하지만 신문대금이 아니라 점심값으로 주는 것이니

---

19 각색 희곡 〈미스터-方〉은 1947년 작품이다. 이 작품은 『한국희곡』 2005년 겨울호에 김홍우 제공으로 소개되었다. 또한 이 희곡은 채만식, 방민호 편, 『환영의 꽃(外) — 방송 소설과 방송극의 세계』(예옥, 2010)에 육필원고와 함께 게재되어 있다.

20 趙靈出 編劇, 〈미스터 方〉, 방민호 편, 『환영의 꽃(外)』, 예옥, 2010, 233쪽.

21 이병순, 「채만식의 해방직후 소설 연구」, 『원우논총』 제12집, 숙명여대 대학원 총학생회, 1994, 47쪽.

22 이혜령, 「채만식의 「미스터 방」과 김동인의 「망국인기」, 해방 후 일본어가 사라진 자리」, 『내일을 여는 역사』 32집, 2008, 150쪽.

가다가 장국밥이나 설넝탕이나 한 그릇 자시란 말야.

신문배달 : 신문대금 아닌 다른 돈은 받기 싫소. 난 신문대금을 받으러 왔지 구걸을 온 사람은 아니요. 사람을 똑똑이 보구 말을 하시오.

방 : 뭐 멋이 똑똑이 봐.

신문배달 : 인민의 의사를 대변하는 우리 인민신보를 싫다구 하는 사람은 조선의 인민이 아닌 동시에 조선 사람이 아닌 것이오.

방 : 뭐 뭣이 조선 사람이 아니라.

신문배달 : 선생두 우리 조선민족의 한사람이 될려구 하시건 그 허풍선이 같은 우월감을 없애야 합니다.[23]

정수 : 작은 어머니두 정신을 차리십시오. 누구한테 무엇을 빌라구 하십니까. 사리사욕을 위해서 민족의 양심을 팔아먹으란 말입니까. 지금 조선 사람의 위신을 망치구 조선의 자주독립을 해치는 사람들이 누구일 줄 아십니까. 바로 삼촌과 같은 통역들과 미군정을 이용해서 자기의 배를 불리자는 악질분자들입니다. 오늘의 이 꼴이 무엇입니까. 그러면서도 신탁을 결사반대한다는 애국자입니까. …… 저는 가슴이 떨려서 더 말할 수도 없습니다. 삼촌 작은 어머니 안녕히 게십시오.[24]

이 희곡의 메시지는 분명하다. 해방 직후 친일분자. 우익, 미군정에 빌붙어 사는 부류 등에 대한 신랄한 비판과 풍자가 이 작품의 창작 의도이다. 신문배달부와 미스터 방 사이에 나누는 대사를 통해서, 해방 직후 친일파에서 친미파로 급변한 속물근성의 인간군상을 통렬하게 풍자하고 있다. 조영출의 페르소나라고 할 수 있는 정수는 '민족의 양심'을 운운하며 미군정에 빌붙어 사는 미스터 방의 천박한 처세술을 비판하고 있다.

---

23 趙靈出, 〈미스터 方〉, 조선연극동맹 편, 『소인극 교정』, 아문각, 1948, 143쪽.
24 위의 글, 162쪽.

〈열두 삼천릿벌〉

〈열두 삼천릿벌〉은 1955년 4월에 북한이 당중앙전원회의를 통해 연극인 및 연극 작품에 계급교양을 보다 강화해야 한다고 천명한 직후에 발표된 희곡이다. 이 시기는 사회주의 기초 건설시기로 소위 '전후 복구건설과 사회주의 기초 건설을 위한 전후 투쟁시기'로 알려져 있다.

> 이 시기는 1953년 7월 '휴전'에서 61년 9월 제4차 당 대회 직전의 1960년까지이다. 이 시기는 이른바 '전후 복구건설과 사회주의 기초 건설을 위한 투쟁시기'이다. 이 시기에서 가장 중요한 사회적 명제는 이른바 '모든 것을 민주기지 강화를 위한 전후 인민경제 복구 발전에로!' 정해져 있다. 문제는 '휴전'의 형식으로 전쟁이 끝난 뒤, 사회와 문화예술 전반의 건설 방향을 제시하는 것이다. (…중략…) 전후 복구 건설에 나선 농민들의 투쟁과정과 농촌의 개조 과정을 형상화한 작품으로서, 이동춘의 〈새길〉(54), 조영출과 김덕윤의 〈열두 삼천리벌〉(54) 등이 있다.[25]

> 1955년에는 당면한 사회의 여러 문제들을 해결해 나가기 위한 주체의 장막극 〈열두 삼천리벌〉(평남도립예술극장), 〈어선 전진호〉(함남도립예술극장) 등을 비롯하여 전쟁 시기 군인들의 위훈과 대중들의 투쟁의식을 영웅적으로 묘사한 〈어랑천〉(함북도립예술극장) 그리고 〈조·중〉 친선문제를 다룬 〈우리는 언제나 함께 싸웠다〉(황남 도립예술극장), 또한 박지원의 소설을 각색한 〈량반전〉(국립극장) 등의 많은 작품들이 출현했다. 〈열두 삼천리벌〉과 〈어선 전진호〉는 비록 무대예술적 효과는 두드러지지 못했지만, 당정책을 구현하고 있다는 점에서 높이 평가되고 있는 연극이다.[26]

---

25 민병욱, 『북한 연극의 이해』, 삼영사, 2001, 44~48쪽.
26 이강렬, 『한국사회주의 연극운동사』, 동문선, 1992, 260쪽.

이 작품은 "김일성의 지도 하에 수리화를 실현하기 위한 농민들의 투쟁의 과정을 조형"[27]해 내고 있는 작품이다. 조영출과 김덕운이 함께 창작한 이 작품은 조영출의 다른 작품들에 비해 보다 주체적이고 독립적인 여성의 이미지를 전경화하고 있다. 이 시기 북한 주민들에게 있어 전후 복구건설사업은 일종의 또 하나의 전쟁처럼 여겨지고 있었다. 왜냐하면 그들이 복구해야 할 북한 경제의 열악한 현실은 6·25 전쟁 시기 미군의 개입 때문에 발생했다고 판단했기 때문이다.[28]

> 농민 三 : 사실 우리들은 왜놈 때 30년을 두구 등골이 휘두룩 흙짐을 져서두 물구경을 못 햇수다. 그리구 해방 후에두 정말 3~4년을 애썼지만 그 미국놈들 때문에 종내 물구경커녕 모주리 부숴가지 놨으니 또 그걸 다시 할려면 몇 3년이나 기다리구 애써야 물구경할는지 모를텐데 래년 봄에 물 내려 보낸다는 말은 당초 믿어지질 않는다니까요.[29]

위의 대사에서 알 수 있듯이 북한은 당시의 경제적 궁핍함의 원인을 일제 식민지 정책과 6·25전쟁 시기 미국의 참전에서 찾고 있다. 그렇다고 해서 북한이 국내적 주요 모순들의 원인을 외부에만 돌렸던 것은 아니다. 북한은 "사회주의 체제의 완벽함을 자랑하면서도 전쟁 이후 북한 사회에 남아있는 구시대적 사상을 일소하기 위해서 내부의 적을 설정하고 그것의 타파"[30]를 도모해야만 했기 때문이다.

따라서 〈열두 삼천릿벌〉에서 주인공 박성춘과 최봉련이 사적 욕망을

---

27 이명재 편, 『북한문학사전』, 국학자료원, 1995, 947쪽.

28 박명진, 「조령출 희곡 연구－창작희곡 4편을 중심으로」, 『우리문학연구』 제33집, 우리문학회, 2011, 335쪽.

29 조영출·김덩운, 〈열두 삼천릿벌〉(1955.8), 『승냥이』, 조선작가동맹출판사, 1956, 247~248쪽.

30 박명진, 「전후 북한 희곡의 특성 연구」, 이명재 편, 『북한문학의 이념과 실제』, 국학자료원, 1998, 436쪽.

버리고 공적 이익을 위해 헌신하는 것은 당연한 결과로 보인다. 박성춘은 제대 후 애인 사이였던 최봉련과 재회하지만 자신 앞에 놓여 있는 국가적 프로젝트 때문에 사적인 감정을 극도로 억제한다. 박성춘이 애정관계에 대해 냉정한 선택을 하는 것에 비해 최봉련은 그에 대한 연정을 표출하는 스타일이다. 그렇다고 해서 최봉련이 "여성다움을 유지한 채 사상전, 생산전 전사"[31]임을 포기한 것은 아니다. 이는 곧 박성춘이 평면적 인물임에 반해 최봉련이 입체적 인물임을 말해준다.

흥미로운 점은 이 작품의 제목이기도 한 '열두 삼천릿벌'이 〈리순신 장군〉의 공간적 의미와 상통한다는 사실이다. '열두 삼천릿벌'은 청천강 하류의 남부 지역과 평안남도 북서부 해안 지역에 걸쳐 있는 '안주평야'를 말하는데, 이곳은 고구려가 당나라의 침입을 격퇴했던 곳이다. 이는 〈열두 삼천릿벌〉의 공간과 〈리순신 장군〉의 전라도 우수영 공간이 모두 외적의 침입에 저항하여 승리를 거두었던 곳이라는 공통점을 지니고 있음을 시사하고 있다. 작품의 외견상 〈열두 삼천릿벌〉은 "북한의 전후 경제 복구 사업의 성공적인 완수를 권유하고 있지만, 실제로는 김일성에 대한 북한 주민의 존경심을 작품의 궁극적인 주제로 채택"[32]하고 있는 것에 머무르고 있어 주제의식과 스토리 전개 차원에서 불균형을 이루고 있다는 것이 한계점으로 보인다.

---

31 이상우, 「북한 희곡에 나타난 이상적 여성—국민 창출의 양상」, 『한국극예술연구』 제27집, 한국극예술학회, 2005, 299쪽.

32 박명진, 「조령출 희곡 연구—창작희곡 4편을 중심으로」, 『우리문학연구』 제33집, 우리문학회, 2011, 340쪽.

〈량반전〉

〈량반전〉은 박지원의 소설을 각색한 희곡이다. 1955년 말에 국립극장에서 공연된 이 작품은 풍자 희극으로서 "원작이 안고 있는 짙은 사회성과 인물들의 사상성을 극적으로 도출시켰다고 평가받은 작품"[33]이다. 『조령출 희곡집』(1961)에 수록되어 있는 이 작품은 이후 『통일문학』에 다시 게재된다.[34] 기본 모티브는 동일하지만 원작에는 없는 주변 인물들을 등장시킴으로써 작가의 의도를 강화시키고 있다. 그것은 양반과 평민이라는 계급사회의 모순을 풍자하고 비판하기 위한 목적을 지니고 있다. 당연히 이 작품은 계급 차별을 극복한 북한 사회의 우월성을 찬양하기 위해 창작된 것이다. 돈만 있으면 평민도 양반이 될 수 있다는 말은 곧 돈이 모든 것을 가능케 한다는 뜻이다. 이는 북한사회의 평등한 사회구조를 선전하는 동시에 자본주의 국가인 남한 체제를 비아냥거리는 효과를 낳는다.

> 막동 : 관가도 더럽다. 너두 알지. 농군들에겐 얼마나 지독하냐. 봄에 환자를 꾸어줄 때는 한말에 모래 한되씩은 섞어주고서 가을에 받을 때는 변에 리자를 붙여 기름진 알곡으로 말가웃씩 받아먹으면서 …… 그래 너의 집 량반에겐 좋은 쌀루만 수십년을? 결국 너의 집 량반은 그냥 앉아서 농군들이 지은 쌀을 도적질해 먹는 셈이다.[35]

> 쟁인바치 : (해학적으로) 뭐 관 값이 천 석이라니? 에그 여보 그래 석 량짜리 관을 천 석에 판단 말이요? 릿속을 봐도 분수가 있지. 여보 당장에 열 량 내시오. 말총 값이나 받으려고 했지만, 흥, 나도 밑질 순 없소, 어서 열 량 내시오.

---

33 이강렬, 『한국사회주의 연극운동사』, 동문선, 1992, 261쪽.
34 조영출, 〈량반전〉, 『통일문학』, 평양출판사, 1990.5.
35 위의 글, 209쪽.

생원 : 뉘 앞이라고 이렇게 떠드느냐?

쟁인바치 : (역정을 벌컥 내며) 뉘 앞이라니? 아따 이젠 너도 상놈이 아니냐? 날과 같은 상놈으로서 ……

생원 : (얼굴이 창백해지며 손을 벌벌 떨며) 저 놈이 허허 저 놈이, 그래 관 값을 관 임자에게 받으라는 게 당치 않단 말인고? ……

쟁인바치 : 야 이놈 봐라 …… 관으로 말하면 너한테 팔았지 언제 권부자에게 팔았느냐? 흥 네놈이 량반일 적엔 우리가 헐 말을 못 했다만 …… 내 갓이나 망건이나 관 값을 량반놈들에게서 제대로 받은 적이 없다. 어떤 놈은 남의 물건을 집어 쓰구서두 시침을 떼질 않나, 어떤 놈은 량반의 말을 거역했다구 볼기를 치질 않나, 어떤 놈은 남의 돈과 쌀을 그냥 강탈해 먹질 않나, 어떤 놈은 남의 환자를 횡령해 먹질 않나, 어떤 놈은 남의 계집을 도둑질하구서두 례의니 도덕이니 떠벌리지 않나 ……[36]

이상에서 볼 수 있듯이 조영출의 〈량반전〉은 박지원의 원작 소설에서 크게 벗어나지 못하고 있다. 따라서 박지원의 작품을 재창작했다기보다는 당대적 의미로 윤색했다고 보는 것이 더 적당할 것이다. 박지원의 「양반전」이 사회주의 국가에 소환되는 것은 어떤 의미에서는 자연스러운 결과라 할 수 있을 것이다.

〈선화공주〉

〈선화공주〉는 조선작가동맹출판사에서 출간한 『조령출 희곡집』(1961)에 게재된 5막의 가극이다. 향가 〈서동요〉를 모티브로 활용하여 서동과

36 위의 글, 228~229쪽.

선화 공주의 사랑을 그리고 있다. 북한에서 '가극'의 의미는 다음과 같이 규정되어 있다.

> 북한의 가극은 서양의 오페라를 번역한 말로서, "생활을 음악극적으로 반영하는 종합예술"로 정의된다. 가극의 기본특징은 등장인물이 '말'이 아닌 '노래'와 '음악'을 기본수단으로 하여 사상과 감정을 전달한다는 데 있다. 따라서 가극에서는 노래와 음악이 인물이나 사건을 형상하는 주된 수단으로 이용된다. 북한 가극의 기본 성격은 우리의 오페라와 같으나 '아리아'나 '레시타티브'를 사용하지 않고, 대신 '방창'이나 무용이 사용되며, 노래 형식에 있어서도 '절가'가 사용된다는 점에서 차이를 보인다. 거칠게 말해, 북한의 가극은 우리의 뮤지컬과 오페라의 중간적 성격의 것이라 할 수 있다.[37]

> 가극은 그 형상에서 서사적이며 정서적인 방식들이 널리 적용되기 때문에 생활을 보다 폭넓게, 다양한 측면에서 반영할 수 있는 가능성을 가진다. 가극은 주인공들을 중심으로 한 인간관계를 집중적으로 보여주면서도 시-음악적 형상이 많이 추구되고 생활이 세부적으로 정서적으로 펼쳐지기 때문에 예술적 감흥을 크게 안겨준다.[38]

일제 강점기부터 많은 대중가요와 악극 등을 창작해온 조영출로서는 북한의 가극을 쓰기에 매우 적절한 작가였다. 〈선화공주〉의 전체 분위기는 낭만적이고 격정적이며 멜로드라마적인 정취가 강하지만 부패한 구정치 세력에 대한 비판의식도 상당히 강했다.

> 서동 : 죄라 하니 무슨 죄요.

37 박영정, 『북한 연극 / 희곡의 분석과 전망』, 연극과인간, 2007, 206~207쪽.
38 사회과학원 주체문예연구소, 『문학예술사전』 (상), 평양 : 과학백과사전종합출판사, 1988, 111쪽.

천민이라 천대 마오.
이 궁궐이 화려함도
백성들의 부역이며
국고마다 쌓인 곡식
천민들의 피땀이요
동햇가의 왜적들은
뉘 힘으로 막았으며
신라 서울 화려함은
그 누구의 덕이니까
민심이 천심이라
백성들을 괄세하고
나라 일이 잘 되리까.[39]

위의 인용문에서 작가는 서동이라는 페르소나를 통해 국가의 기본이 민중에 있음을 설파하고 있다. 그럼에도 불구하고 이 작품은 감정의 과잉, 선명한 선악 구도, 해피엔딩 등과 같은 멜로드라마의 법칙을 벗어나지 못하고 있다.

〈리순신 장군〉

〈리순신 장군〉은 1960년 초에 '국립연극극장'이 공연한 희곡이다. 원래 이 작품은 김태진이 1948년에 발표하고 1954년에 북한에서 초연된 적이 있는 희곡이었다. 그런데 1954년의 공연을 보았던 김일성이 이 작품에서

39 조영출, 〈선화공주〉, 『조령출 희곡집』, 평양 : 조선작가동맹출판사, 1961, 117~118쪽.

승전과 관계된 내러티브가 인민 중심이 아니라 개인 이순신을 중심으로 전개되고 있음을 비판했다. 김일성이 1954년 공연 작품을 비판한 내용은 다음의 세 가지로 압축될 수 있다.

> 첫째, 연극에서 일본 침략자들과의 적대적 관계에서 오는 갈등의 미약함이다. 또한 당파싸움이 과대하게 그려짐으로써 임진왜란 당시의 사회적 배경이 진실하게 규명되지 못하고 있다는 것이다.
>
> 둘째, 전쟁의 승리 또한 많은 사람들의 희생에서 비롯된 것이 아니라 리순신에 의해 된 것처럼 지나치게 우상화되어 있고, 그의 애국적 심성이 뚜렷이 부각되지 못하고 있다.
>
> 셋째, 이 연극에서 육군의 역할, 즉 의병들의 활동상이 뚜렷이 제시되지 못했다는 분석이다.[40]

결국 조영출의 〈리순신 장군〉은 김태진의 원작과 김일성의 비판을 참조하면서 창작된 것이라 할 수 있다. 조영출의 〈리순신 장군〉이 무대에 올라갈 시기의 북한 연극은 "모든 부정적 사건을 긍정적으로 교양시켜 나가는 원칙하에 사상교양의 환경으로 그 매개체 역할"[41]을 다하는 것으로 지상 목표를 설정한 때의 연극이었다. 결국 〈리순신 장군〉은 왜적과의 전투를 성공적으로 이끈 주체를 영웅 이순신 개인에게 돌리는 방식이 아니라, 대가 없이 희생정신과 애국심을 펼쳤던 수많은 민초들에게 부여하는 방식을 취한다. '부정적 사실주의 비판을 지양하고 긍정적 모범을 내세우

---

40 이강렬, 『한국사회주의 연극운동사』, 동문선, 1992, 258쪽.

41 "1959년의 연극은 인간의 내면세계를 관찰하여 주인공의 위용을 형상화하는 작품을 만드는 데 주력했다. 특히 12월에 있었던 전원회의 결정과 청산리 교시가 단초가 된 1930년대 공산주의자와 천리마기수의 전형 창조가 골격이었다. (…중략…) 1960년 신년 벽두를 장식한 연극은 국립연극극장의 〈리순신 장군〉이다. 근로자들에게 애국주의 정신을 심어주기 위해 창작된 이 연극은 1954년도 초연에서 제기된 결함을 여러 각도에서 보완한 연극이었다." 위의 책, 275쪽.

기 위해서는 "개별적 주인공을 영웅으로 그릴 것이 아니라 집단적 영웅주의를 그려야"[42]만 했던 것이다. 이는 이 작품이 발표된 시기가 북한의 소위 '전후복구시기'였고 6·25 전쟁에 대한 고통스러운 기억들로부터 자유롭지 못했던 북한 인민들을 소구하는 하나의 방법이었다.[43]

이들이 조국을 지키기 위해 자발적으로 소임을 다하고 있는 것처럼 보일 수도 있지만, 실제로는 이미 이순신의 지도에 의해 체화된 책임 의식을 지속하고 있었던 것이다. 다시 말해 이순신은 한양의 감옥 속에 갇혀 있는 동안에도 전라도에 남아있는 백성들을 원격지휘할 수 있는 대주체(大主體)의 자리에서 벗어나지 않는다. 이는 조령출이 김일성의 지적 사항을 작품에 반영함과 동시에, 인민의 영도자로서의 김일성의 위치를 부각시키려는 의도의 결과로 보인다.[44]

연극은 력사적 사실에 대한 극적 화폭을 통하여 왜적의 침입을 쳐물리치는 우리 인민들의 애국심을 감동적으로 보여주었다. 연극은 리순신 장군의 투쟁을 인민들의 투쟁과 수군, 륙군, 의병들의 투쟁과의 긴밀한 련계 속에서 사실주의적으로 묘사함으로써 임진조국전쟁의 사회력사적 본질을 진실하게 보여주었으며 주인공 리순신 장군의 형상을 력사주의적 원칙에서 사실주의적으로 전형화하였다. 연극은 또한 박로인, 몽녀, 옥지 등 긍정적 인물들의 형상을 통하여 왜적을 물리치는 싸움에서 인민들이 발휘한 헌신성과 애국심을 뚜렷이 보여주었다. 연극은 또한 리조 봉건통치배들의 무능력과 부패성을 예리하게 폭로하고 일본 침략자들의 야수성과 음흉성, 추악성을 신랄하게 폭로하였다. 연극은 이러한 사상예술적 성과로 하여 력사적 주체의 작품 창작에서 우리 연극예술이 거둔 성과작의 하나로 된다.[45]

---

42 민병욱, 『북한 연극의 이해』, 삼영사, 2001, 50쪽.
43 박명진, 「조령출 희곡 연구—창작희곡 4편을 중심으로」, 『우리문학연구』 제33집, 우리문학회, 2011, 431쪽.
44 위의 글, 342쪽.

리순신 : 듣거라. 마지막 원쑤를 몰아내는 성스런 싸움으로 나아갈지로다.
우리나라 강토를 유린하고,
우리나라 창생의 피와 재보를 로략질하는 자들, 한 놈의 원쑤라도
남김없이 몰아낼지로다. 천만년으로 누릴 이 나라 복지를 위하여,
조상들의 슬기를 떨쳐
영웅답게
바다 밖으로
도적의 무리들을 물리치러 나아가자.
진고의 북을 울려라.[46]

그럼에도 불구하고 이 작품은 인민 전체를 중심으로 하는 내러티브 구성에는 한계점을 드러내고 있다. 왜냐하면 비록 작품 속에서 이순신 주변에서 그를 도와주는 백성들의 존재가 나타나고 있지만, 그 백성들에게 있어 유일한 희망은 이순신 장군의 존재 자체이며 백성들이 자발적으로 희생에 동참하는 것도 위대한 장수로서의 이순신에 대한 믿음과 존경심에서 유래하는 것이기 때문이다.

45 사회과학원 주체문예연구소, 『문학예술사전』(상), 평양: 과학백과사전종합출판사, 1988, 629쪽.
46 조영출, 〈리순신 장군〉, 『조령출 희곡집』, 조선작가동맹출판사, 1961, 296~297쪽.

작품 목록

연도	제목	장르	설명	극단명	극장명
1941	秋夕祭	악극 공연	조영출 구성	조선악극단	대륙극장
1942	男妹	가요비극	조영출 원작 각색. '오케레코드'에서 발매		
1942	春香傳	가요극	조영출 각색. '오케레코드'에서 발매		
1943	阿片の港	악극 공연		조선악극단	부민관
1943	殉愛系圖	방송극	金茶人이라는 필명으로 발표(김다인이라는 필명이 조영출의 것인지 박영호의 것인지에 대해서는 재검토의 여지가 있음)		
1944	奴隷船	악극 공연		조선악극단	동양극장
1944	興甫傳	희가극 공연	조영출 각색 · 연출	조선악극단	동양극장
1944	熱砂の花園	음악극 공연		조선악극단	동양극장
1944	人情	방송극	『방송지우』 12월호에 발표		
1945	현해탄	희곡 공연	제3회 연극경연대회 참가 작품	신생극단	동양극장
1945	桃花萬里	가극 공연		조선악극단	명치좌
1945	木蓮花	악극 공연		반도가극단	중앙극장
1945	孟美女	악극 공연		조선악극단	동양극장
1945	劉忠烈	음악극 공연		조선악극단	약초국민극장
1945	카츄우샤	가극 공연	톨스토이의 소설 「부활」을 번역 연출하여 공연	조선악극단	동양극장
1945	남부전선	연극 공연	콘스탄친 시모노프 작, 조영출 번역. 서울예술극장 창립 제1회 기념 공연	서울예술극장	동양극장
1946	독립군	연극 공연	제1회 3 · 1기념 연극대회 참가 작품	서울예술극장	동양극장
1946	義妓 論介	연극 공연		서울예술극장	국제극장
1946	樂浪公主와 好童王子	가극 공연		희망악극단	중앙극장
1946	項羽와 虞美人	가극 공연		라미라가극단	국제극장
1946	假面舞蹈會	가극 공연		조선악극단	국도극장
1946	天安 三巨里	악극 공연		조선극장악극단	대생극장
1946	山有花	악극 공연		극단삼천리	수도극장
1946	落花有情	악극 공연		라미라가극단	동양극장
1946	公主와 山賊	악극 공연		라미라가극단	국제극장
1946	월광곡	악극 공연		조선악극단	동양극장
1947	위대한 사랑	연극 공연	조선문화단체총연맹과 조선연극동맹이 공동 주최한 '제2회 3 · 1기념연극제' 참가 작품.	예술극장 · 민중극장 · 문화극장	제일극장
1947	미스터 방	연극 공연	채만식의 소설을 각색한 연극동맹 공연. '미소공위 축하공연'		

연도	제목	장르	설명	극단명	극장명
1947	청사초롱	악극 공연		조선악극단	동양극장
1947	봄타령	악극 공연		악단제일선	국제극장
1947	낙화십년	악극 공연		반도가극단	중앙극장
1947	사랑의 曲	음악극 공연		조선악극단	동양극장
1947	인도의 달	서정시극 공연		라미라가극단	동양극장
1947	조선의 어머니	악극 공연	연극동맹에서 공연할 계획이었지만 동맹원이 검거되는 바람에 공연 취소		중앙극장
1948	미스터 방	각색 희곡	『소인극 교정』(조선연극동맹 편, 이문각)에 실림		
1949	폭풍지구	희곡			
1956	열두 삼천릿벌	희곡집	조선작가동맹출판사		
1961	량반전	희곡	『조령출 희곡집』(조선작가동맹출판사)에 실림		
1961	선화공주	희곡	『조령출 희곡집』(조선작가동맹출판사)에 실림		
1961	리순신 장군	희곡	『조령출 희곡집』(조선작가동맹출판사)에 실림		
1961	전우	희곡			
1968	해빛을 안고	가극 공연			평양대극장
1988	춘향전	가극 공연	피바다식 가극대본 〈춘향전〉을 평양예술단 공연 작품으로 제작		
2001	배뱅이	민요극	조영출 윤색. 『민족수난기의 연극』(평양출판사)에 실림		

1913 11월 10일 충청남도 아산군(牙山郡) 탕정면(湯井面) 매곡리(梅谷里) 643번지에서 한약방을 운영하던 아버지 조경희(趙慶熙 : 본관 楊州)와 어머니 조희정(趙熙定) 사이에서 출생. 보성고보 학적부 '가정란'에 "母, 兄一"이라 기재되어 있음. '영인산(靈仁山)' 밑에서 출생했다고 하여 '영출(靈出)'이라 작명.

1917(4세) 고향을 떠나 서울로 이주.

1921(8세) 서울에서 1년 반 동안 서당 수준의 보통학교를 다님.

1922(9세) 부친 별세. 이후 가세가 기울어 "남의 집 고용살이 하는 홀어머니를 따라 전전하는 눈물겨운 생활"을 하다가 함경도 안변 석왕사에 의탁. 사립 석왕사보통학교를 다님(석왕사보통학교를 다닌 시기는 정확치 않음). 석왕사학교 시절부터 문학에 관심을 가지고 습작함. 일설에는 건봉사 부설 봉명학교를 다니며 만해 스님의 영향을 받았다고도 함.

1924(11세) 대륜(大輪, 高致祚) 스님으로부터 '중련(重連)'이란 법명을 받아 건봉사로 출가. 건봉사 '萬化堂大禪師 碑銘(만화당대선사 비명)'(1924)에 '重連(중련)'이란 법명이 등재되어 있음.

1929(16세) 조선불교학인연맹 기관지 『回光(회광)』 창간호에 시 「가을」 발표.

1930(17세) 건봉사 장학생으로 서울의 보성고등보통학교 입학. 보성고보 학생회 '而習會(이습회)' 가입 활동. 조선불교청년총동맹 가입 활동.

1932(19세) 시 「님 오라 부르네」를 『신여성』(2월)에, 산문시 계열의 「밤」을 『조선일보』(5.4)에 발표. 중련이란 법명으로 조선불교청년총동맹이 발행하는 『불청운동』(10.25)에 수필 「해빈의 단상」 발표.

1934(21세) 1월 『동아일보』 신춘현상문예 '신시' 부문(당선작 「東方(동방)의 太陽(태양)을 쏘라」)과 '유행가' 부문(가작 당선작 〈서울노래〉)에 동시 입상. 유행가 〈서울노래〉(음반번호 40508A)가 일본 콜롬비아음반주식회사에서 발매되어 작사가로 데뷔.

4월 『별건곤』이 주최한 '신유행소곡 대현상모집'에서 〈청춘곡—젊엇슬 때여〉(입선 제2석)와 〈고구려애상곡〉(선외가작) 두 편 입상. 경주 수학여행 기행문 「경주순례기」를 『불교』(4·6·7월)의 독자문단에 연재함.

1935(22세) 3월 보성고보 졸업에 즈음한 시 「항로—혜화성림을 떠나며」를 발표. 이 작품은 『을해명시선집』(오일도 편, 시원사, 1936.3.27)에 재수록되었으며, 『대한현대시영역대조집』(정인섭 편, 문화당, 1948.8.15)에 영역되어 소개됨. 졸업 당시 주소는 신교동(新橋洞) 58번지.

4월 와세다 제2고등학원에 입학.

조영출과 금운탄, 조명암이라는 예명으로 포리돌과 오케 등에서 대중가요 작사. 1930년대와 1940년대에 발표한 대표적인 대중가요 작품으로 〈알뜰한 당신〉, 〈선창〉, 〈낙화유수〉, 〈낙화삼천〉, 〈서귀포 칠십리〉, 〈진주라 천리 길〉, 〈고구려 애상곡〉, 〈처녀총각〉, 〈꼴망태총각〉, 〈울며 헤진 부산항〉, 〈어머님 前 上白〉, 〈코스모스 탄식〉, 〈화류춘몽〉, 〈꼬집힌 풋사랑〉, 〈꿈꾸는 백마강〉 등이 있음.

1937(24세) 3월 일본 와세다(早稻田) 제2고등학원 수료.

1938(25세) 4월 와세다대학 문학부 불문학 전공에 입학. 같은 학교 영문과 수학 중인 황순원(1936 입학~1939 졸업) 등과 교류.

1939(26세) 시론 「序詞(서사)」를 와세다대학우리동창회 『회지』(3호)에 발표. 조선불교동경유학생회원으로 활동하며 기관지 『금강저』 23호(1939.1.15)에 폴·베르레—느 원작 「내 마음엔 눈물이 날여」 번역 발표. 『조선문예년감』에 조영출은 '시인'이면서 '경성부 남대문통 OK레코드회사 소속'으로 소개됨.

1940(27세) 함경도 원산에서 발행한 문예잡지 『초원』에 참여.

1941(28세) 3월 와세다대학 문학부(불문학 전공) 졸업. 악극 〈추석제〉 공연. 〈지원병의 어머니〉 등 군국가요 작사.

1942(29세) 가요비극 〈남매〉, 군국가요 〈아들의 혈서〉 등 오케레코드에서 출반.

1943(30세) 2월 8일 장연옥과 혼인. 장녀 용희 출생. 당시 주소가 경성부 숭인정 16 고대륜 방으로 되어 있음.

악극 〈阿片の港〉 공연. 김다인이라는 필명으로 방송극 〈殉愛系圖(순애계도)〉 발표(김다인이라는 필명이 조영출의 것인지 박영호의 것인지에 대해서는 재검토의 여지가 있음). 학도병 지원을 옹호하는 시 「學びの窓巾」(『조광』 12월) 발표.

1944(31세) 『국민문학』(2월)에 시 「山水の匂ひ」 발표. 방송극 〈人情(인정)〉(『방송지우』 12월호) 발표. 악극 〈노예선〉, 〈熱砂の花園〉 공연.

1945(32세) 2월 17일부터 제3회 연극경연대회 참가 작품으로 학도병 지원을 옹호하는 희곡 〈현해탄〉 공연. 악극 〈도화만리〉, 〈목련화〉, 〈맹강녀〉, 〈유충렬〉 등 공연.

11월 17일부터 톨스토이의 소설 「부활」을 가극 〈카츄우샤〉로 번역 연출하여 동양극장에서 공연. 12월 24일부터 30일까지 서울예술극장 창립 기념으로 동양극장에서 연극 〈남부전선〉(콘스탄친 시모노프 작, 조영출 번역) 공연.

8월 18일 조선문화건설중앙협의회 산하 조선연극건설본부 극작부 집행위원으로 선출. 9월 17일 조선프롤레타리아예술동맹에 가입. 12월 25일 함세덕과 공동으로 조선연극동맹 부위원장. 조선문학가동맹 시부 위원. 시 「모든 강물은 바다로 흘은다」를 『신문예』 창간호(12월)에 발표하는데, 이 작품은 이후 『국문독본』 상(유열 편, 한얼몯음학생동무사, 1946.5.26)에 수록됨. 시 「슬픈 역사의 밤은 새다」를 『예술운동』 창간호(12월)에 발표함. 이 작품은 해방 기념 13인 공동시집 『횃불』(우리문학사, 1946)에 재수록됨.

1946(33세) '제1회 3·1 기념 연극대회' 참가 작품으로 〈독립군〉 공연.

8월 10일 조선문학가동맹 서울지부 부위원장. 조선가극협의회 심의위원.

악극 〈사랑의 곡〉, 〈낙랑공주와 호동왕자〉, 〈항우와 우미인〉, 〈가면무도회〉, 〈천안삼거리〉, 〈월광곡〉, 〈산유화〉, 〈낙화유정〉, 〈공주와 산적〉 등 공연. 『시가집 아름다운 강산』(정태진 편, 신흥국어연구회, 1946.12)에 「포석정에서」(『경주순례기』 소재)가 재수록됨.

차녀 민희(혜령) 출생.

1947(34세) 평론 「연극의 대중화」 발표. 조선문화단체총연맹과 조선연극동맹이

공동 주최한 '제2회 3·1기념연극대회'에서 〈위대한 사랑〉 공연. 연극동맹에서 '미소공위 축하공연'으로 채만식의 소설을 조영출이 각색한 〈미스터 방〉 공연. 조선문학가동맹 시부위원회에서 편집, 발행한 『1946년판 연간 조선시집』(1947.3.20)에 「공화국」이 수록됨.

악극 〈청사초롱〉, 〈낙화십년〉, 〈봄타령〉, 〈인도의 달〉 등 공연. 7월 30일 불교예술동맹을 조직하고 위원장에 취임.

1948(36세) 〈미스터 방〉이 『소인극 교정』(조선연극동맹 편, 아문각)에 실림.

월북함. 북의 기록은 "1948년 8월 조선민주주의인민공화국을 수립하는 력사적인 최고인민회의 제1차회의에 남조선대표로 선출되어 38도선을 넘어 평양으로 왔다"고 기술(김성희, 「그가 찾은 영생의 노래」, 『운명의 선택』 1권, 평양출판사, 2012, 210쪽). 38선을 넘던 소감을 쓴 시 「북조선으로」의 창작일이 '1948.12'로 명시되어 있고, 남쪽의 매체 『조광』 1949년 1월호에 글이 발표된 것으로 보아, 1948년 하반기에 월북했을 것으로 추정됨.

월북 후 북한 문화선전성 창작위원회 위원으로 활동. 국악인 김관보와 재혼하여 세 아들을 낳음.

1949(36세) 삼녀 수호 출생. 「극장의 문화적 사명」이 『조광』 1949년 정월호(1948.12.25 발행)에 발표됨. 〈도라지〉, 〈양산도〉, 〈모란봉〉을 개사하는 등 민요개사운동을 전개.

1950(37세) 6·25전쟁 중 종군작가로 낙동강 전선까지 남하. 전쟁가요 〈조국보위의 노래〉, 〈어머니 우리 당이 바란다면〉 등을 작사함.

1951(38세) 남쪽의 부인 장연옥이 두 자녀(용희, 수호)를 데리고 조영출을 찾아 월북.

1953(40세) 작가동맹중앙상무위원회 후보위원으로 선출.

1955(42세) 5월 동독을 방문하여 쉴러문학제 참가.

1956(43세) 작가동맹중앙위원에 선출. 희곡집 『열두 삼천릿벌』 발간.

1957(44세) 국립민족예술극장 총장 취임. 영화문학창작사 초대 주필. 『조령출 시선집』(조선작가동맹출판사, 1957.6) 발간.

1958(45세) 교육문화성예술국장으로서 예술단을 이끌고 김일성의 중국 방문 수행.

1960(47세) 교육문화성 부상. 작가·작곡·안무·연출·지휘·무대미술 등 50여 명의 창조집단과 3천 명의 출연진이 만든 음악무용서사시 〈영광스러운 우리 조국〉 공연. 이 서사시는 집체창작 혁명가극의 모태가 됨. 조영출은 이후 〈피바다〉식 혁명가극 〈꽃 파는 처녀〉, 〈한 자위단의 운명〉, 〈밀림아 이야기하라〉 등의 창작책임자로 활동함.

1961(48세) 〈량반전〉, 〈선화공주〉, 〈리순신 장군〉 등이 수록된 『조령출 희곡집』을 조선작가동맹출판사에서 간행함.

1962(49세) 예술총동맹중앙위원회 부위원장.

1966(53세) 평양가무단 단장으로서 버마 방문.

1968(55세) 『사성기봉』(공저) 출판. 6월에 평양대극장에서 가극 〈해빛을 안고〉 공연.

1977(64세) 평양학생소년예술단장으로 버마와 불가리아 방문 공연.

1982(69세) '김일성상 계관인' 칭호와 국기훈장 제1급을 받음. 조중친선협회 부위원장으로 중국 방문.

1988(75세) 남한에서 조영출 작사의 대중가요가 다른 사람의 명의로 도용되어 유통되는 것을 범죄 행위로 규정하고 고발하는 글 「잊을 수 없는 가요들에 대한 범죄적 위조 행위」를 7차에 걸쳐 『조선신보』(재일조총련 기관지)에 연재. 〈춘향전〉을 평양예술단 공연 작품으로 제작. 시집 『밝은 태양 아래』를 출간함.

1992(79세) 《레코드로 듣는 한국가요사》(킹레코드사) 발매에 즈음하여 문공부에 제출한 '월북작가 조명암의 일제시대 작사에 대한 해금 청원서'가 받아들여져 대중가요 61편이 해금됨.

1993(80세) 5월 8일 평양 자택에서 사망.

1996 대중가요 〈알뜰한 당신〉, 〈선창〉, 〈고향초〉, 〈꿈꾸는 백마강〉 등의 대표작들이 분단 이후 작사가가 왜곡되어 전해져 왔으나, 남한의 유일한 혈육인 차녀 혜령 부부의 노력에 의해 서울지방법원 최종 판결(4월 9일)로 저작권을 회복함. 2013년 현재 한국저작권협회에 등록된 조영출 대중가요의 분량은 대략 550여

곡이며, 이를 필명별로 분류하면 조영출 명의로 6곡, 조명암 명의로 397곡, 금운탄 명의로 25곡, 이가실 명의로 36곡, 김다인 명의로 92곡이 등록되어 있음.

2000 1월 1일 강원도 건봉사 불이문 앞에 조영출 시비가 건립됨.

2003 『조명암 시전집』(이동순 편, 선)이 간행됨.

2013 『조영출 전집』(조명암의 대중가요 · 시와 산문 · 희곡 전3권, 소명출판)이 간행됨.